城·时代
第一辑
上册：碧山行说

丛书主编◎孟凡贵
本册主编◎李亚琳

中国商业出版社

图书在版编目(CIP)数据

城·时代.第一辑/孟凡贵主编.—北京：中国商业出版社，2018.6
ISBN 978-7-5208-0273-4

Ⅰ.①城… Ⅱ.①孟… Ⅲ.①城市化-中国-丛刊 Ⅳ.①F299.21-55

中国版本图书馆 CIP 数据核字(2018)第 036512 号

责任编辑：蔡凯

中国商业出版社出版发行
010-63180647 www.c-cbook.com
(100053 北京广安门内报国寺 1 号)
新华书店经销
北京世嘉印刷有限公司印刷
＊ ＊ ＊ ＊
开本:787×1092 毫米 1/16 印张:32 字数:420 千字 四色彩印
2018 年 6 月第 1 版 2018 年 6 月第 1 次印刷
(上、中、下册)定价:158.00 元
＊ ＊ ＊
(如有印装质量问题可更换)

编委会

主　任　彭鸿斌

副主任　尹邦满　刘　枚

秘书长　童大焕

委　员　彭鸿斌　尹邦满　刘　枚　童大焕　孟凡贵

总编纂　孟凡贵

副总编纂　李亚琳　代蕊岚

上册:《碧山行说》　单册主编:李亚琳
中册:《行而论道》　单册主编:李亚琳
下册:《调研拾趣》　单册主编:代蕊岚

序

为了未来我们走进历史
为了城市我们走进乡村
为了真知我们学习思辨与表达
童大焕 – 2017 年 11 月 10 日~11 日

1 走进乡村，走进历史

城市化是 21 世纪中国最伟大、最惊心动魄的社会变迁，每一个身在中国大陆的中国人，不论男女老幼，不论贵贱尊卑，都将主动或被动地被卷入、被改变，诚如诺贝尔经济学奖斯蒂格里茨在 2000 年所言:21 世纪影响人类进程有两件大事，一是以美国为首的新技术革命，一是中国的城市化。

两股时代性力量同时在古老的中国大地上碰撞、交织、盘旋，产生的巨大能量和对中国社会的全方位深远改变，大到难以想像。这也是人们从未经历过的崭新历史。正因为从无历史经验可循，乃至于绝大多数已经坐上时代高速列车的中国人，身体已经进入了城市，思想和头脑却还顽固地停留在农业时代。千百年大同社会、均衡发展的理想像梦一样纠缠着他们，他们一步三回头地回望乡村。这样一种观念跟不上现实变化的"历史的涡流"，微观处，直接影响个体对自由幸福的追求;宏观处，直接妨碍社会的转型和国家的全球竞争力。

从小被教科书里的乡村田园梦牵魂摄魄的莘莘学子，更是在这场历史巨变前不知所措随波逐流。我们想带他们认清这场历史巨变，找准自己和时代的方向和定位。

如何带领同学们清晰地把握这浩大的历史洪流？带他们进入城市吗？城市的茫茫人海里，一千个人就有一千种可能性，且每个人都在不停地变换着自己的脚步和方向。面对这样的洪流，同学们可能会更加迷失方向。

因此，我们采取的方向是:逆向而行。为了未来，我们走进历史;为了城市，我们走进乡村。

因为乡村足够小，我们可以用较短的时间、较低的成本，很快看清它的面貌。我们

和同学们一起看乡村的历史、今天，展望它的未来。我们让同学们一起来思考一个最核心、又是大道至简的问题：人到哪里去，为什么会到那里去？钱从哪里来，怎么来？

这是真正的以人为本位，把人作为万物的尺度。把"人往何处去，钱从哪里来"这个问题看清楚、想明白，则天下之大道，已然在多数同学的心中豁然开朗：在城市，你会看到一个人的无限种可能；但是在乡村，我们只会看到几乎一种可能——到城市去，到城市去。乡村没有牧歌，不是田园将芜胡不归，而是乡村看不到前途，小农经济支撑不起任何自由与尊严的生活。

2 学会思辨与表达

我们希望养成学生正确的思辨与表达能力，学会自己从头到尾把一个个小问题分析清楚透彻。这一点，说来简单做来难。我们的教育，从小学到中学，只教会学生各种零散的、碎片化的知识，很少教会他们如何系统地思考和表达。乃至于到了大学，我们仍然发现，很多同学，连最基本的清晰表达都还没有做到。在我们挑选出来的同学里，有的同学一篇文章不到200字的导语，包含标点符号，一共有十几处错误。于是让他们看我一篇一稿写成的万字长文，发动同学们一起来找错别字，找出一个奖励10元。结果，我只付出了10元钱。

我们一直强调独立思考，但从来不知道、也没有人告诉我们怎么才能独立思考。独立思考并不是标新立异、与众不同就叫独立思考，真正的独立思考，是有正确的科学的方法，学会系统地分析和解决问题。

3 重建比白纸更难描

我们是在国内教育几乎从无科学方法训练的基础上，对已经初步形成思维惯性的大学生进行方法与观念重塑。这是比"白纸上描最新最美的画图"更难的一份挑战，一定程度上相当于推倒重建。而观念和思维方式的推倒重建，显然比物质领域的推倒重建要难得多。

博学的孟凡贵老师、年轻的李亚琳老师，都把他们专业所长的论文写作方法和科学的调查方法，手把手地教给孩子们，不厌其烦地一遍遍帮助他们修改论文。其中的艰辛，可想而知。代蕊岚老师作为班主任，则像一个大家长，不仅事无巨细地规范孩子们的日常行为，也具体指导他们的散文和随感写作。

更应该感谢的是学院和董事长，尤其是董事长彭鸿斌先生开放、先进的教育理念，不惜代价给我们开辟了不问文凭、只问经历的校内研究生班这样一块教育的小小试验田。这在国内几千所大学里，几乎可以说是绝无仅有的。我希望承先启后的同学们，能够加倍珍惜这样的机会。如果今后，在漫长的人生旅途上，我们教给同学们的这一点比较科学的思考方法，和严谨的习惯与态度，能够帮助同学们在遇到任何问题时，具备更加独

立的思考与判断能力，那么，我们今天短暂的碰撞与相逢，就是生命中最美丽的碰撞与相逢。

　　天空中不要留下翅膀的痕迹，但我已经飞过。明天总是新鲜而又贴近，让我们，用自己的逻辑、自己的手筋、自己的定势，努力把握！

目 录

日暮乡关何处是 碧山印象 …………………………………………………… (1)
碧山——当代中国城市化变迁缩影 …………………………………………… (13)
问渠哪得清如许,为有源头活水来 …………………………………………… (20)
"碧山计划"对当地发展的影响 ………………………………………………… (26)
传统村落中的文艺风 …………………………………………………………… (30)
碧山计划与碧山人口外流的相互影响 ………………………………………… (35)
重庆邮电大学移通学院调研报告(一) ………………………………………… (42)
重庆邮电大学移通学院调研报告(二) ………………………………………… (49)
山村之恋 ………………………………………………………………………… (55)
碧山行记 ………………………………………………………………………… (57)
灼灼春光·印象皖南 …………………………………………………………… (59)
碧山行 …………………………………………………………………………… (61)
行走于碧山 ……………………………………………………………………… (63)
芳菲四月·碧山行 ……………………………………………………………… (65)
感想之碧山行 …………………………………………………………………… (67)
拓展阅读 ………………………………………………………………………… (69)

日暮乡关何处是 碧山印象

解决三农问题的钥匙在城市。常住在乡人口下降到总人口 20% 左右甚至更低（包括大量居住乡村但从事城市性质生产生活的人群，如艺术家，民宿老板等），真正从事农业的人口最终落到和农业产值占 GDP 比重均值，是一个相对理想的状态，也是必然状态。

——城市化研究院院长童大焕 – 2016 年 6 月 3 日

1. 山重水复疑无路

碧山已经很有名了，但通往它的道路依然山遥水远。

到了高铁黄山北站，打车还要 70 多千米 80 分钟。如果乘公共交通工具，换来换去至少 3 小时，钱还不少花。

2016 年 4 月 10 日，油菜花刚过，我和老师们带领 7 位学生赴碧山考察。老师分别是：重庆邮电大学移通学院大焕城市化战略研究院高级研究员孟凡贵，研究员李亚琳，我。学生分别是：任庆渝、王梅、钟青池、陈嘉乐、范江敏、林圣豪、马川。

我们在黄山北站叫了辆中巴，司机姓李，问我们是不是第二天回。听说我们要待好几天，他很好奇地问：那地方很偏的，你们待得住吗？我说我们有考察任务，待得住。

晚上 7:00 左右进入黟县县城。这是安徽人口最小的县，全县人口仅 9 万多人。县城路边上，房子很少亮着灯，但旁边还在建，车上的女孩子发出惊叹，说鬼影重重，好吓人。

晚 7:16 左右到达碧山，入住碧云客栈。老板是对 40 岁上下的中年夫妇，出去闯荡过，家里做着祖传的腊八豆腐。客栈是原信用社的国有产权用地，2007 年花 40 多万（含税）买下，连院子占地 1790 平方米，2014 年花 70 多万改造成客栈。

刚改建完的时候,有村里老人到这里看新鲜,问老板娘夫妇:"修这么个房子,要 5 万元吧?"一句话把整个村子拉回到遥远的旧时光。农村的时光,过得太慢,老人们的货币观念,还停留在她们缺衣少吃的年轻时代。

一进客栈大堂,很醒目的是一张美人榻,老板说是在当地淘的老物件,可见当年当地生活曾有的精致。旁边还有一个很大的船形木制火桶,足够四五个人围在一起烤火。它和我以前见过的一个人随处拎着走的火桶有很大的不同,不仅面积大,而且四周都用木板围了个高高的船型,或者说洗澡盆型,目的是为了更好的保暖。由此可以想像的是,当地的冬天极冷。我就这个问题和当地老人求证,得到的是肯定的回答:这里的冬天,真的很冷。

入夜,抬头繁星点点,耳畔,听取蛙声一片。

2. 碧山的脚步远比想像的慢

我们是受到声名远扬的"碧山计划"感召而来碧山的。我们想让学生亲身体验一下人文知识分子的乡村乌托邦,在现实生活中能够落实几分。我们调研的第一站选择碧山,考虑了几个方面的原因:知名度和影响力足够大;研究范围以及与此相关的时间和经济成本足够小,留给同学们的印象可能足够深。

出发之前的文献调研阶段,我们让同学们一定要看 2014 年 12 月 15 日刊载于《纽约时报》的孙云帆作品《草色遥看近却无——碧山计划三年记》。一开始我们想尽量简化此次调研,就只沿着这篇报道里在碧山"存活"得最好的几个经济主体分别调查,看清他们的经济的来龙去脉,就知道到底是城市在滋养乡村,还是乡村在滋养城市。我甚至多次跟老师们说,其实不用去,我已经知道了答案——离开了城市和城市人的输血,碧山那些眼下很风光的经济体——酒吧,碧山书局,有机农场,以及"碧山计划"的发起人欧宁和左靖他们自己,分分钟都活不下去。但我们还是要带同学们进行实地考察,才会有更深刻的认知。

出发之前,我们也做了另一手准备:万一"碧山计划"给碧山带来了很大改变,使碧山发展成了乡村里的都市呢? 这也不是不可能的。因此我们一开始的计划是分组调研,三个小组,一个老师带领一个小组,分头进行,以防时间不够用。

但是,碧山的变化比我们想像得还是要慢多了,就像几千年上万年不变的农业时代完全一样。乃至于我们到达的当天,就决定不再分组调研,而是集体行动,让每一个过程,同学们都能亲历。

3. 乡村为什么留不住人？

碧山是我见过的很大一个集中居住的村落。村里人都爱回忆碧山曾是隋代歙州的州治所在地，以前的乡政府所在地，也是旧时黟县十二都"三六九，大乡村"中最为霸气的三都。人类漫长的农耕时代，走遍天涯，断不了告老还乡、叶落归根的传统。明清时期闻达在外的徽商回乡修建大宅、书院和宗祠，也带回当时最先进的资讯。今天的徽州人仍然受益于祖先的恩荫——不管是旅游资源，还是高堂大宅。

碧山村距离黟县县城只有4千米，登记户籍人口2900多，878户，21个村民小组。但乡村的寂寥落寞却是触目可见。环村绕一圈，街道上不见几个人影。我特意提醒同学们傍晚看炊烟，但往日乡村炊烟袅袅的景致早已不见。我只能安慰大家说，也许很多家庭现在也已经用上了煤气灶和抽油烟机。

这里常住人口只有1000人左右，其中一半是老人。和几乎所有中国农村一样，村里的年轻人和中年人都出去打工或做生意了，每年腊月十八才陆续回来，元宵一过又走光了。真正还在种田的都是中老年人，年轻的也就是几个村干部。

水稻、养蚕、茶叶和油菜籽，是这里的主要农作物。我们来到碧山时，正值采茶期间。说起采茶，文艺青年脑海中一定会立即浮现一幅如诗如画的人间美景：蓝天白云，青山绿水间，一群白衣飘飘的妙龄少女，一边唱着山歌，一边挥动春风般的剪刀妙手，一枝一叶采着和她们的妙手一样纤细的茶叶！

但我要告诉你的真相是：在碧山将近一周的时间里，我没有看见过一个妙龄少女！在一望无际的田间，我们只看见一两个人在劳作。我们趋前，和其中一位老人聊天。他很健谈，仿佛要把憋了很久没人说的话，一古脑儿全部向我们倾泄出来。他是茶园主，种了2.2亩茶叶，年收入四五千元。另外还有2.8亩稻田，年收入3000元左右。

和这位茶园主在一起采茶的，还有一位七八十岁的老妇人。她一直不说话，甚至也不抬头看我们。我们在说话，她只顾采她的茶。茶园主人说，她的儿女们都在城里，有头有脸有钱有地位，并不缺钱，只是习惯了劳作，闲不下。而这类人群，恐怕已经成为当下农村的主要劳动力来源！

在交谈中我们还了解到，对于采下的茶叶，当地采茶工和茶园主人是对半分成的。从中可见农村劳动力价格已经到了何等高度。

可以想像，等这一代凭着与生俱来的传统习惯、不计成本进行劳作的农人相继离世，如果中国仍然维系当下的小农经济制度，等待我们的，只有大量农地抛荒一途！这绝对不是危言耸听。到时，即使土地制度变革带来大量的农场出现，也不一定能够招到足够的农业工人，农业自动化、机器人化可能已是大势所趋。

我们看了当地小学的情况。以前是一个乡镇一个初中，而现在一个乡镇一个小学都支撑不起来了，这是中国城市化进程中的一个缩影。碧阳石亭小学，偌大的校园，现在只有一个老师，八九个学生，只能开复式班。

中高年级的孩子们，全部都外出就学去了，有的跟着父母出去，没有跟着出去的，也都到县城读书去了。

童年，少年，中年，全都背井离乡外出了。不少老年人，也跟着孩子一起出去了。有的帮忙照看孙辈，有的跟着孩子到外面享享清福。

乡村为什么留不住人？春节期间贴在碧山公交站亭的一则招聘启事也许可以揭穿全部秘密。这是地处本县境内的黄山旺荣电子有限公司一则招聘启事，招聘总员工数达51人，年龄在18到50岁之间，除一名后勤工资在1000到1400之间之外，月工资都在2000到4000之间，此外还有大量细致地列出的福利，以及免费食宿、晋升、调薪等待遇。

当一个月旱涝保收的打工纯收入超过全家人一年农业总收入的时候，天下只有傻瓜才会放弃打工而坚守农业。

放到更宏大的视野来看，农业的比较收入越来越低，不解放农民、不大量减少农民，农民是没有活路的。2015年，中国第一产业（农林牧副渔等全部）占GDP比重仅为8.99%。2014年的占比是9.17%。以后还会越来越低。比如美国也是世界第一大农业国，农业总产值只占GDP的1.2%，农业人口占1%，基本上都是老年人从事农业。日本也是1%农业人口、农业产值占1%，农业人口平均年龄68岁。世界规律全球一样，中国当下必须90%以上农民进城才有活路。

但是，接下来工业制造很快也会进入机器人化，未来社会是一个智能社会，不是以一般劳动力为中心的社会。

但农民还是要进城，因为农村活不了。不用担心农民进城没活路，人口集聚，大量低端劳动者赚的钱比普通白领还多。比如在大城市，好的美甲师一月3到6万元收入。我听到后很吃惊，但这是当事人自己的演讲。低端劳动力进城，早点，夜宵，外卖，滴滴，快递，修门，换锁，等等，都比在农村好很多。

4. 乡村里的非农经济体

在"碧山计划"也就是2011年之前，碧山更像养在深闺人未识的大家闺秀，宁静而落寞。

2011年之后，碧山声名雀起，紧接着，陆陆续续开了十几家小型客栈。这些客栈无一例外,都是面向城市的消费人群。本乡本土的人群没有这个消费需求,也不一定消费得起。尤其是留守老人居多,没有这个消费习惯。

另外还有几家农家乐,县城的人时常到农家乐来吃饭。小县城的人娱乐有限,更高远的知识、思想和精神追求又少,所以常常结伴到农家乐"吃新鲜",是他们常有的休闲娱乐方式。我们参观了其中的一家,看样子生意相当不错,准备的各种食材非常丰富。

我们住的碧云客栈老板汪怀远也是村官,温文尔雅古道热肠,为我们的调研提供了很多的便利。他自己的客栈是2014年改造营业的。目前状况还算可以。我们住的五天期间,除了我们十个人,好像就来了一对老年夫妇,是她的女儿孙女从黄山租车到这儿,带着他们看房来了。老年夫妇退休前是中央某著名研究机构的研究人员,年纪大了,准备到隔壁村子找个能看稻浪的住处。

碧山书局和它的咖啡吧,同样面对的消费群体是来往的旅客。尽管村里没有收取祠堂的房租,但几年下来也只是勉强维持。店长则有点像体制内外出挂职的干部,出来锻炼一下,争取以后回去更快地升职。

碧阳镇的几名大学生村官在碧山建立了一个有机农场。现在,农场土地已经被村里集体流转。汪怀远先生告诉我,主事的大学生村官如今也已经成了乡政府工作人员。据说她还想继续寻找新的有机农场,面积也将由原来的20亩扩大到50亩。

何府乡村酒店,我就一笔带过好了。这家投资几千万,占地数十亩的酒店,是由原乡政府和旁边的老房子改建而成,建筑和园林皆精美,坐拥一大片油菜田,看楼下油菜花的套房标价6000多元一晚。但随着反腐败,这家客房价格从500多到数千元一晚不等的乡村酒店,要维持似乎并不是一件易事。

需要浓墨重彩的是上海诗人小光、寒玉夫妇的猪栏二吧和猪栏三吧。

寒玉和她的先生小光是上海诗人,2004年来黟县,在著名的西递村购下一幢快要倒塌的三层明代民居,占地面积600多平方米,按照他们的理念、花费100多万元(那时可是大钱)进行了改造,作为自己隐居的地方。不料名声渐大,便开起了乡村客栈,这就是猪栏酒吧,因以前所在地曾做了农民的猪栏而命名。后来夫妇俩嫌西递成为旅游景点后太闹腾,同时接待也接待不过来,又到碧山开辟了猪栏二吧三吧。西递的也顺理成章改名为猪栏一吧。

寒玉夫妇一再声明他们的猪栏酒吧与碧山计划无关。的确如此。他们的一吧二吧,都比碧山计划来得早。他们的猪栏酒吧系列,与其说是回归乡村,不如说是城市消费乡村的一个极致典范!就像国际名模和时装展示往往以旧厂房为背景一样,气势恢宏,又形成古朴与鲜艳的强烈鲜明对比。但是乡村和厂房只是背景,内核还是城市的消费与生活方式。

猪栏酒吧，其实是在讲述一个"看山是山看水是水，看山不是山看水不是水，看山还是山看水还是水"的故事。它进入了第三境界。乡村的外表，城市的内核。有一篇文章是这样写的：

"怀着敬畏自然的心，花了4年多时间修修补补，终于有了现在的三吧。占地十几亩，共19间客房。所有这一切，房屋和空间改造、房内布置、摆设的小物件，都那么随意和朴素。桌上美丽的小花，可能是寒玉早上在田野随手采来的；摆放在阳光下看着温暖的沙发，可能也是30块钱收来的旧物；河边小草棚门上特色的席子，其实是《邓小平在黄山》剧组用过的道具；看起来大气精致的长桌，其实只是3块木板简单拼成；造型独特的灯，其实是白炽灯上搭一块粗纱布；三吧所有客房都没有起名字；大门口没有任何客栈的招牌和指示……简单、随意、朴素，但却能给你最舒服的生活，或许这就是诗人的家的魅力。"

"第二天上午准备离开的时候，偶遇了刚回到家的寒玉。在靠近小溪的那间房子里，我们晒着太阳跟时间赛跑，因为我的行程要赶回合肥。短短半个小时的聊天，内心柔软的她带着我一起内心柔软。聊别人眼里误解的猪栏、聊她最想分享给客人们的生活理念、聊她一直坚持的旧物改造……阳光下桌对面，她慢慢分享给我一个略伤感的故事：一个客人，看到三吧一个旧式的保温瓶，瞬间泪流满面。因为那个旧物承载着她童年的记忆、承载着过世父亲对她浓浓的爱。伤感但温暖的故事，让桌对面的我眼眶湿润，然后听到寒玉哽咽的声音。或许别人不能理解，但这是那时那刻寒玉最真实的情绪，也是我最真实的情绪。"

"寒玉说她到村子里花30块钱收回来一个破旧沙发，或许就能保住山上的一棵树；收回一架缝纫机、一个石磨、一个老式水瓶……或许在将来的某一天，会让到猪栏的有缘人寻回一段珍贵的儿时记忆。"

"10年前在上海的寒玉，是一个完全西式的潮人，甚至一个月会做一次发型。但现在坐在我对面，拎着自制布袋小包喝着红茶的她，早已适应了田野、粗布、爱上的是晚饭后的月光、清晨的田野小路和朋友到访时的开心。因为她坚持了'初心'，做到了'放下'。"

"我到的前两天，猪栏刚刚举办了一场主题为'身边的江湖'的归园雅集。约50多位全国各个行业的大V大咖，只是一声招呼，就纷纷放下手头忙碌的工作，挤出3天时间留给了猪栏，在这儿聚会、聊天、疯狂三天三夜。或许也是因为这儿的人，也是因为想在这里坚持或者寻找自己的那份初心。"（《黟县猪栏三吧 过最随意的生活》文/庞晓莉）

这其实就是城市消费乡村的一个典范。猪栏酒吧精心营造的乡村味，精心借景的乡村底色，内核中包着的都是城市生活方式，城市的卫生间，城市精细化后的饮食与咖啡，茶，还有，聊天的方式与内容。

这样一种看山还是山看水还是水的返朴归真和偶尔的放松与从容，加上徽州厚重的历史、灿烂的文化和客栈崭新的设计风格，使猪栏酒吧很快在国内外有了不小名气。一晚的房费高达600至1000元而常常供不应求，都快赶上城里五星酒店的折后价格了。在外国人的谷歌地图上，碧山只有一个地标，那就是猪栏酒吧。据说，法国大使、瑞士大使、法国名演员朱丽叶和国内不少文艺界、商界名人都来住过，《纽约时报》、BBC、法国著名杂志等媒体大幅报道过。特别是外国客人很喜欢，经常慕名前来。至于它是西递的一吧还是碧山的二吧三吧，已不重要。它们是同一样品牌，同一个背景，同一种格调。

但若是要有谁，说这是乡村复兴的一种形式，我想，不仅我不会答应，寒玉、小光夫妇也未必会答应。因为，它的一切，跟本地村民无关。本地村民甚至也许想进去偷窥一下，也会像城市里的非住客进五星级饭店一样，不得其门而入。乡村，永远只是它的背景。离开了城市，离开了远道慕名而来的城市人，猪栏酒吧，何府酒店，以及大量的乡村客栈，将完全失去它的造血能力，终至枯竭。

5. 艺术能拒绝商业和城市吗？

2011年6月5日，艺术下乡项目"碧山计划"在广州时代美术馆正式启动。其时，作为活动发起人的艺术策展人欧宁和左靖，面对海内外的闪光灯和摄像头，应该是英姿焕发雄心勃勃的。他们表示，将举办一系列各种形式的活动，来探索徽州乡村重建的新的可能并寻求多种功能于一体的新型的乡村建设模式。

且看其时的《"碧山共同体计划"前言》，为免曲解，全录如下：

"徽州具有丰富的自然资源、乡村建筑资源和历史人文资源，是人类多样化生活的一个不可多得的样本。在尘嚣日上的大都市中已分崩离析的乡土血脉与宗族体统，在这里青山绿水的保育下得以幸存。但是，现有的单一旅游开发模式既不关心农村自然生态的保护和发展，也不致力于传统农耕文化的传承与复兴，只是让更多游客蜻蜓点水到此一游，观看毫无生气的样本，无法激起对乡村重建的更多参与。这同时也打破了前来寻访乡土中国的人们对乡村的淳朴想象，让它的亲和力大打折扣。比起村庄的自然凋敝，这更加令人痛心。"

"在未来五至十年内，回归乡居生活、逆城市化将成为中国城市居民的潮流。人们厌倦了城市的喧闹生活，希望开始实践新的农业生活方式，或者说在恢复这种生活方式。为此，我们计划在碧山村创建的'碧山共同体'，起自对农业传统的忧虑和对过度城化的批判立场，它是一个关于知识分子离城返乡，回归历史，承接本世纪初以来的乡村建设事业，在农村地区展开共同生活，践行互助（Mutual Aid）精神，减低在城市中盛行的对公共服务的依赖，以各种方式为农村政治、经济和文化奉献才智，重新赋予农村活力，再造农业故乡的构思。"

"碧山共同体计划选择驻居乡间，参与者多数与文化和艺术相关，他们对农村和地方生活的融入，在另一层面上又涉及了乡村建设的议题和实践。在中国的现实语境下，知识分子和艺术家对乡村建设的参与，既要接续民国以来的乡村建设传统，又要在新的历史条件下发明自己的方法。这便是碧山共同体计划为自己订立的目标。"

"艺术家们下乡，在过去被表述为'采风'，即到农村去采集他们的创作灵感。在某种意义上，它是一种对农村的索取，即便时有回赠，也只停留在对某些文化遗产的整理和传播，而较少在政治、经济层面对农村社会作出贡献。碧山共同体动员各地的艺术家们前来碧山，他们一方面展开共同生活的实验，尝试互助和自治的社会实践，同时也着力于对这一地区源远流长的历史遗迹、乡土建筑、聚落文化、民间戏曲和手工艺进行普查和采访，在此基础上邀请当地人一起合作，进行激活和再生的设计，除了传承传统，更希望把工作成果转化为当地的生产力，为农村带来新的复兴机会。"

为了担心商业的侵染，欧宁先生还曾拒绝了准备在碧山投资的香港东盛投资有限公司100万元资助碧山计划中的"碧山丰年庆"的请求。因为他不能确定东盛公司与碧山计划的理念能否相容。

但是五年过去，当我们来到碧山的时候，除了面向城市消费者的碧山书局和面向城市知识分子、关注传统文化再生的《碧山》杂志书还在，除了欧宁和左靖买下的宅子还在并且内部按城市化现代化的水准＋古色古香的乡土味装饰一新，碧山丰年庆已经不在，"黟县百工"也已经不在。

五年过去，《"碧山共同体计划"前言》里预言的"在未来五至十年内，回归乡居生活、逆城市化将成为中国城市居民的潮流。人们厌倦了城市的喧闹生活，希望开始实践新的农业生活方式，H或者说在恢复这种生活方式"潮流不仅没有出现，甚至，农村人口的流失在加剧。他们所期待的艺术家和知识分子返乡，也一个都没有到来，包括他们自己的到来，都是那么的不彻底。

我们到达碧山的时候，欧宁不在，原本长住碧山的他，已经离开碧山两个多月了，临街大门上却依然贴着大红的对联：鼓角梅花添一部，五更欢笑拜新年。横批：

春风晓入。侧门是：一樽岁酒拜庭除，稚（？）子添衣慰屏居。横批：弄璋之喜。看样子主人刚生了个男孩不久。

当地村民说，地方政府断了他家的水电，迫使他们不得不离开。原因？是因为他们的活动有海外 NGO 资金的支持。

我就想，是地方政府过于敏感了。但我也体谅具体办事人员的难处。他们谋一个小饭碗不易，什么风吹草动都害怕。

换一个角度，如果欧宁他们一开始就不拒绝纯商业，是否结局会好很多？毕竟，任何人都不可能离开钱而生存。如今，那些真正在碧山得以生存下来的，从猪栏酒吧，到何府酒店，到更小的乡村客栈，哪一个不是依托商业、依托城市而得以生存呢？

假如碧山计划一开始就拥抱商业，不是搞丰年庆和黟县百工，而是充分发挥欧宁和左靖艺术策展人的长处和强大影响力，在碧山搞各种各样的艺术交流和销售等活动，是不是有可能把碧山变成迷你版的 798 和宋庄？是不是会有更多的艺术家到碧山来定居，从而使碧山计划的实施更进一步？而不是像今天，5 年后仍然是左靖看着欧宁，欧宁看着左靖？也许欧宁们太理想主义了，始终没有考虑经济基础这个问题。

况且，左靖的碧山书院虽已修葺一新，但身兼安徽大学新闻传播学院教师教职的他，大部分时间并不在碧山。我们去的时候，是安徽大学派来的一位年轻老师在这里守着偌大的空房子。因为这里已经成为安徽大学的一个学生社会实践基地。这位老师平时主要负责打扫和管理，然后是安静地读书。每打扫一次，平均得一个上午时间。我对这位老师说，等你有了老婆孩子，你就不能也不会常住这里了。换句话说，碧山书院没有采取商业的方式来运营，日常管理，也就相当于安徽大学在"资助"或者和左靖一起"公私合营"了——左靖负责购置房屋和整修，安徽大学负责日常维护和人员工资。

他们还没有来得及改变世界，世界就已经把他们改变得面目全非。

事实上，历史上的碧山辉煌，从来不是孤立于外界而存在。恰恰相反，那些遗存至今的老房子，那些气派的宗祠和书院，都是当年的徽商四海经商反哺故乡的产物。今天的人们似乎忘了，历史上那些富足的乡村，从来都仰仗于城市的滋养！

过去如此，今天依然如此。改革开放之后，乡村弥漫至今的建房潮，主要是在 2006 年前后。而它的发端，主要在于 1998 年城市住房商品化和 2001 年中国加入世贸后成为世界工厂，吸引了大量农民工进城。城里赚钱、乡下盖房因此成为可能。

6. 自由创造繁荣 交易创造价值

面对占地一亩多的汪氏祠堂，我久久地陷入沉思。

这座汪氏祠堂，高高的立柱都是整根的银杏木，在今天看来每一根都价值不菲。但是，先人昔日的辉煌，正越来越成为今人和后人无尽的负担！不管是纳入县级文物保护单位，还是当地民众，都越来越保护不起。不久前仅整修下厅堂的屋顶，就花去了100多万元。眼看着上厅，也已经在漏雨潮湿……看看眼前的芳草萋萋，想像当年儿童追逐嬉戏的身影，不胜感慨。

脑海中，一帧帧闪过几天来看到的镜头：碧云客栈，何府酒店，猪栏二吧三吧，碧山书局，碧山书院，等等，以及更多没有人住、随时可能坍塌、断壁残瓦随时有可能掉下来砸到人的老房子。目前碧山那些被整旧如旧保存得较好的老房子，几乎无一例外是接受了外界力量的支持，买下来重新改造装修。如果没有遥远的外界力量支持，这些老房子的命运就只有一个：破败，坍塌！因为，当地人住不起，不愿住，也修不起。左靖2010年花30万元买下的半栋翰林府，此后装修改造成碧山书院，却陆陆续续花了150万元。这对当地村民来说，是一笔非常大的巨款。这个钱作为首付，在北上广深一线城市市中心买个小房子，绰绰有余。大部分年轻人，在外挣了点钱，都是回家另起炉灶另盖钢筋水泥新式楼房，老房子阴暗、潮湿、破败、没有现代卫生间，只有少数老人还在住。

但是，这样的交易，目前却全都处于地下半地下状态，不受法律保护。因为我们的法律法规明确禁止城市居民到乡下购房置地！《国务院关于深化改革严格土地管理的决定》（国发[2004]28号）明确禁止农村房屋向城市居民流转。《房屋登记办法》第八十七条规定，申请农村村民住房所有权转移登记，受让人不属于房屋所在地农村集体经济组织成员的，除法律、法规另有规定外，房屋登记机构应当不予受理。

人类自古以来，自由创造繁荣，交易创造价值。这样的一纸禁令，开古今中外未有之先河，阻断了财富的自由交易，也严重损害了城市和乡村居民的利益。

据我们调查得知，"碧山计划"虽然没有达到欧宁和左靖最初设想的如期效果，却给偏僻的碧山带来了享誉中外的知名度，到碧山寻找老房子的人也大增。此前，这里的老房子一栋几万元十几万元就能买到，碧山计划之后，大大提高了当地老房子的交易价格，交易量也大增，目前已经卖出了十几栋，虽然大部分还没有重新装修。其中一栋包括一个占地近一亩的后花园，卖出了实价115万元。

自由交易是社会进步繁荣的钥匙，彼人之毒药，此人之美味也。只有自由交易,才能让广大农村食之无味、弃之可惜的大量老房子重新焕发青春,否则只有任其破败消亡的命运;只有自由交易,才能让农民的土地和房屋回到应有的市场价格;也只有自由交易,才能让更多的城市老人给进城人口腾出城市空间,到乡下寻找更清静、更能怀旧的养老去处。

至于害怕城市居民下乡购房,进而占用农村宅基地和农地、影响粮田保护的担忧,则纯属多余。众所周知,在水滴奔向大海、大量人口向城市转移的城市化过程中,因为人均城市用地比人均农村用地规模小很多,只要制度安排合理,耕地到建设用地都是会多出来的。全世界的城市化规律都是如此,只有当代中国,是个例外。因为阻碍土地和宅基地自由交易的制度,使大量农民进城后无法退出原有的土地和宅基地,导致两边占用(城市租房照样需要占地)。

放到更远的历史长河看,1949年以来的中国,一直到1978年都严厉阻止农民进城,到2003年以孙志刚之死为标志,才结束了城市遣送"盲流"的收容遣送制度。长期阻止农民进城,导致半个多世纪里,中国土地的荒漠化面积陡增300多万平方千米!很多不明就里的人,居然以环保之名到我的微博上反对我的大城市化理论。他们不知,很简单的逻辑在这里:"1.生态破坏在于过度开垦,这也是朱镕基时代退耕还林的逻辑。2.环境污染主要是工业化。那么问题的回答很简单:城市化节约了耕地,这也是这些年土地增加的原因。超级城市化,主要发展的是服务业。那么问题一目了然:超级城市化有利于环境保护和控制污染。"(风格纯粹语)

7. 农村向何处去?

我的朋友十年砍柴在《同舟共进》杂志发了篇文章,《农村复兴或将从无数村落消失开始》,他的这些观点我很赞同:

"如果从村民的生活水准和农村基础建设两个方面来衡量,中国农村远非沦陷,甚至可以说是数千年来最好的状态。这并非拍当政者马屁,而是一种基于历史考察的判断。数千年来,今天的中国绝大多数人特别是农民首次真正解决了温饱问题。我们可以撇开所谓制度优劣的讨论,把这一切归功于国内局势长时间的和平以及科学技术的进步。但客观评价,今日中国,广大农民不但基本上免于饥饿,而且如果和三四十年前相比,多数人日子可以称得上富足。"

"如此说,并不意味着中国乡村包括我的老家没有什么大问题了,相反,我认为中国乡村依然是中国社会这个木桶中最短的那块木板,'三农问题'严重制约着中国社会的整体发展。"

"一是广大乡村传统的农业产生方式已不产生什么利润,或者说所产生的利润很低。二是广大乡村失去了活力，已不构成完整的社会生态。"

"户籍制度和土地制度根本性的改革，将是中国乡村复兴的破局之举。当农民进城有社会保险托底，当农村的宅基地和生产用地可以在市场上流转，我相信现代农业将是资本涌入的热门领域。劳动力进城的同时，资本纷纷下乡，农业生产和加工制造业、服务业成为不可分的一个整体。常住在乡村的人口下降到总人口20%左右甚至更低，是一种理想的状态。我相信，那才会有真正的'新农村'，而'留守儿童'也将成为历史名词。"

"只是我希望这样的变化能更快地完成，以减少无数'空巢老人'和'留守儿童'为之付出的代价。"

我在转发此文时如是写道："解决三农问题的钥匙在城市。常住在乡人口下降到总人口20%左右甚至更低（包括大量居住乡村但从事城市性质生产生活的人群，如艺术家，民宿老板等），真正从事农业的人口最终落到和农业产值占GDP比重均值，是一个相对理想的状态，也是必然状态。"

1978年以来的当代农民生活大幅度好转，居功至伟的就是两点：一是以经济建设为中心带来的内部长久和平，二是城市化使农民获得了十倍于农业生产的收入。

让国际国内的和平持久到永远吧！让城市化来得更猛烈吧！让城乡之间人口与财富的自由流通来得更畅通无阻吧！

后记：中国的当代城市化进程，是以广大的农村、巨量的农民人口、陡峭的城乡差别为背景展开的。农民人口的宏大规模决定了中国城市化的规模宏大；城乡差别的陡峭壁立和"城乡二元体制"的森严壁垒，决定了中国城市化的剧烈和低质量：慌不择路的出逃农村和饥不择食的挤入城市。在半个世纪之前，中国曾推动过一场大规模的"逆城市化"进程——"知识青年上山下乡运动"，虽然与历史潮流背道而驰的闹剧必然以彻底失败而降下帷幕，但那些参与者却为我们记录了生动真实的农民生活和农村状态，为我们讲述了中国当代城市化是在怎样的初始背景下起步……

碧山——当代中国城市化变迁缩影

重庆邮电大学移通学院　李亚琳

"山绕清溪水绕城，白云碧嶂画难成。处处楼台藏野色，家家灯火读书声。"

——《徽州》

安徽省黟县碧山村位于黟县西部，具有1000多年建制史，村内至今保存有300余幢明清以来的古祠堂和古民居。在文人墨客的眼里，乡村是永远具有浪漫文人气息的桃花源。2011年，策划人欧宁和安徽大学教师左靖来到碧山村，试图在青山环峙，秀峰叠翠间建立一个文人与农民共同生活的乌托邦——碧山共同体。在欧宁的自述中，碧山计划最初的目标是一个"关于知识分子回归乡村，持续晏阳初的乡村建设事业和克鲁泡特金（Peter Kropotkin）的无政府主义思想，重新激活农村地区的公共生活的构思"，"针对目前亚洲地区迫人的城市化现实和全球化资本主义引发的危机，试图摸索出一条农村复兴之路"。随着欧宁、左靖的"碧山计划"进驻碧山村以及后续各种学者、媒体、社会人士的介入，碧山村的名气日渐增长。

2011年8月26日-28日，由知名策展人左靖和欧宁等共同创意、发起的首届"碧山丰年祭"在黄山黟县碧山村举行。这是对6月举行的"碧山计划"一次成果展示。借用"丰年祭"这一古老的仪式名称，期望恢复和重建这种由来已久的乡村公共生活之一，并赋予它新的内涵。同时，"碧山丰年祭"也是一种全球化和在地化的交集实验。2011年8月26日上午11时左右，碧山丰年祭当天，村民身着原始风味的"稻草装"在碧山村祠堂里表演祭祀舞蹈——"出地方"，他们头戴稻草编织的帽子，身穿稻草编织的草裙，脸上画着红绿两色的油彩，手执刀戟、表情肃穆，随着音乐节奏一边舞动，一边发出庄严的呼喊声……集中展示黟县34项民间手工艺，邀请全国著名诗人在祠堂为当地孩子讲解诗歌和文学……许久没有看到这种纯正的祭祀舞蹈，围观的村民不时发出阵阵喝彩。当天的场面在意料之中出现在地方和国家各种媒体与报刊，一时间，碧山村引起了广泛的关注。

这似乎预示着"碧山计划"有了一个好的开头。然而仅仅在第二年，原定于2012年11月展出的第二届碧山丰年庆被忽然叫停，随后，碧山渐渐淡出了公众的视野。2014年7月，哈佛大学社会学系博士周韵与碧山共同体创始人欧宁关于"碧山计划"的争论，让这个项目重回到公众的讨论中。

时代背景与地域文化

诺贝尔经济学奖得主、美国经济学家斯蒂格利茨断言，21世纪对世界影响最大有两件事：一是美国高科技产业，二是中国的城市化。毫无疑问，城市（镇）化在中国过去的几十年中扮演着重要的角色，中国，尤其是中国农村发生着惊人的变化。在2011年，中国的城镇人口首次超过农村人口。国家民政部门公布的数据显示，全国平均每天有将近300个自然村落消失。中国政府的发展战略已经成功地使四亿人口摆脱贫困，而城市（镇）化一直是其核心内容之一。但是这条发展道路开始日益令人不满，人们开始意识到仅凭财富和权力并不能建立良性社会，而生活中许多过去几十年中被忽视的元素之一——记忆、乡土生活、社区、本土传统——也许正是把中国社会变得更友善、多元、公正所必须的元素。一场回归乡村运动正在中国悄然兴起。

碧山隶属于古徽州地区，这里在明清时代以儒雅的徽商而闻名，他们曾经垄断中国的木材、茶叶、墨、盐等众多行业。徽商把大量财富带回徽州，建立了宏伟的宅院和祠堂。然而一个多世纪的战乱和革命打断了徽州的繁荣。如今，中国的整体GDP腾飞了，然而安徽省的人均GDP却相对落后。上个世纪90年代，当第一批打工者的收入开始回流碧山村时，许多村民拆除或者遗弃了家中的老宅，转而修建新式的小洋楼。

正是在这样的时代背景、特殊的地域文化下，碧山共同体作为一个新兴的尝试出现。

农民住房与农村劳动力转移

碧山村不像临近的宏村和西递凭借百年老宅和自然风光发展成为景区，在经济上碧山村村民依靠旅游业获得的利益显然较少。然而正是因为较少的商业化的浸入，更容易看出原生态的村庄的经济往来。

虽然碧山村的很多老宅在上个世纪的打工归来潮中被纷纷改建成小洋房，但是如今剩下的老宅因为其密集，家家比邻而建，条形铺开，仍然可以算是较大的古村落。目前村里主要有三种房子：一是明清古宅，大多残败破旧；二是修建于上个世纪七八十年代的一层瓦房;三是两层甚至更高的小洋房。在我们的走访当中,很幸运地我们找到了同时拥有这三种房子的一户人家——姚立兰老师一家,并且听他讲述了他们家三代住房与住房主人的故事。

姚老先生 70 有余,个小精悍,打扮讲究,着西装皮鞋。他退休前的工作是教师,爱好摄影,碧山计划进展得不错的时候,甚至在碧山办了个人摄影展。姚老与夫人目前居住的房子是祖上留下的老宅,一层高,典型的木质雕花,高广的屋顶,按照传统的徽州民居装扮。传统的徽州古居,家家户户的客厅摆设一定不可少三件物品:时钟,花瓶和镜子,以"钟声瓶镜"谐音"终生平静"。斯洛文尼亚艺术家马蒂阿士·坦契奇(Matjaž Tančič)在 2012 年,使用 3D 摄影的技术拍摄了 20 多位黟县农民的客厅摆设和他们的肖像。因为家家户户客厅的条案上都摆放着一个时钟,他把这个拍摄项目命名为"时间记录者"Timekeepers,并以此 2013 年在伦敦获得了索尼公司颁发的世界最佳 3D 摄影奖。

姚老有三名子女:大儿子在浙江打工,二儿子在上个世纪 90 年代初考上了黄山市警察学校,小女儿嫁到了外村。

修建于上世纪七八十年代的房子属于姚家二儿子，因其外出上学，继而留在县城工作、成家，位于碧山村的这个家，他们一年只住一个晚上。房间里仍然是上个世纪90年代的家具与装扮，在布满灰尘的房间里，一张笑意盈人的结婚照显示这他们对于这间屋子的主权。照片下面是一口考究的箱子，在上个世纪90年代，这样的箱子算得上是村里最高档次的家具之一。

　　瓦房的右侧是一栋正在装修的精致小洋楼，屋顶延续了徽派马头墙造型，里面的装潢都是现代风格，包括建材、造型。这栋小洋楼是姚家大儿子的，建造房子的钱来自于他们一家在浙江打工所得。

　　老宅、瓦房和小洋楼，呈现出三种时代背景与变迁。徽派文化鼎盛时期，徽商离乡经商获取财富，财富回流得以建成富丽堂皇鳞次栉比的马头墙村落。而随着晚清没落、战争影响，徽派逐步没落。新中国成立后的上个世纪后半叶，由于户籍制度等限制，农民被"禁"在乡村务农，很少有途径离开家乡去谋取财富。当时所建住房多为简单粗糙的水泥瓦房，无论是造价、工艺都无法与之前的老宅相比。而后来随着改革开放与中国的经济城市化的不断推进与腾飞，越来越多的农民离开家乡，脱贫致富，他们带着在外地获取的财富回乡，新修楼房。在胡建坤的《农民工回乡建房行为研究》一文中指出：农民劳动力转移就业促进了农民建房。

农民工劳动力转移提高农民工收入，尤其是工资性的收入，而工资性收入能够促进农民建房的投入。在碧山村，可以很清晰地看到时代对于农民的约束与促进而导致的一系列影响。可见，农民能够实现人口流动，劳动力转移，才能提高收入和生活水平。唯有让人口自由流动，才能从根本上解决贫困问题，缩减地区间的贫富差距。

去与留——人口流动

姚家是一个非常典型的研究人口流动的家庭。三代住房与分隔各地的亲人，不禁让人思考一个问题：是什么原因让姚家大儿子将在外所得的财富带回乡把原有的瓦房改造，又是什么让姚家二儿子几乎彻底离开碧山村？这个问题涉及到城市化中一个非常实际的问题：他们能否在城市生存。

姚家二儿子毕业以后留在县城里当警察，他具有作为一个城里人的必要生存条件——户口和身份。他的工作使他融入城市，在经济以及身份认可上都可以在县城立足。而一个城镇户口则可以让他的子女在县城接受教育，可以享受作为一个县城公民应有的福利与待遇。而他的大哥，即使在浙江打工赚的到足够的钱让他在城里得以生存，他骨子里认可的家还是他的老家——碧山村。因为，他的户口在这里。

在一个前些年关于碧山村的纪录片里，农历新年到了，村子里人声鼎沸，喜气洋洋，村里停满了小汽车，平时在外的人都回来。碧山共同体的发起人欧宁还接来了他的一大家子人在碧山村过农历新年。茶余饭后，欧宁去发动年轻人回乡创业，影片里的年轻人的回答是，没有办法回来，因为他的专业在村里找不到工作；他们已经不适应农村。没错，时代在变化，中国在全世界的瞩目下正马不停蹄的从农业大国迈向工业大国。大量的农民会不断的进城，成为城市人。回乡建房的老一辈终究会离去，他们之后更多的是已经不再适应乡村的年轻人。

问渠哪得清如许，为有源头活水来
——论农村经济发展

2015级外国语言文学系　任庆渝

摘要：1978年党的十一届三中全会做出全面实行改革开放的重大决策，城市的快速发展应运而生。尤其是区域中心城市及城市密集地区发展更为迅速。自古以来，不论是游牧部落的"逐水草而居"，还是农业部落的流域性选择，无不证实人口追逐物质资源的客观规律。在如今城市化蓬勃发展，农村江河日下的强烈反差下，人们又该做出何种抉择，农村又该何去何从？本论文以碧山调研为基础，从社会现状出发，多方面分析了农村经济的现状及问题，并针对这些问题提出了对策及建议。

关键词：物质追求；自由交易；土地流转政策；城市化；改革

一、留不住的人

安徽省黟县碧山村是徽州的古村落之一，这里"山高田广，阡陌如绣，白墙灰瓦，鳞次栉比"，为明代黟县十二都之一，州治一度于设此。共有面积58.5平方千米，人口2900余人。

但现实的考察发现,偌大的村庄人烟稀少,冷冷清清,只能偶尔在路上遇见几个采茶回来的大娘匆匆忙忙地从身边走过,曾经的"灌木回廊绣阁藏",如今"败红残绿野萧萧"。随处可见锈迹斑斑的大门,摇摇欲坠的门窗,上漏下湿的老屋,即使到傍晚也很难看见有几扇打开的窗户。跟现在的很多村庄相似,年轻人都进城务工了,留下孤零零的老人守护着岌岌可危的村舍。"年轻人都在城里买房了,孩子都接去县城上学了,就我老俩口在家守着这老房子,子女逢年过节回来呆上几天就走了。"村里一位采茶的大娘这样说道。

城市化正在悄无声息瓦解着这个古老的村庄。

从农业对自然环境的密切依赖性来说,也不难解释这种现象。首先,农业资源的有限性即资源不可无限扩大,就极大地限制了农业的发展;其次,农业资源的不可移动性和农业生产过程中"劳动的不可连续填充性"就足以导致农业产能和工业产能不是同一数量级的规模。

其一，上世纪 80 年代的改革开放，解放了我国农村劳动力，为城市扩张提供了人口基础和劳动力基础。其二，以 1985 年北京亚运会建设为代表的城市基本建设紧锣密鼓地开展起来，我国的城市化发展更是日新月异，大量的城市在一夜之间崛地而起。其三，1998 年的城市住房商品化改革再次给城市扩张注入动力；极大程度地推动了城市住宅的需求，促进了农民工从事城市建筑业，并给农民进城提供了政策空间。其四，最为重要的，进入 21 世纪后，2001 年 12 月中国加入 WTO，给农民提供了大量的就业机遇，农民迅速加入制造业洪流，我国进入了工业化城镇化的全面快速发展阶段，大都市和都市群也横空出世。

于是，农村难以逆转的衰落，城市不可阻止地扩展成为中国现阶段最为震惊的基本国情。

美国心理学家亚伯拉罕·马斯诺在 1943 年《人类激励理论》中就明确说明生理需求是人类生存的最基本要求。纵观人类文明，人类对生存资源的追求横贯了整个发展过程；游牧部落"逐水草而居"，农耕部落选择流域，都是资源吸引的必然。在当代中国，农民对生活有了更高的物质追求，农村匮乏的社会资源却没有办法满足这种物资需求，这就是城市对农村之所以有着强大吸引的原动力。

二、何去何从的乡村

走进这个村庄，随处可见的残垣断壁无时不在提醒着我们这个乡村的落败。腐朽的木门吱吱作响，坑坑洼洼的青石板诉说着曾经的繁荣。春秋更替，斗转星移，如今荒烟蔓草。就这样在城市化发展的洪流中，整个农村生产生存模式土崩瓦解；就连最后一批守望着这片土地的老人也将随着时间的推进寿终正寝，至时古老的村庄失去了最后的庇护，只有随着时间自然消亡。

的确，村庄的消失是大势所趋有目共睹的。据统计部门最新数据显示，我国的自然村 10 年间由 360 万个锐减到 270 万个，这也意味着，每一天都有 80～100 个自然村落消失。或许未来的某一天我们也只能在记忆中缅怀这片曾经养育过一代又一代人的热土。他们的逝去是历史的抉择，而那些如碧山村一样拥有独特历史人文资源的村落又将面临怎样的命运？

三、经济发展呼唤地权自由交易

汪家祠堂，一座有着厚重历史意义的建筑。在破败的墙垣上，依稀可见那些历经沧桑保留下来的题字和刻画；依旧挺立却有些残裂的堂柱，仿佛还闻得到遥远的香火气息;曾经无数人伫立、跪拜的地面,早已杂草丛生。步入这里,仿佛可以听见这座曾经辉煌的祠堂如老者迟暮般的叹息。随着这里人们的离去,这里还将继续崩解,归入泥土似乎是它们最终的归宿。这是令人唏嘘不已的,却又让人无能为力。大多数的农村哪有什么闲钱对这些古旧建筑进行修缮和维护,在对生活改善的急切冲动下,他们宁愿去县城买电梯洋房住。

彼之砒霜，汝之蜜糖。反观村庄另一头的何府酒店，同样是古宅，却通过改建融入了现代化的元素，给人耳目一新的视觉体验。作为高档酒店，他的利润在同地区酒店中也是独占鳌头的。把古建筑修缮扩建成商业用途，这似乎是件两全其美的事，也算得上是一条双赢的捷径。既保护了建筑遗产，又带来了经济效益。何乐而不为呢？然而事与愿违，我国的土地产权政策并不支持城里人到农村买房，并不允许农村住宅的自由交易。这实在让人费解，为什么农村人可以进城买房就不允许城里人到农村买房呢？假设城里人可以到农村买房，那农村的闲置资源就可以有效地利用起来，把"死物"盘为活的资金，为农村人口进城发展提供了可移动资本。同时，也可带动农村的公共设施建设和经济发展，加速城市化进程，这对打破城乡二元社会的分割结构无疑具有里程碑的意义。

阿玛蒂亚·森在《以自由看待发展》中，就向我们澄清了一个重要的价值判断：在发展的过程中，自由是永远居于中心地位的，它不仅是发展的前提，又是发展的目的，更是发展的过程。因此，自由在发展中的地位不可动摇。这个道理跟亚当·斯密在《国富论》中提出的"经济自由主义"有着异曲同工之处。因此农村经济的发展和农业劳动力的出路呼唤土地的自由交易，呼唤社会资本向农村地区的流动，只有通过自由交易才能有力地搅动农村这潭经济死水。

四、革除体制障碍，激发农村经济活力

麦瑟·奥尔森在《权利的繁荣》中向世人阐释了这样一个道理：繁荣来自于市场交易，而市场交易除很小一部分是自发性的以外，很大部分是来自于有保证的产权和交易合同的，而保证来自于所谓的"强化市场型政府"。没有这种政府就没有有保证的产权，没有有保证的产权就无法扩大交易，就没有繁荣。我国农村现有的土地制度就把交易阻隔在市场之外，这也意味着陷入了德·索托在《资本的秘密》中提到的"布罗代尔钟罩"。由于没有建立起把资产转化成资本的机制，所以他们缺乏可用资本。因此我们要取得真正长久的发展，就必须激活现有的僵化资产，建立起一整套产权保护制度，同时这就意味着要打破"历史的钟罩"。

我国著名经济学家吴敬琏也说过：土地产权的流动问题，一定要解决。很多农民工的宅基地是空在那里的，这不是资源的浪费吗？如果能够流转，可以变现，就能够改善他们的生活。

在经济快速发展的今天，城市化建设初成规模，但乡村的发展却踌躇不前。尤其是农村宅基地管理制度，宅基地和住宅不能流转，不能抵押，严重阻碍了农民致富和农村经济的发展，不利于资源的合理分配；也不利于农村剩余劳动力的转移。

早在春秋战国时期人们都提出"世易时移,变法宜矣"的观点,无论你怎么滞阻,农村土地制度的改革恐怕都是天要下雨,娘要嫁人,挡是挡不住的。

可则因,否则革。只有破除阻碍发展的体系制度,才能将源源不断的活水引入农村,并激起她走向未来的勇气。

"碧山计划"对当地发展的影响

2015级管理工程系　林圣豪

在当代中国飞速发展的城市化进程中，大量的农村人口涌入城市。过去的10年，中国消失了近百万个自然村落，平均每天就有300个村庄离我们而去——带着农耕文化和地域文化的鲜明特质；一座村庄就是一座博物馆，承载着历史与文明。当人们厌倦了大都市的人声鼎沸和纸醉金迷，有时会希望回归乡村的悠闲与安逸。于是，人们将视角转回农村，致力于开发农村的第三产业——休闲、旅游业。但是，现有的单一旅游开发模式既不关心农村自然生态的保护和发展，也不致力于传统文化的传承与复兴。淳厚的民风已经过去，乡土亲和力也大打折扣，商业化、利益化侵蚀着古朴的乡村——比起村庄的直接消失，这更加令人心寒。这些现象，引起了一些人文知识分子的担忧。

2011年，欧宁和左靖在碧山这个徽州古村发起了一个叫"碧山计划"的乡村建设项目——试图通过让知识分子、艺术家与农村居民共同协作，提供一种新的乡村建设之路，尽量避免农村被简化为旅游景点或迅速地被城市吞噬。他们主张回归历史，通过各种方式为农村经济、政治和文化奉献才智，赋予农村新活力。但这种乌托邦式的计划带有很强的主观臆想，与现实世界存在着一定的差距。那么，这种新的乡村建设道路对碧山产生了怎样实质性的影响呢？

在碧山村调研采访过的哈佛女博士周韵，在其新浪微博上连发17条微博和长文《谁的乡村，谁的共同体？——品味、区隔与碧山计划》，对"碧山计划"提出质疑，认为"'碧山计划'是精英对农村建设的一厢情愿，将真正的村民排除在外。"

事实的真相是否真的如此？

带着疑问，重庆邮电大学移通学院大焕城市化战略研究院组织了碧山调研活动。我们先后走访了退休老校长丁启涛老师、乡土摄影家姚立兰老师,以及小卖铺老板、采茶阿姨等人,对碧山当地的发展有了一定的了解。

一、欧宁的碧山计划没有发动村民,村民也对其敬而远之

敬而远之 "我不太了解这些,他们这些都不太与村民说,不给村民讲解这些。村民大都不了解他们的想法。"从采茶阿姨的口中我们发现,碧山计划与村民似乎毫不相干,好像不管有没有碧山计划的出现,村民们仍然是日出而作日落而息,过着平淡舒适的生活。这与碧山计划中希望通过让知识分子、艺术家与农村居民共同协作的初衷有些事与愿违。

格格不入 "讲的不好听一点,我对猪栏酒吧的看法:你一个外地人在来本地赚钱不与本地人打成一片,你不接近群众不联系群众怎么行?你甚至不让村民进入参观,这与上海租界的'华人与狗不准入内'有什么两样?与群众格格不入,对群众的疾苦群众的困难漠不关心;知识分子的意义何在?这样做事简直就是空中楼阁。"——我们调研小组在与退休老校长丁啟涛的谈话中发现:即便作为当地的名流贤达,丁校长与外来的艺术家以及知识分子也接触甚少,并持有激烈的排斥态度。

空中楼阁 我们且不去深究丁校长希望知识分子群体与村民"打成一片""休戚与共"的要求是否过分、合理,但"碧山计划"遭到当地精英的如此强烈的批判,

是否暗示了其结局空中楼阁般的不妙？

难道欧宁提倡的文人回归，并不强调村民的过深介入、是不是有可能只是将村民作为背景，将碧山作为宣传自己的跳板？

二、"碧山计划"促进了当地商业化因素的成长

蜿蜒的柏油路、价格高昂的酒吧、品牌氛围浓厚的书局、星罗棋布的旅馆客栈等等，这更像是一个文化旅游景区而不是欧宁期待的乡村乌托邦。在调研工作的第二天晚上我们对欧宁的碧山邻家——小卖铺老板进行了家访，作为碧山村民中与欧宁交集最多的人家，当问及欧宁的碧山计划给碧山带来的影响时，他回答："欧宁在的时候，慕名而来的游客增多，他走后，游客逐步减少。""他来到这里后，提升了碧山知名度，原来一套房子只要2万，现在要20到30万。"（根据我们了解，当地的老房子确有成交价甚至超过百万的。）

欧宁在碧山的几年中，平均每个月要给他的小卖铺带来2000元左右的营业额，除此之外，老板还将自家的房子改造成乡村客栈为游客服务，成为"碧山计划"的直接受益人，小卖铺老板对欧宁的到来表示了肯定的态度。和小卖部老板持有同样态度的，还有十几户人家，大多是农家乐旅馆、小商店、欧宁等人的家政钟点工、乘客载运者、碧山书局的文化合作者、老宅待售者等

三、欧宁一定程度上为村民带来了文化进步

其实，"碧山计划"的有些项目也确实惠及一般村民，比如碧山"丰年庆"，虽然只办了一届，但初衷是想办成与乡土生活紧密相关的真正属于当地乡民的嘉年盛会。另一方面他还开设了理农馆，开讲座，偶尔还会为村民放放电影。先锋书店在碧山的落户也是来自与欧宁的努力，碧山书局（即先锋书店）的开设虽对村民的文化素质提高帮助不大（因其定位以文化精英为消费对象），但却促进了古祠堂的保护。

四、"碧山计划"能带动逆城市化吗？

我国的城市化进程虽然起步较晚，但逆城市化趋势已经渐露端倪，例如农家乐、乡村游、下乡养老现象方兴未艾，崇尚自然、回归自然理念日益增长等。我们从碧山当地居民口中也了解到，在欧宁与他的碧山计划到来之后碧山的知名度明显提升，越来越多的人涌入碧山，还有一位香港人甚至花100多万买了老房子打算退休

后来碧山养老。

那碧山计划带来的成果能否说明欧宁已经实现了他想要的吸引知识分子和艺术家进行乡村建设的逆城市化设想呢？

在走访了碧山书局和碧山书院之后我们得出了一些结论。例如碧山书局里的一个美女售货员，她来到碧山只是公司对她的一次锻炼安排，半年之后就会调回南京先锋书店总部。而安徽大学派来管理碧山书院的年轻教师，当我们问及女朋友是否会介意以后在碧山生活，他只是说女朋友来过几次，然后尴尬地笑了笑。以上两个例子都说明"碧山计划"的当前还不足以说明逆城市化已经或将会形成潮流，越来越多的人来碧山只是城市化大潮产生的一道道回波。

五、碧山计划对当地产生了或多或少的影响，但是城市化仍不可逆转

碧山村总人口约2900人，这在被密集交错水道分割的南方已经算是比较大的村落，然而在眼下的碧山村，路上的行人寥寥无几，遇到的也大多数是老年人。和全国大多数农村一样，人们逃离乡村而涌向了城市。碧山计划中，欧宁主张让更多的年轻人回到农村，然而相应者却几近于无。

总之，碧山计划提升了碧山村的知名度，更多的外来人选择在碧山买老房子，房价也在上涨，然而这些人大多不是欧宁期待的艺术家和知识分子，多是以养老、休假为目的的富裕人士，有些人买了老房子后不拆也不修反而影响了村庄的基本建设。这也说明农村经济即使有碧山这样优越的人文环境，也难以自发上升为现代经济。碧山计划自发起实施五年来，有许多值得肯定的地方：引来游客、引进美术巡展、举办丰年庆、收集手工民艺、吸引酒店投资等都给村民带来一些经济效益和生活改观，但一味追求以知识分子、艺界人士为主体的乌托邦计划是不可取的，唯有和商业、市场、城市化密切联系在一起，才可能走出一条独特的乡建之路。

传统村落中的文艺风
碧山·钟灵毓秀

2015 级管理工程系　王梅

群山怀抱里，绿水环绕间，阡陌农田旁伫立着白墙灰瓦的古民居，错落有致的马头墙，幽深曲折的小巷，它们一同绘出了一幅令人心旷神怡的江南水墨画。

碧山村距离黟县城4千米，依山而建的弧形村庄中，总人口约2900人，有878户，21个村民小组。碧山所属的黟县是古徽州六县之一，原分12都，3、6、9为大都，其中碧山所在的3都为最大。徽州的大宅、宗祠大多是明清时期徽商衣锦还乡的作品。而今碧山斑驳的何府，残垣颓坏的汪氏祠堂和傲然挺立的云门塔，虽不足以证明当日此处繁华兴盛的全貌，但仍在向世人昭示自己辉煌的过往。

碧山钟灵毓秀，人杰地灵。一直延续着传统农耕文化的它，在古代，曾孕育了10多位皇朝官员和名仕，留下了石狮祠堂、名贤堂、启泰堂等文物古迹。近现代更是人才辈出，给碧山历史文化添光加彩。从清代就屹立在碧山的云门塔，见证了徽文化的发展与繁盛，也见证了碧山的风光与落寞。他就像慈爱的汪寿昌老人，热情地接待我们，然后声情并茂、滔滔不绝地讲诉村史。碧山的每一步发展，他们都引以为傲。

芳菲四月，草长莺飞。空山新雨后，远山上才抽出嫩芽的树木在阳光的照耀下翠色欲滴，田间紫色的小花都竞相绽放，惹人怜爱，才结籽的油菜也越发的绿了，整个村庄都呈现出干净、清新的一面。宽敞笔直的柏油路和弯曲空荡的小巷中，你很难遇见撑着油纸伞、像丁香一样的姑娘，步履蹒跚的老人才是这里最日常的景象。采茶的也不再是年轻貌美的姑娘，而是上了年纪的叔叔阿姨或年迈的爷爷奶奶。村庄中没了孩童的追逐嬉闹，狗吠也变得慵懒不少。

随着商业经济的发展，人口聚集度越来越高，人们的城市化观念越来越强，城市人口占总人口比重不断上升，城镇化已然成为现代社会的必然规律。当代生活水平的提高，使乡民在追求温饱过后，开始考虑居住环境及子女教育。碧山村大部分年轻人为了子女获得更好的教育，都将房子买到了城里，有些没有搬走的，也大多将子女送往县城读书。偌大的碧山村，整个学校只能开设一个一至四年级的九人复式班。

充满活力的大都市，夕阳拼尽最后一丝力气发出最后一点光亮，在初上的华灯与夕阳余晖的照耀下，城市娇羞地揭开它夜生活的面纱，交叉回旋的立交桥，把都市青年的工作与宿舍分割成神秘的片段。与宁静的乡村相比，这里少了繁星、蛙鸣、闲适与安逸，多了躁动、压力与宣泄。青年的人们，哪一个甘于在淳朴宁静乡村的安逸，放弃在城市追求更高的物质生活，实现更完美的人生价值？商业社会里，都渴望用所学知识成为某个领域里的弄潮儿，而不是看别人成功，为他人鼓掌。无疑，城市资源比乡村更诱人，更让人向往。这就是为什么美得令人窒息的碧山却留不住人。孩童与青年离开村庄，是城市化潮流对乡村最致命的影响，势不可挡。父母都盼子女好，追求个人心目的幸福是每个人的权利。

任何事物都是盛极必衰，一个村庄也是如此。只有顺应时代潮流，找准社会发展方向，才能赢得新一轮的辉煌。去和村里的老人交谈，他们会告诉你这里曾经是一个大都，比过去的西递、宏村都繁华。但现在西递、宏村成了著名的旅游村庄，而碧山还是以农耕为主，沿袭着最传统的生活方式。"顺者昌，逆者亡"从来都不是假话，纵观国家方针政策，都是以顺应时代潮流为前提。国家如此，村庄亦是。

碧山计划·古老村庄的浪漫外衣

出生于广东遂溪县乡村的欧宁，为了逃离乡村曾努力读书。早已过而立之年的他，却又厌倦了城市五彩斑斓的生活，反而觉得农村生活方式是宝贵的财富。这是他关心乡村建设的原动力。绿水青山，民风淳朴，文化底蕴浓厚，有"良田美池桑竹之属"的碧山，成了欧宁的首选，他想动员一些知识分子，在此处创建一个具有人文浪漫主义思想的乌托邦。

早前的"碧山计划"是"针对目前亚洲地区迫人的城市化现实和全球的农业资本主义引发的危机，试图摸索出一条农村复兴之路。"但在调研中我们了解到：孩童与青年大多已经离开碧山，留下镇守的都是年迈者。一个缺乏青春活力的村落是难以复兴的。毋庸置疑，欧宁、左靖的到来，确实提高了碧山在全国的知名度，在碧山经济发展上做出了不可磨灭的印记。小卖部老板告诉我们，碧山村原来2万左右就可以买到的房子，现在要20到30万，无人问津的古祠堂现在得要100多万。知名度提升，旅游人数增加，投资商人也开始关注这块还没被商业化浸染的土地。

2012年黄山雅韵文化发展有限公司在碧山西北角购置原碧山小学及周边的50亩地，修建碧云老房子文化村。2013年，香港东盛投资有限公司购买了碧山三块总面积为

222 亩的地，准备修建一个精品酒店和一个产权式酒店。前者成功封顶，后者则遭到了欧宁的抵制。"碧山共同体计划"参与者大多是文化人或艺术工作者，他们对农村宁静生活是由衷地热爱，商业大规模进入碧山村，势必会破坏他们梦中的桃花源。欧宁、左靖在促进碧山村经济发展的同时，拒绝了更大的商业机遇，这对发展碧山起着阻碍作用。没有就业，也没有更宽广的创业方向，想吸引碧山青年回乡是很难的。拒绝纯商业进入，却接受商业披着文化的外衣进入。这种羞羞答答的姿态，暴露了文人的软弱性。

碧山书局是南京先锋书店的第八家分店，位于碧山村启泰堂。书，本可以在一定程度满足当地人民精神文化需求，但碧山书局内，浓浓的咖啡香，伴随着淡淡的书香，即使在温暖的午后，也没有农人会去消遣这一时的闲暇。且不论喝惯了茶的农人会有多么不习惯咖啡，就是那被古典环境再次抬高了身价的书籍，更让他们望而却步。

最优秀的文艺工作者，从来都是把人民群众放在第一位的。最好的文化，不仅要兼顾阳春白雪，更要面对下里巴人。商业化的碧山书局，撇开价格不言，就是那内容，也不是一般农人能懂。以增加"碧山文化底蕴"的口号进入，真正目的却旨在从外来游客身上盈利，可见其虚伪性。采茶阿姨告诉我们：欧宁也曾搭戏台，邀请昆曲班子来村里唱戏，但对普通老百姓而言，这是一种高深莫测的东西，他们并不懂唱戏人在干什么！她还告诉我们，"丰年庆"并没有接到邀请。就连德高望重的丁啟涛校长也说他不懂"丰年庆"与"碧山计划"，且直言与欧宁、左靖无交集。在这个"良田美池桑竹之属"建立一个"谈笑有鸿儒，往来无白丁"的乡村社会是一个很美好的向往，但老百姓并不会为他们买单。就2015年安徽常住人口和户籍人口来看，它依旧是人口外流大省。在碧山，响应欧宁左靖号召回乡建设的人依旧屈指可数。从碧山百姓家中的设备设施到碧山书局、先锋书店的现代化布局和管理，宽阔笔直的柏油马路到干净平整的水泥小巷，都昭示着碧山俨然就是正在走向城市化的乡村。

在整个"碧山共同体计划"建设中，我们虽没有见到欧宁、左靖老师所摸索的农村复兴道路的显著成果，但碧山村的旅游经济已然萌芽。现代都市的快节奏生活，在城市里过累了的人们开始返璞归真，回到淳朴宁静的乡村享受短暂的慢生活。依山傍水的自然资源，徽商遗下的历史文化资源，还有现阶段国家鼓励发展旅游经济的社会导向，他们都为碧山发展提供了良好的条件。

欧宁、左靖老师想保持乡村原有风貌，反对乡民将现有资源商业化，也不想碧山乡民离开村庄，这种和城镇化背道而驰的思想，在商业化潮流下步履维艰。文人们的浪漫主义情怀，往往会逃离社会现实，但生活中光靠浪漫是很难生存的。事实告诉我们，固守本源只会使碧山错失发展机会，抓住机遇，迎接挑战才能像西递、宏村一样赢得发展。商业化、城镇化是现阶段社会发展的必然规律。规律是客观的，不以人的意志为转移，欧宁、左靖老师想打破规律，让事物向着自己臆想的方向发展是不可能成功的。

　　而今，碧山在欧宁、左靖等知识分子的帮助下迈出了可喜的第一步，虽然它的发展依旧停留在乡村，但都是向着城市化在发展，乡村的内在本质悄然改变。它会以现存的丰富历史文化资源为基点，推陈出新，革故鼎新，面向世界，走向未来，去争取到更好的发展。随处可见的碧山农耕文化，终有一天，褪去了农耕外衣，依旧质朴、清新。古往今来，桃花源都是所有文人墨客灵魂的归属地，城镇化后的碧山，是对桃花源的转型升级。

碧山计划与碧山人口外流的相互影响

2015级管理工程系　马川

继上世纪中国乡村建设浪潮后，乡村建设再现当代农村。在中国安徽省黟县碧山村，以乡村建设为目的的"碧山计划"正在上演。欧宁，这个出生于广东农村的著名策展人，希望通过知识分子回归乡村、激活农村公共生活，以此推动、改变农村的经济文化生活，试图在此创建一个乌托邦共同体。

人口的迁徙流动是人们最基本的社会行为之一，人们对物质生活经济利益的追求是人们进行迁徙的根本推动力。碧山计划旨在吸引知识分子回归乡村保护和建设乡村，毫无疑问，碧山计划的实施离不开村民的参与和支持。那么，碧山的常住人口会不会因该计划吸引而增多，或者人口外流的速度会不会因此而发生改变？

一、决定性的经济

经济发展决定乡村的发展方向。我们通过对碧山的实地调查以及对周边其他村落的了解，知道碧山村目前的发展状况远逊于附近的西递和宏村。这两个村落因拥有保存良好的古建筑群以及独特的地理环境，造就了强盛的旅游经济，村民的经济收入得到了飞速发展，为村民留乡就业提供机会，使得这两村落没有发生通常所见到的乡村人口劳动力外流现象，反而吸引了不少的外来从业者。而碧山村却因古建筑破坏严重等原因失去了可与宏村、西递相媲美的旅游资源，此外又没有其他特色的产业，所以旅游业发展相对缓慢。我们在碧山的调查与走访中发现，该村留守村民较少，留守村民大多从事着水稻农业、茶叶以及桑蚕养殖业。正在采茶的老大爷向我们说道："我大概分到了五亩地，两亩多地用来种茶，剩下的种稻谷。稻谷一半吃一半卖掉，除去打农药、施肥、运输，差不多保本。种茶的话收入要高些，就这块地（2.2亩）来说，一年种茶的话收入有4000到

5000元。"在物价通涨的年代，人们要想获得更好的生活质量，仅仅依靠在村里的这些农业收入是远远不够的，尤其对于追求潮流生活的年轻人。人们若外出打工一两个月所获得的收入就可以超出他们在家从事农业的一年收入。我们认为，收入的巨大反差正是大部分人外出打工的动力所在。

很难想象一个有着878户，总人口约2900人的江南大型村落，在平常的日子里就只有1000左右人的景象。以前热闹的小巷，茶余饭后大家坐在一起聊天的景象在现在看来也只能停留在回忆中。没错，人口的流失给这座村落打下的烙印就是这样。

我们在村落的每一个角落寻找着人口流失的答案。一天的探访下来，就在我们一行人结束当日考察，漫步在在乡村公路交流感想时，村口公交站台上的"黄山旺荣电子有限公司"的招聘广告很惹眼地吸引住了我们的眼球。刚开始还不以为然，觉得这种乡下的招聘待遇肯定会很低，当我们看完后才知道县城里工厂的工资待遇也不容小觑。招聘岗位的学历要求大多在初中以下水平，每天工作八个小时周末双休，平均工资2000~3000元，最高可达4000元。与在家务农相比，无论是在工作待遇及收入、劳动强度等方面，进厂工作都要远远优于在家务农。因此，大多数年轻人为了追求更美好的生活会选择离村进城进厂。这种选择必然导致人口的迁徙。大多数年轻人就会离开村庄进入县城或者更远的大城市，从而人口不断外流。而失去外出打工能力的老人一般会在家带孩子或者从事传统的农业种植养殖劳动。随着外出打工的年轻人越来越多，村中老年人口比重也逐渐上升，因此在常住人口仅剩了一千出头的村子里，老年人口就占了一半以上。村中人口这种现状，印证了人口大量外流的客观事实。

落后的经济也必将会给当地的教育资源、教学能力等带来消极的影响。经济发展不起来，难以吸引优质的教师，教学设施也很难有保证。而在这种状况下，村中的小孩也越来越多地离开村庄进城上学。为孩子寻求优质教育资源已经成为新一代父母的一种风气，追逐优质教育资源也再次加剧了人口的向外迁徙。现在村中唯一的小学虽依然在进行开课，但只有9个学生和一个老师，1到4年级合起来勉强组成一个复式班。因为，多数家长外出外打工时带走孩子在县城或外地入学。村校目前的状况正是当地经济滞后的直接反映，也更是当地人口快速外流的真实写照。

二、不断激化的矛盾

（一）碧山计划下的古民居现状

欧宁的碧山计划实施已有五年了，从目前当地的发展情况和村民的评价来看，我们了解到，该计划对碧山村还是有一定影响的。当我们问及欧宁邻居的小卖部老板：碧山计划给村里带来了什么影响时，他说道："欧宁在的时候，慕名而来的游客增多，他走后，来旅游的人在减少。他来到这里后，提升了这里的知名度，原来一套老宅子只要2到3万，现在要20到30万。"当地古屋房价的快速飙升从侧面反映出了当地知名度的提升。然而，这一切并没有给外出打工的年轻人带来什么吸引力，在计划实施的五年中，人口外流依旧没有发生递减。反而随着在外打工工资的提高，对生活质量的高追求，对居住条件要求的也不断提高。越来越多的人跑向外地不愿回来，对自己老家中黑、潮、差、危的老屋敬而远之。

  对于这些古老的建筑，现代年轻人大多不愿再住下去，很多村民在富起来返乡以后，第一件事就是拆掉老房子盖小洋楼，致使碧山村的老房子越来越少，小洋楼越来越多。据村中老者姚立兰老师说："这种回乡盖房的现象在2005、2006年以来尤为突出。"现在人们为了获得更好的就业、教育、医疗纷纷投奔城市，越来越多的人家卖掉古屋，在城里买房，逃离碧山村，进城生活。而这种行为是与欧宁、左靖老师们的计划是相违背的。碧山计划的初衷是吸引知识分子回乡进行乡村建设，保持原有的古老建筑以复兴乡土文化，重筑公共生活的农村模式。但随着时间推移，村民为了改善生活质量，而卖、拆古屋兴建洋房的举措，与碧山计划保护古屋的矛盾越来越突出。两者的碰撞也必将为碧山计划的推行带来愈大的困境。

  "欧宁来碧山之后，提升了碧山的知名度，原来一套房子只要2万，现在要20到30万甚至有的可卖到两百多万，村中现在就有一栋卖出去的百万古屋。在碧山计划实施的这几年中，村中老房子卖出去了十几栋，但买主大多是委托隔壁帮忙看护。售后的房子因看不到预期的增值，新主也失去了修缮的动力。没售出的现在看来也就很难再以期望的高价售出了。"村中小卖部老板这样说道。从老板的话中我们可以看出，房子虽然价高，但是越来越少人买，碧山计划的到来仿佛对当地的房价以及经济起到抬升作用，但实则却是对房价造成了一种虚幻炒作，逐渐出现了有价无市的现象，而这种现象也会直接性地加剧居民迁往城市。

有的村民看着房价高而选择卖掉古屋，致使村民在村中无屋，更倾向定居城市，再次促使人口外流。而有的在外打工或是在城里买了房子的村民则看着房价的攀升，将自己的古屋留着不管，等待高价出售。已在此地买房者看见碧山计划前途不明朗，将已购古屋交于隔壁邻居看管。这样一来在"不卖和不住"的情况下逐渐出现了对古屋的"不拆也不修"，使古屋闲置进而慢慢的坏掉。不得不说，这不仅是对古屋的一种变相破坏，也延缓了村民对居住条件的积极改善。而卖掉古屋修建新房的行为与碧山计划保护古屋的矛盾可谓在此表现得越发激烈。而矛盾之下的副产品也必将是人口的流失以及碧山计划的逐渐衰败。

在我们调研的这几天随处可以看到村中小巷都在修路，一米多宽的羊肠小道通过利用世界银行贷款重新翻修，一改以前泞泥坑洼的状况，然而由于道路是夹在房屋中间，古时候只设计于行人的道路宽度在当代早已不合时宜。由于宽度太窄根本不能通汽车，即便是重新改建，那么两旁古房屋的处理将是最大的矛盾，而为了保存古建筑吸引游客发展经济，必然就只会进行保护性修缮。这样一来造成的局面也必将是汽车永远进不去。修缮的意义也包含了把现代化生活永远堵在了村外，成为好看的花瓶摆设。而在外地打工回来的村民无法将自己的车开进去，交通上的不便从而影响回乡的积极性。

(二) 政府规划与碧山计划的冲突

随着碧山计划的进行，碧山当地的名声也随之提高了不少，国内外人士慕名而来，村中旅游观光、写生的人流量逐渐增多。人流带来商业机遇，人流大的地区往往是商业的集聚之地，碧山村也不例外。外来商业投资便闻声不断注入，其中"何府"就是一个典型例子：某集团以清代的一座大户庭院为基础，改建了星级高档宾馆，以古徽州建筑为特色吸引游客入住。相似的还有将生产队曾用作猪栏的老屋残存改造而成的"猪栏酒吧"；据了解住一晚平均要800元。如此高消费模式，仿佛对当地经济及就业带来了巨大的促进作用。其实不然，当我们以为"何府酒店"、"猪栏酒吧"等外来商业为解决当地就业，减少人口外流起到积极作用时。欧宁家隔壁的小卖部老板以及门口一位叔叔告诉我们，只有在他们装修房子的那会儿，才会让村里的人去打工，也只是在那时曾对村里人开放过参观，在正常营业后，那里招聘的服务员之类也不优先本村。就拿猪栏酒吧来说，里面的服务员有从临近西递和宏村连锁店调入的，也有来自更远的城市，多是具有经验的和素质的老员工，而对本村的新手不感兴趣。可看作对当地就业根本没有起到多大促进作用。

当我们去两家酒店进行参观采访时刚开始是被拒绝的，后来在与老校长的交谈中他说道："他们不怎么待见人，我们去他那里玩，都是不开门不让我们进去，仿佛在说我们村民的粗陋与那里的高档环境格格不入，怕影响了他们的档次。猪栏酒吧是做外来游客的生意，做不到农民身上，农民去歇一下喝口水都不让进的。他不跟村民搞关系，他只跟当官的搞好关系就行了，只欢迎当官的去吃啊去住啊。"外来商业的不断涌入仿佛并没有给当地人创造什么就业岗位，也谈不上什么村民有什么贡献，跟当地人没有太多的关联，他们只是徽州古村落为背景，以碧山计划为名片来谋图自己的利益最大化。这样也不增加在外打工的年轻人回来的理由。

在政府眼里，经济发展一直是政府工作的中心，不是旅游村就无法带来财政收入，在碧山村也不例外。政府利用碧山计划创造的知名度招商引资，但在欧宁等人看来，政府的这种行为在一定程度上扰乱了他们的计划，对此欧宁等人对于商业合作采取抵触的态度。曾在2014年香港东盛投资有限公司在该地购买了222亩土地准备修建精品酒店和产权式酒店，以及在当地创办展现徽派民居等的主题公园。这在当时是黟县政府引以为傲的招商引资的一大成果，而且该公司董事长还提出要赞助碧山计划100万元用以筹办2014年丰年庆。但是，在欧宁等人再三考虑推辞了这笔巨款，原因是不能确定该公司与碧山计划的理念是否相容。

碧山计划现在遇到的挫折与他们对商业合作避而远之是分不开的。缺乏经济的支撑，单纯的乌托邦性质的乡村复兴建设是难以进行的。而这种排斥外来商业经济对计划的介入，也必将与政府的经济发展方针相冲突。碧山计划对经济的规避也必将影响该地经济的发展，对当地居民留乡发展造成不利，从而根本无法逆转人口的继续外流。

纵观整个碧山计划下的碧山村并没有一种真正良性循环、可持续的经济发展模式做保证，而在这种情况下根本无法提供村民们在乡发展的基本条件，只得继续外出打工。而没有村民参与的乡村建设也必将更加倾向于空想主义与空中楼阁，从而逐渐走向失败。

重庆邮电大学移通学院调研报告
（一）

课题名称：碧山共同体——矛盾的共同体
学生姓名：陈嘉乐 学号：2014212225
院　系：自动化系
指导教师：李亚琳
调研时间：2016.4.11 – 4.15

碧山共同体——矛盾的共同体

摘要：碧山共同体是欧宁碧山计划的最终设想，他企图在碧山创造一个文人、艺术家的汇聚之地，创造一个文化艺术之都，开创出一条独特的乡村建设出路，然而至今未能达到他预期设想。调研显示，他所设想的碧山共同体本身有诸多不足之处，它的内部又存在着不可调和的矛盾。因此，至今仍处于徘徊状态。

关键词：碧山计划；碧山共同体；文化艺术之都；矛盾

Abstract: Blue mountain community is the ultimate vision of European NingBiShan plan, he tried to create a literati in the mountain, the artist's gathering place, to create a culture and art, create a unique rural construction way, but have been unable to reach his expectations. Research shows that he envisioned the blue mountain community itself has many deficiencies, its internal and there are irreconcilable conflict. As a result, has stagnated.

Key words: green mountain plan; Blue mountain community; City of culture and arts; contradiction

1. 引言

宁静的碧山升起袅袅炊烟，这是乡村最恬静的时刻，这是文人骚客所向往的田园风光。欧宁与左靖在此开展碧山计划，创建碧山共同体……

但碧山共同体到底是什么结构？

它的主体人群到底是谁？

碧山共同体发展至今有没有达到预期目标？

它自身存在何种矛盾？

没有政策支持的碧山共同体能否延续下去？

我们渴望了解真相，我们来到安徽黟县的碧山村，进行实地的调研考察，希望从第一手资料中获取答案。

2. 调研方案设计

2-1. 调查内容

碧山村村民对"碧山计划"的看法。

碧山村这几年的经济状况。

碧山村这几年的人员流动情况。

访问一些当地名人，了解他们对"碧山计划"的看法。

2-2. 调查项目

古祠堂、"猪栏酒吧"、小卖部、村史研究者、村委会、碧山书局，退休校长。

2-3. 调查方式

走访村庄，随机选择村民进行交流沟通。

由他人引荐，访问一些当地名人。

2-4.调查范围

碧山行政村

3.调研过程

时间：2016年4月9日-2016年4月17日
地点：安徽省黄山市黟县碧山村
调查人：童大焕（特聘教授）
孟凡贵（特聘教授）
李亚琳（讲师）
陈嘉乐（研究会调研一部部长、学生）
范江敏（研究会调研二部部长、学生）
王梅、马川、钟清池、任庆渝、林圣豪（研究会调研员、学生）
调研方式：采访项目关键人物；参观碧山特有的建筑；访谈居民

4.调研结果

碧山的人群以其来源可划分为两部分：一是从城市中来到碧山村的城里人，二是乡村的本土居民，详细分割见下表。

碧山当地人群来源方向		
来源地点	人群类型	城市人来碧山的目的或目标，村民留在本村的原因和目的
城市	（1）艺术家、文人	采风、购买房屋、改造房屋
城市	（2）外来商业投资者	建造猪栏酒吧、农家乐、何府乡村酒店、碧山书局来获取经济利益
城市	（3）游客、购房者	支持乡村资源经济的发展，购房，改造房屋，保护房屋
乡村	（4）与文人、艺术家接触的村民	以为文人、艺术家提供服务获取利益
乡村	（5）本土商业投资村民	本土村民开办农家乐等。获取商业利益。
乡村	（6）与城市人没有直接接触的村民	老人在家务农，年轻人多进城打工

重庆邮电大学移通学院调研报告（二）

课题名称：碧山共同体——矛盾的共同体
学生姓名：范江敏 学号：2014212225
院　系：自动化系
指导教师：李亚琳
调研时间：2016.4.11 – 4.15

碧山共同体———矛盾的共同体

摘要：碧山共同体是欧宁碧山计划的最终设想，他企图在碧山创造一个文人，艺术家的汇聚之地，创造一个文化艺术之都，开创出一条独特的乡村建设出路，然而至今未能达到他预期设想。调研显示，他所设想的碧山共同体本身有诸多不足之处，它的内部又存在着不可调和的矛盾。因此，至今仍处于徘徊状态。

关键词：碧山计划；碧山共同体；文化艺术之都；矛盾

Abstract：Blue mountain community is the ultimate vision of European NingBiShan plan, he tried to create a literati in the mountain, the artist's gathering place, to create a culture and art, create a unique rural construction way, but have been unable to reach his expectations. Research shows that he envisioned the blue mountain community itsclf has many dcficicncics, its internal and there are irreconcilable conflict. As a result, has stagnated.

Key words: green mountain plan; Blue mountain community; City of culture and arts; contradiction

1. 引言

宁静的碧山升起袅袅炊烟,这是乡村最恬静的时刻,这是文人骚客所向往的田园风光。欧宁与左靖在此开展碧山计划,创建碧山共同+体……

但碧山共同体到底是什么结构?

它的主体人群到底是谁?

碧山共同体发展至今有没有达到预期目标?

它自身存在何种矛盾?

没有政策支持的碧山共同体能否延续下去?

我们渴望了解真相,我们来到安徽黟县的碧山村,进行实地的调研考察,希望从第一手资料中获取答案。

2. 调研方案设计

2-1. 调查内容

碧山村村民对"碧山计划"的看法。

碧山村这几年的经济状况。

碧山村这几年的人员流动情况。

访问一些当地名人,了解他们对"碧山计划"的看法。

2-2. 调查项目

古祠堂、"猪栏酒吧"、小卖部、村史研究者、村委会、碧山书局,退休校长。

2-3. 调查方式

走访村庄,随机选择村民进行交流沟通。

由他人引荐,访问一些当地名人。

2-4. 调查范围

碧山行政村

3. 调研过程

时间:2016年4月9日~2016年4月17日

地点:安徽省黄山市黟县碧山村

调查人:童大焕(特聘教授)

孟凡贵(特聘教授)

李亚琳(讲师)

陈嘉乐(研究会调研一部部长、学生)

范江敏(研究会调研二部部长、学生)

王梅、马川、钟清池、任庆渝、林圣豪(研究会调研员、学生)

调研方式:采访项目关键人物;参观碧山特有的建筑;访谈居民

4. 调研结果

碧山的人群以其来源可划分为两部分:一是从城市中来到碧山村的城里人,二是乡村的本土居民,详细分割见下图。

碧山当地人群来源方向		
来源地点	人群类型	城市人来碧山的目的或目标,村民留在本村的原因和目的
城市	(1)艺术家、文人	采风、购买房屋、改造房屋
	(2)外来商业投资者	建造猪栏酒吧、农家乐、何府乡村酒店、碧山书局来获取经济利益
	(3)游客、购房者	支持乡村资源经济的发展,购房,改造房屋,保护房屋
乡村	(4)与文人、艺术家接触的村民	以为文人、艺术家提供服务获取利益
	(5)本土商业投资村民	本土村民开办农家乐等。获取商业利益。
	(6)与城市人没有直接接触的村民	老人在家务农,年轻人多进城打工

4-1. 文人、艺术家

城市中的艺术家和文人是欧宁与左靖的碧山共同体的主体,欧宁与左靖试图利用碧山优美的风景,浓厚的徽系历史氛围,和还没有完全被破坏的乡村人文、自然来吸引城市中的文人、艺术家。以其文人、艺术家的文化性和知名性来带动碧山的文化经济,将碧山发展成一个文人、艺术家的汇聚之地,用碧山的氛围来衬托文化艺术的高雅性和质朴性,并且在碧山创作他们的文化艺术,把碧山打造成一个文化艺术之都,并以此为基础,进一步带动当地的特色文化经济。

4-2. 外来商业投资者

是由城市中有一定经济能力的个人或者财团构成。看好碧山的经济发展前景，开发当地的乡村文化经济资源，以盈利为目的。他们有完整的商业规划和具体的实施方案，以碧山风景，徽系建筑为特色设计出相关商业经营模式和产业。

4-2-1 猪栏酒吧

利用碧山风景、文化资源、知名度经营的针对文艺青年的特色酒店。此店并非碧山独有，在相邻的旅游景点西递、宏村也拥有连锁分店。

4-2-2 碧山书局

以乡政府给予三年免费使用的"启泰堂（古祠堂）"为场所，先锋书店在碧山设立一家连锁书店。它的经营对象主要针对游客中的文化精英和文艺青年。并不以短期盈利为目的，更重视品牌效益——为了获得文人、游客、文艺青年的认可，进而获得软实力、客户群、知名度等。采访当地手绘风景画家汪寿昌老先生得知在其免房租条件下，碧山书局处于微利状态。

4-3 游客、购房者

这些人拥有一定的经济能力来支撑他们来碧山休闲，甚至购买老宅。是欧宁和左靖所设计碧山共同体的内涵之一，也是乡村资源开发团队的客源。他们来乡村是以参观、休闲、度假、疗养为目的。他们是乡村文化资源的主要消费者，给当地人和商业服务者带来经济效益。

4-4 与文人、艺术家接触的村民

这部分人只占到碧山常住人口1000人左右的1%，只有10来人，是碧山整体人口的很少一部分，他们通过服务从文人和艺术家身上获得直接利益。比如，小卖部提供生活日用品零售、车主帮助接送客人、妇女从事家政工等。他们是文人和艺术家的利益攸关者，他们非常赞同欧宁和左靖所开展的碧山计划，也非常赞同碧山共同体的建设；虽然他们并不了解碧山计划、碧山共同体的确切含义。

4-5 本土商业投资村民

他们一般是最早外出打工挣钱后还乡的一批村民，或者通过其他渠道融积到投资的村民。在2013年碧山因碧山计划而扬名，游客和购房者人流增大，给碧山带来了一些商

机;而城市商业投资集团建设的高档乡村酒店不能满足中、低档客户的需求;这些拥有一定资本和商业眼光的本土村民随即建设中、低档的农家乐和小型宾馆而获取经济效益。

4-6 与城市文人、艺术家、商业投资者没有直接接触的村民

他们是村民的主体,他们对文人、艺术家所设计的碧山计划并不感兴趣,他们不懂得也不需要懂得碧山计划和碧山共同体到底是什么,他们只知道这些人来了之后,他们的老宅子升值了,原先一两万的房子,现在能卖到二三十万,这是他们对碧山计划和碧山共同体最感性的认识。

5. 调研结果与分析

5-1 主要矛盾

文人、艺术家是碧山计划的开拓者,想在碧山建立一个文化之都,发起人欧宁从观念上抵触纯商业模式的开发,希望按照文人的思想和文人、艺术家的模式来建立碧山,商业可以有,但是必须是以服务文化的方式而存在。

而外来商业投资者和本土投资村民并不这么想,虽说这两类人群对客源(游客、购房者)有一定的竞争,但他们的商业动机是一致的。他们最关心的是自己经营利润,而并非将碧山计划看作自己的事业,也不将自己看作碧山共同体的成员。他们在欧宁与左靖的给碧山带来名气之后,投身与计划有关的商业活动,但并不迎合欧宁与左靖的乡村规划,这是欧宁和左靖所没有想到和不愿看到的。

而对于游客和购房者来说,碧山因为碧山计划而扬名,他们前来旅游、度假带动当地经济。这虽是文人和艺术家期盼看到的效果,但在2013年之后,乡村酒店、农家乐的大规模建设、商业模式的快速发展,又偏离了欧宁的最初设想——即创建一种区别于一般旅游商业模式的独特文化模式。

6. 调研结论

在为期五天的碧山调研中,碧山共同体的神秘面纱渐渐揭开。碧山共同体的本质是通过让知识分子、艺术家与农村居民共同协作,提供一种新的乡村建设思路,从而避开农村被简化为旅游景点或迅速被城市吞噬。但摆在我们眼前的现状并不是艺术家、知识分子与农民之间你来我往的交流,也没有看到乡村建设迅速变好。碧山计划从推出到现

在已经过去5年，为何这里的建设还是未见显著起色？没有像碧山计划预设的那般美好？我认为，关键在于左靖与欧宁等人思路不清晰，他们对自己要把碧山具体设计成什么样子胸无成竹。假若他们想把碧山建设为一个"农耕文化产业基地"；那么，我想北京"798"就是一个很好的范例。北京"798"是在原废旧厂房基础上建设起来的一个具有文化创意的艺术园区。自从艺术家和文化机构进驻后，成规模地租用和改造空置厂房，逐渐发展成为画廊、艺术中心、艺术家工作室、设计公司、餐饮酒吧等各种空间的聚合；形成了具有国际化色彩的"SOHO式艺术聚落"和"LOFT生活方式"。把碧山建设为另一种格调的北京"798"，会是个不错的思路。北京"798"是从工业废旧厂房转变为"文化创意基地"，碧山可以从农耕出发，建设关于农耕题材的"文化创意基地"。在我个人看来，提出碧山"798"计划比现有的"欧宁计划"更加可行。原因有四：（1）碧山原本具有很强的文化底蕴，不少史书也记载过。徽派建筑更有艺术价值，为艺术区奠定文化底蕴。（2）碧山村出去务工的人员很多，工商业观念较为普及，当地常驻人口越来越少，有可能向"空巢村"转化，给艺术家带来更广阔创作的空间。（3）废旧工厂改建为文化创意基地的例子比比皆是，而衰落农村改建为文化基地还没有或者很少有成功先例，因此更具有创新性和独特性。如果碧山"798"得以实现则更能吸引大众的眼球。

在信息迅速更替的今天，一些废旧厂房的命运注定要改建或者重建，例如：北京798、北京尚8文化创意产业园、上海1933、上海红坊创意区、上海田子坊、上海8号桥、深圳创意之都、深圳OCT……等，倘若我们构想的碧山"798"立项，是离不开规模投资的，仅仅是靠几个文人，艺术家去实施，很难达成预期目的。反过来看，"欧宁计划"却排斥商业投资，造成了他们渐渐陷入僵局窘境。左靖和欧宁等人的眼光率先看到了碧山这块可以改造和开发的区域，然而他们没有明确的目标，没有具体流程。该建设怎样的碧山？他们还在犹疑和徘徊，甚至还要经过长时间痛苦的探索过程。

最后，我个人认为"碧山计划"是一个失败的计划，是暂时尚不具备可行性的空中楼阁。

山村之恋

2015 级工商管理系　钟青池

你走，我不送你；你来，无论多大的风雨，我都去接你。

掬一捧清泉，托小溪向你带去我们的仰慕；摘一朵桃花，托风儿向你捎去我们的爱恋；拾一片枫叶，托青鸟向你转达我们的思恋。终于，我们跨过千山万水来寻你——碧山村。

初见你，是在一个繁星满天的夜晚皎洁的月亮悬挂在天边。为你平添了一抹神秘的美感，带着致命的诱惑，让人迫不及待想要揭开这神秘的面纱，一窥其真容。一排排的古民居错落有致，带着特有的马头墙，还有那幽深曲折的巷道，无不烙上历史的印记。就像一坛美酒，历久弥香。散发着浓郁的醇香。吸引着我们不断靠近你，亲近你。

  群山环绕着你，就像一个个忠诚的卫士，保卫着你，不让你受到丝毫的亵渎。溪水在你的身体的流淌，为你提供给养。大地为你穿上美丽的衣裙，勾勒出你曼妙的身材。吸引着无数的文人墨客、迁客骚人为追寻你而来。正是有如此美好你，才得以孕育出一片桃花源。阡陌交通，鸡犬相闻村民们日出而作，日落而息，依旧过着原始的生活方式。种茶、养蚕、耕地，真真是良田美池桑竹之属也！即使有美景如你，也依旧留不住外出务工的村民们。也阻挡不了城市化发展的浪潮。只有留下一些老人和小孩还守护着那片养育他们的家园。也有很多人为此感到深深地担忧，担心它在城市化发展的浪潮下会最终淹没在历史的尘埃里。并做出许多的努力，有在那里居住了一辈子的姚立兰老人为我们讲解当地的即使，汪寿昌老人为碧山手绘明信片，衣锦还乡的老校长建设老年活动中心。还有从各地来的文人墨客们，左靖在此开设了碧山书院，宣传碧山，欧宁夫妇在此开设牛圈咖啡馆，理农馆等，还设计了一个'碧山计划'，想要留住这个美丽的地方！但是村民们却觉得这并没有给他们带来实质性的收益，对他们的生活没有什么改变，他们甚至不知道什么是碧山计划'。在城市化发展的这个大浪潮里，谁都不可能独善其身，脱离这个浪潮。只有顺应这个浪潮，才能提高村民的生活条件。只有在村民们物质基础充裕的条件下，他们才会去思考精神层面的改变。我们谁都不能剥夺他们追求更高质量生活的权利。

  这是一个科技、信息化的时代，以前老旧的生产生活方式必将被淘汰，如果一味的留在过去，不愿走出去，必定会消逝在历史的红尘中，最终化为尘埃。但却也让我明白了，为什么有那么多的文人墨客们都争相来这个地方小住，因为这里能带给我们心的宁静，使久居城市里的我们那颗躁动的心在这里得以平静，得以洗涤。获得新生。碧山，这个美丽而又宁静的小山村，迎来多少的游人，又送走了多少的过客。没有不赞美它的美丽，感叹它的瑰丽。

  我们走的时候，天下着雨，似乎是想挽留我们。江南地区有个习俗——江南人，留客不说话。也许是它不想我们离开，所以只是无声地下着雨，用行动挽留我们。但我们终究只是匆匆而来的过客。或许在经年以后碧山早已没有了我们的痕迹，但是，它却在我们的生命中留下了出彩的一笔！

  碧山，我们有缘再会！

碧山行记

2015 级管理工程系　林圣豪

问余何意栖碧山，山中自有美景在。悠然自得垂溪钓，夕阳西下牛归来。在皖南的一个小乡村里就存在着这么一处世外桃源。宁静祥和是乡村的本色，然而 2011 年后的碧山村似乎并不满足于现状，在策展人欧宁的带领下，在现代乡村建设的道路上掀起一阵波澜。

出生于江南农村的我早已经习惯了农村的日常，但通过前期的了解，似乎碧山村展现给外人更多的是现代化的气息：蜿蜒的柏油路、价格高昂的酒吧、商业氛围浓厚的书局、星罗棋布的旅馆客栈等等，这一切似乎与欧宁的碧山计划显得有些格格不入，带着对碧山的向往与疑惑，经过长途跋涉，我们于出发的第二天到达碧山。

给碧山的第一映像：黑。诺大的村庄，路灯却寥若晨星。从城市的喧嚣到小乡村的宁静，从灯火璀璨到暮夜无知，或许会显得有些不适应，但这却给文人多了一分创作的意境，一抬头便是唯美的灿烂星空。走进客栈，热情的老板一下子让我们减了几分疲意，深深地感受到了农村的质朴与好客。客栈内古香古色的装饰也让我们倍感舒适。

晴朗四月的碧山，是一种野生的，生机勃勃的，纯真的美。到达碧山后的第二天清晨，我们开始对碧山进行走访。走在乡间小路上，迎面而来的是充满泥土气息的清风。道路旁的传统徽派建筑不胜枚举，与现代建筑相间分布。青山、绿水、白墙、黛瓦，在质朴中透着清秀。此时，此刻，此景，虽身在此，也觉得心旷神怡。遗憾的是，我们没有享受到油菜花次第开放的视觉盛宴。经过一天的走访，从采茶伯伯的言语中我们感受到在城市化进程中，大量农村人口走向城市是难以改变的趋势；从对农家乐和猪栏酒吧的了解发现，在农村发展第三产业也不是不可能。期间，天空还下起了小雨，多变的天气给碧山带来了瞬息万变的美，不喜欢整日的阴雨，不过雨后的碧山倒是让人顺心。

之后的几天,我们一行人走访了碧山书局——一座藏匿于绿水青山下的心灵归所;芳芳园——三代房屋展现了农村不同时代生活的缩影;翰林府(碧山书院)——碧山计划中提倡知识分子返乡,保护古建筑的典范。除此之外,我们还与退休老校长丁启涛进行了一番交谈,通过交谈我们不仅了解到村民对碧山计划的敬而远之,更从孟老师与老校长的交谈过程中学会了与人交流的技巧。

碧山之行,在我看来不仅仅是进行学术调研,更重要的是我们得到了一次与三位指导老师深入交流的机会。以往我们都认为买房子只是满足自身的生活需要,但通过与童老师的交流,我改变了对买房的看法,房子更多的是一种城市空间,是一种投资。孟老师的博学多才让我有了不断进取的动力,其中关于茶马古道与童老师的争论更是一种严谨学风的体现。李老师则更像是我们的姐姐,总是和我们打成一片,也教我们如何更好地完成工作,保证了调研工作的顺利进行。

碧山之行,令人难忘,除了风景还有那里的人,碧山再会。

灼灼春光·印象皖南
——碧山调研感想

2015 级外语语言文学系　任庆渝

一生痴绝处，无梦到徽州。

当我们一行人带着激动，期待和些许旅途的疲惫抵达碧山村时已经是傍晚，黄昏已经悄然褪去，寂静的夜晚正款款而来。就这样，我们开始了为期五天的碧山调研之旅。

山绕清溪水绕城。清晨微阳初至，我们一行人早早的出发去拜访这片曾经被秦始皇垂青赐名的江南地。这是一个陌生却又熟悉的地方，陌生的是小桥流水，秀美清丽的景色，这在川渝地区是看不见的。熟悉的是如出一辙的人物生活场景。一个老幼相依的村落，谈不上有什么希望寄托，也就仅仅是日图三餐，夜图一宿。老一辈，虽然是无可奈何花落去，但同样也是习惯了这片掩埋了大半个躯体的肥沃土地，静静的等候着叶落归根。幼的一辈，无非是短暂寄居在这里的客人罢了，等到年岁稍微大一些也就跟着风尘仆仆的父母东南飞了。外出的劳动力大多也在城里安家立业，还有一部分人就算是漂无定所也不肯放弃，伺机而动等待着每一个能够越过龙门的机会。青山绿水引诗赋，墨瓦白墙牵画魂。然后还会有谁来欣赏这一场格格不入的泼墨山水？我突然想到一句话：山坡上开满了鲜花，在牛羊眼里它只是饲料。如今的农村已经是一派江河日下的光景，人们竭力想要冲破贫穷的束缚，社会发展的规律也一步步摧毁着一家一户单一的生产模式。铁犁牛耕已经不是时代的主题。随处可见的断壁残垣无不昭示着改革开放城市化大发展所带来的巨大改变，顺者昌，逆者亡，这是亘古不变的道理。

接下来在短短几天的走街串巷中，我们看过了现代文明与古旧建筑完美融合的左靖住宅，自命清高拒绝村民入内的猪栏酒吧，古色古香的碧山书局。也从村名口中得知了"碧山计划"对当地生产生活一些或好或坏的影响，我们调研小组更是深入探讨了关于乡村乌托邦的建立和农村建设的各种出路与可能。虽然村民们对欧宁的"碧山计划"褒贬不一，但不可否认的是他们都殷切的期望着有人能够给这个落后的山村带来一些好的改变。当然山重水复疑无路，谁又能说得准不会柳暗花明又一村呢？

碧水含春傍槛流。疏风骤雨。最后一天，我们调研小组早早地踏上回程。一路上耳旁久久萦绕着那首空灵婉转的民谣《江南雨》。江南人，留客不说话，只有小雨沙沙的下，若断又若细，如诗又如画⋯

念去去，千里烟波。碧山有缘再会！

碧山行

2014 级自动化系　陈嘉乐

徽州以南有这样一位秋水伊人，唤作碧山。

　　清晨，我在她的软香温玉中醒来。她那秀雅绝俗的气质让我目酣神醉。她不似我的故乡内蒙古那样原始而粗犷，也不像我喜爱重庆都市那样火辣风情，她拥有一种自带灵气的温润。正是因为这种卓然天成的绰约风姿消除了所有长途跋涉的疲惫，我甚至有种想把调研工作抛之脑后沉醉其中的冲动。直到同伴的一句轻喝："喂，你干嘛呢？"让我如梦方醒。就这样我们开始了调研工作。

碧山看似普通却充满灵气的山村让许多外来人痴迷，也让许多生活在纸醉金迷的城里人如归故里，欧宁和左靖也是被这种灵气所吸引来此定居，想把碧山打造成一个文人墨客畅谈古今，写诗赋词的艺术殿堂。不巧的是正当我们准备拜访欧宁与左靖老师时被村里人告知他们已经离开将近一个月了。不过左靖老师的助手让我们有幸得以参观他的住宅——碧山书院。左老师的府邸一间间错落有序，带有文人气质的摆设和家具在复原的徽式建筑中将文化气息展现得淋淋尽致，让我感到传统文化的渲染与氛围，当时的我真是沉醉其中，然而左老师助手的一句话却让我回到了现实，说这座房子花费了180万不带任何家具。我想这种房子也是只有有钱的学者才能住的起吧，当地的村民又是什么居住环境呢，其他的文人骚客能来这里和欧宁左靖一起交流学问吗？

当我们从碧山书院出来之时我感慨万千，这文化的殿堂也不是什么人都可以进的呀，而当我们前去参观碧山书局、何府之后我更加感觉这些建筑与名人和当地的村民并没有联系，古老的徽式建筑，秀丽的碧山风景，文人骚客的文化殿堂，碧山书局的文雅，猪栏酒吧的文艺似乎与当地的老百姓并无关系，这就是欧宁所谓的碧山计划吗？

当我们和当地的村民聊到欧宁和左靖时，大部分村民都是一脸茫然，他们有的甚至不知道欧宁来到底是干什么的，什么是碧山计划？碧山共同体对于村民来说简直不知所谓，甚至当地的村干部也不熟悉，碧山这位秀丽的姑娘似乎不属于当地的村民，似乎只属于文人骚客，只属于来参观碧山书局，居住在猪栏酒吧或者何府的文艺青年。

碧山和当地的村民组成了一副美丽的风景画，城市中来的游客与文人骚客在这幅美丽的巨画前翩翩起舞，好不美哉！

行走于碧山

2014 级自动化系　范江敏

"轻轻的我走了，正如我轻轻的来！"

我们一行人半夜造访，唯有残亮为我们指引通向前方的道路。原以为我们的到来会打破这里的宁静，似乎这里被埃及的法老诅咒一般，那般沉寂。幸好客栈老板夫妇俩的热情再次点燃了我对碧山的好奇心。深夜，月亮依旧在注视着我们——来自城里的陌生人。田间的青蛙你一句，我一嘴的争吵并没有阻挡我的睡意。

行走碧山之调研

经过第一天我们初次熟悉碧山的整体信息后，为接下来几天调研奠定了基础。我们在碧山书局偶遇到姚立兰老先生，他是碧山村的退休教师。访问姚老时，我们了解到在网上不曾知道碧山的一些故事和历史。了解到以前碧山与周边的西递和宏村相比之下，具有更深厚的文化底蕴和历史背景。然而随着时间的流逝，碧山的发展好像发生了停滞。不再像宏村和西递一样人来人往，被受大家关注。姚老在"牛圈咖啡馆"对碧山作了简短介绍后，邀请我们到他家观摩一番。进门之前，映入眼帘的是门上"芳芳园"三个字。姚老说："这是我因为我夫人和女儿名字里都有一个'芳'字。"尽管姚老只是简单介绍，但我想这其中饱含着姚老对自己家人的疼爱，可以衍射出身为人夫和人父伟大的亲情。点滴事情就可以看出这一家人的温馨与感情。同时，姚老也是一位摄影爱好者，而且还举办了自己的摄影展，姚老拿出来为我们一一介绍。在我看来，姚老值得我们大家共同尊敬与爱戴的老人。

在客栈老板的引荐下,我们见到了丁校长。起初,丁校长对我们的到访显得小心谨慎,亦或感觉我们是不速之客,表情显得异常凝重。渐渐闲聊之后他敞开心扉,给我们展示了他的书画和证书。与之前的态度谈若两人,还带我们去他的后院参观,一片小竹林,很有闲情雅致。整个访问期间,我注意到丁校长的妻子从头到尾都是默默地关注着我们的交谈,看到校长十分快乐,自己也显得开心。虽然丁校长给我们的印象是荣誉和见识颇多,但肯定深受传统思想的禁锢,而且也比较爱慕虚荣,散发着文人的自傲。

姚老和丁校长是不能相提并论的,他们都在碧山具有一定影响力。相对于丁校长的浮夸,我更喜欢姚老的沉着和城府(有内涵)。

行走碧山之调研之外

很荣幸能和童老师一块儿这么长时间去交流和学习,给我印象最深的就是:"生命在于静止"这个观念,我想这并不完全正确,生命仍然在于运动,只是在于运动量的大小。倘若每个人都不出去活动,不去挑战一下自己,那么生命的意义和价值又在哪里?运动员的生命周期一般都很有限,是因为他们运动量超过正常人的运动量。我扔相信生命在于运动,在有限的生命里做更过有意义的事。

这次调研很有幸能遇到中科院的于老先生,尽管和他只是"一面之缘",但他好像给我的启发并没有因此而减少。他说:"年轻人就要有'霸气'"。在我理解看来,自己要有自信,要有"长江后浪推前浪的魄力",要有"我一定会比上一代强的决心"。

调研结束了,也许我不会再去碧山,这次经历一定会常伴我左右。谢谢你们,一路以来的陪伴。

"挥一挥衣袖,作别碧山的夕阳。"

芳菲四月·碧山行

2015 级管理工程系 王梅

夕阳还没有完全消失，落日余晖像个垂目的老人，温和慈祥但又很神秘！就像我在网络上了解的碧山。期待已久的碧山调研，快开始了！

下午五点，能够进村的班车已经收班结束运营，我们只能租车前行。和司机交谈时，他得知我们要在碧山村住五天，他非常惊讶地说："碧山那么偏僻，住那么久能习惯吗？"原来碧山，你在当地是一个贫穷偏僻，让人闻而止步的地方！尽管碧山给我第一映像不太完美，但由于欧宁、左靖老师的"碧山计划"，我还是对碧山很好奇。车在若隐若现的青山碧水间疾驰而过，与山水一起消失的还有一幢幢漆黑的房屋。成片没有灯光和温情的房屋连在一起，就是一座死城，是个让人望而生畏的地方。碧山，我开始你害怕你了！

晚上八点多，终于到达目的地，迎接我们的是蛙鸣，狗吠，鸟叫，除了客栈老板，就不再有其他人的声音。村庄的路灯和农人的家灯都灭了，整个村庄在远山的怀抱里沉沉地睡去！碧山，你的沉静让我想起了梦里的故乡，想起了那个夜晚只有月光和星星照拂的地方。但早已习惯了灯火通明的我们，对你产生的不是回到故乡的亲切，是寂静黑夜里的恐惧！我想到了司机问的话，是啊，我们能习惯吗？

太阳悄悄地跑进屋子，门外的景色把我们都惊住了。蓝天白云下，群山怀抱里，是一幢幢带有浓厚地方特色的建筑。白墙，灰瓦，马头墙与远山近水融为一体，浑然天成！油菜已经结籽，绿油油的一片，散发出春天的气息。碧山，原来你这么美丽！

早晨八点半，我们一行人在童大焕和李亚琳老师的带领下，出发踩点！田间的小草摇曳着婀娜的身姿，似乎在欢迎我们的到来！茶农们也早就出门，开始了忙碌的一天。

他们见到我们，都很热情地说："欢迎你们的到来！"，在访谈过程中，一位爷爷告诉我们他的儿子女儿都住在城里，就连老伴儿都在城里给儿子带孩子，采茶时节，他和邻居一起采茶，工钱照当天收购价格对半分。淳朴的乡民，在城市化浪潮中也开始进入城市，在更大的平台上谋求更好的生活，没有进入城市的乡民，还保存着那份农人特有的憨厚与纯真。我想这也是欧宁左靖老师所喜欢的。

在村中，我们见到的绝大部分都是老人，很少有青年孩童，一个缺乏活力的村庄是难以复兴的。现代社会，随着商业经济的发展，人口聚集度越来越高，人们的城市化观念也不断增强，欧宁、左靖老师试图在这个四面环山，绿水环绕，农田阡陌，有着"良田美池桑竹之属"的地方，建立一个"谈笑有鸿儒，往来无白丁"的浪漫桃花源，是存在着巨大挑战的。

美好的时光都是短暂的，九天调研，一晃即逝，但学习到的知识与看到的风土人情，却会一辈子陪伴着我们，让我们受益终生！

感想之碧山行

2015 级管理工程系　马川

致力于乡村建设的乌托邦计划正在神秘的古村落上演着，五年之后它的实施是否顺应当地发展？又是否为人们所理解和接受？我们一行人怀着求知的态度，向着那神秘之处开拔，进行实地的考察求证，以更好地帮助我们研究城市化规律。

经过长时间的准备，4月9日终于踏上了期待已久的碧山之旅。一路上火车窗外掠过的城市、村落，仿佛在述说着一座座城市的变迁，或许上世纪的乡村建设运动在这里开展的如火如荼，又或许当代改革开放浪潮在此地遍地开花。但无论怎样，社会是不断前进发展的，城市化水平更是在不断提升。

"你们要在那里呆几天？那里条件很艰苦的额，一般游客只呆得到一两天。"司机叔叔的一番话无意间正式拉开了我们的调研之旅。老师回过头来就向我们提问道，听到师傅刚才说什么了吗？我们第一反应就是说我们不怕苦，早就做好了准备。然而之后我们才知道什么叫答非所问，什么叫真正的调研。"通过师傅的话我们可以得出碧山的经济、生活状况，了解到旅游业程度。"老师这样说道。此时我才意识到工作开始了，察其言、观其色任何一个细节都有可能是问题的突破口，对待问题深入多层次的分析判断而不是停留在表面肤浅的理解，才能终有所获，察有所得。

蓝天、白云、绿草、小溪，一个桃花源般的小村庄，或许此时此刻我是能够理解欧宁、左靖老师当初决定乡村建设的决心了。这样诗一般的地方任谁都不想让他受到破坏。而在城市化浪潮不可逆转的今天是否依然还能让其不被城市化所改变呢？我们带着对碧山计划实施状况问题来到了丁啓涛校长家里，一位年过八十的老人看到我们的到来一开始并不是很热情。让我们顿感要想在他口中得到有用的信息很难，但是在后来我们才知道我们错了，结束后看着丁老满脸的笑容我们知道谈得很愉快，不得不说孟老师在现场给我们学生实地上了堂生动精彩的一课。孟老师与丁老的一言一句看着是那么的平常和理所应当,但事后细细品味来才让人恍然大悟,理解其中的精妙所在。用谈话去一步步的引导被采访的人,让他从马虎应对不愿讲到与你毫无保留的开怀畅谈。孟老师的沟通能力不得不让我们佩服,在调研的过程中遇到像丁校长这种例子是常有的,如何在访谈过程中得到自己想要的东西就必须得学会与他人沟通的技能。

茶田中一个个辛勤劳作的叔叔阿姨,折射着整个村子的发展面貌,在田中与采茶阿姨谈话中我们可以知道,"碧山计划"在村中并没有普及,甚至有的人不知为何物,而碧山计划越来越艰难我想与这个是密不可分的吧。群众自古以来就是历史的主体和创造者。"碧山计划"脱离当地群众势必会成为空中楼阁难以维持。

在商业化浪潮中,地区城镇化是现代社会发展的必然规律。欧宁、左靖老师建立"碧山共同体",想保留住碧山的古朴与纯真,是存在很大困难的,但我们可以考虑让外来资金进入碧山,修缮古祠堂,改善村民生活,以此留住村民,发展旅游业,让碧山在为文人服务的同时,变得更加宜居,更加舒适。

拓展阅读

碧山计划

安徽省黟县碧山村是众多著名的徽州古村落之一，这里"山高田广，阡陌如绣，白墙黑瓦，鳞次栉比"，共有面积58.5平方公里。村内现保存完好的明清时期古民居和祠堂百余座。在历史上，它曾经有过显赫的位置——据《新安志》记载，隋开皇十二年（592年），改新安郡为歙州，设州治于此。

中文名：碧山计划

类型：艺术下乡

发起时间：2011年6月5日

发起人：欧宁、左靖

"碧山共同体计划"前言

徽州具有丰富的自然资源、乡村建筑资源和历史人文资碧山计划 源，是人类多样化生活的一个不可多得的样本。在尘嚣日上的大都市中已分崩离析的乡土血脉与宗族体统，在这里青山绿水的保育下得以幸存。但是，现有的单一旅游开发模式既不关心农村自然生态的保护和发展，也不致力于传统农耕文化的传承与复兴，只是让更多游客蜻蜓点水到此一游，观看毫无生气的样本，无法激起对乡村重建的更多参与。这同时也打破了前来寻访乡土中国的人们对乡村的淳朴想象，让它的亲和力大打折扣。比起村庄的自然凋敝，这更加令人痛心。

在未来五至十年内，回归乡居生活、逆城市化将成为中国城市居民的潮流。人们厌倦了城市的喧闹生活，希望开始实践新的农业生活方式－或者说在恢复这种生活方式。为此，我们计划在碧山村创建的"碧山共同体"，起自对农业传统的忧虑和对过度城化的批判立场，它是一个关于知识分子离城返乡，回归历史，承接本世纪初以来的乡村建设事业，在农村地区展开共同生活，践行互助精神，减低在城市中盛行的对公共服务的依赖，以各种方式为农村政治、经济和文化奉献才智，重新赋予农村活力，再造农业故乡的构思。

碧山共同体计划选择驻居乡间，参与者多数与文化和艺术相关，他们对农村和地方生活的融入，在另一层面上又涉及了乡村建设的议题和实践。在中国的现实环境下，知识分子和艺术家对乡村建设的参与，既要接续民国以来的乡村建设传统，又要在新的历史条件下发明自己的方法。这便是碧山共同体计划为自己订立的目标。

艺术家们下乡，在过去被表述为"采风"，即到农村去采集他们的创作灵感。在某种意义上，它是一种对农村的索取，即便时有回赠，也只停留在对某些文化遗产的整理和传播，而较少在政治、经济层面对农村社会作出贡献。碧山共同体请各地的艺术家们前来碧山，他们一方面展开共同生活的实验，尝试互助和自治的社会实践，同时也着力于对这一地区源远流长的历史遗迹、乡土建筑、聚落文化、民间戏曲和手工艺进行普查和采访，在此基础上邀请当地人一起合作，进行激活和再生的设计，除了传承传统，更希望把工作成果转化为当地的生产力，为农村带来新的复兴机会。

"碧山计划"启动

2011年6月5日，艺术下乡项目"碧山计划"在广州时代美术馆正式启动，作为"碧山共同体"的启动。将举办一系列各种形式的活动，来探索徽州乡村重建的新的可能并寻求多种功能于一体的新型的乡村建设模式。

"碧山计划"发起原因

此次活动的发起人欧宁和左靖，在2007年第一次造访徽州农村时，就被这里的自然风光、文化和历史遗存吸引，他们计划在碧山村创建的碧山共同体，希望能推动进而改变农村地区的经济文化生活。对于这个项目，策展人欧宁表示希望通过知识分子回归乡村，在当地创建一个共同生活的乌托邦的艺术计划，"它与我们将要举办的其它活动一起来探索徽州乡村重建的新的可能，并在北京798和上海莫干山这类城市改造和再生模式之外，试图拓展出一种全新的徽州模式——集合土地开发、文化艺术产业、特色旅游、体验经济、环境和历史保护、建筑教学与实验、有机农业等多种功能于一体的新型的乡村建设模式。"

"碧山计划"主旨

"碧山计划"是一个关于知识分子回归乡村,接续晏阳初的乡村建设事业,重新激活农村地区的公共生活的构思,试图摸索出一条农村复兴之路。

"碧山计划"核心

"碧山计划"的核心是在美术馆系统中介绍"碧山共同体:如何建立自己的乌托邦"的概念,为观众提供一种新型的乡村建设思路。作为"行动在大地"的乡村践履,"碧山计划"邀约了国内外的艺术家、建筑师、乡建专家、作家、导演、设计师、音乐人,与致力于乡土文化研究的当地学者、民间手工艺人和民间戏曲艺人进行广泛的沟通合作,共同拓展乡村建设的生存空间。"碧山计划"展示了外地参与者在自己的创作历史上与乡村建设有关的思考,又呈现了与在地参与者两个月以来的协作实验。同时,它还在美术馆空间搬演与再现了乡村生产与生活的某些场景。

"碧山计划"与"碧山共同体"

"碧山共同体"是策划团队反思中国农村现有发展模式的基础上,做出的一个尝试。承接晏阳初的乡村建设事业,通过让知识分子、艺术家与农村居民共同协作,试图提供一种新的乡村建设思路,从而避免农村被简化为旅游景点或迅速地被城市吞噬。

"碧山共同体"将成为一个持续项目,长久而渐进地构建新农业生活方式。时代美术馆在这过程中,充当一个媒介的角色,通过展示"碧山共同体"的阶段性成果、组织研讨、再现乡村生产场景的方式参与到项目当中。

"碧山计划"在时代美术馆的初步展示标志着以乡村建设为宗旨的"碧山共同体"的正式启动。它与举办的其它活动一起来探索徽州乡村重建的新的可能,并在北京798和上海莫干山这类城市改造和再生模式之外,拓展出一种全新的徽州模式:集合土地开发、文化艺术产业、特色旅游、体验经济、环境和历史保护、建筑教学与实验、有机农业等多种功能于一体的新型的乡村建设模式。

"碧山计划"启动时间

展期:2011年6月5日~2011年6月19日

策展人:欧宁、左靖

参展艺术家:陈飞波,董文胜,方如金,寒玉(李国玉),胡中权,李沛峰,刘冰鉴,梁绍基,马可,欧宁,邱黯雄,唐克扬,王音,小马+橙子,谢英俊,郑小光,朱哲琴。

"碧山计划"相关活动

"碧山计划"将邀约国内外的艺术家、建筑师、乡建专家、作家、导演、设计师、音乐人,与致力于乡土文化研究的当地学者、民间手工艺人和民间戏曲艺人进行两个月的协作实验,共同拓展乡村建设的生存空间。同时,还将在美术馆等空间搬演与再现乡村生产与生活的某些场景。

在展览当天,时代美术馆还进行了乡村电影《砚床》的放映活动,此外包括陈飞波、寒玉(李国玉)、梁绍基、邱黯雄、谢英俊、朱哲琴等多位各个领域的艺术家出席了题为《徽州文化与乡村建设》的讨论会,广集重新激活农村地区的公共生活的构思。

讨论会:《徽州文化与乡村建设》时间:2011年6月5日16:00

地点:时代美术馆一楼

乡村电影放映:《中国古代农业》(30分钟),《室外养蚕》(15分钟),《棉花选种》(15分钟)时间:2011年6月5日19:30 - 21:00

地点:时代美术馆一楼

农村题材电影社区展映 时间:2011年6月11/12/18/19日,20:00 - 22:00

地点:广州市白云大道北黄边北路时代玫瑰园三期北门向荣街

人工导览服务 2011年6月5 - 19日,逢周六日15:00 - 15:30

"碧山计划"后续活动

"黟县百工"

著名诗人祠堂授课本次丰年祭活动中还有一项引人注目的是"黟县百工"——以图片、影像的形式展示当地34项传统民间手工艺,如养蚕、榨油、黟县小调、做火桶、打斗笠等。在开幕当天举行的"诗歌课"上,著名诗评家徐敬亚、诗人梁小斌、陈东东、肖开愚和冰释之等人亲赴碧山祠堂给学生们上课,交流各自在文学和诗歌上的理念。27日,一场主题为"乡村中国"的专家研讨会在秀里影视村召开,来自大陆和台湾的多位学者就乡村建设、区域文化和历史保护等话题各抒己见。

碧山丰年祭

2011年8月26日~28日,由知名策展人左靖和欧宁等共同创意、发起的首届"碧山丰年祭"在黄山黟县碧山村举行。这是对6月举行的"碧山计划"一次成果展示。借用"丰年祭"这一古老的仪式名称,期望恢复和重建这种由来已久的乡村公共生活之一,并赋予它新的内涵。同时,我们也将"碧山丰年祭"作为一种全球化和在地化的交集实验。

村民身着原始风味的"稻草装"表演祭祀舞蹈,集中展示黟县34项民间手工艺,邀请全国著名诗人在祠堂为当地孩子讲解诗歌和文学……

"出地方"祈保平安稻草和玉米堆成的草垛前,近十名汉子赤裸上身,头戴稻草编织的帽子,身穿稻草编织的草裙,脸上画着红绿两色的油彩,手执刀戟、表情肃穆,随着音乐节奏一边舞动,一边发出庄严的呼喊声……26日上午11时左右,黟县碧山村祠堂里,正上演着"丰年祭"仪式"出地方"。许久没有看到这种纯正的祭祀舞蹈,围观的村民不时发出阵阵喝彩。

"出地方"是黟县一种特有的扬善惩恶、祈保平安的古老民间信仰活动。"出地方"的"地方"指的是"无常",在民间传说中是人世间正义的使者,为百姓所仰视膜拜,村民通过这种舞蹈来向祖先神灵祷告,祈求保佑农作物顺利收获,并预祝来年五谷丰收、人畜两旺。"我们把出地方这一黟县特有的民间信仰活动作为丰年祭的一种象征性的仪式,正是为了接续当地的祭祀传统,期望恢复和重建这种由来已久的乡村公共生活,并赋予它新的内涵。"

"丰年祭"本是中国传统农耕社会的一种祭祀仪式,用以向祖先神灵祷告,祈求保佑农作物顺利收获。希望通过这样的活动动员各地的艺术家们来碧山,对这一地区渊源流长的历史遗迹、乡土建筑、聚落文化、民间戏曲和手工艺进行普查和采访,并在此基础上邀请当地人合作进行激活和再生。

"碧山丰年祭"将作为一年一度的嘉年盛会永久落户黟县碧山村。随着进入"地方社会"的时间和深度的延长和加大,在今后每年的盛会中,他们将进一步融入当地生活和参与当地建设,将"丰年祭"办成与乡土生活紧密相关的真正属于当地乡民的嘉年盛会。

(摘自百度百科)

草色遥看近却无——碧山计划三年记（上）

孙云帆
2014 年 12 月 15 日

由于青壮年人口都在外打工，中小学也搬到了县城，空荡荡的街道上的年迈村民是碧山村最日常的景象。

"今天的会可能开不成了。"碧山村农家书屋的负责人欧阳金洪在室内踱步两个小时之后，略显尴尬地跟我解释："马上要过年，家家都有事儿。"

2014 年春节将近，平日里空荡荡的村子这阵子挤满了车，有奔驰有别克。和中国无数正在萎缩的村庄一样，位于安徽省黄山市黟县的碧山村已经为城市输送了它几乎全部的青壮年人口，唯有春节期间才能见到大批回乡过年的外地务工村民。碧山村委决定在小年这天上午开个交流会，看能否劝说他们中的一些回乡创业。年过七旬的退休教师欧阳金洪早上 8 点就来到农家书屋——一个由政府出资管理的乡村阅览室做准备。他挂起红底白字"碧山村流动人口暨返乡民工座谈会"的横幅，扫地，抹桌，烧水，摆上塑料花和一次性杯子，等人来了就沏茶。

9 点钟，书屋迎来了第一位来开会的村民——四十五岁的艺术家、策展人欧宁戴着他标志性的圆型平顶帽和黑色树脂框眼镜，进来道了声："欧阳老师早。"欧宁和他的老友、策展人左靖过去几年中在碧山这个徽州古村发起了一个叫"碧山计划"的乡村建设项目，组织了各种文化保护与社区活动，但对这个村子人口日渐稀少的状况还没有产生什么实质性的影响。今天，欧宁想借机和返乡的碧山年轻人交流交流。

9 点半，村主任王晓峰和村委书记朱显东相继来到书屋，仍不见返乡民工前来，便去挨家挨户动员。欧阳金洪和欧宁聊天，说起农家书屋里的电脑突然上不了网，欧宁帮着查看了一番，发现是因为欠费而被中国电信断网了，欧阳金洪说节后就去县城里缴费。闲着也是闲着，欧宁随手从留守儿童课外读物架上拿起一本中英文对照版《小飞侠彼得·潘》翻看起来。

10 点半，村干部们无功而返。年轻人都在这一年一度的珍贵假期里探亲访友、购置年货，和村委开会的档期大概要排在探望表舅爷他二姑爹之后。朱显东搓搓双手，宣布交流会改期举行。王晓峰请唯一与会的村民欧宁填写了一份"进万户、听民意、解民忧"群众走访表。欧宁放下《小飞侠》，思考片刻，在表上写下他作为一个碧山村民和碧山计划的发起人对新一年中对村委工作的期许："清洁漳河；教村民使用电脑上网；多联系在外务工的年轻人；创造条件吸引他们回乡创业；在村中主要街道安装路灯；在村口安装路牌指引游客。"

碧山其村

碧山所在的黟县是古徽州六县之一，群山环抱的盆地之中有良田美池桑竹之属，容易给人留下桃花源的印象。但其实徽州地区在历史上和今天都不是活在一个真空里。明清时期闻达在外的徽商回乡修建大宅、书院和宗祠，也带回当时最先进的资讯。而今天的徽州人仍然受益于徽商留下的文化遗产。这里旅游资源丰富，黟县县城 50 公里的半径内就有三个全国著名景区：黄山和被联合国教科文组织认证的世界文化遗产村西递和宏村，此外还有众多规模较小的旅游村。

群山环抱的黟县盆地中，古村落星罗棋布。

碧山村距离县城只有 4 公里，人口 2900 多，自古就是黟县境内 66 个行政村中较为富裕的一个，去年人均纯收入超过 11800 元。多数村民在外打工，而留守的收入渠道也比较多元：农耕、养蚕、种植茶叶，也有不少人在县城做生意。村里老人都爱回忆碧山曾是隋代歙州的州治所在地，也是旧时黟县十二都"三六九，大乡村"中最为霸气的三都。

然而除了村口建于清代的云门塔以外，今天的碧山村已看不到什么昔日辉煌的证据。碧山曾经的几十座宗祠和牌坊大多在革命的年代中损毁，如今仅存三座汪氏宗祠，古民居建筑群则是在近二十年的经济发展过程中被破坏的。20 世纪 90 年代，靠着便捷的地理位置，碧山村民早其它村子一步开始外出打工，碧山从而成为黟县先富起来的村子之一。而村民富起来以后第一件事就是拆掉老房子盖小洋楼，再富一点就到县城去买套公寓。碧山村的老房子越来越少，小洋楼越来越多。

可是历史和碧山开了个玩笑，那些村民没钱翻新住宅或是搬到县城去住的"穷村"在 2000 年开始被财神爷眷顾。中国的国内旅游业自 2000 年第一个国庆黄金周开始高速发展，全国人民开始在七天假期内走南闯北地找地方玩儿。同年，距碧山村仅十多公里的西递和宏村因其保存完好的徽州古建筑群落被列入联合国世界文化遗产名录，被国家旅游局认证为 5A 级景区。还是在这一年，由李安导演的在宏村取景的电影《卧虎藏龙》囊括 40 个国际大奖，使宏村名声大噪。西递、宏村从此成为全国热门旅游景点、黟县的招牌和纳税大户。如今西递和宏村分别被黟县政府成立的徽黄旅游公司和来自北京的中坤集团管理，2013年宏村旅游总收入近8亿元。

黟县境内另外几个古建筑群保存完好的村庄，如屏山、卢村、南屏、关麓等，也相继被开发成为旅游村——村口修起售票厅和停车场，村中景点配有导游解说。碧山村因其古建筑群的破败而没有被政府规划为旅游村。即使近两年碧山村常因碧山计划而见诸报端，黟县政府派发的旅游地图中也并未标识出碧山。在政府眼里，不是旅游村就无法带来财政收入，自然也就没有相应的财政预算来改善基础设施和提供公共服务。碧山直到2014春节前才修通了第一条通车的路，10月底才安装了路灯，而由于县城环卫部门来碧山收垃圾的频次稀少，田间地头四处可见垃圾。

生活上的不便更加剧了人口流失。据碧山村委统计，2013年碧山的流动人口（即在外务工村民）为530人，老年人为495人。而这里流动人口的定义是到碧山村所属的黄山市辖区以外务工的人口，并不包括搬到黟县县城或是黄山市区居住的村民，也不包括外出就读大专院校、毕业后留在城里工作的年轻人。而老年人中也有相当一部分是长期在子女定居的城市居住的。没有人说得出平时村中具体住着多少人。据笔者估计，村里的日常人口只有1000人左右出头。除夕这一天，可以见到许多村民回到村中，上后山祭祖、给老宅打扫卫生、贴对联，然后就锁上门打道回县城了。县城无疑是实惠的，超市、学校、医院、电影院、邮局、银行都在县城。今天村里还有百余座传统徽式民宅，其中相当一部分都因为无人居住而残破不堪，它们被青苔、荒草与枝蔓包裹着，隐入这本来就不热闹的村子暗淡的背景之中。只有夜里，大片黑黢黢的老屋才兀自从青灰的月光中浮出。

碧山计划

今年四十五岁的欧宁谈起他的故乡——粤西遂溪县下六镇贫穷的坎头村，仍带着些童年的委屈："家乡仿佛是世界尽头，我一出生就在逃离那个地方。"这位七口之家中的长子很早就立志要读出一条出路。大约是1986年，他在湛江一中一位老师的办公桌上发现一本中国现代朦胧诗选，从此开始写诗、办报、在全国结交笔友，包括在安徽旌德的另一位喜欢办报的中学生诗人左靖。当他们二十年后在北京重逢时，发现彼此仍在一个频道上——集设计师、艺术家、策展人于一身的欧宁创办了大声展，拍摄了两部分别关注广州和北京城市化过程中贫民社区被士绅化的纪录片《三元里》和《煤市街》，创建了关注北京贫民窟大栅栏改造的大栅栏计划并介入北京大栅栏地区的社区营造；而研究独立电影多年的左靖则创办了北京伊比利亚艺术中心和《艺术与投资》、《今日先锋》等杂志。欧

拓展阅读

宁从2002年开始关注中国高速城市化进程中的农村问题，一直想找个地方落地实践乡村建设。而左靖自2000年起在安徽大学新闻传播学院教授当代艺术课程，如果在皖南开展乡建工作，刚好可以利用安徽大学的师生资源。于是2007年，二人前往皖南黟县探望他们中学时期的另外两位诗友寒玉和小光夫妇，后者已将一座被西递村民用来养猪的明代古宅改建成了特色民宿，取名"猪栏酒吧"。正是在这次旅行中，二人与黟县境内的碧山村一见如故。

此后的几年中，欧宁和左靖不断前往碧山调研，终于在2011年正式发起碧山计划，按其自述，这是一个"关于知识分子回归乡村，接续晏阳初的乡村建设事业，重新激活农村地区的公共生活的构思"，试图摸索出一条农村复兴之路"。为了激活农村的公共文化生活，他们组织了两届大型文化节，邀请南京先锋书店在碧山开设了一家书店。为了复兴传统手工艺，左靖带领他在安徽大学的学生展开对黟县手工艺传统的调研项目，并于2011年创办面向城市知识分子、关注传统文化再生的《碧山》杂志书，至今已经出版了五期。为了提高碧山的知名度和增强本地人的自豪感，欧宁和左靖在广州、成都、北京、台北、新西兰、丹麦等许多地方举办关于碧山计划的展览。

欧宁在碧山村民汪寿昌家中观看汪绘制的昔日碧山汪氏祠堂分布图。曾经的三十六座汪氏祠堂和十多座别姓祠堂大多已遭损毁。碧山计划志在探索一种复兴乡土文化、重构公共生活的农村模式。

三年以来，他们遇到很多挑战，一方面难以得到村民的认同——村民对于碧山计划参与感不强，只期盼旅游公司能接管碧山给村民分点门票收入；另一方面得不到政府的政策支持——政府利用碧山计划创造的知名度招商引资，但与碧山计划对城市化的批判立场则保持距离。他们的努力也产生了一些成效：当地政府对碧山村更为重视了；社会各界——教育基金、建筑师、设计师事务所、在大城市里扎稳脚跟的碧山人也在欧宁和左靖的牵引下慢慢以各自的方式为碧山的复兴助一臂之力；受碧山计划的启发，碧阳镇的几名大学生村官还在碧山建立了一个有机农场。但是，当这些变化刚刚开始发生，投资商和旅游公司已经摩拳擦掌接踵而至，当初吸引碧山计划落脚的那个原生态的碧山村很可能会因为碧山计划的到来而迅速变成中国大地上又一个急功近利的旅游村，出现我不杀伯仁，伯仁因我而死的状况。此刻的碧山村处在一种微妙的平衡中。欧宁说："碧山计划的确面临不少困难，除了需要政府的支持，更大的问题是人的观念难以一朝一夕之间改变，但是如果因为难就不做，那也不行。现实有太多不如人意的地方，但重要的是能保持对更好的生活的想象空间。最后也许只能实现一点点，那也不错。我们只是想给社会多一点选择。"

中国农村今天面临的许多问题，如拆迁征地矛盾、留守儿童、空心化、农业荒废、乡村生活方式和社会结构的消逝等等,都是中国工业化加速、全球化加深后产生的新问题。而随着中国城市人口在 2011 年首次超过农村人口,一场发散式的,以个人行动为主的新乡村建设运动也在中国大地悄然浮现。《碧山》杂志书 2013 年第三期刊登过一幅乡村建设地图,列出了全国范围内四五十个致力于激活农村社区经济、保育农耕文化的项目,包括何慧丽在河南罗家村发起的弘农书院、渠岩在山西的许村成立的艺术公社、邱建生在福建培田村创办的培田春耕节、石嫣在北京马坊村创办的分享收获社区支持农业农场 CSA（Community Supported Agriculture,简称 CSA)、李英强在多省设立的立人乡村图书馆、关注广州传统民艺保育的蓝田计划等。到 2014 年,据欧宁估计,全国已经有接近 200 个类似的项目。在工业化的进程中尝试兼顾公平与效率并非中国的独特经验,与美国 20 世纪初的第一次回归土地运动相似,这些项目的行动者或从教育入手,或从农业入手,或从经济入手,或从文化入手,目的都是希望能够充实农村空心化的结构、改变农村贫瘠的质感,让更多的人愿意自主地选择乡村生活,而不是全都依附于城市里的一份工资。

作为这场新乡村建设的一部分,碧山计划选择从文化入手,着眼于激活乡村的公共生活,重铸人们对乡土文化的身份认同。2011 年,通过左靖的努力,安徽大学新闻学院在碧山建立了定点实习基地,首批安大研究生开始对黟县境内的各种民间手工艺进行调研。是年 8 月,欧宁和左靖取得了成都双年展、南京三年展、广东时代美术馆等艺术机构的资金支持,动员多年积累的人脉,挖掘徽州本地深厚的文化积淀,举办了声势浩大的第一届碧山丰年祭（后因村民忌讳"祭"字而更名为"碧山丰年庆"）。为期三天的活动包括当代农村纪录片放映、民谣音乐会、徽州戏曲表演、村史和民艺展览、庙会、乡建研讨会等等,齐聚海峡两岸关注乡建的仁人志士,引得八方媒体车马骈阗,碧山计划很快成为备受瞩目的一个乡村建设项目。

村民在碧山礼堂观看欧宁组织放映的关于第一届"碧山丰年庆"的纪录片。

"艺术家应该与政府保持距离,但是搞乡村建设则必须取得政府的支持,在中国这是绕不过去的,"左靖说。第一届碧山丰年庆得以办得有声有色与政府的支持分不开。欧宁和左靖于 2008 年就认识了时任县委书记吴文达。吴文达也是上世纪八十年代的大学生,非常赏识欧宁和左靖,也支持碧山计划的想法。2011 年碧山丰年庆期间,其下属文广新局、粮食局、文物局、档案馆等机构均提供了协助,碧阳镇政府也派出镇上的七八位大学生村官为碧山计划做志愿者。可惜政绩出色的吴书记不久就调任黄山市政府,而他的继任者洪建春与欧宁左靖并无私交,对碧山计划的态度也比较模棱两可。

2012 年春,黟县政府看中碧山计划的组织动员能力,邀请欧宁担任黟县摄影节的策展人。欧宁答应,条件是能从摄影节的预算中拨出一小部分用于碧山丰年庆。这个以宣传黟县旅游资源为目的的风光摄影节此前已经举办过五届,这一次经欧宁策展而变得非常国际化和具有批判性——他将主题定为"城乡交响曲",用世界多国艺术家的作品反思现代化和城市化的代价,预定展览空间遍布六个村子中的大小祠堂。当时笔者还在美国亚洲协会(一家致力于促进美国和亚洲国家文化交流的非营利组织)供职,同事汤丽莉(Leah Thompson)和我负责的一个关注煤炭的开采和消费对气候变化的影响的摄影展在北京三影堂摄影艺术中心的首展刚刚结束。我们正想把这批来自世界十几个国家三十多位艺术家的作品带到中国南方去巡展。这时我们接到欧宁的邀请参加2012黟县国际摄影节。是年秋天,我和汤丽莉第一次来到碧山村布展。然而就在开幕日前一天,由于沟通不畅而被叫停了。此后,碧山计划与黟县政府陷入了一种沟通不畅的境地,欧宁左靖再没有在非正式的场合中与洪书记碰过面。

仿佛是为了驱散一种无力感,在摄影节被叫停后,从天南海北来到村里的许多人都拿起了相机,我们开始用镜头观察碧山计划和碧山村,深感这个聚集着各种能量的千年古村即将面临更大的变化。之后的两年里,我们五次到访碧山,写了些报道,制作的纪录短片于2014年3月在美国华盛顿DC环境纪录片电影节上首映。

被取消的丰年庆不仅是我们观察碧山的切入点,也成为刚起步的碧山计划发展中的转折点。此后两年间,碧山计划似乎由之前锣鼓喧天的节日状态进入了一种貌似"无为"的日常状态。2013年春,欧宁退掉北京的公寓租约,带着他的母亲陈雪萍和侄子欧建搬入了碧山村。数月后他当时的未婚妻唐雪(现为太太)也辞去了武汉的工作,迁至碧山。左靖一方面带着他的学生们继续在黟县调研手工艺,另一方面也开始修缮他在碧山的房子:"要想继续把碧山计划做下去,我必须搬到村里去住"。

欧宁很快和碧阳镇思想开明的党委书记余强熟络起来。余强觉得碧山计划提高了碧山的知名度,假以时日必定会为碧山带来财富。在2013年的一次座谈会中,余强对碧山村民说:"不用羡慕西递宏村,到黟县来旅游,最高端的人士是来碧山的。"

不久之前,这些频繁到访碧山的"高端人士"大多还仅限于碧山计划的友人。学者梁鸿、石嫣、台湾社会运动家钟永丰等乡建同仁常到访碧山,为碧山计划提意见和建议。他们大多肯定碧山计划的努力,但也对碧山计划的两位创始人没有跳出寡言内向的文字工作者的身份框架而与村民和官员打成一片而着急。一些参加过两届丰年庆的友人领略了碧山的魅力,欣然在碧山购置老宅,着手修缮。台湾打开联合工作室的建筑师刘国沧2013年已在碧山购置一栋老宅,今年又租下一座旧蚕房用于改建成建筑学校,他准备参考去年策划的台湾云林农博会的模式在碧山大展拳脚。

几年前,村民为了数万元就愿意出售一栋老房子,而近两年碧山转手的十多栋老房子的成交价均为数十万元。老房子的市场价格提高了,村民对老房子的保护意识也增强了。"前几年碧山的老房子倒的倒,拆的拆,现在谁还想拆老房子?"余强认为这是猪栏酒吧和碧山计划这些外来者对碧山村最直观的贡献。剩下的老房子也愈发奇货可居——村民现在不大想卖了。目前为止，出售房子的屋主都是早已离开碧山村的城市居民，只在春节期间走访亲戚的时候才回碧山来看看。左靖觉得老房子卖出一栋就是抢救了一栋。毕竟，这些多年无人居住的老屋大多残破不堪，新屋主往往要再投入数十万元进行整修方能使之达到现代人舒适家居的标准，只有城里人才出得起这个钱。欧宁则觉得外来者和原住民的数量必须保持一个微妙的平衡，他担心看到村里的居民开始大规模抛售自己居住的老屋，城里人迁入，原住民迁出，这就成了士绅化，而原本意义上的村子也就不存在了。

欧宁的另一位老友、南京先锋书店老板钱晓华则被说服在碧山一间闲置的宗祠中开办一家碧山书局。2014年五一开业之后，书局很快名声鹊起，成为碧山最热门的旅游景点。8月底不但开始盈利，还吸引了电影《邓小平在黄山》的剧组前来取景。几位学者、艺术家也利用书局的空间在为碧山村民组织了几次小型活动。十一期间，两家猪栏酒吧和村口较为平价的泰来农庄所有住宿空间爆满，许多慕名前来碧山的游客不得不住在县城。不久还有村民将在这里举办婚礼。

碧山的旅游业似乎终于迎来了野百合的春天，余强很欣慰："碧山书局是我拍的板。"政府将闲置的启泰堂免费租赁给先锋书店五十年，其中的层层审批少不了他的支持。可惜，2014年春节后余书记也因政绩出色而调任黄山市了，和欧宁熟络的官员只剩下隔三差五上门来化缘的朱显东。朱从1996年起一直担任碧山村的党支部书记，至2014年7月才卸任给原村长王晓峰。朱迫切地想在卸任之前留下点"政绩"，但苦于无法从县里要到财政预算。碧山村不为县里创收，与黟县其他65个行政村争取财政拨款毫无优势可言。县里没预算，村委只好搞创收，欧宁、左靖、猪栏酒吧均为村中修路和安装路灯捐了款，欧宁还在朱书记再三"推销"之下购买了村中一处废弃的粮仓。11月他拜师村里木工了得的退休邮电局员工钱时安，开始自己着手整修粮仓，起名"理农馆"，准备建成一个用于交流农法的农业学习中心。

碧阳镇政府免费授予了南京先锋书店闲置的汪氏祠堂启泰堂50年的使用权，用于开办碧山书局。2014年5月才开业的碧山书局已成为碧山村最热闹的公共空间和旅游景点。

欧宁今年遇到不少资金问题。他创刊主编了16期的文学杂志《天南》因为所属现代传媒集团的资金压力先是经历裁员、双月刊变季刊，接着于2月停刊，5月底又易主编而复刊，欧宁却丢了工作和他唯一固定的收入来源。而他为万科集团主编的关注生态和可持续生活方式的《V-ECO》杂志的第二期也因为资金不到位而迟迟没有付印。

（摘自互联网）

草色遥看近却无——碧山计划三年记(中)

孙云帆

今年7月初,碧山计划还经历了一场公关危机。一位来自哈佛大学社会学系的博士生周韵跟随南京大学社会学院组织的暑期调研班来到碧山,听了欧宁介绍碧山计划的讲座后,在豆瓣和微博等社交媒体上发布了一篇题为《谁的乡村,谁的共同体?》的文章,指责欧宁在讲座中使用英文标注的PPT、援引诸如社会工程、瓦尔登湖、《全球概览》等西方术语、建立碧山书局并出售咖啡和价格高昂的文创产品会在碧山制造"区隔"或等级差异,将村民排斥在外,认为碧山计划的乡建是一种精英主义的审美偏好,为了维持自己对乡村浪漫的想象而阻止村民修路、装路灯、发展经济等等。欧宁和一些当时同在场听讲座的调研者随即在网上的讨论中指出了周韵文章中他们认为有所偏颇之处:在一场为四十位中外社会学者组织的讲座中使用英文PPT并无不妥,城乡之间的"区隔"是社会历史的产物,而非碧山计划造成的——村民只要去趟县城或者打开电视机就能感受到无处不在的"区隔",而碧山计划也从未阻止村里修路、装路灯。但是周的文章还是一石激起千层浪,一时间网上响起一片为碧山计划喝倒彩的声音。这大概是碧山计划作为一个挑战现状者的宿命。

周韵对碧山计划的一系列质疑中,最容易被欧宁和左靖所接受的是她对碧山计划在方法层面上的质疑——欧宁和左靖所使用的语言和符号体系过于时髦和文艺,难以使村民产生参与感。这也是他们最常听到的批评。

双方根本性的分歧体现在两点,其一是周韵对乡建者身份的质疑:外来者是否有资格参与决定碧山村的发展方向?钟永丰结合自己在台湾参与社会运动的经验,在8月的一次论坛上指出,周韵这种对运动者身份的质疑会将许多有能力的人排除在外,社会运动应该鼓励多元化的主体。10月,中国当代乡建运动的灵魂人物、三农问题专家、人民大学乡村建设中心主任温铁军也在一次会议中指出:应该鼓励多元乡建,"乡建本身就是一个四无平台:没有领导班子、没有上级组织、没有人固定做筹资、没有纪律约束——进退自由、爱来就来、爱走就走。"

其二是周韵对欧宁对士绅化和西递宏村的旅游开发模式的批评所展开的批评，这实际上体现了她的自由主义倾向和乡建者的左派倾向之间的分歧。周质疑外来乡村建设者凭什么来想象农村应该怎么样，却不质疑外来旅游公司凭什么用旅游项目和挖土机来改变乡村的环境、城市游客凭什么用消费偏好来改变乡村社区的肌理。她一方面宽恕旅游公司给西递宏村增加的外溢成本，认为"猪栏酒吧和西递宏村都是做旅游生意，不应该赋予二者价值的秩序"，另一方面却给为碧山带来外溢效应的猪栏酒吧和先锋书店贴上精英主义的标签，这似乎也体现了她的价值秩序——她批判的是碧山计划发起人在符号学意义上文化再生产者的精英身份，而不是地产开发商和城市游客在社会经济意义上的作为资本占有者的精英身份。

而在欧宁和左靖看来，生意并不仅仅就是生意，像猪栏酒吧和先锋书店这样承担更多社会责任的生意应该受到鼓励。欧宁提到"士绅化之后村里就看不见农民了"，周韵依此认为碧山计划就是为了满足一小撮人能在农村看见农民的愿望而强迫农民留在农村。在欧宁看来，这个逻辑混淆了个体与整体，乡村建设者不是阻挠某个村的农民离开土地，而是担忧当农民不能以农业为生而全都涌入城市的时候势必造成社会稳定、食品安全、地方传统文化多样性的丧失等等大环境上的社会问题，所以才致力于改善农村的状况、改变过度城市化的文化环境，至少使一部分人能够、而且自愿以农业为生。

2013年秋，左靖开始修缮他在碧山的房子。这里是施工现场。如今工程已竣，左靖计划将由他主编的《碧山》杂志书的编辑部搬至此处，并成立碧山书院，举办讲座、讨论等活动。

一开始欧宁也对这次质疑风波相当恼火，他在网上回应周韵的文章中显得颇为情绪化，这出自于一种担心——碧山计划一旦失去公众舆论的理解，和政府、开发商周旋的筹码会更少。但其后产生的各种对话和深入讨论让欧宁认为这次质疑终归是件好事，它让乡村建设的话题触及更大范围内的公众。

在城市化浪潮的席卷之下，可以预见碧山这座千年古村表面的宁静很快就会结束。黟县所属的黄山市目前有三条高铁正在施工。黄山市旅游委员会的微信公众号宣称：黄山将迎来高铁时代，2015年完工时东至沪杭、南至闽粤、西至鄂赣、北至首都，多则三五小时，少则一两小时即可抵达。景区密集的黟县很快将变得更加热闹。

碧山计划对村子的发展方向虽没有翻云覆雨的决策权，却有某种奇怪的影响力。2011年之前五年的黟县政府工作报告中，西递宏村等旅游村每年都被继往开来重点介绍，而碧山村则和其它村子一样，湮没在全县平均数据和未来空泛的施政方针之中。而自从碧山计划进村之后，黟县的政府工作报告中则开始越来越频繁地提到碧山村，确切地说，是碧山村的招商引资项目。

2012年黄山雅韵文化发展有限公司在碧山西北角购置原碧山小学及周边的50亩地，开始修建一个总投资为1亿元的碧云老房子文化村，包括博物馆、文化馆和200间客房，现在主要建筑已经封顶。2013年，香港东盛投资有限公司购买了碧山村三块总面积为222亩的土地（其中170亩为建设用地），准备用6亿元兴建一个占地61亩的Alila精品酒店和一个占地81亩的产权式酒店，由其新成立的子公司黄山碧山旅游发展有限公司负责管理。黟县政府网站上公布的与东盛公司洽谈中的项目还包括五个分别展现生态大观、百工体验、民俗文化、创意演绎和徽派民居的主题公园。这是黟县政府申报给黄山市2014年度十大项目的备选重大工程之一，是黟县政府引以为傲的招商引资的一大成果。据欧宁透露，东盛董事长杨晓东在和黟县政府签订的协议中作为条件特别提出要保障一年一度的碧山丰年庆，并准备赞助碧山计划100万元用以筹办2014年的丰年庆。

然而，考虑再三之后，欧宁推辞掉了这笔巨款，因为他不能确定东盛公司与碧山计划的理念能否相容。东盛原本无意购买位于碧山村东原卫生院附近的28亩农田。这块被政府捆绑销售给东盛的农田早在2010年已经由黟县政府申请、经省政府批准转为建设用地，却一直闲置。这与国家节约建设用地的政策不符，县政府急于找到投资商完成建设指标，希望东盛在2014年6月就在这28亩地上开始施工（东盛的两个酒店项目还在规划之中，尚无具体开工日期）。东盛的计划是将这28亩地分为1-2亩为一单元的独立别墅用地，邀请建筑师或有兴趣的买家自建别墅。这让碧山计划和猪栏酒吧深感不安，因为这里距离猪栏三吧和由碧阳镇的几位大学生村官建立的村官菜园有机农场很近，北靠龙来山，西临从山中源头流出的未经污染清澈见底的漳河，坐北朝南方圆几百亩地里唯一的建筑就是几户农家和隐在两棵香樟树下碧山油厂原址上改建的猪栏三吧。这儿不仅是碧山水质最好、环境最美的一块农田，也是一块被寄予在碧山恢复有机农业传统之厚望的实验田——2014年初，村官菜园雇佣了十几位村民在这里开始耕种无公害水稻。欧宁、左靖、寒玉和小光无法想象这块地上突然冒出十几二十栋形态各异的豪华别墅。他们和杨晓东和黟县政府多次沟通，建议东盛在这里建一个生态农场，而将建设用地指标与酒店项目附近的28亩农业用地进行置换。杨晓东也接受了他们的建议，但土地用途需经县委上报省政府来重新划分，审批过程并不容易。目前这块地仍然闲置着，在它的用途悬而未决的时候，欧宁和左靖都觉得他们不能接受东盛的赞助。

"现在我正在努力找其他资金，少一点没关系，"欧宁说，"我宁愿走得慢一点。"

而这28亩地只是东盛公司和黟县政府在碧山村的开发计划中的小配角，两家高档酒店和一系列的主题公园才是大菜，对此碧山计划又将如何应对？欧宁觉得碧山计划不可能阻挡资本进入，因为村民、政府、开发商都想搞旅游开发，这是民心、政策、利益所向，但是他希望碧山计划能充当一个协调人的角色，整合社会各界的力量，对碧山发展的模式产生更多元的影响，让资本进入碧山的同时不仅创造经济利益，也能兼顾对传统文化的保护、产生对城市生活有借鉴意义的社区关系和生活方式上的创新。

谁的乡村

"乡村建设最大的困难是村民缺乏主体性"，这一点上欧宁和许多碧山计划的批评者的看法倒是一致——按周韵的话说，村民是"被资本、权力、文化挤压成的失语的居住者"。但其实村民中不乏头脑灵活的经济动物，他们中的大多数人早已经用脚投票离开了这个村子。打工去新疆、浙江还是县城？攒下的收入是存起来盖房还是买个iPhone？小孩是留在祖父母身边还是接到城里？村民的主体性体现在这些选择中。如果他们说碧山计划和他们没什么关系，这也许并不代表他们"失语"了，而可能仅仅是在说他们有更要紧的事情。

"现在村里不种田的越来越多，"欧宁家院隔壁小卖部61岁的老板娘胡永丰告诉我，"小孩在外地条件好的，有的父母就搬过去住了，有的住不惯孩子也会寄钱回来。"上世纪90年代她和丈夫就去县城打工、做生意，现在她管村里的小卖部，女儿打理县城的窗帘店，丈夫管理卡车运输生意。90年代末，小卖部刚开张的时候主要卖农具和化肥，很快胡永丰就发现这是个夕阳产业。从2006年开始，她每天早上去县城菜市场进蔬菜、肉类和副食品，运回碧山卖，生意越来越红火。

汪寿昌是碧山的业余村史专家。他和老伴舒菊珍几年前开始不再务农，两个儿子分别在南京和合肥定居。作为欧宁在碧山交往最多的村民之一，汪寿昌是个外冷内热的批评与自我批评爱好者，对碧山计划的支持经常以提意见的形式体现，提之前先声明："我这个人是不讨人喜欢的"，提完总结："我这个人性格大概是不大好的。"汪寿昌依着回忆和想象绘制了许多碧山昔日的景色，也记了几本图文并茂的关于碧山历史的笔记本。欧宁一直鼓励汪寿昌多写多画，他想帮汪寿昌出一本碧山村史的书。汪寿昌说："我只是个农民，压力太大。"但我总觉得地球人是拦不住汪寿昌的，欧宁左靖都尊称他"汪老师"，汪老师对他俩直呼其名。我理解他这种习惯性的自贬类似于买机票时顺便买个航空意外险。

喜好研究碧山村史的村民汪寿昌在碧山书局担任出纳、导购和碧山旅游免费咨询。他手绘的碧山风景钢笔画已被制成一套名信片，是碧山书局销量最好的文创产品。

像汪寿昌这样关心碧山历史和文化身份的村民并不多，大多数村民更关心村中生活上的不便。我常听村民抱怨夏天村里的自来水滴滴答答半天也接不满一桶（夏天干旱，县里控制水压），村中曾经的银行因人口减少被撤掉了。碧山村原有的两所小学和一所中学已于几年前被撤并到县城了，欧宁的侄子欧建去年秋天从北京转学到黟县入读小学六年级，每天和小伙伴骑自行车去县城。碧山村民由衷地羡慕西递宏村那种游客熙攘的热闹劲儿和基础设施齐全的气派劲儿，还有每年分红的门票收入。

但这种通过大公司管理的旅游模式其实会产生很多隐形的成本。一方面，游客规模给当地带来沉重的环境负担。宏村和西递在旅游旺季每天要接待上万名游客，所产生的生活污水已经严重污染了地下水和周边水系。全国每年有120多所建筑和艺术院校学生来西递宏村定点写生，随之产生的大量含有毒重金属的颜料废水完全没有处理程序，直接"滋养"当地土壤。据报道，中坤公司最近还因为在黟县二级饮用水水源地保护区范围内建设度假村、在黟县境内的四个项目未通过环保验收手续而遭到黄山市环保部门的处罚。另一方面，城市高收入游客的消费能力也大幅拉高了本地物价，增加了本地人的生活成本。黟县县城里衣食住行方方面面的物价都向全国5A景区水平看齐。

更重要的是，由旅游公司主导的经营模式并不能使村民成为社区经济的主体。以宏村为例，中坤集团与黟县政府的合同规定每年门票收入中的33%返还给当地政府和村民，其中的大头归黟县政府，8%给宏村，村委截流后剩下的再分给1280名村民。据《法周末》报记者2014年7月的报道，2013年宏村人均分得的门票收入只有2800元，不足当年8亿门票总收入的0.5%。社区原本的多样化的生活方式被一切为了吸引参观和消费的单调节奏所取代，抑制了本地文化的传承和发展。欧宁说："西递宏村的村民也就是卖卖茶叶蛋，每天晚上一有游客进村就蜂拥而上，拉游客到自家开的农家乐住宿。村里很多店铺都是旅游公司出租给外地人在做。而原本有机的乡村完全变成迪斯尼一样的主题公园，生活成了表演，邻里关系也变成了抢生意，我不觉得这样的生活很有尊严。"

除了猪栏酒吧和碧山书局以外，碧山村目前的业态还包括原本村中就有的泰来农庄、碧山村西的一间招待所、村中供销社一间、小卖部四五间、麻将室四五间、糖果厂一间。碧山计划到来之后,提供平价餐饮住宿的泰来农庄逐渐吸引了一个以学生和背包客为主的消费群,在黟县调研手工艺的安徽大学学生们几乎成了泰来农庄的"永久居民"。最近左靖在北京举办一个介绍黟县手工艺的展览,还带着泰来农庄的大厨俞春前往北京开授了一个为期两天的黟县美食工作坊。云门塔下一家名叫古味园的家庭作坊式糖果厂也常年为猪栏酒吧和慕名寻来的游客提供手工制作的黟县特色糕点。

要激活一个社区的经济,当然还需要更多样化的业态和创业的人才。美国城市人口在1910-1920年间第一次超过农村人口,美国农业部的统计数字显示整个二十年代平均每年有200万人从农村涌入城市,而同时每年从城市回归土地的人口居然也高达130万。在中国,这种人口大规模回流农村的情况还没有出现。

欧宁在社交媒体上与一批碧山村在外地工作的年轻人保持着联系,常劝谈他们回乡创业,还在微信上发布碧山通讯,向背井离乡的碧山人通报村里的各种变化。大年初二我随欧宁拜访了村里一些回乡探亲的年轻人,迥异于城里人对农村青年都是杀马特和洗剪吹的印象,这些走出碧山的年轻人和城市已经无缝接轨了,穿着低调时尚的王婕羚和王堃姐弟俩都在上海工作,在一家大型连锁零售公司担任会计的王婕羚觉得"上海节奏很快,压力很大,都长痘痘了"。当问到家乡哪方面最不能满足他们的需求时,在广西学习园林设计的施畅直言"钱太少",在上海一家造船厂工作的王堃认为"在农村没有适合自己专业的工作机会"。在合肥上大学正准备考公务员或者事业单位的卢苇苇则说:"我觉得自己性格不适合在农村生活,农村太安静了,活着一点动力都没有,只有在城市里才能让自己跟着城市的节奏变得更优秀。"

碧阳镇的六位大学生村官大概是镇上最认同碧山计划的年轻人。2011年和2012年秋天他们被政府派做志愿者,帮助丰年庆的筹备工作。这对于他们来说是个非常新奇的经验,毕竟丰年庆中的各种思想碰撞的活动和研讨会与他们在农村的日常工作以及此前的校园生活太不一样了。2012年第二节丰年庆转入地下之后,我在泰来农庄遇到大学刚毕业一年的村官吴童俊,他告诉我他曾经也是个理想主义者,但是参加工作以后很快就变得世俗了,可是和碧山计划的团队一起工作的经历仿佛又点燃了他心里的火花,他说:"我甚至希望能彻底加入这个团队。"在那种澎湃的地下节日气氛里,人们似乎很容易产生类似的一时冲动。两年后,这位有抱负的年轻人还是选择了到大城市去追求自我价值的实现——他现在合肥市从事豪华汽车销售工作。

想法稍有不同的村官张昱今年26岁,圆脸短发,话不多,行动爽利。她从小在黄山市长大,大学学的是会计,毕业时偶然考上了村官,被分配到碧阳镇的南屏村,

拓展阅读

每日工作中调解邻里纠纷，三年下来已经学得一口流利的黟县方言。她觉得自己很适合在农村生活。参与了两届碧山丰年庆的筹备工作，她对可持续农业产生了兴趣，萌发了开网店为农民增收的念头。2012年，她和另外两位村官一起建立了一个村官菜园的微博账号，图文介绍黟县一些土特产的种植和制作过程，积累了一定数量的粉丝之后，她们于2013年建立了村官菜园的淘宝店，如今代理当地27家农户的10余种特产的网上销售，包括中华蜂蜜、笋干、豆腐干、萝卜干等，所得收入扣除包装运营费用外，全部返还给农户。2013年村官菜园为这些农户创造了从几百元到2000元不等的网上销售收入。

2012年秋天，欧宁带张昱参加了第四届全国社区互助农业经验交流会，回来之后张昱就开始构想成立一个有机农场。碧阳镇政府对这个想法很支持，拨款流转了16亩碧山村外猪栏三吧对面的土地作为村官菜园的试验田，使用期10年。张昱和小伙伴们做了很多调研，2014年春天开种无公害水稻。"我们不使用农药和化肥，但是也不打算叫它有机水稻。"张昱说她知道国外对有机食品的认证是很严格的，而这里的土壤和水都达不到有机种植的标准。"好在我们的培育秧苗的那块地以前完全是荒地，所以没有农药残留，慢慢来吧。"她们给菜园装上了太阳能灭虫灯，按照村民间互相帮工的劳资水平雇佣了十几位轮流帮忙的村民，再加上亲朋好友隔三差五的无偿劳动，精心耕作了六个月，终于在10月收获了7000斤无化肥、无农药、无除草剂的"昱田米"，保本价定在25元一斤，两周内已经通过微信的销售平台卖出5000多斤。扣除种子、人工和包装运输成本，会计专业出身的张昱合算下来，农场的第一年运作小亏一点，但这个情况已比她原先准备"至少要亏损三五年"的预期要好得多，张昱感谢"老天爷给面"，自己将再接再厉，今后还打算效仿世界有机农场机会组织（WWOOF）用Facebook吸引国际志愿者到碧山来帮农。

（摘自互联网）

草色遥看近却无——碧山计划三年记(下)

孙云帆

谁的共同体

2010年，仍在北京的欧宁在一本勾画着碧山共同体蓝本的笔记本里写到："如何在今天创造一个乌托邦…选址：碧山，领袖：无，人口：从网络征集…"欧宁说他使用"乌托邦"这个字眼是想提醒自己实现的可能几近于无。但说到底，碧山共同体的设想是一个在世界各地并不鲜见的 Intentional Community——大陆多译为"理念社区"或是"共识社区"，台湾有一个译法叫"意识社区"。成员只需对基本社区规则有一定共识，但是加入社区的选择是个人的有意而为。多数社区会通过粮食耕作来减少对货币的依赖，通过共居实践——共用厨房、洗衣间等公用设施来减少资源浪费，公共议题通过讨论来达成共识决策。虽然两届丰年庆让碧山计划名声大噪，碧山共同体还处于雏形。谈得上有意加入的"成员"扳着手指头就能数出来，除了碧山书局营造的公共空间以外，共居和自给自足的实践也还未展开。这种社区营造的实践在中国面临双重的挑战：一方面是要从威权政府手中争取到公民对生活环境、居住空间、社区关系的自主权，另一方面也要求成员放弃一定的身份差异和财产占有欲，通过合作、分享与分担来营造社区。而今天的中国，"公民社会"是一个敏感词，人与人之间的信任度极低，社区营造的实践正如欧宁所预见的那样充满挑战。

2004年，寒玉和小光厌倦了在上海的城市生活，在西递村购买了一栋被村民当猪圈使用的明末老宅，一番修缮后用于自住。他们动手能力极强，又好客，秉承着变废为宝、以土为荣的审美原则，一番折腾之后，在西递的舒适又亲切的家就成了各路朋友轮番造访的据点，久之招架不住，索性改成民宿，名曰"猪栏酒吧"。于是到碧山物色新宅，他们将碧山村口漳河边上的一座闲置的清末大宅修整成了猪栏二吧，接着这个故事又重复了一遍，这才有了碧山老油厂改建成的猪栏三吧。寒玉管设计,小光管施工,二人修房子如写诗,推敲成瘾,猪栏三吧施工三年了还在雕琢。猪栏酒吧里为客人提供来自碧山当地的有机食材和手工作坊土法制作的糕点。器皿摆设中也有许多是来自当地手工艺人的作品。寒玉性格热情,作为碧山村首屈一指的大户,常在碧山计划团队落魄时仗义施援,提供活动场地和美食。而小光则比较内敛,非得几杯酒下肚才会拿起吉他唱歌,虽然和碧山团队私交甚笃,也非常关心村子的发展动向,却愿意和碧山计划保持一点儿距离:"我们是在这里生活和做民宿,碧山计划是做乡村建设,我们支持碧山计划,但是猪栏酒吧是独立于碧山计划的。"

从某种意义上说,猪栏这样的高档民宿是相对理想的一种业态,它为农村社区创造税收、提供就业机会、鼓励村民恢复有机农业和手工艺的传统、不污染环境、不需要大型基础设施投入、吸引来的游客规模小并且比较尊重本土文化、不至于打乱社区成员间熟人社会的状态、也为来自城市的消费者提供比星级酒店更为本土化和个性化的旅游体验。而它不菲的价格也敦促人们重新估价优美的环境和闲适的乡间生活。猪栏品牌因其独特的魅力,曾被 Lonely Planet、纽约时报旅游版、华尔街日报和许多国内知名媒体报道,入住常要提前一个月预约。有价有市,说明文化环境在改变。

欧宁在 2011 年购买的一座民初老宅坐落在村中心的一条"主干道"上,像村中多数还有人住的老宅一样,前门后门都经常敞开着。这座客厅的匾额上刻着"振德堂"的院落在文革期间曾被用来接待下乡知青,现在被欧宁命名为"水牛学院",用以表彰碧山稻田里常见的水牛,简称"牛院儿"。室内经过寒玉和小光的简单改造,古朴而舒适。出门右转是小卖部和麻将室,左转是老年活动中心和的村中妇女每晚跳广场舞的村礼堂。当时的另一佳选位于村口,较为清静。欧宁选择了进村,他说他喜欢"火热的生活"。

碧山村中仅剩的三座汪氏祠堂的命运都因为碧山计划的到来而产生了转机。2011 年丰年庆筹备期间,当碧山计划团队成员第一次打开紧锁了多年的汪氏大本堂的门的时候,发现祠堂内地面上积累了厚厚一层蝙蝠粪便。清理干净后,大本堂在两次丰年庆中都被用作展览空间。2013 年 9 月汪寿昌还带我和汤丽莉参观了濒临倒塌的名贤堂,当时的名贤堂里养着两只猪和一群鸡,东倒西歪的梁木间堆放着许多寿材、农机和杂物。我们拍了些照片并写了篇报道。原本在北京经营茶叶生意的当代徽商、碧山子弟汪程龙在微博上看到了关于名贤堂的近况的讨论,决定要做点什么。他回村成立了云门文化公司,随后申请到了中国教育部主管下的陶行知教育基金会的资金,准备将名贤堂整修之后用于建立一个乡村教育中心。

2013年，碧阳镇政府将同样闲置的汪氏祠堂启泰堂授权给南京先锋书店无偿使用。先锋在碧山的分店缘起于欧宁2010年在碧山计划的蓝本里写下的设想：建立一个书院和一个书局，承担图书馆、乡村文献档案馆和乡建书籍出版社的三个功能。先锋书店创始人钱晓华与欧宁是相识18年的老友，当年欧宁为先锋书店取了Librairie Avant-Garde的法文名字，还设计了其沿用至今的标识。2011年钱晓华应邀参加第一届碧山丰年庆之后，决定在碧山开办碧山书局，希望能用先锋品牌的号召力吸引黄山地区的游客到碧山来，依靠游客的消费收入来为碧山村民提供一个公益图书馆和公共空间。

为此，欧宁专门于2013年9月在牛院儿召开了一次村民代表座谈会，介绍了碧山计划过去两年内的工作，并讨论南京先锋书店进驻碧山的议题。村民代表大多很期待碧山书局的开业，也很赞赏一次次来到碧山走家串户的钱晓华，但同时也担心他会亏得血本无归。汪寿昌是支持派："这总算是件看得见摸得着的事！"小卖部老板娘胡永丰则属于不折腾派："钱晓华人蛮好的。如果他想赚钱，应该学隔壁"，她下巴一扬，示意隔壁天天人满为患的麻将室。退休小学校长丁启涛则担心开办书局会让碧山村委的农家书屋受到冷落，他再三叮咛欧宁："到时先锋书店一定要给农家书屋捐书。"

农家书屋从属于政府体系，资金无忧，但统一选购的书品种少，主要是农业科技和保健类书籍。因欧宁和左靖在社交媒体上的号召力，碧山的农家书屋时常能收到来自各地的捐书包裹，远比别村藏书丰富。但其管理方式尚有很大进步空间：书籍都摆在办公室的书橱里，政府采购的书最触手可得，而读者需要穿越最长的距离，绕过两张管理员办工桌，才能看到靠墙的书柜里玻璃橱窗后面的民间捐赠的各类图书。村民借书需要办理借阅证并逐本登记。从登记本上看，春节期间保健类书籍最受欢迎，再就是儿童读物。但农家书屋的少儿读物只在寒暑假才摆出来，平时不允许借阅，因顾虑会影响孩子们学习。

2014年五一，碧山书局开业。先锋书店素以丰富的人文书籍和慷慨的阅读空间闻名，碧山分店也不例外。从南京运来的数万书册围绕着启泰堂的天井，从地面一直码到屋檐，大殿里则摆放着数排宽敞舒适的阅读沙发。这儿还有别处所没有的特色：天井左侧有徽州地方史专区，右侧有乡建书籍专区，而在二楼雅座看屋顶鳞鳞的瓦片是种奇特的体验，没见过的人不会明了。碧山启泰堂因为恢复了日常性的多种使用功能而显得元气浑然，秒杀周遭一众旅游村中标本似的祠堂。

在七月初这次质疑碧山计划的网上争议中，碧山书局却当了回炮灰，不少网友听说书局兼售咖啡和文创用品便指责先锋书店到农村纯属作秀，而碧山农家书屋才是实实在在为村民服务。碧山书局似乎冒犯了城里人对农民和农村固有的印象,这些指责基于这样的假设——咖啡、文创用品所代表的中产阶级消费模式不属于农村,农民的阅读胃口仅限于农家书屋里的农技和计生书籍,无需更多的选择。而碧山计划的支持者们则认为:这些指责不仅忽视了造成城乡文化差异的根本原因正是农村文化资源的缺乏,也忽视了碧山书局对于碧山村民的公益性质,它为碧山村提供的是一个开架式的综合图书馆、一个社区公共空间和一个旅游资源,将碧山书局与农家书屋人为的对立起来,无它,乡愿而已。

一个年轻的考察团

2014年正月初二晚饭过后,一个中学生和家长团体一行约三十多人到访牛院儿。来自江苏江阴的优微成长公益社团是在家长们的推动下成立的。每次活动由学生在QQ群里倡议,自愿报名。第一次活动是去安徽一所学校支教,第二次是去贵州考察少数民族公平贸易,第三次来到碧山。家长们愿意牺牲春节假期陪同孩子们到访碧山,这令欧宁感到颇为惊讶。但家长们认为他们的教育观念并不另类。一位妈妈说:"我们不过是想给孩子增加一点人道主义的、关爱他人的教育,这是与国际接轨的普世价值。"

当晚,欧宁架起投影仪,为优微社团的同学和家长介绍了碧山计划和他过往的项目,也梳理了他庞杂的兴趣谱系。讲座超过两小时,从德国行为艺术家约瑟夫·波伊斯到法国情景主义者居伊·德波、从中国乡村建设的历史到美国的"占领华尔街"运动,从环境运动到CSA模式,欧宁没有因为观众是中学生而对讲座内容做任何裁减。他觉得正如他高中时代在湛江一中某位老师办公桌上发现的那本改变他一生志趣的朦胧诗选,每次讲座都有可能开启某位听众命运中某扇隐秘的法门。

讲座后的问答环节是各种妙趣横生。首轮提问焦点集中在欧宁的侄子身上——欧建比优微社团最年轻的成员仅小两岁。感同身受的中学生们沉吟道:"大人到农村来搞乡村建设是可以的,但还是应该考虑小孩子的教学质量的吧?"

欧宁说:"小学时期玩好就行了,我也不强求欧建将来一定要考取名牌大学。"

又问:"如果以后想在中国发展,不去一个好一点的大学,恐怕对他以后的前途会有一定的影响吧?"

欧宁说:"想在中国发展才更应该在现实中历练,中国的名牌大学水平不过尔尔。"

再问:"那,外国的名校总是很牛的吧?"

欧宁被打败了："你们就那么迷信名校吗？外国名校都把中国家长当银行提款机。学习是一辈子的事，最重要的是自学能力。"

社长缪雨蘅有着同龄人中少见的笃定与机敏。从媒体上了解到碧山计划之后，她主动联系欧宁，组织了这次碧山之行。她的父亲缪秉烨正是江阴一家银行的行长，针对欧宁在讲座中谈到的一些碧山计划面临的困难，比如缺乏政府的支持，缪先生问："你有没有尝试给村书记洗脑？"

欧宁笑："洗不了。"

"有没有栽培下一任书记？"

欧宁大笑："栽培不了。"

最后，缪先生建议欧宁："那你干脆自己当吧！"

后来欧宁表示那天听了缪先生劝他当村支书的建议确实为之所动，付之一番思量。我惊异于他居然会考虑入党，他却自认就算入了党选上支书也无法胜任：一是与村民沟通的能力不足，二是处理梦办（中国梦办公室）、美办（美好乡村办公室）、群办（党的群众路线办公室）日常工作的能力不足。

经过一天的考察，大年初四早上，优微社团再邀欧宁进行汇报座谈。一个上午，针对村中的古建保护、垃圾处理及农村土地流转几个议题上，同学家长轮番各抒己见。欧宁告诉同学们因为农村的宅基地是集体所有，所以其实他和朋友们在碧山购买的房子并不受现行法律的保护，但是他还是反对农村土地入市，因为一入市农地很快会被大资本垄断，贫富分化还将加剧。

细微的变化

五月初，我又一次来到了碧山，村口通往县城的大路两旁，刚收割完的油菜花杆成片地铺在田里，像极了表现主义画家安塞尔姆·基弗笔下的大地，路旁的桑树下紫黑的桑椹熟落满地。张昱这两个礼拜天天睡不踏实，一有风吹草动就跑到村官菜园来看她的秧苗。育秧田里映着青天白云，还插着许多桑树枝，每枝上面都系着一个迎风气鼓鼓的红色塑料袋。张昱说这是村民给她支的招儿，她指着田边缘的几株歪到的秧苗说："这个办法挺有效的，不过还是被鸟儿吃了一些。"总体来说，村官菜园的第一批无公害秧苗长势苗壮，月底就可以插秧。

左靖在碧山的房子基本装修完毕。"我准备做个碧山书院，作为《碧山》杂志的编辑部做些出版工作，平时也可以开开讲座。"安大学生历时三年的黟县百工调研工作也告一段落，他们记录的九十多种当地的手工艺连同手工艺人的联系方式一并收录在即将出版的《黟县百工》一书中。"我打算寄一百本给中国的设计师，他们有了灵感可以直接联系这些手工艺人，与他们合作。"左靖家中摆满了各种竹编器皿，正在筹备一个月后将在安徽大学举办的《黟县百工》项目展览。他提起一个线条很现代、边框有几何图案装饰的瘦长竹筐，说："这个是古代文房里装卷轴画的筐子。"又提起一个蘑菇形下面中空的竹编物件，说："这个是古代冬天给小猫取暖用的，下面可以放一小盆碳，猫就卧在上面的竹扁里。"

村口大路旁的一片茶园里，我碰到家离牛院儿不远的何先生和丁太太，他们不愿意告诉我自己的名字："我们是农民，拍出去会被人笑话的。"老夫妇俩的四季围绕着油菜花、茶园、稻田、桑田转悠。今天二人都穿着围裙，带着老花镜，丁太太笑着说："采茶不戴眼镜看不清楚呦！"她采过嫩叶的地方，何先生随后就挥舞着大剪刀来修枝，他们的小白狗安静地趴在放着茶水和午饭的竹篮旁。我问他们去过碧山书局吗，何先生说："经常去啊，下雨天、没事儿的时候就去看看书。我很喜欢，县城里都没有这么好的书店。"

此刻的碧山书局刚开张两个星期，唐雪任店长，汪寿昌任收银员兼碧山一日游义务咨询。汪寿昌自豪地告诉我他绘制的碧山风景明信片是碧山书局的明星产品之一，五一假期就卖出近百套。钱晓华原本制定的书局营业时间是下午一点起，可汪闲不住，他把自己的手机号码留在书局外墙上，如果早上有游客来，他随叫随到。"这许多书露天摆在这里，刮风下雨、卖不出去都要赔钱，我早点来能多卖一本是一本。而且外面的人大老远跑到这里来，碰到没开门，多扫兴！我基本上每天早上都来。"

书局院子里停着几辆供游人使用的自行车。二楼的咖啡室里有位娃娃脸、戴眼镜、笑容满面的年轻人正在清理咖啡机——从小在黄山市长大的程李星桦是张昱的好友，五一期间被介绍到碧山书局帮忙。他在家人的压力下今年第三次参加了公务员考试，今天刚好放榜，他发现分数一年不如一年。唐雪和汪寿昌都恭喜他，如果落榜就可以安心加入碧山书局了。唐雪和小程商量怎样完善书局门口小黑板上的地图，还要开始为村民提供免费的茶水，希望这样可以吸引他们上书局二楼来叹风景。

我不由想起美国每个小镇上都有的游客资讯中心，外来者在那儿可以得到免费的地图，购买明信片，了解当地历史，咨询餐馆、徒步路线的推荐等等。碧山书局里这几位富有亲和力的工作人员已经完全承担了一个游客资讯中心的功能。与西递宏村吸引的那种团体大巴购票留影的旅游模式截然不同，他们吸引的是今天中国越来越多的背包客和自驾游者。

在城市人口刚刚超过农村人口的今天的中国，不管是城里乡下，大多数人仍难以抵挡城市生活的吸引力，堵车雾霾在所不惜。人们不容易相信农村的实践能产生什么对于城市有借鉴意义的逆城市化成果，所以很乐得调侃碧山计划螳臂挡车，不自量力。说到乡建，国人的想象不外乎民国先生鞠躬尽瘁教农民识字的圣人型实践，再不然就是知识分子跟农民学种田那种文革宣传海报的画面，带着这种预期来看碧山很容易发现一种断裂感——外来精英、政府和村民三者说着完全不同的话语，而看不见三者间的联系和交集。

但待的时间久了，你会发现村里说着不同话语的远不止三个主体，村民之间绝非同质，欧宁、左靖、寒玉和小光这几位二十多年的好友之间也有争论，还有村官菜园、碧山书局、村委、泰来农庄、供销社、小卖部、投资公司、准备加入碧山的外地人、准备回归碧山的碧山人、在外地观望的碧山人、以及更大的社会公众，一个生动丰盈的社区本应如此。这么多主体之间，摩擦、争议难免，但大家在交流，愿意以讨论——计划——实践——调整的方式来探索新的可能性，这是碧山村的幸运。

一天黄昏，我和汤丽莉在村里遛弯，金发碧眼身高一米八的她在村里经常引起围观，而我则被当成地陪，只是还不能胜任黟县方言和英文的同声翻译。那天遇到一群在暮色中聊天的村民，当得知我们来自纽约时，一位大爷说："为什么来我们这么小一个地方？我们在地图上就是一个芝麻点。"剧本到这里还很熟悉，可还没等我来得及翻译，另一位大爷开口了："嗨！纽约在地图上还不是个芝麻点？我们都是地球村里的一个芝麻点。"

城·时代
第一辑
中册：行而论道

丛书主编◎孟凡贵
本册主编◎李亚琳

中国商业出版社

图书在版编目（CIP）数据

城·时代.第一辑／孟凡贵主编.—北京：中国商业出版社，2018.6
ISBN 978-7-5208-0273-4

Ⅰ.①城… Ⅱ.①孟… Ⅲ.①城市化-中国-丛刊 Ⅳ.①F299.21-55

中国版本图书馆CIP数据核字（2018）第036512号

责任编辑：蔡凯

中国商业出版社出版发行
010-63180647　www.c-cbook.com
（100053　北京广安门内报国寺1号）
新华书店经销
北京世嘉印刷有限公司印刷

＊　＊　＊　＊　＊

开本:787×1092毫米　1/16　印张:32　字数:420千字　四色彩印
2018年6月第1版　2018年6月第1次印刷
（上、中、下册）定价:158.00元

＊　＊　＊　＊

（如有印装质量问题可更换）

编委会

主　任　彭鸿斌

副主任　尹邦满　刘　枚

秘书长　童大焕

委　员　彭鸿斌　尹邦满　刘　枚　童大焕　孟凡贵

总编纂　孟凡贵

副总编纂　李亚琳　代蕊岚

上册:《碧山行说》　单册主编:李亚琳

中册:《行而论道》　单册主编:李亚琳

下册:《调研拾趣》　单册主编:代蕊岚

序

为了未来我们走进历史
为了城市我们走进乡村
为了真知我们学习思辨与表达
童大焕 – 2017 年 11 月 10 日~11 日

1 走进乡村，走进历史

城市化是 21 世纪中国最伟大、最惊心动魄的社会变迁，每一个身在中国大陆的中国人，不论男女老幼，不论贵贱尊卑，都将主动或被动地被卷入、被改变，诚如诺贝尔经济学奖斯蒂格里茨在 2000 年所言：21 世纪影响人类进程有两件大事，一是以美国为首的新技术革命，一是中国的城市化。

两股时代性力量同时在古老的中国大地上碰撞、交织、盘旋，产生的巨大能量和对中国社会的全方位深远改变，大到难以想像。这也是人们从未经历过的崭新历史。正因为从无历史经验可循，乃至于绝大多数已经坐上时代高速列车的中国人，身体已经进入了城市，思想和头脑却还顽固地停留在农业时代。千百年大同社会、均衡发展的理想像梦一样纠缠着他们，他们一步三回头地回望乡村。这样一种观念跟不上现实变化的"历史的涡流"，微观处，直接影响个体对自由幸福的追求；宏观处，直接妨碍社会的转型和国家的全球竞争力。

从小被教科书里的乡村田园梦牵魂摄魄的莘莘学子，更是在这场历史巨变前不知所措随波逐流。我们想带他们认清这场历史巨变，找准自己和时代的方向和定位。

如何带领同学们清晰地把握这浩大的历史洪流？带他们进入城市吗？城市的茫茫人海里，一千个人就有一千种可能性，且每个人都在不停地变换着自己的脚步和方向。面对这样的洪流，同学们可能会更加迷失方向。

因此，我们采取的方向是：逆向而行。为了未来，我们走进历史；为了城市，我们走进乡村。

因为乡村足够小，我们可以用较短的时间、较低的成本，很快看清它的面貌。我们

和同学们一起看乡村的历史、今天，展望它的未来。我们让同学们一起来思考一个最核心、又是大道至简的问题：人到哪里去，为什么会到那里去？钱从哪里来，怎么来？

这是真正的以人为本位，把人作为万物的尺度。把"人往何处去，钱从哪里来"这个问题看清楚、想明白，则天下之大道，已然在多数同学的心中豁然开朗：在城市，你会看到一个人的无限种可能；但是在乡村，我们只会看到几乎一种可能——到城市去，到城市去。乡村没有牧歌，不是田园将芜胡不归，而是乡村看不到前途，小农经济支撑不起任何自由与尊严的生活。

2 学会思辨与表达

我们希望养成学生正确的思辨与表达能力，学会自己从头到尾把一个个小问题分析清楚透彻。这一点，说来简单做来难。我们的教育，从小学到中学，只教会学生各种零散的、碎片化的知识，很少教会他们如何系统地思考和表达。乃至于到了大学，我们仍然发现，很多同学，连最基本的清晰表达都还没有做到。在我们挑选出来的同学里，有的同学一篇文章不到200字的导语，包含标点符号，一共有十几处错误。于是让他们看我一篇一稿写成的万字长文，发动同学们一起来找错别字，找出一个奖励10元。结果，我只付出了10元钱。

我们一直强调独立思考，但从来不知道、也没有人告诉我们怎么才能独立思考。独立思考并不是标新立异、与众不同就叫独立思考，真正的独立思考，是有正确的科学的方法，学会系统地分析和解决问题。

3 重建比白纸更难描

我们是在国内教育几乎从无科学方法训练的基础上，对已经初步形成思维惯性的大学生进行方法与观念重塑。这是比"白纸上描最新最美的画图"更难的一份挑战，一定程度上相当于推倒重建。而观念和思维方式的推倒重建，显然比物质领域的推倒重建要难得多。

博学的孟凡贵老师、年轻的李亚琳老师，都把他们专业所长的论文写作方法和科学的调查方法，手把手地教给孩子们，不厌其烦地一遍遍帮助他们修改论文。其中的艰辛，可想而知。代蕊岚老师作为班主任，则像一个大家长，不仅事无巨细地规范孩子们的日常行为，也具体指导他们的散文和随感写作。

更应该感谢的是学院和董事长，尤其是董事长彭鸿斌先生开放、先进的教育理念，不惜代价给我们开辟了不问文凭、只问经历的校内研究生班这样一块教育的小小试验田。这在国内几千所大学里，几乎可以说是绝无仅有的。我希望承先启后的同学们，能够加倍珍惜这样的机会。如果今后，在漫长的人生旅途上，我们教给同学们的这一点比较科学的思考方法，和严谨的习惯与态度，能够帮助同学们在遇到任何问题时，具备更加独

立的思考与判断能力，那么，我们今天短暂的碰撞与相逢，就是生命中最美丽的碰撞与相逢。

　　天空中不要留下翅膀的痕迹，但我已经飞过。明天总是新鲜而又贴近，让我们，用自己的逻辑、自己的手筋、自己的定势，努力把握！

目 录

留不住的乡亲——培田古村资源承载力考察之我见 …………………………（1）
被过分夸大的弃耕抛荒现象 …………………………………………………（10）
对"留守村庄"和"留守城镇"出现的探讨——钱塘调研之考察 ……………（17）
城市化发展中的畸形儿——"留守城镇" ……………………………………（24）
从古北水镇模式看培田专业化管理 …………………………………………（30）
浅谈小城镇专业化方向 ………………………………………………………（39）
浅析新型农业小城镇存在的问题和出路——以合川钱塘为例 ……………（45）
小城镇的建设之路 ……………………………………………………………（51）
中国"留守城镇"的深层城市化道路——合川钱塘建设工贸城镇的不可行性 …（57）
浅析培田新农村发展不完善现状 ……………………………………………（64）
培田新村再开发研究 …………………………………………………………（72）
培田新村住房三四期不可行报告 ……………………………………………（81）
传承与辉煌：从厦门大学到移通学院——民办大学发展之路 ……………（90）
浅谈培田文化消失的原因 ……………………………………………………（102）
精华与糟粕的鉴析——小议城市化背景下的文化情怀 ……………………（110）
论城市化背景下农村小学的命运——以培田小学为例 ……………………（117）
农村现状综——培田古村调研 ………………………………………………（124）
乡村建设无法阻挡培田古村的衰落——从乡村建设到城市化之我见 ……（131）
从培田看农村的衰败 …………………………………………………………（141）
回不去的农村 …………………………………………………………………（148）
关于培田古村旅游业发展的调查报告 ………………………………………（156）
钱塘发展农业休闲旅游业的可行性 …………………………………………（164）
浅谈城市化对农民增收的影响 ………………………………………………（170）
浅谈城镇化对培田古村的影响 ………………………………………………（179）
以钱塘为例分析高速城镇化进程中所带来的问题 …………………………（186）

— 1 —

浅谈古村经济——培田考察 …………………………………………………………（193）
城市化背景下粮食的生产"农场"模式——钱塘镇调研后感想 ………………（202）
看不见的手——钱塘镇现状 ………………………………………………………（209）
浅谈劳动力流向对农村发展的影响 ………………………………………………（214）
从哪儿来，往哪儿去——从培田考察看人口流动方向 …………………………（223）

留不住的乡亲
——培田古村资源承载力考察之我见

马川

(重庆邮电大学移通学院管理工程系，重庆 合川 401520)

摘 要：乡村的繁荣和衰败与人口的增减息息相关。在当代，随着经济的发展，人们纷纷离开乡村奔向城市，致使中国大地上的乡村每天以惊人的速度消失。面对这样的现状，为探索乡村人口不断流失的原因及未来趋势；以特色旅游古村落培田为例，深入考查；通过对具有文化资源与历史资源的村落的土地承载力、旅游承载力、住宅变化等研究得出乡村人口的最终去向及原因，为中国农业与乡村的未来探索出路。

关键词：土地承载力；旅游承载力；人口流动；衰败

Rural Persons that We Can't Detain
——my opinion on the resource capacity of Peitian Village

Chuan Ma

(College of Mobile Telecommunications Chongqing University of Posts and Telecom and Department of Management Engineering, Chongqing Hechuan 401520)

Abstract: The prosperity and decline of the countryside is closely related to the increase and decrease of the population. In the contemporary era, with the development of the economy, people left the countryside and migrated to the the cities, causing the villages in China to disappear at an alarming rate every day. Faced with this situation, we explore the reasons for the continuous loss of the rural population and its future significance.

Using an ancient tourist village as an example, this paper makes a thorough study of the final destination of the rural population and how people coped in an ever-changing new life. It also discusses the land carrying capacity and the residential changes which occurred in the villages with mention of cultural and historical resources including future tourism. This might help China's agricultural policies and the future of the rural areas as China marches forward.

Key words: land carrying capacity; tourism carrying capacity; population mobility; decline

一、研究背景

据《中国统计摘要2010》的统计数字显示，全国的村民委员会数目，由于城镇化和村庄兼并等原因而减少。2005年至2009年，全国平均每年减少7000多个村民委员会。也就是说，平均每天有20个行政村消失在中国这片曾以农业文明兴盛的大地上。[1]曾几何时，农业、农村、农民作为中国的主体承载了华夏文明，创立了可歌可泣的无数的生存业绩和恩怨悲歌。人们挣扎、拼搏、恶斗、努力……无非就是为了吃的饱一点，生活的舒适一点而已。然而，没有人能抗衡命运，没有人能摆脱命运。[2]

人口是一个村庄的基本因素，人口的去留和增减可作为一个村落兴旺和繁荣的标志。同时人口的流动性也是人类社会的基本属性，人们总是在期望着自己生活得越来越好，进而向着更发达的地区迁移。而在960万平方千米的华夏大地上，这便是村庄为什么每天消失的如此之快的根本原因所在。人都走完了，乡村能不消失吗？

然而，在培田这个有着800年家族血脉传承和深厚文化底蕴的古村落里，在现代经济大繁荣、城市大发展的背景下，这里的居民会不会舍弃他们赖以生存的家园，而奔向发达的城市呢？它又会不会因此和其他传统村落一样面临着衰败从而走上消亡的道路呢？

二、培田古村落现状

清澈似玉的河源溪环绕着以"九厅十八井"为代表的古建筑群，别致的山水地形及错落有致的古建筑布局，清幽质朴，伴有桑竹良田，阡陌交通让人感受到这就是一个没有围墙的美丽庄园。每当走在古村的巷道之中时，总有一种心旷神怡之感，整个古村落的大街小巷，小孩、大人的身影寥寥无几，一眼望去，便是尽头，毫无视野阻隔之感，若非逢上一年一度的"迎公太"节日，古村的寂静恐怕将会如现在一般永远保持下去。清幽质朴的建筑群下那清澈见底的圳水，在这里也早已被蒙上了一层"雾霾"。古村的另一头，倒塌的房屋随处可见，废墟之间杂草丛生，与一河之隔的新村形成了鲜明的对比，一个辉煌了 800 年的村庄，在历史发展规律面前正在悄然地发生变化。

（一）留不住人——土地经济

不堪重负的土地经济，注定了世世代代生长在这片土地上的子孙们将离它而去。总人口 1532 人，18 周岁及以上外出务工人口 600 人左右，村中留守着老年人口 298 人（60 岁及以上）和培田小学学生 58 名。这就是培田古村现今的人口状况，总人口流失了三分之一，老年人口又占据剩下常住人口的三分之一。早在 2000 年就开始开发旅游业的古村，在发展乡村经济方面显然比其他自然村落占据优越，但为什么还是留不住村民呢？调研团队在实地的考察中发现，在村民们世代依存的土地上，传统的种植模式并没有受到太大的冲击，依旧传承着传统的耕种模式。土地资源的稀缺，生产方式的落后，导致土地产出低下，作为村民第一收入来源的农业收入，远远满足不了当下年轻一代对高经济收入的追求。

培田古村在农业上主要种植水稻、烟叶，一些村民还会种植苗圃和百花果等进行创收。临近晌午，在古村的一个小山坡上两位老奶奶正在翻地，一位老大爷正在向着她们走去。交谈中老大爷说道："村里面现在主要是种水稻和烟叶了，一季水稻，每亩大约能有 1000 多元的收益，烟叶一亩能有 2000 多元。烟叶主要是政府收购，其实除去成本剩下的都没什么了。水稻就是种点自己够吃就行了，孩子都是在外面打工过年过节才会回来。"对于土地，在老大爷眼里仿佛并不是一个赚钱的载体，而是一种情怀。是啊，不妨可以来算上一算，就仅仅对于土地的产出而言，结合当地村民给出的大概数据与百度百科给出的当前水稻价格与产量的平均标准可知，一亩水稻大约产 1300 斤，市场价格平均约 1.35 元/斤，那么可得出水稻亩产值为 1755 元，去掉农药、施肥、运输等成本大约 1000 元左右的纯收入。而生产烟叶一亩平均算上约 2000 元，两者之和为 3000 元/亩*年。我们从中可以看出当地的土地产出仅为 3 千多元每亩，而这 3 千多元每亩的产出在人均只有 0.6 亩耕地的培田村民面前就变成了更加的微弱 1800 元/人*年或 150 元/人*月。将村民的农业收入与进城市务工相比，就按一个经济处在普通水平的城市，以最低工资标准来说，一年的收入也会超过一万元，远比在乡守着土地生活的要强得多。

对于农村土地收入多少的问题,前些年在北京发生了一个令人深思的事件。当时在北京有种群体叫"住井人",就是北漂的一些年龄较大的人在热力盖井下居住。政府部门得知情况后为防止他们再住在井盖下而把他们安排在敬老院工作,但是没过多久,他们纷纷离开了敬老院又回到了北京市区,因为他们知道就算是在城里捡垃圾,收入也会远远高于在敬老院的工资和在家里种地。至于培田古村,土地的产力如此的低下,想要过上好的生活,子女有好的教育,怎能不让人背井离乡呢?尽管古村它春风十里,桃李芬芳恐怕也难以阻止村民们一颗吃饱的心。

同时根据上面的数据进一步推算出培田古村的土地承载力(土地承载力:中国科学院自然资源综合考察委员会对土地承载力的定义是:"在未来不同的时间尺度上,以可预见的技术、经济和社会发展水平及与此相适应的物质生活水准为依据,一个国家或地区利用其自身的土地资源所能够持续稳定供养的人口数量。")。即求得耕地资源劳动力承载力(耕地资源劳动力承载力:在充分利用土地资源自然生产力来保证单位劳动力一定收入的前提下,单位土地资源产出的各种产品所得收益能承载的最大劳动力数量称为耕地资源劳动力承载力)即可。其公式为:

$$C = L/[B/(P*W)]^{[3]}$$

其中C为耕地资源劳动力人口承载量(人);L为区域总耕地面积(hm^2);B为单位农林牧渔业劳动力收入标准(人);P为土地生产能力(kg/hm^2);W为生产单位农产品的纯收益(kg)。

以2016年培田所属的连城县农村居民人均可支配收入12810元作为收入标准,带入上述所得土地产值数据得出,培田古村的土地承载力仅仅只有220人左右,而对于1532人的培田村,村民们要想单单通过土地获得期望的经济收入,这条路对于目前的培田土地承载力是远远行不通的。他们要想达到自己的经济期望就必须得另寻他路,或进城务工或就地依靠旅游资源在乡创业。

(二)留不住人——旅游经济

旅游经济作为当地土地经济以外的第二大经济主体,它的繁荣与否对当地居民是否留乡或回乡发展具有关键作用。而就当地旅游业目前的发展状况来看,是难以支撑当地居民的经济期望的,也更是难以留得住人的。培田客家古村落位于福建省闽西山区连城县宣和乡境内,至今仍保存着(全国)较为完整的明清时期古民居建筑群。其精致的建筑、精湛的工艺、浓郁的客家人文气息……堪与"永定土楼""梅州围龙屋"相媲美,是客家建筑文化的经典之作,享有"福建民居第一村""中国南方庄园""民间故宫"之美誉。2005年11月12日,在第二批中国历史文化名镇(村)

评选中，培田荣获"中国历史文化名镇（村）"的称号。[4]这就是培田，一个具有800年历史的古村落在当今社会所展现出的魅力与价值，它的旅游资源相比中国其他村落可谓是得天独厚。面对培田古村的特色资源，外界对当地的居民早已羡慕不已。因为在当代人们的生活中，旅游已经成为了一种生活习惯，一到节假日人们都会下意识的计划去哪旅行游玩。那种一到节假日，景区人山人海的壮观场面早就在中国游客的脑海里打下了深深的烙印。对于旅游的人来说，人头攒动、挨山塞海固然使旅游质量大打折扣，但是反过来对于景区来说，却意味着大量的财政收入，直接的受益人莫过于当地居民。旅游业的发展可以说是一个地方经济建设的强大推力，但在培田这个早在2000年就开始旅游开发的古村，旅游所带来的收益真的会如外界游人心中所羡慕的那样吗？培田村拥有的旅游资源所产生的效益承载力又真的能承受得起全村人的经济期望吗？

通过对当地数据的调查收集与整理得出下面的表格：

表一　　　　　　　　　　　　门票收入资金去向表

序号	去向
1	80%流向冠豸山管委会（旅游局下属公司）
2	20%回到培田古村理事会，这其中的四分之一给村委会财管用于支出培田古村当地居民的农村医疗保险（80元+居民自费70元共计150元），剩下四分之三用于分红（分红对象为古屋被测评为景点的所有者），分红方式依据古屋的相关专业评分高低等级进行分红（例如：古村中评分最高的继尘堂的年分红为3万元整）。如有剩余资金，将用于古村绿化，厕所改建等。

数据来源：《重庆邮电大学移通学院大焕城市化研究生班培田调研数据汇总》

表二　　　　　培田古村旅游区游客量、门票收入及解决当地就业情况表

游客人数（万/年）	门票收入（万/年）	当地居民在旅游区就业情况（人）
5	200－300	44

数据来源：《重庆邮电大学移通学院大焕城市化研究生班培田调研数据汇总》

表三　　　　　　　　　　培田古村商业机构情况统计表

商业机构数量及类别	营业中商户（户）	停业中商户（户）	总数（户）
商店	15	5	20
摊位	4	0	4
农家乐	13	29	42
民宿	13	23	36
合作社	1	0	1
农村淘宝	1	0	1
福利彩票	0	1	1

数据来源：《重庆邮电大学移通学院大焕城市化研究生班培田调研数据汇总》

从表一、表二、表三中可以清晰地看出仅仅对于门票收入来说，旅游对于当地居民的创收几乎是没有影响的，而真正带给村民们利益的只有游客的"不确定消费"，通过农家乐、民宿、商铺的形式增加村民收入。但是在这当中每年 5 万人的游客量除以 360 天，再分别除以 36 和 42 得到的结果却是 3.8 人/户和 3.3 人/户。

资源的有限性注定了它具有的承载力是有限的。培田古村地处连城县宣和乡，距离冠豸山动车站仅 30 分钟车程，班车直达村内，交通可谓十分便捷。而培田古村当地的旅游资源仅限于古建筑群，旅游的形式主要表现于单一的古建筑观光，游客几乎只需用半天的时间就可浏览参观完古村，对于大多数的游客来说，可以算的上是一种快餐式旅游。便捷的交通为他们快餐式旅游提供了条件，真正在当地游玩能住一晚的人并不多，而且主要集中于节假日。在坐班车去古村时无意间跟开车的师傅问及平时坐车进出古村的外地人多不多时，师傅的回答再一次印证了调研团队的猜想，他说道："非节假日在这段路上平时基本上都是三三两两的本地村民乘坐。"面对资源单一、交通便捷下的快餐旅游，当地居民所开设的日均 3.8 人/户的农家乐必然大打折扣，去掉节假日火爆的生意情况，平日里这些商家的生意定会如调研团队所考察时所见的萧条景状一般。

"有的做生意做得好的十几万，有的没有赚到什么钱就抱怨搞什么旅游！"社区大学的工作人员陈芳，在当地旅游对带动农民创收的这个问题上回答道。这从侧面也说明了当地的供给与需求的不平衡，从而从根本上来说就是培田的旅游资源根本不能承载这么多的运营商家，满足不了他们基本的经济欲望。在满足不了经济需求的情况下，居民为了寻求更多的经济来源必然会选择背井离乡，往经济更发达、承载力更高的城市奔去。

（三）留不住人——居民住宅

站在山上俯瞰古村，新旧两村格外鲜明，一河之隔划开了历史与现代。从历史到现代，城市化浪潮不断迈着它那坚定的步伐席卷着中国大地上的乡村，它的席卷表现在人们衣食住行的方方面面上。随着经济发展人们对衣食住行观念的转变，培田古村那清幽质朴的古建筑早已不适应了当下年轻人生活的快节奏，对居住环境的改变，必然会引起他们对住宅的变换，而古建筑它注定是留不住人的。

面对古建筑文物，政府对这个村落的建筑群进行了全方位的修缮保护，并将村民的改造权与其他权利相分开，这让人联想到了去年的调研地点安徽碧山村的房屋现状。由于"碧山计划"的影响在无形之中将当地的房价抬升了，而愿意在那里买房的人却很少，出现了一种有价无市的现象。在高维修成本与高房价面前，已经移居外地的村民对待老房子形成了一种既不修缮又不拆的思想，对当地发展产生一种滞后的作用，也是对当地房屋资源造成的一种浪费，而在培田类似的现象也是存在。中国自古以来就有一种光宗耀祖的思想，在外面发展得好的人，一般都会回乡大肆置办自己的产业，以光宗耀祖。而在培田古村也更不例外，当地自古以来就出途了很多的大官员和富贾，整个村中最大的房屋"大夫第"占地6000多平方米就是当地人在外做官后回乡修建的。而现在政府却将房屋的改造权限制了，这必将与村民改善居住环境质量而产生矛盾。在日新月异且高速发展的今天，古民居很显然对于大多数的年轻一代已经不适应了。在这两者的矛盾下必定会产生激烈的火花，进而产生的影响就是年轻一代的人搬出古村，进驻城市，融入现代都市生活。而在培田古村，为了缓解这个矛盾，既想保护古村又想留得住人，顺应新时代的发展规律，新村在政府的规划下就应运而生了。

两期工程共180户入住，也进一步证明了人们对改善生活质量的意愿。但是搬迁的居民户数才一半，古村还剩下了另一半居民，他们大多数都是在权衡城乡两者之后才做出的决策，调研团队在新旧村两村就此做了专门的走访与调查并整理出如下表格：

表四　　　　　　　培田新村各期户数、面积大小与房价表

期数	户数（户）	毛坯房造价（万）	面积（单层）（㎡）
一期	120	20	100
二期	60	40	90

数据来源：《重庆邮电大学移通学院大焕城市化研究生班培田调研数据汇总》

表五　　　　　　　2008-2011年连城房地产房价情况表

年份	2008	2009	2010	2011
房地产价格（元/m2）	2873	2948	3437	4180

数据来源：龙岩市统计局

从表四中可以看出新村楼层房的房价并不低，而在培田村所属的连城县城里的房价为平均五千多元每平方米，在县城里买单层同样大小的单元房价格在五十到六十万之间，相对于新村的二期房价而言，连城的房价并没高出它太多。但是在这两种房源之间存在着很大的升值差距，在培田新村，新修的现代房屋已然没有古宅那种历史价值，而它又远离城市，对于二手房几乎是没有市场需求可言，在近几十年内，它的升值空间可以说很小，而随着城市化进程的加快它的价值可能反而会下降。反观连城县的房子，虽然稍贵，但是它自身的升值空间比新村房子大多了，从

表五中就可以清晰地看出不同年份房价的涨幅，两者呈现出巨大的反差。在城里买房的好处也并不只有这一点，还有良好的子女教育和医疗条件，便于工作等等。在未来城市化发展的趋势面前势必会有更多的人更愿意购买城里的房子。而在走访时也发现，已经居住在新村的人对于是否愿意离开培田买房生活时与居住在旧村的人形成鲜明的对比，旧村的居民倾向于出去，新村的人更倾向于留下。在两者徘徊之间不由得让人开始为这"民间故宫"未来的发展担忧起来，如果以这种模式人流分两股方向流去，古村势必会沦落成一个空村，没有了原住居民对800年历史文化底蕴的传承与发扬，这个古村也就必然会失去它原有的灵魂，从而导致旅游资源吸引力逐渐降低，最终与其他村落无异，成为衰落的村庄，留不住的人。

三、分析与讨论

生产力决定生产关系，经济基础决定上层建筑，贯穿人类史上的这两大矛盾运动的影子一直伴随着当代农村发展的兴衰轨迹。生产力的发展就好比是你能给我什么，你能给我多少，你给我的又是不是能满足我的欲望。现在全国平均每天消失200个自然村，这并不是危言耸听，它凭什么不消失？面朝黄土背朝天的日子早就过去了，现在已然不是那自给自足的农业社会了。社会的高速发展对人们在衣食住行教卫的要求不断提高，要是真的还固守土地，依靠那一亩三分地，是真的会养不起小孩，生不起病。据资料显示，2011年我国农村居民人均收入为6977元，城镇居民为21810元，城乡收入将近3倍的差距。如此巨大的反差，能不让人深思吗？

反观如今的培田古村，耕地人均面积0.6亩的现实碰上3000元/亩的土地产值，擦出的火花必然是"弃土而逃"；旅游资源的快餐性碰上当地居民拔地而起的大规模经营活动，产生的火花必然是供需的不平衡，而导致"有的做生意做的好的十几万，有的没有赚到什么钱就抱怨搞什么旅游"的畸形发展。即使当地经济发展增加了居民对返乡的吸引力，但就凭当地旅游经济已经如此的饱和度，这影响必然也只是短暂的；政府对建筑的保护碰上人们想提高居住质量的决心擦出的火花必然是"弃屋而逃"。在三个火花下共同作用下，最终所导致的影响必然是古村人口的大量外流，那曾经的喧嚣繁华之地，逐渐变得寂静、沉默。而随着时间的推移，农业人口城乡转移速度的加快，恐怕到时纵使古村春风十里，也难挡一颗想逃离的心。进而让这个800年古村逐渐丧失灵魂而走向衰败，或又如村中老者所言一般，可能不是走向衰败而是消亡。

四、结论与建议

培田古村一个从2000年就开始开发旅游业的乡村,土地经济上的低产值,旅游经济上的低需求,居民住宅改造上的束缚,注定了它留不住祖祖辈辈在这里生活的居民,也注定了它的辉煌将一去不复还。由培田反观整个华夏大地,有着得天独厚的旅游资源的村落况且都如此,那其他平常的自然村落,仅仅依靠那一方土地又能如何去留得住人。而要想避开村落消失大潮,在当下首先第一要务就是转变农村经济发展模式,进行专业化村落的打造。每一个乡村的资源承载力都是有限的,人口外流在资源的有限性面前是不可避免的,将人口的数量控制在资源承载能力之内,进行规模性、专业性的生产,方能大幅度地提高农民的单位劳动产值,满足人们对经济的期望。从而创造农业与资源、农村与资源的新的配置模式,中国新的乡村景象、中国未来新农业的大发展。

参考文献

[1] 每天20个村庄消失,农村的未来在哪里?

http://www.sohu.com/a/132305518_473358?_f = v2 – index – feeds

[2] 已消失的村庄

http://baike.baidu.com/link?url = 4jfQImSdGt Ey BJ94MhNnACdviqiO3SeYFYX WnGx U7SG6 Depy FVjH1Ix3QfpnzU3XhyuNQlGh ZVmVRhVT1191xFa _r73U8RyeYF1ERj9 _bLk5gbdy1TI31G5 – vqkz4jaIZcl_CmDhisVnacuJyAm1lQiMOOHd7IPveyhnlzopdFy#2

[3] 基于耕地承载力的城镇布局规划认识

https://wenku.baidu.com/view/34d08f1d6c175f0e7cd1376c.html?from = search

[4] 福建培田古村

http://baike.baidu.com/item/%E7%A6%8F%E5%BB%BA%E5%9F%B9%E7%94%B0%E5%8F%A4%E6%9D%91/1287853?sefr = ps

[5] 连城县房地产市场调研报告 https://wenku.baidu.com/view /ce36017f 6edb6f 1aff 001f 74.html

被过分夸大的弃耕抛荒现象

任庆渝

（重庆邮电大学移通学院外语系，重庆 合川 401520）

摘要：粮食是人类赖以生存与发展的物质基础，粮食安全更是关系国家民生。随着我国城市化的发展，农村劳动力的转移，"中国已经出现弃耕抛荒"的说法出现在公众视野中，人民和政府也开始担忧并思考如何保障粮食安全，本论文以中国耕地复种指数的变化和粮食种植面积和总产量变化论证了我国并未出现所谓的大规模弃耕抛荒。同时，为促进社会发展，提出我国农业应该由"产量农业"向"效益农业"转变，并针对过分排斥"进口粮"有违市场化原则提出思考和意见。

关键词：弃耕抛荒；产量农业；效益农业；粮食安全；国际贸易

About Exaggerated Phenomenon of Abandoning Farmland

Qingyu Ren

(College of Mobile Telecommunications Chongqing University of Posts and Telecom and Foreign Languages Department, Chongqing Hechuan 401520)

Abstract: Food is the material basis for human survival and development, and food security is related to the national livelihood. With the development of urbanization in our country, the transfer of labor force in rural area, the saying "China has the phenomenon of abandoning farmland" appears in public, people and government are also beginning to worry and think about how to ensure food security, this paper uses the change of multiple-crop index of Chinese farmland, the change of grain planting area and output to demonstrate that there is no so-called large-scale farmland abandonment in China. At the same time, in order to promote social development, this paper suggests that China's agriculture should change from "yield oriented agriculture" to "efficiency oriented agriculture". This paper puts forward some reflections and opinions for excessive rejection of imported grain, which is contrary to the marketization principles.

Key words: abandoning farmland; yield oriented agriculture; efficiency oriented agriculture; food security; international trade

1. 中国并不存在所谓的弃耕抛荒现象

农业是人类的"母亲产业",远在人类茹毛饮血的远古时代,农业就已经是人类抵御自然威胁和赖以生存的根本。在现代,农业更是为社会生产的发展提供了物质基础。随着新中国的成立,人口基数的不断增加,农业生产过程中的人地矛盾也愈发突出。改革开放后,城市化的进程日益加快,大量的农村劳动力放弃耕种选择进城务工。于是,在新闻媒体的广泛报道下,人们开始担忧"弃耕抛荒"现象日益严重,粮食安全危在旦夕。中共中央为此更是提出严守18亿亩耕地红线的要求。然而,中国真的出现了大范围的弃耕抛荒现象吗?事实却并非如此。

1.1 我国的耕地复种指数

耕地的复种指数是指一定时期内(一般为1年)在同一块耕地面积上种植农作物的平均次数。计算公式为:复种指数 = 全年播种(或移栽)作物的总面积÷耕地总面积×100%。它用来反映复种程度高低和耕地利用情况。

表一　　　　1998-2012年中国耕地复耕指数的时空变化特征

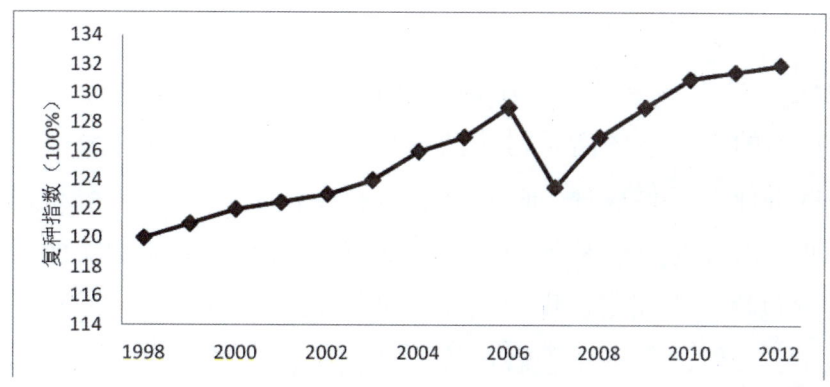

资料来源:国家统计局

根据图标显示,自1998年起到2012年,我国耕地复耕指数大致呈现逐年上升的趋势,仅仅是2007年复耕指数有所下降,但是,一部分原因可以归结为2006年中国发生的大范围的自然灾害。

1.2 我国粮食种植面积和总产量变化趋势

表二　　　　2011-2015年我国粮食种植面积情况（单位：万公顷）

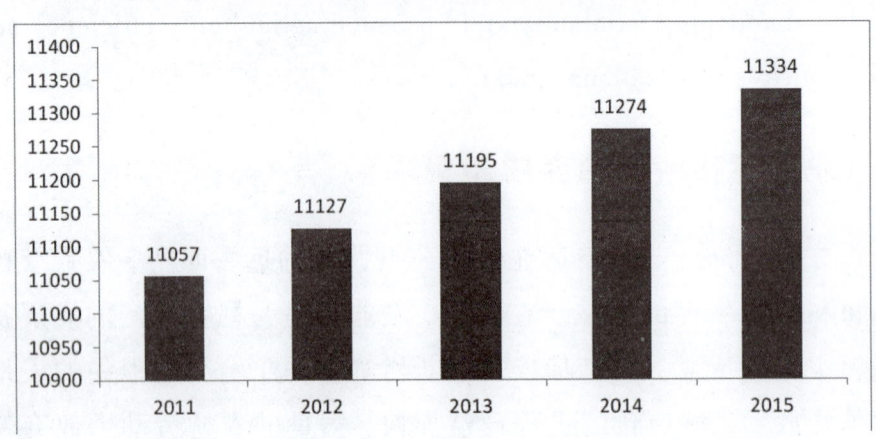

资料来源：国家统计局

根据图表显示，2011-2015年我国粮食种植面积逐年增大，增长幅度高达2.51%。从这点来说，我国出现大规模的弃耕抛荒现象的确话有偏颇。

根据中国国家统计局2015年12月8日发布的数据显示，2015年中国粮食总产量为62143.5万吨，比2014年增加1140.8万吨，增长2.4%。2004~2015年，中国粮食生产实现"十二年增"。

是莫名与有效，论莫定于有证。以上数据均可表明，我国目前并没有出现所谓的"弃耕抛荒"现象。同时，我国目前正处于城市化发展的初级阶段，城市化率较低，加之我国人口众多，即使城市化解决了大批农村劳动力就业问题，但是，还有很大一部分农村劳动力呈现严重过剩的现象。同时，我国人均占用的土地面积仅占世界人均土地面积的29%，试问，在这种条件下哪个农民还会愿意放弃宝贵的土地？在农村，很多的人都已经离开村庄到大城市定居，很大一部分人也不会放弃土地，挑拣几块良田种点蔬菜粮食，时常回来看看顺便带点新鲜的蔬菜回城。即使有些出去的人不再耕种土地，但是他们留下的土地并没有由此荒废，而是借给同乡耕种或者出租给承包户。在城市，我们随处可见土地的宝贵，就算是房产商还没来得及开发的土地上，人们都会争先恐后地抢占任何一方土地用来种点蔬菜，甚至很多时候为了一点土地大打出手。

2. 中国土地生产与美国对比情况

农业的科技发展程度在世界处于领先地位，并且，几十年来美国一直在世界农业生产领域和出口领域等方面占据主导地位。反观我国农业仍然以追求产量的"精耕细作"的模式为主,产量虽然高,但是它毕竟是劳动力投入过度的结果,因此它的效益却远不及发达国家。

2.1 中国和美国粮食生产对比情况

美国是世界农业大国,不管是农业生产领域还是出口领域都占据主导地位。美国农业科技程度遥遥领先于我国,然而美国粮食的单位产量于我国来说却相差甚远。

表三　　　　　　　　　　　2007年中美粮食生产量对比

	耕地面积(亿公顷)	占世界耕地比例	粮食总产量(亿吨)	每亿万公顷单位产量(亿吨)
中国	1.21	8.06%	5.01	4.14
美国	1.97	13.15	3.63	1.83

资料来源:国家统计局

根据图表,中国耕地面积比美国少0.76亿公顷,占美国耕地的38.56%,然而中国粮食总产量比美国多1.38亿吨,占美国粮食总产量的38.02%。出现这种差异的原因很大程度归功于我国精耕细作的农业制度,也可以说是我国在土地上过度投入劳动力的结果。截止2015年,美国农业就业人数242.2万,而同期,我国农业就业人数21919万。我国农业劳动力平均经营耕地面积9.24亩,而美国却高达957.47亩。[2]因此,从另外一个角度来说,劳动力成本过大也是我国农业生产效益过低的主要原因。

2.3 中国和美国粮食种植收入对比

表四　　　　　　　　　2015年中美主要农作物亩均总成本(单位:元)

	玉米	水稻	小麦	大豆	棉花
中国	1083.72	1202.12	984.30	674.71	2288.44
美国	694.47	994.97	467.78	487.37	1026.94

资料来源:新华社

根据图表数据显示,中国在主要农作物亩均总成本上远远高于美国,分别比美国高出56.05%、20.82%、210.42%、38.44%、222.84%,这间接表明我国农业生产的效益远不及美国。根据有关数据,2015年中国每50千克玉米、稻谷、小麦、大豆、棉花平均出售价格分别比美国高出109.91%、50.89%、98.69%、102.78%、44.

57%。[3]毫无疑问,我国农作物相对于农业发达国家美国来说是高成本,高价格,因此,我国的粮食在国际竞争中处于劣势,在农业生产上也是内外交困。

3. "产量农业"向"效益农业"转变

"产量农业"在这里是指以追求最大化产量为基础的生产方式;"效益农业"是指以追求最大化效益为基础的生产方式。我国是人口大国,据统计我国要以百分之七的土地养活世界百分之二十的人口,因此,在农业发展的过程中以增大农业产量为目的是在基本国情下的大势所趋。但是,从一方面来说由于劳动成本的过度投入造成我国农民的收入极低。并且,根据表六和表七,我们可以发现粮食收购价格的涨幅却远远低于国民收入涨幅。所以,从这一个角度来说,我国的粮食价格实际上是下跌了。由此造成"粮贱伤农"的局面,同时这也是城乡差距不断扩大的重要原因之一,更是有违约于"缩小城乡差距,实现共同富裕"战略目标。另一方面,由于城乡差距过大,农村人口收入过低的原因,农村人口的购买力也会随之降低,这就在很大程度上使工业产品在农村地区失去市场,不利于我国工业化的发展和现代化进程。

表五　　　　2004-2009年我国某地区粳稻收购价格变化　　　　单位:元

年份	2004	2005	2006	2007	2008	2009	2010	累年变化比	年平均变化率
价格	0.75	0.75	0.75	0.75	0.79	0.82	0.95	+26%	+3.8%

资料来源:中华粮网

表六　　　　2004-2009年我国城镇居民可支配收入变化　　　　单位:万元

年份	2004	2005	2006	2007	2008	2009	2010	累年变化比	年平均变化率
收入	9422	10493	11759	13786	15781	17175	19109	102.81%	14.69%

资料来源:国家统计局《民政统计年鉴》

我国粮食种植要向"效益型"转变势必首先要把粮食安全作为国家战略转变为市场化、产业化。不断降低劳动力成本,扩大种植规模,追求种植利益。转变过程中,农村劳动力的解放势必会为城市化的发展注入新的动力。农民也有权利享受社会发展成果,而不是被牢牢束缚在土地上为了国家粮食安全负责。只有让他们从土地上解放出来,去追求更高的物质需求才是社会公平的体现。

4. 过分强调粮食安全有悖于市场化原则

4.1 "进口粮"对于保障本国粮食安全的意义

粮食安全顾名思义就是确保生产足够数量的粮食，最大限度的稳定粮食供应。粮食安全并不是非要本国粮食达到自给自足。在当今世界一体化格局下，国际间的联系日益紧密，国际贸易多样化的情况下，保障粮食的供给不是难事。"深挖洞，广积粮"已经不再是保障粮食安全的救命良药。而且，进口粮食就相当于进口水资源和土地资源，这对我国解决由来已久的人地矛盾，解救被"粮食安全"强行束缚在土地上的农民可谓大有裨益。进口粮食往往享受外国政府的高额补贴，且进口的粮食价格也远低于本国粮价，那我们为何非要费力不讨好选择高成本高价格的本国粮？据统计，中国为了粮食增产和库存增加付出了高昂的生态和财政成本。财政上，国家的各种补贴和 2006 开始的最低收购价政策，让财政的负担越来越沉重。根据学者李勇等人的测算，1995~2005 年，中国每生产 1 万吨粮食所开销的财政支出呈递增趋势，到 2020 年，每 1 万吨粮食将需要财政支出 500 万元，粮食安全的总财政成本将达到 3000 亿元，这很可能是我国财政无法承受的。

此外，我国粮食连续增产除了依靠科技进步，还依靠大量使用化肥和农药。于晓华教授研究发现，氮肥（氮含量）的使用量从 2002 年的 2893 万吨，增加到了 2012 年 4498 万吨，十年增加 50%，每公顷的化肥使用量接近 500 千克，为世界平均水准的 5 倍左右。如此大规模施用化肥造成了严重的空气和水污染，以及土地肥力下降等环境问题。最新研究表明，中国雾霾形成的一个重要原因就是氨污染。[4]

4.2 进口粮威胁国家安全是个伪命题

目前，中国的科技水平相对于发达国家，还有很长的差距，因此，在由"产量农业"向"效益农业"的转变过程中，粮食的产量在一定时间内势必会大幅减少。这时，进口粮食对于粮食安全来说至关重要。但是，很大部分的人都始终坚持"要把饭碗牢牢地握在自己手上"的思想，坚持认为大量进口粮食加大了对进口国的依赖，威胁到国家安全。然而事实并非如此。19 世纪英国首相帕麦思顿说过："没有永远的朋友，也没有永远的敌人，只有永远的利益。"这句话在国际社会中广为通用，不可否认，国际关系都是受利益驱使。因此，从这个角度来看，大量的进口粮食不会威胁到国家安全，而是促进国际和平与共同交流。试问，国家间发生冲突时，而自己国家的命脉如果在一定程度掌握在对立国家手上，那么领导人还会为了逞一时之快发动战争而不是采取双边对话协商？况且一个国家在国际关系中的地位归根结底是由国家综合国力决定的，而经济实力才是国家综合国力的核心。所以，我国的首要任务是快速推动城市化进程，发展经济，这才能从根本上保障我国国家安全且粮食安全。

参考文献

[1] 谢花林、刘贵英 2015年4月地理学报《1998-2012年中国耕地复种指数时空差异及动因》

[2] 腾讯新闻. http://view.news.qq.com/original/intouchtoday/n3247.html

对"留守村庄"和"留守城镇"出现的探讨
——钱塘调研之思考

吴海学

（重庆邮电大学移通学院工商管理系，重庆 合川 401520）

摘 要：随着中国城市化的发展，农村的经济有很大变化，但随之也有许多问题出现。在新农村建设的过程中出现"空心村"。此文对"空心村"展开调查和思考，在通过研究"空心村"的过程中得出"留守城镇"新概念，分析和讨论"留守村庄"和"留守城镇"对社会的危害，针对这些危害提出治理措施。

关键词：留守村庄；留守城镇；危害；治理措施

The Discussion of "Left-behind Villages" and "Left-behind Towns" Appeared
——The Thinking of the Qiantang Survey

Haixue Wu

(College of Mobile Telecommunications Chongqing University of Posts and Telecom and Department of Business Administration, Chongqing Hechuan 401520)

Abstract: With the development of urbanization in China, the rural economy has changed greatly, but there are also many problem. Appeared in the process of new rural construction "hollow village", so to think "hollow village" and the survey, through the study of "hollow village" in the process of the new concept of "left-behind town". This paper analyzes and discusses the harm of "left-behind villages" and "left-behind towns" in the society, and puts forward the measures to deal with these hazards.

Key words: left-behind village; staying in cities and towns; harm; control measures

一、"留守村庄"和"留守城镇"的概念

随着改革开放的深入发展，中国城市化、工业化的进程加快，中国在发展的过程中一些问题开始悄然滋生。许多中小城市得到了发展，甚至还会成为一个新的大城市。而在此之外，还有一个更应该引起关注的问题就是农村的发展。农村现阶段的现象就是大量的农村青壮年劳动力为了寻找就业机会和接受更高级的教育而涌入到大城市里，留在农村的人口就只是些老弱病残，因此农村的人口流动较大。村庄里存在大量的空闲宅基地、空房子、农耕土地和闲置土地，这些土地不能被合理的、有效的利用。同时因为某些原因而导致农村规划有些滞后的现象，有能力的农民新建住宅时会优先选择村庄外围以便更好的出行或是管理自己的土地，空下来的村庄就像空心的大树一样，因此就被称为"空心村"。失去活力的村子对于中国发展来说是一个隐患，所以政府采取了"并乡并村"的措施，试图把村子里剩下的劳动力资源利用到城镇里去发展产业，恢复村庄的活力。建设新型城镇的道路并不顺畅，原先村庄的现象转移到了城镇上，城镇一样得不到发展，大学生和年轻人仍旧不愿回来发展。因此"留守城镇"就出现了。也就是说"留守城镇"出现的前提是"留守村庄"的出现，"留守城镇"就像一个大的村庄，它的问题在空心村的基础上演变出更多的问题。

二、钱塘"留守城镇"的现状调查

钱塘是合川区第一人口大镇，位居合川区北部，素有"天然粮仓"、"梨子之乡"之称。在合川行政区辖里总共有36个村，2个社区。全镇幅员面积134.15平方千米，与四川省武胜县接壤。总人口94038人，其中城镇人口2.1万人。钱塘是重庆市重点发展的"百个经济强镇""百个小集镇商业群"、"中心镇"和合川区规划建设的三个小城市之一。

当地还保持着隔日逢场的习俗，逢场天人流量达到3万余人，极大地刺激了商贸业和房地产业的发展。

在当地很少看到年轻人，大多数都是老人和孩子，经过调查可以知道年轻人都外出打工。当地多属于大家庭模式，因此当年轻人都外出打工后，老人和孩子就会被留守下来。

三、"留守城镇"的成因

(一)城市化和工业化大潮

新中国的建立,开启了中国农村城市化的新征程。1949－1957年是中国国民经济恢复和"一五"计划时期,为了恢复国民经济,国家进行大规模的经济建设,大量的农村劳动力进入城市就业,城镇得到了发展,城市化的道路也开始起步。加入世贸组织后,国家更加提倡让农民工外出打工,提高其他地区的GDP增长。再后来1998年中国住房改革,更是吸引了大量的农村人口向城市迁移,有能力的人大多选择待在大城市而不愿回乡,没有能力的也选择留在大城市里期望能够通过努力得到发展,总之回到家乡发展的年轻人少之又少。

(二)生产力严重不足

城镇得不到发展,提供的就业机会就少,青壮年就会选择外出打工,劳动力出走生产力不足。"留守村庄"和"留守城镇"的老人孩子居多,他们的劳动力少且薄弱,即使有心想要去发展也无能为力,年轻人又不愿意回来发展,因此农村和城镇生产性严重不足。

(三)教育与医疗

如果说从农村流动到城市的人里有一部分是为了寻找更多的发展机会,那么剩下的人就是为了追求更好的生活品质。农村与城市相比,教育和医疗就是它的弱势。落后的村庄镇子都不能够拥有完整的教育设施和完善的医疗设备,没有一个大学生会乐意选择在一个交通不便、地势偏远且缺少人流量的地方去工作。镇子里的人因为教育水平低走了,学生就会因此少了,学生少了就吸引不了老师,这是一个恶性循环。医院因为需求的少也不会引进更高级的医疗设备,所以当部分人有需求却不能被满足,这就会驱使他们更想要到大城市里居住。

(四)农村的衰落

农村产业投资大,风险大,见效慢且付出的时间精力也多,使许多生意人不愿意在这方面上花功夫,而在外务工的农村青年则向往城市生活更愿意待在城市而不回村发展,或是能力不足让他们没有信心回农村发展。汉文帝曾说过:"夫农,天下之本也",这足以说明农业的重要性。在某篇文章里提到了当下人们对农业的态度,

70后不愿种地,80后不会种地,90后不提种地。那么问题来了,现在谁在种地?没有粮食如何富家?没有粮食如何强国?没有粮食人类又如何生存。我国的第三产业比重逐渐提升,甚至有超过第一、二产业的趋势。中国国情是人多地少,有限的资源满足不了人们无限的需求,再加上我国大部分农民受教育程度比较低,当地外出打工现象频繁就会给当地贫穷的人们错觉认为只有在大城市里才有出路,更加促使人们向大城市集中。

四、钱塘产业及经济现状

(一)工商业

钱塘本地有很多工厂,如制衣厂、汽车配件厂、食品厂等。当地厂虽多,能够生存下来的极少,生存下来的厂基本上是自身条件强硬的大厂。而为了家庭而留下来的中年劳动力大多选择在这里面工作,每个月仅2000左右的工资。为了更好的管理,钱塘周围的小村庄被合并进钱塘。有能力的人家会选择在镇上买房子或租房子让孩子们接受更高级的教育。当地仅有幼小初各一所,教育设施不够完善;当地基本上每家都有代步工具,而镇上有固定的公交车,但是车次少。当地存在许多空闲房子和土地,有的房子甚至已被废弃。如果需要修缮则要个人出资,或是政府出资修建新农村再低价卖出。因此这些房子更多的闲置下来而没有被有效的利用。一个国家的发展离不开人才和技术,一个地区也是如此。钱塘不能够提供充分的就业岗位,就吸引不了人才,没有人才就没有高端的技术,因此钱塘工商业不具备发展的条件。

(二)农业

当地大多是承包土地,留在村里的基本没什么劳动力,投资者利用农村廉价劳动力来发展有经济效益的生意,例如种植白菜种子。日工资平均50元一天,承包地一般是每亩650元,一年下来会有1000元左右的租赁费。当地有规模较大的葡萄园,是当地旅游特色景点。但是有季节性,葡萄成熟季节时属于旺季,经济收益高,淡季经济收益低。钱塘当地居民劳动力薄弱,因此即使工资不高,但对于他们来说已经是一份不错的工作,这让他们不用担心失业的问题,同时这也意味着他们整体的年收入都不高。因为钱塘产业发展不起来,平均工资低,而当地青壮年劳动力大部分都外出打工,赚到的钱会拿回来补贴自己的家庭,所以钱塘镇主要是靠外来工资回流进行消费。

（三）回乡创业如同痴人说梦

电视剧《返乡》讲了大学生返乡当村官带百姓们发家致富，吸引更多年轻人回乡发展，圆留守老人和留守儿童和全家团圆的梦，让村民们过上了幸福生活的故事。当下的农村年轻人们都跑去大城市发展。但是在大城市里发展并不是一件容易的事，他们承受着无比巨大的生活压力、学习压力、工作压力、生存压力，这些都在折磨着他们。做苦工，住地下室，有上顿没下顿的日子可能是他们都经历过的事情。他们没有强大的家庭背景，有的不过是一腔热血和学历不高的现实。既然如此，他们为什么不选择回到自己的家乡去发展？原来，因为自然条件差和历史遗留下的某些原因导致农村发展不起来或是发展慢，为了家庭生活重担，他们不得不背井离乡去到外面寻求工资高的工作来赡养家庭。而在外学业有成的年轻人对自己回乡发展缺乏自信，认为自己只有在大城市里才能有更多的发展机会，回到农村也没有能力去带动农村发展，这就是造成大学生年轻人不愿返乡发展的根本原因。当然，大学生不愿返乡还有些原因，比如：农村和中小城镇工作环境艰苦、薪酬较低等各种原因，所以鼓励年轻人回乡创业就如痴人说梦。换个角度来讲，即使政策真的能够把大学生都吸引回乡，那对于当地也不一定是发展。大学生们都拥有丰富的知识理论，所以如果他们都回乡发展，就会利用高技术使资源合理的配置，这样就会形成"一人成功，多人失业"的现象。

五、"留守村庄"和"留守城镇"的危害

"留守村庄"和"留守城镇"的危害包括：

一、严重地阻碍农村经济的发展。因为空心村村落往往比较散落，分布面积大，这也就使公共设施、水、电、通信的建设难度加大，难以规划，破坏了农村的景观布局。

二、资源浪费。空心村占用的土地，耕不能耕，用不能用，造成了土地资源的极大浪费。并且空心村里的房子会由于久不住人，无人修缮而存在安全隐患，如果发生暴雨之类的自然灾害，极易发生倒塌事故。

三、封建迷信和不良风气容易产生。在管理空心村的问题上，可能会因为管理成本大或顾及不上，空心村里就容易出现不良风气的传播。

四、破坏邻里关系。空心村遗留问题处理不好，会产生新的侵占公物，侵占民权以及滋生腐败的现象出现，这会增加相邻矛盾，影响邻里和谐。

五、危害空心村的卫生状况。乡村基本上都会养鸡、鸭、牛、猪等牲畜，这就会导

致农村脏、乱、差现象出现。而且因为农村人的保护环境意识不高，会将垃圾随处堆放，一些疾病就会出现，这些都严重的影响了这些居民的居住环境和身心健康。

六、会导致矛盾纠纷的产生。因为空心村废弃的房子和土地长久没人使用，就会使邻居之间土地界限模糊不清从而引起不必要的矛盾纠纷。有时候这些矛盾纠纷还会成为某些群体事件的导火索。

七、教育水平得不到提高。当地形成的恶性循环使教育水平得不到发展，会使人们素质低下，并且对法律的意识不强，容易做出一些违法的事情。

八、城镇人民幸福指数不高。即使居住环境条件提高了，但是却不能满足老人孩子对家庭团圆的渴望，因为在外发展的年轻人大多数都很少回来。

六、治理措施

针对城镇这一现象提出治理措施：

一、招商引资。政府可以利用当地的特色去吸引外资来建设新城镇，打造出一个具有特色的旅游景点。

二、增加销售渠道。村民为什么不愿意去种地？就是因为如果自己种地会有一些不可预料的亏损，其中最重要的就是销售渠道少的原因。农民种出来的东西不能卖出去，那么农民们对于自己种地就会产生抵触，所以政府应该大力解决农产品的销售渠道。

三、完善农村社会保障制度。如果人们的生活水平都提高了，就不会考虑离开自己土生土长的地方。

四、投资新型产业。如果本地存在新型产业，就会提供大量的就业机会，农村富余劳动力就能够被充分利用。

五、加大公共设施基础建设。城乡之间的差距还在于公共设施的完善，完善的公共设施能够吸引人们回乡居住。

六、缩小城乡收入差距。国家对于农民农业一直有相对应的补贴，但是城乡收入还是有差距，所以政府对此问题应当重视。

七、结论

中国发展的速度太快，先是使"空心村"出现，继而又在这个基础上出现了一个更大的村庄——城镇。"留守城镇"的出现让人不得不反思中国当代发展的潮流快慢该如何是好？太快了城乡之间会产生脱轨，太慢了中国就跟不上世界的步伐，国际地位站不稳。作为一个中国人,这是一个值得思考的问题,鱼与熊掌是否真的不能够兼得?或许还可以换一个角度来看,农村、城镇和城市之间可以是啄木鸟与树木之间的共生关系。黑格尔说过"存在即是合理","空心村"的出现并不全是坏事,这也是中国在向前进步的重要凭据。

参考文献

[1] 钱塘"留守城镇"的现状调查:http://baike.so.com/doc/5685227-5897912.html

[2] 70后不愿种地,80后不会种地,90不谈种地:http://item.btime.com/47k13q1920a8ae9rrehti7fkfc3

[3] 电视剧《返乡》http://www.g312.com/neidi/31885/

城市化发展中的畸形儿
——"留守城镇"

钟青池

(重庆邮电大学移通学院工商管理系,重庆 合川 401520)

摘 要:随着社会经济的不断发展,中国的城市化发展进入一个新的阶段,但是在中国的城市化的发展过程中也产生了很多亟待解决的问题。改革开放以来,随着城市化进程的加快,越来越多的劳动力涌向东部沿海等发达城市和地区,使得中西部地区劳动力大大流失。伴随成年劳动力的出走,农村产生了大规模的"留守儿童"、"留守老人"、"留守妇女"、"留守家庭",于是出现了"留守村庄"。政府为推进城市化实行"并村、撤乡、建镇"建立新型小城镇,附近的"留守村庄"向城镇集中,慢慢形成了一个一个的"留守城镇"。未来,随着中国城市化进程的深入与升级,"留守城镇"最终将也很难"留守"下去。

关键词:城市化;新型小城镇;留守城镇

Distortions in the Development of Urbanization
——" left – behind towns"

Qingchi Zhong

(College of Mobile Telecommunications Chongqing University of Posts and Telecom and Department of Business Administration, Chongqing Hechuan 401520)

Abstract:With the constant development of the social economy, China's urbanization has entered a new stage, However, there are many problems that need to be solved in the course of urbanization in China. Since the reform and opening – up, with the urbanization process accelerated, more and more labour flock to developed cities and regions along the east coast, the middle and western regions of the labour force were greatly lost. with the exodus of the adult workforce, the countryside has produced large numbers of "left – behind children", "left – behind elderly people" and "left – behind women", and then appeared "left – behind village". In order to promote urbanization, the government carried "out the village, the township, the town", build new type of small cities and towns. Nearby villages are concentrated in the town, Because the nature of the population did not change, the new town was just a big city, so the "left – village" turned into a "left – behind town". In the future, as the depending and up grand of China's urbanization, the "left – behind towns" will eventually be hard to stay.

Key words: urbanization; new type of small cities and towns; left – behind towns

一、研究背景

城市化是世界各国在现代化进程中社会结构不断演变的普遍动态过程，通常指人类生产方式、生活方式和居住方式的一种重大变迁，其表现包括农业人口向非农产业转移并向城市集中。城市在空间上的拓展、人口规模上的扩大，城市生活方式向农村扩散等。[1]进入21世纪以来，我国城市化迅速发展，1978年到2016年，中国的城市化率（户籍）实现了从11%到57.35%的快速增长。城市化的发展必然带来人口方方面面的变化。这种变化不仅发生在中国，国际上发达国家也不例外。但是，由于中国农业人口基数大、人均耕地少、城乡收入悬殊等特殊的城市化发展阶段以及特殊的国情，使得我国在城市化水平已超过50%的现在，人口的流动性变化也表现出一定的阶段性和特色性。虽然改革开放以来，中国城市化进程明显加快，现阶段已进入到高速城市化的起飞线上。[2]但是100多年来，中国城市发展的进程，走的是一条十分曲折、反复的道路，自20世纪50年代中期以后建立了城乡二元分割的社会结构，使得城市化长期处于停滞状态，更有甚者，在较长的一段时间里，实行的是"反城市化"战略，也就是说，大规模地将城市人口迁往农村，并将城市分割为工业部落，分散于农村或隐藏于山沟。此种逆历史潮流的做法，非但不能真正解决城市人口聚集问题，反而使我国的城市化问题积蓄、矛盾累积。

大家应该都听说过"留守儿童"，但是有几个人能够准确地说出它的含义？何谓"留守儿童"，是指父母双方或一方外出到城市打工，而自己留在农村生活的孩子们。他们一般与自己的父亲或母亲中的一人，或者与上辈亲人，甚至父母亲的其他亲戚、朋友一起生活。今天我想要借用这"留守"二字，来说明中国现在城市化进程中异化出来的另一种现象,我称之为"留守城镇"。为何称其为"留守城镇"?是因为"留守城镇"里面,大多数是都是一些老人、孩子或者留在家里照顾老人孩子的妇女,大部分的青壮年劳动力都大多外出务工或者上班,城镇里大多是"留守家庭",所以将称这种城镇为"留守城镇"。这样的"留守城镇"在中国极其普遍。其中重庆市合川区钱塘镇就是其中的典型代表之一。

二、钱塘镇现状分析与讨论

钱塘镇,是重庆市合川区的第一人口大镇,位居合川区北部,与四川省武胜县接壤,距合川城区23千米,行政区辖36个村、2个社区、292个农业合作社。全镇幅员面积134.15平方千米,总人口94038人,其中城镇人口2.1万人。[3]就是这样一个拥有9万多人口的大镇,留下来的大多是一些老人和孩子,老人就在镇上带孙子孙女读书,父母只有在逢年过节才回家一趟。在当地,有很多空置的房屋没有人居住,颇有一点"鬼城"的意味。就连放假期间,街上也并不能看到多少人,让人觉得有点"荒凉";这个镇子真的是拥有9万多人口的大镇吗?真让人感到不可思议。可以想象这里劳动力的流失是有多大!也可以让人联想到这个镇子的生产总值的大概情况。接下来,我们一起来来看看它的发展概况。

虽然钱塘镇周围的村子越来越荒凉,仍有一些村子利用当地的土地资源发展特色效益农业,但是基本上没有大规模的种植大户;当地的土地承包出去后,大多是一些就近村子里留下来照顾孙子孙女的爷爷奶奶在里面做帮工,赚取一些零用钱补贴家用。在乡间基本上见不到年轻的劳动力。我们采访到一个老人家,他告诉我们他是从其他村子搬到镇上来住的,他们那里的田地因为耕种价值不大,所以早就已经荒芜,剩下大片的荒山,村子里除了几个上了年纪的老人不肯搬走,已经没有其他人了。在钱塘镇大多数的村子都是这个状况。

钱塘镇人民政府为了发展当地的经济,投入大量资金修建工业园区,其中只有一小部分处于运营状态,大部分都没有运营。而在运营的基本上都是一些汽车配件配饰厂,或者是服装加工厂、食品加工厂之类的厂房。其他的大多数厂房都是空置的,再不然就是运营不下去了最后倒闭。当地发展的基本上都是轻工业,重工业基本没有,所以大部分的劳动力并没有留在镇上。但是在当地却出现一个比较特殊的现象,当地居民基本上人人家里都有一辆汽车,却只是将汽车停在家门口的车位上,并没有使用它。家里没有人使用,就买来停在家门前,不禁让人觉得很像古代富贵人家家门口放置的石狮子一般,仅仅只是一种身份地位的象征。劳动力大规模出走,剩下的都是一些劳动能力较弱的老人、小孩、妇女,生产性严重不足,全靠外出打工的工资回流进行消费，这也就不难理解为什么只有一些配饰配件厂，食品加工厂之类的厂房运营了。

钱塘镇上的人，大部分都是从附近的村子里搬到镇上来的，大部分儿童都是留守儿童，当地的家庭结构大多是爷爷奶奶+爸爸妈妈+孩子的形式，爷爷奶奶或者妈妈在家里照顾孩子的平时日常起居生活。家庭收入来源基本上都是年轻的父母外出务工，每月往家里寄钱供家里老人孩子的日常开销；只有逢年过节才会回家一趟，即使回家也只待几天或者十几天就又要外出工作。当地的生活水平并不会下滑，相反的，随着农民工工资的提高，人们的消费经济水平会越来越好。当地发展的大多数都是一些第三产业，比如：餐饮业、服装行业等等。经济来源基本是外出务工的工资回流，家里的人就用这些回流工资进行消费，带动当地经济的发展。外出打工的父母为了能让孩子接受更好的教育条件，选择在镇里买房子或者租房子，让爷爷奶奶在镇里带着孩子读书，也使老年人不管是出行还是就医都更加便利，同时带动镇里的房地产、医疗卫生等的发展。城镇人口的增加，使得当地的各类设施设备更加的完善。同时，也产生很多的弊端，"留守城镇"里大部分是老人和孩子，学校的规格基本是只到初中，没有高中，孩子们在这里并不能接受完所有的教育；在中学结束后，只能到其他的地方继续深造，所以当地的文化水平差异也会较大。大部分孩子会选择留在自己读大学的城市工作，当然也会有一小部分选择回到家乡，这也导致大批人才的流失。

三、建议与结论

就中国目前城市化发展的现状来看，像钱塘这样的"留守城镇"在中国是极其普遍的一种现象。刚开始只是一个个的"留守儿童"、"留守老人"、"留守妇女"组成"留守家庭"，一个个的"留守家庭"组成了许多的"留守村庄"，政府为了改变这一现状，推进城市化，就采取"并村、撤乡、建镇"等一系列的政策，以图建立新型小城镇，实质就是由多个"留守村庄"合成"大村庄"，换个名字叫做"新型小城镇"，其性质并没有改变。这样的"留守城镇"现象，已经开始由新型小城镇向县城甚至向地级市发展，比如合川街头的女性比例远远多于男性，就是周围农村和小镇"留守家庭"迁入的结果。她们大多经济状况较好，人们的生活质量较高，当地发展的大部分是第三产业。城镇里大部分是老人小孩，或者还有一些在家带孩子的妇女，经济来源就靠家里的劳动力将工资寄回家，供家里的日常消费。孩子们大多都是只能在当地完成到中学的学业，大学学业要到其他地方完成，当地人口的流动量也较大并且有一定的规律性，一般都在节假日人流量变化最大。像这样的城镇，经济发展大多靠人们的消费来拉动,但是这样的情况对中国的城市化发展会带来一些弊端。对于这种特殊的情况,我们应该想一些对应之策来应对它,使其不会阻碍中国城市化的发展。

(一)国家需要不断地去完善我国城市化进程中的许多不足之处,要适应经济全球化和信息时代的要求,加强城市功能与基础设施的完善,提高人们的生活水平。

(二)在城市化进程中,要做到"借力打力",根据各地经济发展水平选择合适的路径,更好地了解其发展情况,用它的优势去发展它,会事半功倍,做到扬长补短。就比如"留守城镇"虽然本身经济情况发展较为良好,但是真正能留下的只有当地的土地资源,要充分利用这一有利资源,发展特色效益农业。

(三)利用当地资源,延长产业链,不要发展单一的特色效益农业,要促进农产品的深层高加工,比如将当地产出的葡萄可以酿造葡萄酒、发展观光农业之类的,延长农业的产业链,对其深层次加工,减少浪费,以获取更多的利润,发挥其最大价值。

(四)注重当地的商贸发展,优化产业结构。现在有很多的城镇在发展经济的时候,不注重协调产业结构,导致各项产业发展失调,为城镇的发展带来很大的隐患,所以要注重优化产业结构。"留守城镇"就适合多多发展一些第三产业,以消费拉动当地经济的发展。由于"留守城镇"大多是一些老人、小孩、妇女,并不适合过多的发展第一二产业。只能依靠劳动力外出务工的工资回流进行消费生活。

(五)要坚持可持续发展战略,在发展经济的同时,要注重人与自然的和谐发展,尊重自然发展规律,不要经济发展起来了,结果居住的环境被污染了,这就得不偿失了。应该加大环境污染的治理力度,协调人与自然和谐发展。

(六)中国现阶段面临农业人口基数大;人均耕地少;城乡收入悬殊;城市化时间段速度太快;城乡二元身份和农村集体所有制等情形。正是这一系列特殊的国情,使得我国的城市化发展道路既独具特色,又艰难曲折,这就需要政府强化自己的职能,从具体实际出发发展城市化,要实事求是,具体问题具体分析。遵守我国城市化发展的规律。

中国的城市化发展进程任重而道远,这注定是一个缓慢而曲折的过程。这途中一定还会出现类似"留守城镇"这种城市化发展过程中异化出来的产物,但是他们终将只会成为中国城市化进程中的一个插曲,最终湮灭在中华民族历史的长河中,成为历史书中的一页。在中国城市化第二阶段以及"大都市化"过程中,"留守城镇"会逐步衰落,最终走上专业化小镇道路。中国的城市化发展道路也将越走越好,越走越顺。

"留守城镇"这城市化发展过程中衍生的畸形儿,在未来也将成为一段历史写进书中,它见证着中国城市化的一步步完善、发展,最终完成城市化!

参考文献

[1] 城市化 http://baike.m.sogou.com/m/fullLemma?sid=&size=10&g_ut=3&key=%E5%9F%8E%E5%B8%82%E5%8C%96

[2] 中国城市化进程中的人口特点与问题 http://max.book118.com/html/2016/1203/67813840.shtm

[3] 合川区钱塘镇 http://baike.sogou.com/v506040.htm?fromTitle=%E9%92%B1%E5%A1%98%E9%95%87

从古北水镇模式看培田专业化管理

欧林

(重庆邮电大学移通学院自动化系,重庆 合川 401520)

摘 要:在国内旅游消费日益增长的推动下,乡村旅游方兴未艾,近几年全国各地旅游小镇开发项目如雨后春笋般出现。在 2015 年全国休闲农业和乡村旅游接待游客突破 22 亿人次,占国内旅游人数的 53.4%,由此可见乡村旅游发展极其迅猛,其潜力巨大。[1]在小镇旅游开发的热潮中,北京市密云区的古北水镇凭借着专业化管理模式开发当地旅游取得了巨大成功,但是迄今为止仍有部分类似培田古村的旅游小镇因开发管理不善而处于"濒临灭绝"的尴尬地步,因此借鉴古北水镇的专业化管理模式来探讨培田古村旅游开发的方向和对策具有重要的理论和现实意义。

关键词:专业化管理;旅游发展;农村旅游发展模式

Look from Beijing WTown Mode from Field Professional Management

Lin Ou

(College of Mobile Telecommunications Chongqing University of posts and Telecom and Department of Automation, Chongqing Hechuan 401520)

Abstract: With the growth of domestic tourism consumption, rural tourism is booming, and the development of tourist towns has mushroomed in recent years. In 2015 the national leisure agriculture and rural tourism tourists break through 2.2 billion person-time, accounted for 53.4% of the number of domestic tourism, so the rural tourism development is extremely rapid, its huge potential. In tourism development boom town, Miyun county of Beijing millions water town, relying on professional management mode development of tourism has been a huge success, but so far there are still some similar culture field due to the development and management in the ancient town tourism town "endangered" awkward, so learn from Beijing WTown professional management model to explore the culture field in the town of ancient village tourism development direction and countermeasures has important theoretical and realistic significance.

Key words: professional management; tourism development; rural tourism development pattern

一、古村的衰落

我国是历史悠久的文明古国，至今仍保存着许多较为完好的古村镇。近年来，古村镇旅游发展日益兴起，各地的古村镇积极改革创新，吸引了大量旅客前来游玩。位于福建省连城县的培田古村就是其中一个以客家文化为主的古老村落，培田古村距今已有800多年的历史，素有"民间故宫"的美誉，同时被称为"福建民居第一村"、"中国南方庄园"。目前已经被评定为全国重点文物保护单位、中国历史文化名村，2006年荣登"中国十大最美的古村镇"排行榜。[2]

(一)古村流失青壮年

全村户籍人数有1532人，412户，其中大约有600名青壮年因不满足于古村的工作而外出务工，留村青年仅8位；留住村中的老人有409人，占总留村人数的45.5%。古村拥有深厚的文化底蕴和优越的旅游条件，在政府的支持下大力开发旅游业，带动古村经济增长，但古村还是挽留不住"年轻的血液"。

(二)古村教育衰落

经过调研考察，连城的培田小学前身是明清时期著名的南山书院，书院在当时拥有极高的社会地位，数百年来，从南山书院走出了一批批文武英才，仅明清时期培养出的榜眼、翰林、进士、秀才就有150余人，其中官至五品的就有7人，四面八方的学者争先恐后涌入这个小小的南山书院。它就是当时社会的人才摇篮。反观现今的培田小学，它的教育资源相当匮乏。这个小学现在只有6个班，共58位培田本地的小孩。培田小学老师仅仅只有7位，而且其中还有一位是代课老师，他们在合约期结束后都不愿意继续留下来任教。另外整个小学的基础设施极差，学生们在只有两层的教学楼中上课，供学生们活动的只有那泥泞坑洼的操场和那寥寥无几的活动设施。老师们还在使用落后的粉笔上课，学校的多媒体设备也不知为何无法投入日常的教学中。所以说现在的培田小学无论是从生源还是教育资源都远不及现化的学校了。昔日辉煌繁荣的教育基地竟变成了现今衰落的培田小学,培田小学的现状也从侧面呈现培田衰落的景象,历经几百年沧桑岁月的客家文化终究还是无法改变古村衰落的现状。

(三)古村环境、文化均遭到破坏

古村正因为拥有800多年的明清建筑群和遗留下来的客家文化而为世人所了解,但是时光却是异常残酷的,部分古建筑在时光的摧残下慢慢倒塌,留下了一堆堆瓦砾;大量青壮年人口外流导致了古村文化断层现象;不愿搬出古村的村民每日更像白蚁般不断"腐蚀"古村,不断地破坏古村文物和环境,所以现在培田虽然得到了政府的高度重视和大力保护,但是它依旧无法摆脱湮灭的命运,终究会消失于人们的视野!

(四)古村居民经济来源单一且较低

经过对当地数据的调查收集与整理得出下面的表格:

表一　　　　　　　　　培田居民经济收入情况统计表

	务农收入	务工收入	旅游收入	其它收入
数额(元\人·月)	200	2000	80	500

数据来源:《重庆邮电大学移通学院大焕城市化研究生班培田调研数据汇总》

表二　　　　　　　　　旅游门票收入资金去向表

序号	去向
1	80%流向冠豸山管委会(旅游局下属公司)
2	20%回到培田古村理事会,这其中的四分之一给村委会财管用于支出培田古村当地居民的农村医疗保险(80元+居民自费70元共计150元),剩下四分之三用于分红(分红对象为古屋被测评为景点的所有者),分红方式依据古屋的相关专业评分高低等级进行分红(例如:古村中评分最高的继尘堂的年分红为3万元整)。如有剩余资金,将用于古村绿化,厕所改建等。

数据来源:《重庆邮电大学移通学院大焕城市化研究生班培田调研数据汇总》

由表一、表二中可以看出培田居民收入来源单一且较低,古村旅游的门票收入分配给全体居民的仅有80元农村医疗保险。综上所述,培田旅游业并未给当地居民带来较多的实质收益。

(五)古村居民生活设施甚差

古村生活设施甚差;未有大型的娱乐场所;购物十分不便,商品种类以及商务种类单一;就医很麻烦,只能治疗感冒、外科、妇科等简单的病。

经过对培田古村及新村数据的调查收集与整理得出下面的表格:

表三　　　　　　　　　培田古村商业机构情况统计表

商业机构数量及类别	开门的数量(户)	关门的数量(户)	总数(户)
商店	15	5	20
摊位	4	0	4
农家乐	13	29	42
民宿	13	23	36
合作社	1	0	1
农村淘宝	1	0	1
福利彩票	0	1	1

数据来源:《重庆邮电大学移通学院大焕城市化研究生班培田调研数据汇总》

由表三可见,整个培田古镇的商业大都围绕着旅游开展,整个新村建设了大量的农家乐和民宿用于满足游客的旅游需求,但是却忽视了当地居民的生活需求,古镇中未看见供居民消遣娱乐的场所。

总之,现今培田古村的经营模式存在诸多的问题,不光是古村居民的生活质量未与旅游发展呈正比关系,而且古村的文物也未得到较好的保护。培田古村从总体上来讲仍是处于衰落萧条的状态。

二、古村的潜力

古村虽然正在经历着衰落,但是它还是拥有许多的特色和优点,它还是具有很大潜力的!具体理由如下:

(一)深厚的文化底蕴

自明清时期以来,培田吴氏先民就以宗族的力量,在努力发展培田经济的同时,崇文重教,注重德治。吴氏家族文化具有深厚的内涵。培田山村,科举时代的国学生、贡生、秀才多达192人,其中19人入仕,官至五品到三品有九人。民国以来,就有四个留学生,其中三个留法,一个留日,两个同盟会成员,三个黄埔军校学生。解放后大中专毕业生更是多达270余人。至今，培田村各家各院都保留着许多明清时期的古对联。各个通道还保留许多红军时期的壁画和标语真迹，例如："打倒地主阶级""反第四次围剿"等；一些墙上还保留了一部分"文革"时期的标语。如"继述堂"内的"造反有理革命无罪"，在全国都十分罕见。

（二）精湛的明清建筑

培田古建筑群由20幢高堂华屋、20座古祠、六家书院、两道跨街牌坊和1000米古街组成，整个村庄紧密有序，错落有致，极具明清建筑特点。

培田建筑装饰十分精美，以木雕和石雕为主，大多雕刻的是花卉、禽兽、虫鱼、吉祥图案，他们主要分布在门面、窗、梁架上。另外古村的卵石工艺更为完美，整个村落的地面全是由卵石整齐铺列而成，其中一些庭院用卵石铺出了许多漂亮而由重要寓意的图案，例如"一步登天石"：当人们一脚踏在中心卵石上，若是另外一只脚能够跨到高处的台阶上，那么就寓意着他会出人头地。

（三）好客的培田氛围

培田居民继承了热情好客的客家文化传统，进入院中，居民大多会邀请你进屋喝茶，和你聊天，交流各自的想法，整个交流氛围可谓是极其舒适温馨。

总之，培田古村是拥有许多的特色文化，这些东西都是它的优点，如果能够合理利用，那么也许培田古村会将变成另一番"风景"。

经过以上的论述，培田古村虽然有许多的旅游资源，但是管理经营它的团队没有充分利用好这些优势，导致了今天培田古村落的经济得不到很好的发展、大量人口外流，使得培田走向了衰落。

三、古村旅游发展的问题

培田古村落虽然拥有深厚的文化底蕴，但是其缺乏世俗观光体验项目，难以吸引一般游客的眼球，并且由于其市场条件，管理水平，经济发展水平等因素，在一定程度上限制了培田古村的发展，具体情况有以下几点：

（一）投资单位少，资金不足

培田目前的经费来自国家文物保护专款和大部分旅游收入资金。国家对古村的建筑保护投入金额为5600万元，由文物局进行文物维修及资金使用。但是如果仅仅依靠这些资金来开发维持古村落发展还是远远不够的。

(二)相关基础设施落后

培田古村位于山区,虽然有比较丰富的旅游资源,但是该地区在交通、住宿、饮食等方面还是有所不足的地方。

1. 交通问题:通往培田古村落的道路情况条件很差,每天从连城到培田的班车只有两部,大约需要花费1个小时的车程,因此交通还是不便利的。

2. 住宿、饮食问题:培田古村没有大型的酒店提供给游客方便的住宿和洁净的饮食,在这里只有大量的民宿和农家乐,虽然他们可以提供大量的房间和饮食,但是他们由于没有接受过正规的经营培训和管理,因此民宿和农家乐相当的杂乱无章,卫生条件很差,严重影响了培田的旅游形象。

(三)服务质量欠缺

经过调研,培田古居的导游都是吴家媳妇(也就是说他们的旅游团队是由当地居民组成)。然而当地的居民们普遍未接受高等教育,文化水平较低,服务人员又未接受专业的旅游服务培训,所以这些因素都给游客产生了不利影响,带给游客们的体验也降低了。

(四)项目单一,游客停留时间短

古村虽然拥有独特而丰富的客家文化,精湛的明清建筑群。但是由于旅游资源未得到合理的开发和重视,以及旅游规划不合理,旅游项目单一匮乏,难以满足游客的各种旅游需求。游客到培田参观游览都是以观赏明清古建筑群为主,一般游览时间不会超过两个小时,因此在这么短暂的时间内,游客在培田难有很高的消费,那么培田的经济水平也不会有太大的提升。

(五)国家投资开发不足

目前国家对于培田的投资只是侧重于文物的保护,每年国家投入大量资金保护古建筑群,然而对于培田的旅游发展却未大量投入资金,例如政府未很好的解决居民迁出旧居的问题,所以至今为止,仍有大部分居民生活在旧居,导致居民对古村发展失去了信心,加大了发展的难度。

四、古村问题的解决方案

古村虽然现在呈现着衰落的面貌,但是由于它拥有悠久而深厚的文化底蕴,所以古村需要借鉴成功的典例，扬长避短，古村也许会在改革历程中重获新生。

（一）聚集多方投资

目前国家加大了投资力度去保护培田的文物，但是这些投资对于维护庞大的培田建筑群而言可谓是九牛一毛。用于培田发展的投资太少，这些少量投资无力承担起整个古村的发展需求，因此聚集多方投资是古村发展中至关重要的一步。

对于古北水镇而言，其项目总资金超过了40亿，因此取得多方投资扩大规模就是得极为重要。古北水镇是由中青旅控股股份有限公司在2010年发起投资开发的，后期聚集多方投资加入共同控股，如乌镇旅游股份有限公司、北京能源股份有限公司等公司共同投资，并且众公司共同成立了北京古北水镇旅游有限公司，按比例共同出资持股，承担水镇的开发、建设，确保了项目开发建设所需的巨额资金。[3]

正是因为古北水镇拥有多方投资共同集资，所以水镇的发展得到了保障。对于培田而言，它目前最为缺少的就是资金，只有解决好了资金问题，培田的发展才会按部就班地完成。

（二）争取政府投资

国家为了保护培田古建筑文物，投入5600万元资金作为文物保护专款，但是这些专款只是用于文物保护，而不是用于古镇开发。另外古镇每年的门票收入大约有200~300万元，但是这些收入其中的80%流入了冠豸山旅游管理局，剩下的20%首先以分红的方式分给居民，如有剩余资金才会用于古镇建设，因此古镇在开发资金严重不足。

作为北京市"十二五"规划的重点旅游建设项目，古北水镇的开发得到了政府的大力支持。在2012年密云区政府补贴了4100万用于水镇基建，后来政府又在道路交通、征地拆迁、水电供暖等方面帮助古北水镇。[4]

（三）优化旅游服务

在培田古村，农家乐随处可见，这些服务都是由当地居民提供，但是因为他们未接受过专业化服务培训，因此在给游客服务时可能给游客带来不良的影响。

古北水镇在开发时就构架了统一运营管理的模式。开发单位买断了水镇的经营权，聘请专业人员在统一的规范要求下开展运营，为游客提供优质服务，保证了服务质量和品质，给游客带来了极佳的旅游感受。

(四)丰富旅游项目

培田古村的最大亮点就是其拥有 800 年历史的明清古建筑群，整个古村可供游客观赏的也只有这些古筑群而已，因此古村的旅游项目单一，导致游客的停留时间短暂，游客无法在古村得到太多的娱乐体验。

相比培田古村，古北水镇极其注重旅游的丰富性。古北水镇按照功能划分为传统餐饮及商业购物区、民俗民情文化表演体验区、山区民居风貌住宿区、酒店及商务会议区、温泉会所及休闲体育公园等几个部分。

(五)改善基础设施

位于山区的培田古村基础建设落后，整个古村的无论是在交通方面还是游客体验方面都是有所不足。目前古村四周的交通系统还比较落后，导致游客出行极其不便，在交通方面游客得花费大量精力。培田古村的基础配套设施也不完善，目前为止古村未建立正规合格的酒店以及可供游客娱乐的场所，另外在生活配套设施也处于未发展状态。

目前古北水镇已经建成 1 个五星级酒店，3 个精品酒店，400 余间民宿，总计约 1500 间客房。此外还有 10 个小型博物馆。生活配套的还有银行、邮局、菜场、药店、综合超市、诊所、快递、书店、干洗店等等。这些基础设施足以满足前来游玩的旅客，给他们带来贴心优越的服务。

古北水村的成功开发和运营并非偶然，它凭借深厚的文化底蕴、优越的旅游条件，以及专业化团队统一开发管理，从而取得了成功。

反观培田古村，它同样拥有和古北水镇一样深厚的文化底蕴，培田古村就差在少了多方筹资，专业化团队管理经营而已。倘若未来的培田是由专业化团队管理运营，那么若干年后的培田也许会重获新生。

参考文献

[1] 告诉你，旅游小镇的政策东风都在这里了 http://business.sohu.com/20160902/n467412245.shtml

[2] 童小丽，谭启鸿.《基于游客感知的客家古村落的旅游开发对策研究》http://www.doc88.com/p-783447797401.html

[3]《古北水镇考察报告》http://www.docin.com/p-541840299.html

[4]《从古北水镇看旅游小镇成功打造的秘诀》http://www.360doc.com/content/17/0212/14/38882097_628441162.shtml

浅谈小城镇专业化方向

倪森

(重庆邮电大学移通学院通信与信息工程系,重庆 合川 401520)

摘 要:小镇的生活进步和快速发展主要得益于小镇的专业化,如果在小镇基础性建设中只注重综合性功能小镇的开发,最终会导致人口的流失。只有围绕着资源的独特性发展专业化的小镇才有可能取得成功。

关键词:小城镇;专业化;资源独特性

Brief Talk the Country Professionalization

Ni Sen

(College of Mobile Telecommunications Chongqing University of Posts and Telecom and Department of Communication and Information Engineering, Chongqing Hechuan 401520)

Abstract: Town life progress, rapid development, based on town specialization. If only based on small town infrastructure, comprehensive functional Town, the population will still be lost. Small town specialization is the premise of town progress, its importance can be imagined. And professional development to a certain extent, can be regarded as a success. Similarly, specialization should be carried out around the unique nature of resources.

Key words: small town; specialization; resource uniqueness

一、研究背景

中国土地面积居世界第三位,但人均耕地面积不足 1.35 亩。耕地占土地总面积14%，林地24%，牧草地27%。所以，农村及农业小镇收入受限制，大量人口迁居城市。

二、小城镇专业化的重要性

(一)苏尼特左旗(综合性功能小镇)

苏尼特左旗地处蒙古高原中北部，位于中国四大天然牧场之一的锡林郭勒大草原西北，33469平方千米，34503人。苏尼特左旗又分新旧旗。

早在六七年前，旧旗的居民大量迁移到距旧旗十多千米外重建城镇。如今，新旗各种利民设施齐全。在这人口不到五万的小镇里人们生活得井井有序。苏尼特左旗迁移后建设成综合性功能小镇。举个例子来说，旗中有医院，有供年轻人消费和品下午茶的公共场所，可居民还是更愿意到锡林浩特就医，同样，茶餐厅的顾客也少之又少。但现状还是好于旧旗的。三五栋楼就可以就可以命名为一个小区的居所，也是优越于旧旗渐渐被风沙埋住的土房子的。众所周知，内蒙古因水草肥美，牛羊成群，民族气息浓厚而为人向往。建立综合性功能小镇的同时也保留了最精纯的民族风情。苏尼特左旗以发展畜牧业为主，旗县周边有大量的牧民，政府为了保护草原而禁牧，牧民缩小草场，只能等政府的补贴买来干草，这样便限制了牛羊的数量，牧民的资金得不到扩张。

表一   2015年苏尼特左旗城乡常住居民人均可支配收入表

年份	城镇常住居民人均可支配收入(元)	牧区常住居民人均可支配收入(元)
2015年	30204	11760
2016年	32711	12736

数据来源：表一数据均来源于苏尼特左旗第十四届人民代表大会[1]

从表中看出，城镇常住居民人均可支配收入在增长，但涨幅不大，而牧区常住居民人均可支配收入有降低趋势。可以得出结论即使以发展畜牧业为主，但是人均收入仍然较低。在草场保护政策下，长久如此，畜牧业也将面临威胁。所以，居民只能迁居大城市，减小人口基数，提高人均收入。近年，人口依旧在流失。其实，畜牧业就是这个小镇经济收入的基础，苏尼特左旗生产的牛羊肉大多卖到周边城市，主要是锡盟地区。旗里有极好的生产源，也有大量的买家，可这里偏偏富不起来。肉类销售仿佛成了这里的特色，是一个循环，完全不为致富。一点是因为政府对草场的限制，另外一点因为苏尼特左旗的建设目标就是一个综合性功能小镇，并未实现畜牧业集群化,畜牧业在技术上仍未得到支持。草场生长缓慢,羊群无法得到扩充。对外销售供不应求。所以,小城镇只进行综合性功能建设是远远不够的,小镇专业化才是发展的必经之路。

(二)法国格拉斯(小镇专业化成功的案例)

格拉斯位于法国东南部普罗旺斯－阿尔卑斯－蓝色海岸大区滨海阿尔卑斯省,拥有世界香水之都的美称,小镇占地面积44.44平方千米,人口25.3万。格拉斯不仅有优秀的调香师,完整的香水产业链,更有大量的生产源和超过30家的香水工厂。地理位置得天独厚,阿尔卑斯山脉遮挡了大部分寒冷气流,且山脉地下水汇聚在小镇下方,常年从地中海上吹来的海风温暖湿润。绝佳的地理位置造就了宜人的气候。当然这就是当地香水产业发展的资本。格拉斯拥有自己的种植园,大量的香水生产工厂,香水学院以及香水博物馆。格拉斯从16世纪开始制香行业走上正轨,发展到今天已然做到产业专门化及集群化。如今,格拉斯除香水产业,旅游业也在盛行。[2]

格拉斯从17世纪中叶迄今为止进行了两次转型。皮革产业到香水产业再到香水旅游业。法国小镇格拉斯最初成名于皮革业,后来因环境污染发展了养花,因为气候缘故鲜花生产量极高。在生产源极好的情况下小镇开始发展香水产业。因香水闻名世界的格拉斯在经济条件充沛的情况下开始发展旅游业。小镇进行多次产业转型并最终走上了以绿色农业为基础(鲜花)、新型工业为主导(香水)、现代服务业为支撑(旅游)的经济发展模式。

表二 普罗旺斯－阿尔卑斯－蓝色海岸大区2008年和2009年总GDP和人均GDP

年份	总GDP(欧元)	人均GDP(欧元)
2008年	1401.75亿	28500
2009年	1380.02亿	27855

注:2008年人民币汇率1欧元 = 人民币10.8428元

2009年人民币汇率1欧元 = 人民币9.2元/人民币10.2元

表三 2015年内蒙古自治区生产总值及内蒙古人均生产总值[3]

内蒙古生产总值(元)	人均生产总值(元)
18032.79亿	71992.65

数据来源:表二表三数据来源于百度百科

通过对比可以看出，2015年内蒙古总GDP高于2008、2009年的滨海阿尔卑斯省，但人均生产总值只相当于滨海阿尔卑斯省的1/4左右。小镇专业化势在必行，对于城乡协调发展有重大意义。如果只以人口迁移提高乡村的人均GDP只是治标不治本的方法，同时也会拉低城市人均GDP，所以必须提高总GDP，而提高总GDP只有走小镇专业化道路。

三、小镇专业化发展程度

（一）培田古镇的旅游业

培田客家古村落位于福建省闽西山区连城县宣和乡境内，至今仍保存着较为完整的明清时期古民居建筑群。培田古村总人口1532人，60岁以上410人，外出务工人数高达600人，同时，培田因为古建筑群发展起了旅游业。旅游门票年收入在200～300万元之间，但是其中80%要流向旅游局下属公司，这其中的20%中有四分之一给村委会财管用于支出培田古村当地居民的农村医疗保险。

表四　　　　　　　　　培田旅游业年收入去向表

旅游总收入（元）	旅游局（元）	村民总收入（元）	村民人均收入（元）
200～300万	160～240万	30～45万	195.8～293.7

数据来源：《重庆邮电大学移通学院大焕城市化研究生班培田调研数据汇总》

即使发展旅游业，村民的收入也少的可怜。大量的资金流入旅游公司，居民自己的老房子不能带给居民带来最大的效益，人口流失已然是培田的常态。培田想走专业化道路，但未到达专业化成功的程度，劳动力流失得不到控制。当然，剩余人口除旅游业外还有其他产业。

表五　　　　　　　　　培田各产业收入概况

农业收入（元/月）	务工收入（元/月）	其他收入（元/月）
1500	2000	500

数据来源：《重庆邮电大学移通学院大焕城市化研究生班培田调研数据汇总》

农业和务工不可能同时进行，通过计算，培田务农人员年收入在24000元左右，务工则在30000元左右。而福建省2016年人均GDP为74288元。所以，人口流失太正常不过了。

确实，小镇专业化是城乡发展的重中之重，但小镇专业化也需要发展到一个程度才能表明专业化道路成功，保证人口不会流失，乡村总收入达到一个可观的水平。

（二）美国家庭农场

家庭农场是指以家庭成员为主要劳动力，从事农业规模化生产经营，并以农业收入为家庭主要收入来源的新型农业经营主体。在中国,家庭农场的出现促进了农业经济的发展,推动了农业商品化的进程。有效地缩小了城乡贫富差距。上海市松江区自2007年推出家庭农场到2012年6月止,已发展到1173户,经营面积占全区粮田面积的77.3%,户均经营面积114.1亩,户均年收入10.1万元。同样小型家庭农场在日本也盛行1946~1950年,日本政府采取强硬措施购买地主的土地转卖给无地、少地的农户,自耕农在总农户中的比重占到了88%,也就是那个时候,日本的家庭农场出现了。[4]发展家庭农场是提高农业集群化经营水平的重要途径。迄今为止,家庭农场的培育发展还有一个循序渐进的过程。但是日本的家庭农场已经达到了一个足够高的水平。美国220多万户的农场中,大约有350多万的农业劳动力,其余的是小孩和老人等,每个农场主平均经营大约2400亩。每个农场的劳动力平均为1.6个。2010年,美国收入超过100万美元的农场有88%是属于家庭农场,而生产的农产品占全美农产品生产量的79%。[5]

表六　　　　　　美国家庭农场和上海家庭农场年收入对比

年份	上海家庭农场年收入(元)	年份	美国家庭农场年收入(元)
2012年	10.1万	2010年	680万

数据来源:百度百科

四、因地制宜,借势发展

合川钱塘镇,重庆市合川区的第一人口大镇,面积134.15平方千米,总人口9.4万人,24个村,两个社区居委会。钱塘致力于发展农业,商业,并有意向将钱塘打造成商业中心。可现状并不乐观,同培田一样,大量人口外流,劳动力短缺,人口老龄化严重。置身于农场农民,工厂的工人年纪都很大,如果就是这种状态,又何来发展?钱塘的产业链很乱,小镇并没有达到可以多方面发展的程度却在农业和工业上大做文章。

同样,数据显示零售业发展也不景气,这都和人口基数小有关。

表七　　　　　　　　钱塘零售业年收入收入概况

饭店/年	宾馆/年	家具店/年	超市/年
—	2万元~3万元	2万元~3万元	>3万元

数据来源:《重庆邮电大学移通学院大焕城市化研究生班钱塘调研数据汇总》

2016年合川GDP总量532.19亿元,人均年收入34000元。钱塘零售业人均收入已经达到合川区的水平,而工业和农业并不是这样。钱塘人口外流严重,劳动力短缺,又因为收入问题,老人便成了主要劳动力,并且极其廉价。葡萄园调查数据显示,葡萄园工作人员收入1500元/月。农业用地一般属于这些工人,工人通过承包给企业,并为企业耕作菜花等作物获得利益。农业用地承包价:650元/亩,土地耕作:50元/天,年收入在2万~3万元左右。钱塘拥有大量的土地,适合发展农业。钱塘之所以小镇专业化发展不成功,是因为工业发展与农业发展相互制约。首先,钱塘劳动力不足,如果发展两个产业,在劳动力方面无疑是雪上加霜。其次,钱塘专业化程度不够,工业产业链不完整,生产原料和成品都要经过运输,运输路程肯定比合川区本地内的工厂要长得多。合川等地受重庆的辐射发展经济,合川GDP总值逐年增长,经济发展不可能延伸到钱塘,所以钱塘发展工业极为不妥。钱塘土地资源丰富,唯有围绕资源独特性,大力发展农业才是正途。

五、分析与讨论

小镇专业化试在必行,以上数据统计出未进行专业化的小镇人口流失程度很大,劳动力短缺,老龄化严重。小镇专业化是小镇发展的必经之路,综合性功能性小镇并不能提高居民的生活质量。并不是开展小镇专业化发展模式就一定会致富,一切政策贵在坚持。农村人均GDP达到所属城市的70%便可以抑制人口流失,这并不代表就没有人走出小镇,而是达到动态平衡。农村人口一直是多于城市人口的,但近年城市化进程加快,农村人口和城市人口趋于平衡,大量农民放下锄头迁移到城市,剩下的居民才能更好的利用资源,从减小人口基数这个层面来达到农村致富的目标。小镇专业化必须围绕资源独特性开展,在人口适量合适的情况下,从最有利于农村的产业入手,充分利用资源。正所谓贪多嚼不烂,发展最适合的远远比多样化发展好得多。

参考文献

[1] 苏尼特左旗第十四届人民代表大会 http://www.nmg.gov.cn/zzqzf/zfgzbg/xlglm_1857/201603/t20160314_535581.html

[2] 格拉斯(法国的香水之都)http://baike.baidu.com/link? url=65h1jJOrDFXIGmsReH8TUbsijQrBTr48X4vz99eGcSiGCSYDWYlz0aqK58P_IhtlD0MrCGfTtjXL4mxbbV09MYfqEXzU0DLOMw0Dhy-8RfRYhb0axXle-0f7lgY880X6

[3] 2015年内蒙古自治区生产总值及内蒙古人均生产总值 http://www.360doc.com/content/16/0220/19/502486_536019874.shtml

[4] 日本农业用地所有权和使用权的结合 http://www.tuliu.com/read-32218.html

[5] 美国农业生产及家庭农场模式 http://www.ntv.cn/a/20160301/208581.shtml

浅析新型农业小城镇存在的问题和出路
——以合川钱塘镇为例

刘宇欣

(重庆邮电大学移通学院艺术传媒系,重庆,合川 401520)

摘 要:城市化的潮流不可逆转。为了解城市化背景下农业小城镇的发展情况,对合川钱塘镇进行了调研。钱塘镇其实是一个正在衰败的农业城镇,镇上劳动力严重外流,剩下的多为老人孩子,可定义为"留守城镇"。现代城市化发展飞速,对农业小城镇的冲击是巨大的,主要表现为农业小城镇劳动力流失和带来的一系列问题。针对这些问题,研究小农业城镇如何发展,是本论文的主要课题。

关键词:城市化;留守城镇;农业城镇发展;劳动力流失

Problems and Solutions of Small Agricultural Towns
——take the town of Qiantang Hechuan as an example

Yuxin Liu

(College of Mobile Telecommunications Chongqing University of Posts and Telecom and Department of Arts and Communication, Chongqing Hechuan 401520)

Abstract: Nowadays, the trend of urbanization is irreversible. In order to understand the development of agricultural small towns under urbanization, Qiantang town in Hechuan has been investigated. The survey uses the form of visits to find out that Qiantang town is a development. Through in-depth understanding of Qiantang, Qiantang town is actually a declining agricultural town, the labor force in the town is seriously out of circulation, and the remaining are mostly old people, children can be defined as "left behind town". The modern city of rapid development of agriculture, small towns is a tremendous impact, mainly for small towns and agricultural labor loss brought a series of problems to solve these problems, how to study agricultural small town development is the main topic of this paper.

Key words: urbanization; left behind cities and towns; agriculture; urban development; labour drain

在经济飞速发展的时代，城市化成为一种不可避免的趋势，各种资源包括人不断的涌向城市，过去的以农村为主体的时代一去不复返了。那么农业城镇应该如何自处，如何改变现状，发挥自身的优势，继续发展下去，让农村不变为"死村"？

一、我国农业小城镇的概述

1. 小农业城镇的概念

小农业城镇 = 小城市 + 建制镇 + 集镇。小农业城镇概念分属城与乡两个范畴，包括人口少于20万的小城市(县级市)、建制镇、非建制镇。[1]

2. 我国小农业城镇的发展历程

①计划经济时期(1949-1978年)，政策调整，数量减少，发展停滞。

在计划经济时期的30年间，在农业城镇发展政策对于"控制或发展大城市"问题上存在争论，但在发展小农业城镇的问题上，一直得到理论界和政府的积极支持。但事实上，小农业城镇发展非常缓慢，甚至停滞[2]。经过几次调整，全国建制镇的数量大幅度下降，从1953年的5402个下降到1978年的2173个，缩减了一半。

②市场经济时期(1979-2001)，政策与市场双向驱动，数量爆发式增长，成就与问题并生。

1978年我国实行改革开发，乡镇企业异军突起，促进了小农业城镇爆发性的发展。全国建制镇的数量从1983年2968个到1984年7186个，到1998年19216个。国家政策倾向于小农业城镇，从1980年"控制大城市规模，合理发展中等城市，积极发展小城市"，到1998年"小农业城镇大战略"，政策支持力度达到顶峰。一方面，小农业城镇的经济水平和数量发生巨大的变化，另一当面，小农业城镇出现经济发展后劲不足、建设水平不高、资源浪费严重、生态环境急剧恶化等诸多问题，引发了"是否发展小农业城镇"的质疑和探讨。

③经济为先、渐进调整时期(2002-2012),大中小城市及小农业城镇协调发展,发展侧重有所不同。

从2002年党的十六大开始,国家基本确立了"大中小城市及小农业城镇协调发展"的政策方针,逐步改变城乡二元结构。国家发展的重点放在大城市及城市集群上,小农业城镇则是有选择性的发展重点镇,告别以前小农业城镇遍地开花的情形。这个时期小农业城镇的数量比较稳定,但小农业城镇之间经济差异加大,东部地区逐渐形成密集小农业城镇区,集聚效应显现。例如,2010年全国"百强镇"排名第一的广东东莞虎门镇,常住人口达到53万人,经济实力、人口规模都已经达到城市规模。[2]

二、我国小农业城镇发展现状及问题

1. 现状:

① 年轻人流失:在调研的农业城镇,在街上很难见到几个年青人,大多都是老人,小孩,年轻人都外出务工了。

② 农村教育、医疗水平落后:反映了教育的城乡差距,政府刻意将优势资源,特别是教育资源集中在县城,这样有利于房地产开发;在调研的农业城镇中没有高中,只有幼儿园和初中,这正反应了这一点。

③ 农村的土地资源的部分荒废:由于农村的一部分土地被承包,需要本地的劳动力,本地的农民在自己种地和帮人种地收取报酬的权衡下,显然收取报酬的获利更大,所以造成了部分土地资源的荒废。

④ "老去"的遗址:在小农业城镇的周围,存在一些老去的村庄,这些村庄早已没人居住,荒废在那里。以合川钱塘为例,在离小农业城镇的街道不远的地方,原来有百来人口的村庄,如今却只剩下区区几个老人。

⑤ 一小部分的土地被承包:在那些交通便利的地方,因为有公路的连接,交通方便,吸引了外来的投资,土地承包,雇佣当地的农民工作。

2. 问题

① 小城镇社会保障制度有待进一步完善。由于小城镇的社会保障制度是国家社会保障制度的组成部分之一,因而,我国社会保障制度存在的问题,同样也是我国小城镇社会保障制度的缺陷,如:覆盖范围过于狭窄,城乡之间差距大,社会化程度低等等。除这些问题之外,小城镇的社会保障制度还存在一些自己独有的问题。

② 各镇发展水平相差甚远，无法实现统一的保障标准。全国各地经济发展差异很大，即便在同一地区的乡镇间，甚至同一乡镇的村与村之间发展差距也相当大，无法在较大范围内实现互济。事实上，目前的农保资金虽然是统一收缴，但是各乡镇甚至是各村分立账户。

③ 在小范围内实现统筹，职工保障水平极其有限，这也是目前很多乡镇参保积极性不高的重要原因。

④ 小城镇管理效率低，政府管理缺乏创新意识和手段。调查发现一些小城镇管理缺乏创新精神，严重依赖垂直的计划体系的技术和财政支持。小城镇发展中存在着政策和实施手段不一致的问题，导致资源的无效使用。在快速的城镇化以及满足增长的城镇人口需求所需要的行政资源之间，存在着不断扩大的差距。

⑤ 小城镇的生态环境不断恶化。自然环境和人工环境是居民赖以生存的条件，是社会经济持续发展的基础，虽然小城镇比大中城市有更大的、更广阔的自然天地，稀释污染能力稍强，但防治污染的能力较弱。小城镇由于乡镇工业发展等原因，导致生态环境不良加剧。近些年来，虽然小城镇的工业有了很大的发展，但对环境的治理投入的较少，污水不加处理直接排放，水源水质破坏严重，大气污染也很严重，能源使用结构很不合理；另一方面，在城镇街道上随处可见个体摊贩占道经商、施工单位不文明施工、车辆乱停乱放、垃圾乱倒乱扔、管线乱拉乱横、广告乱贴乱画、花草遭破坏等现象。[3]

三、小农业城镇如何应对城市化带来的影响

1. 政府发展工商贸易农业城镇的计划不可行

原因有以下几点：

①合川钱塘没有商业基础，而且没有任何优势，初步发展没有竞争力，同其他的商业基地相比之下，没有什么吸引力。

②合川钱塘地处四川和重庆的交界处，离大城市都较远，而且周边都是一些农村村庄，如果发展商业贸易没有市场资源。

③合川钱塘地处偏僻，尽管公路开通，但进出大城市还是不方便，如开展商业贸易，需要大量的资金支持，但又没有足够的吸引力来吸引投资，光靠政府的扶持是行不通的。

④农业城镇里居住的都是老人和孩子，根本没有技术劳工，如果在小农业城镇发展工业，就需要从外地引进劳工，成本将大大提高。

⑤农业城镇缺少资金，又很难从外地吸引投资商的资金来办工业。

⑥农业城镇中缺少技术,在办工业中,技术是一个很重要的因素,这决定了工业产品的质量以及销售,农业城镇工业技术落后,如引进技术,又需一大笔资金。

⑦工业的污染问题严重,如果农业城镇发展工业,水污染,环境污染等等问题随之而来,农业城镇里居住的大多是老人小孩,对环境保护问题看得很重要,所以在农业城镇兴办工厂,会遭到反对。

综上所述,在农业城镇发展工商贸易是行不通的。

2. 发展自身优势,建立土地专业化的模式,开创属于小农业城镇的道路

①发展自身优势

地价低廉

由于现在人们对大城市的向往,小农业城镇的人口资源大量外流,留下老人和孩子,称它为"留守农业城镇",老人们无力种养土地,任由荒废,这是对土地资源的浪费,可以合理地利用起来。以合川钱塘为例,钱塘有许多种植园、养殖园,是外来资金以承包土地的方式进行运行,促进了当地的经济发展。

交通便捷

在农业城镇建设时,交通基本上完善了,这有利于商品的输出和原材料的进入,也有利于劳动力的流动。在本次掉研的合川钱塘镇,交通已经完善,在镇里的那些养殖园,在进原材料和成品输出以及吸引消费人群都起了很大的作用。比如在钱塘的葡萄园,以观光旅游和自主采摘作为了主要的营业方式,那交通就起了很大的决定作用。

廉价的劳动力

廉价的劳动力能大大地减少生产成本,赚取更多的利润。在合川钱塘,承包商承包了土地之后,就雇用当地的农民来帮忙工作,每个月大概付给当地农民1000多元的薪酬。这样大大减少了生产成本,而且当地的农民对土地的天气、土地的了解,更有利于提高生产效率。

②引进技术,提高自主创新能力

在现在科技发达的时代,固步自封是不行的,要勇于创新,不管是哪一方面,经营管理或是技术都需要创新,比如可以发展基塘农业。以合川钱塘为例,钱塘的葡萄种植园,它不光是种植,在经营方面,他接合旅游业的特点,供顾客自行采摘,结观光和种植一体。在种植方面,他不只是种植葡萄,还种植了多种产品。在种植技术方面,设置了喷灌,利用生态化肥,提高产品质量。

③根据国家政策,来调整发展方案。根据我国小农业城镇的发展历程,可总结

出国家政策对农业城镇房展的影响,合川钱塘可借助国家发布的政策来更好地发展。

四、结论

在这个城市化发展的大潮流中,小农业城镇的存在着很大的危机,人口流失留守农业城镇的出现、生态环境的破坏……小农业城镇只有开创出属于自己的道路,才能摆脱衰败的命运。

参考文献

[1] 百度百科.小农业城镇的概念

http://baike.so.com/doc/6139071-10502207.html

[2] 百度文库 郑州大学自考本科毕业论文

http://www.docin.com/p-508401216.html

[3] 百度 第一论文网

http://www.dylw.net/jianzhukexue/113584.html

小城镇的建设之路

刘云辉

(重庆邮电大学移通学院计算机科学系,重庆 合川 401520)

摘 要:小城镇的建设在中国越来越被社会各界重视,全国小城镇的建设逐渐升温的同时,其成果也有目共睹。但是,小城镇的建设之路依旧很漫长。钱塘镇这种小规模的城镇虽然正处于建设途中,然而也并没有得到显著的改善和发展,甚至是落后走向衰败。这不得不令人深思,全国都在重视加快小城镇的建设之路,为何还会频频出现类似钱塘这种不进反退的现象呢?

关键词:小城镇发展;小城镇建设;建设意义

The Road to Construction of Small Towns

Yunhui Liu

(College of Mobile TelecommunicationsChongqing University of Posts and Telecomand Department of Computer Science, Chongqing Hechuan 401520)

Abstract: The construction of small towns in China has been paid more and more attention by all circles of society, while the construction of small towns all over the country has been heating up gradually, and the results have been obvious to all. However, the construction of small towns still has a long way to go. Although the small town of Qiantang town is on the way of construction, it has not been remarkably improved and developed, or even fallen behind. This has to be thought – provoking, and the whole country has paid attention to speeding up the construction of small towns. Why does it happen frequently, such as Qiantang?

Key words: small town development; small town construction; construction significance

一、中国小城镇建设背景

世界各国的城市发展经验表明,工业化和城市化是一个相互影响、相互推动的发展过程。1979年改革开放以来,小城镇得到了迅速的恢复和发展。80年代小城镇数量增加,规模扩大,社会功能趋于完善,对周围社区的辐射力、吸引力和综合服务能力显著提高。宏观布局方面有的地区形成比较合理的小城镇体系,为小城镇的发展开拓了一条崭新的道路。但是,中国现有的小城镇绝大多数都是历史上自发形成的,虽有某种自然的合理性,同时也存在一定的盲目性和不平衡性。小城镇的建设又缺乏科学规划和管理产生一系列问题,诸如,小城镇的数量较多,规模较小,多数小城镇发展水平较低,功能不够完善,许多地区小城镇的分布不均衡,结构不合理等等。此外,资金不足、人才奇缺、土地浪费、环境污染、体制不合理、管理不完善等等,都严重地阻碍着小城镇的健康发展。在这个发展状况下,我们有必要、有责任重新思考、认识"小城镇建设"理论和实践。[1]

二、建设意义以及建设方针

(一)小城镇建设意义

小城镇建设是我们党在深刻分析当前国内外形势,全面把握我国经济社会发展阶段性特征的基础上,从我国经济社会事业发展的全局出发确定的一项重大历史任务;小城镇建设是落实科学发展观,实施城乡统筹协调发展方略,解决"三农"问题,让广大人民群众共享经济发展成果,如期实现全面建设小康社会和社会主义现代化宏伟目标的重大战略决策;小城镇建设是加快农村经济发展,增加农民收入,改善农村消费环境,使亿万农民的潜在购买意愿转化为巨大的现实消费需求,进而拉动国民经济持续健康发展的重要条件;小城镇建设是顺应经济社会发展趋势,实行工业反哺农业、城市支持农村的方针,缩小城乡差别,构建和谐社会的重要基础;小城镇建设是逐步消除城乡二元体制结构,形成工农之间和城乡之间良性互动,实现城乡社会经济协调发展的重要举措,有着非常鲜明的时代背景和重大的历史、现实意义。[2]

(二)国家建设方针

根据《中国国务院关于促进小城镇健康发展的若干意见》[3]遵循尊重规律、循序渐进、因地制宜、科学规划、深化改革、创新机制、统筹兼顾、协调发展等原则。应向建设小康社会的方针学习，先从有典型示范作用的小城镇、示范村开始，以点带面，典型引导，层层带动，形成网络推进态势，促进农村产业结构调整，改善村镇环境，使农村经济发展和加快乡村城镇化进程，按照国家既定方针进行。

三、关于钱塘镇的方案实例分析

（一）钱塘乡镇概况

钱塘——合川区第一人口大镇，位于合川东北部，距合川城区23千米。行政区辖24个村，2个社区居委会，14个居民小组，292个农业合作社。全镇幅员面积134.15平方千米，总人口94038人。渝武高速公路在钱塘设立进出口及省际收费（服务）站，使钱塘成为了南充、广安、遂宁等川东北地区连接重庆的节点。钱塘距重庆主城区1小时车程，距合川城区和四川省武胜县县城仅15分钟车程，是重庆市"一小时经济圈"面向川北地区的"直辖窗口"，钱塘同时还是重庆市重点发展的"百个经济强镇"、"百个小集镇商业群"、"中心镇"和合川区规划建设的三个小城市之一。高层次的发展定位使钱塘在重庆市"一小时经济圈"及统筹城乡发展的战略部署中占有一席之地。[4]

关于钱塘镇的概况，我们用调研也收集到一些表格数据：

表一　　　　　　　　当地大型商店员工年收入情况

商户类型	饭店	宾馆	家具店	零售店	家电商店
员工年收入	几万	2~3万	2~3万	3万多	10多万
老板是否是当地人	是（不常驻当地）	是（不常驻当地）	是（自营店）	不是	是（自营店）

数据来源：《重庆邮电大学移通学院大焕城市化研究生班钱塘调研数据汇总》

表二　　　　　合川区钱塘镇户籍人口情况表（单位：人）

总人口	34290
男	17480
女	16810
家庭户户数	10027
家庭户总人口（总）	34285
家庭户男	17477

续表

家庭户女	16808
0~14岁(总)	7955
0~14岁男	4228
0~14岁女	3727
15~64岁(总)	23478
15~64岁男	11905
15~64岁女	11573
65岁及以上(总)	2857
65岁及以上男	1347
65岁及以上女	1510
户口本地住在本地	33412

数据来源：《重庆市合川区钱塘镇官方网站人口数据汇总》

如表二所见，钱塘镇目前为一个留守城镇，人口偏向老龄化，人口的主要组成为妇女儿童和老人。

大部分青壮年都外出打工，其中外出务工人员占整个钱塘劳动力70%左右。一般家庭收入主要靠外出打工挣钱为主。

(二)钱塘乡镇问题所在

1. 劳动力不够，导致的生产力下降

每个人都有着向往大城市生活的梦想，有时站在钱塘镇的山坡顶上，俯瞰整个钱塘，风景如诗如画，但却并不是每一个人都适合欣赏这种美妙的景色。对于钱塘镇的青壮年来说，这种美景就好像一种束缚着他们前往大城市的枷锁，于是最终的他们打破了这个枷锁，逃离了这里，让整个钱塘镇变成了一个留守城镇。

政府想要建设好钱塘镇，于是大抓经济，牢固树立"工业支撑"和"无工不富"的观念，按照"立足镇情、优化条件、万众一心、实现突破"的总体要求，引进了金丰工贸有限公司等4户中小企业，合同资金4500万元，实际到位资金2890万元；大力扶持农产品加工、木材、家具、印刷、运输、供水等传统优势乡镇企业，大力发展制砖、采石、采砂等建材工业，帮助重庆市合川东立建筑工程公司整合钱塘30余个建工队发展建筑业；完成了以新型绿色食品加工为主的创业园区规划。但当他们执着于工业发展的同时并没有意识到一个更严重的问题，那就是整个钱塘镇劳动力的流失，这直接导致了工业生产力的下降。而钱塘镇没有旅游经济来源，整个钱塘镇的经济基本都是来源于工业以及农业、商业。而工业又是大头，所以导致了整个钱塘经济的落后。

2. 无特色、无亮点、无潜力的小城镇

国家发改委城市和小城镇改革发展中心总规划师、规划院院长沈迟在接受澎湃新闻采访时指出，培育特色小镇的主要目的是为了促进有条件的镇更好的发展。由于一些体制机制的限制，不利于一些小镇参与到市场化竞争中，因此挖掘一些有潜力、有特色的小镇，通过一些产业的发展不仅可以带动经济的发展也可以吸纳小镇周边一部分农村劳动力就业。

所以培育出一个具有自己特色的小城镇是至关重要的，然而钱塘镇却没有自己的特色，没有亮点、潜力等着被发掘。培育特色小镇，主要是打造特色鲜明的产业形态，和谐宜居的美丽环境，彰显特色的传统文化，提供便捷完善的设施服务，建设充满活力的体制机制。关于传统文化，钱塘镇没有类似于张飞故居、李白故居，那样深厚的历史文化。或许钱塘镇有些许历史文化，但是这种平淡的历史文化，让钱塘镇的传统文化失去和其他小城镇竞争的机会。关于产业形态，钱塘镇没有一个完整的产业链，仅仅是零散的几个工厂和钱塘葡萄、钱渝食用菌、铁皮石斛、菜花蜂蜜等十余家大中型农业项目。这样的产业形态，就像是一个婴儿一样，没有竞争的能力。

四、对策以及建议

（一）增加对年轻人的吸引力，留住本地劳动力

吸引不到年轻人，留不住劳动力的主要原因在于不能满足劳动人民的需求。可以增设工厂，增加就业岗位，提高工人工资。对小镇内部广发招工广告，举办相应用工招牌会，免费为用工企业和求职者提供现场招聘对接服务。为相应的企业提供生产资金，帮扶企业发展，协调解决发展过程中存在的困难。从而使企业得到更好的发展，使劳动人民能得到更好的待遇。并且引导、支持、鼓励外出人员返乡创业，发展微型企业。对小镇外部，广发邀请函，邀请知名企业前来开发钱塘镇，从而吸引来自外地的生产劳动力。增加对外地劳动人民的福利，解决相应的住房问题，一并解决外地劳动人民小孩子的教育问题，在政策上给予相应帮扶。

(二)选择好的开发点,将钱塘镇打造出为特色城镇

落实钱塘镇的"三宜"政策,打造"宜居"、"宜业"、"宜商"的幸福小城镇。做好绿化,

联动周边村庄,囊括钱塘葡萄、钱渝食用菌、铁皮石斛、菜花蜂蜜等十余家大中型农业项目,将项目按景点标准打造,助推星级农家乐落户。建设属于自己的特色景区,以广告宣传,宣传车等形式宣传景点。

做好镇内文明设施,打造良好的绿色城镇。在小镇内部宣传文明知识,让人们注重环保。政府应普及公厕等重要的文明设施,督查抓牢环保问题整改,结合环境卫生整治抓好环境面貌改善。

围绕以重点村落为核心的钱塘现代生态循环农业园;完善种养循环与加工一体的循环产业链条;围绕水产、蔬菜等特色效益农业,多方争取项目支持力度,扶持新型经营主体。形成一个完整的产业形态。

总的来说,建设好一个小城镇,我们应该实事求是,因地制宜发展与其相匹配。而且需

要整个城镇的共同努力,并不是一味依赖政府政策,而是每个人民都应该为之做出努力。

参考文献

[1] 小城镇建设背景来源 https://baike.so.com/doc/5401769-5639418.html

[2] 建设意义来源 https://baike.so.com/doc/5401769-5639418.html

[3] 国家建设方针来源《中国国务院关于促进小城镇健康发展的若干意见》

[4] 乡镇概况来源 https://baike.so.com/doc/5685227-5897912.html

中国"留守城镇"的深层城市化道路
——合川钱塘建设工贸城镇的不可行性

陈亮

(重庆邮电大学移通学院工商管理系,重庆 合川 401520)

摘 要:乡村的城市化道路正在快速发展,在我国城市化道路中我们得到了许多,同时我们也失去了很多以前的东西;就如我们放弃了落后的小村落,得到了人口聚集的小城镇。但是在我们城市化的道路上,难免会出现一些弯路,比如照搬其他地区的发展模式,没有体现从实际出发的精神,出现了全国城镇走同一条"工贸模式"的现状。重庆市合川区钱塘镇在城市化转型中同样也遇到了同样的问题,迷失了发展方向。

关键词:城市化道路;工贸型城镇;农业专有化;留守城镇

The Road of Deep Urbanization in China's Left – behind Towns
——the infeasibility of construction industrial and trade town in Hechuan Qiantang

Liang chen

(College of Mobile Telecommunications Chongqing University of Posts and Telecom of Department of Business Administration, Hechuan Chongqing 401520)

Abstract:The rapid development of the rural urbanization road is, we in the road of urbanization in our country to many, at the same time, we also lost a lot of things before, as we sacrifice the backward village, the population of small cities and towns. But on the way of our urbanization, unavoidable appear some mistakes, such as copied in other parts of the development path, without any embodiment of seeking truth from facts, also took the urbanization is the same situation in the country. The town of Qiantang in the city of Hechuan, Chongqing, also encountered the same problems in the transition of urbanization, lost its way of development.

Key words: urbanization path; trade towns; agricultural know – how; staying in cities and towns

一、研究背景

城镇是指一定数量的非农业人口聚集的、有一定规模工业和服务的聚集区，是所在区域的政治、经济、文化、科技以及信息中心。近年来随着我国经济的快速发展，城镇规模的不断扩大，城市化进程不断加快，根据有关数据统计，我国城镇化比例已经由2005年的43%提升至2016年的57.35%，其中工业化城镇超过45%的比重。[1]

工贸型城镇是指总体经济具有一定规模，产业结构以工业为主，商贸在城镇总体经济结构中有较大的比例的城镇。根据相关资料，2010年我国工业总产值占国内生产总值的47%，小型工业企业总产值和利润总额超过了大型企业，其中的利润增长速度远高于总产值增长速度，同时劳动密集型产业总产值利润也超过了工业总产值的50%，在我国的工业体系中占据主导地位，随着我国经济结构的转型升级，第三产业在我国总体经济中的比例将会超过40%，商贸业在第三产业中所占比例和增长速率均会超过35%。[2]这足以说明工贸型城镇发展已经成为我国经济增长的重要组成部分。

但是，工贸型城镇在城镇化建设中片面强调规模、总量和经济发展，城镇公共基础设施较为滞后，工业、居住、商业等功能区混杂在一起，工业初期以数量扩张为主的粗放型增长模式导致了产业结构的不合理、分布散、小规模企业多、企业污染严重，忽视区域环境总量和生态安全而产生的生态环境问题日益突出。

二、钱塘镇现状

(一)官方话语中的钱塘

钱塘镇作为合川地区第一大镇，钱塘，重庆市合川区的第一人口大镇，位居合川区北部，与四川省武胜县接壤，距合川城区23千米，行政区辖36个村、2个社区、292个农业合作社。全镇幅员面积134.15平方千米，总人口94038人，其中城镇人口2.1万人。素有"天然粮仓"、"梨子之乡"之称。渝武高速公路在钱塘设立进出口及省际收费站，使钱塘成为了南充、广安、遂宁等川东北地区连接重庆的节点。钱塘距重庆主城区1小时的车程，距合川城区和四川武胜县县城仅15分钟车程，是重庆市"一小时经济圈"面向川北地区的"直辖窗口"。钱塘同时还是重庆市重点发展的"百个经济强镇"、"百个小集镇商业群"、"中心镇"和合川区规划建设的三个小城市之一。近年来，钱塘镇坚持以"三个代表"重要思想和科学发展观为指导，以富民强镇为目标，以"提速发展、跨越赶超，努力建设合川北部的中心城市"为统缆，坚持"三个文明一起抓，三个成果一起要"，各行各业健康有序发展。[3]

(二)政府规划中的钱塘

根据钱塘镇政府给出的官方消息，该镇实施"政策招商、环境招商、亲情招商、全民招商"战略。先后涌现出了继强农机厂、韦卫不锈钢加工厂、巴牛食品有限公司、苏香精米加工厂、银禾精米加工厂、金马建材公司、荣发建材公司等一批前景好、效益好的工业企业，同时通过企业自主创新，现拥有自主知识产权的新产品1项，国家专利技术2项，购买新技术2项。钱塘的工业总产值已达10563万元，初步形成了以食品加工、机械制造、建材生产为基础的工业经济雏形。目前，待开发引进的项目近10个。但是根据《重庆市合川区钱塘镇产业发展(2007－2020)》，[4]该镇政府将会把钱塘镇打造成为合川周边一个较为大型的工贸型城镇。

重庆邮电大学移通学院大焕城市化战略研究院研究生班调研组于2017年4月初对钱塘进行了实地调研。作为调研组成员，我个人认为：把合川区钱塘镇打造成为一个工贸型企业的小城镇是行不通的。

(三)大背景下的钱塘

在我国经济持续快速发展的大背景下，一方面该镇的工业基础相对薄弱，基本没有重工业，虽然该镇有两个较大的采矿企业，但是，却因工人不足而开工不足，有厂无人干畸形的状况并不是因为劳动力缺乏，而是由于该厂所能为劳动力支付的工薪较少。事实上当地劳动力严重过剩，因就业岗位不足使得大量劳动力外流向远方打工。另一方面该镇的基础设施建设虽能够满足人们的基本需要，但并不能满足大型工贸企业在此落户。除此之外，商品销售市场、人才来源、以及原材料这些厂家所需的基础设施，该镇并不具备厂家商家的基本需求。该镇每逢一、三、五会进行传统的赶场，这也是钱塘镇一个商业贸易交换的一种重要的形式。该镇作为合川区一个较大的留守城镇，该镇的劳动人口大多外出务工或者在周边区县务工，只有很少部分的劳动力留在本地,该镇的人口大多是由以前周边村落的人口聚集而成的,80%以上的家庭都是爷爷奶奶带着小孩就近接受教育,这也就导致了钱塘镇人口分化现象十分严重,我们可以从下表看出:

表一　　　　　合川区钱塘镇户籍人口情况表(单位:人)

项目	人数
总人口	34290
男	17480
女	16810
家庭户户数	10027
家庭户总人口(总)	34285
家庭户男	17477
家庭户女	16808
0～14岁(总)	7955
0～14岁男	4228
0～14岁女	3727
15～64岁(总)	23478
15～64岁男	11905
15～64岁女	11573
65岁及以上(总)	2857
65岁及以上男	1347
65岁及以上女	1510
户口本地住在本地	33412

数据来源:《重庆市合川区钱塘镇官方网站人口数据汇总》

从表一我们可以看出该镇的劳动力严重过剩,企业拿不到足够的订单来安排本地劳动力。这也意味着,在订单不足的情况下,想要使得这一地区发展成为工贸型城镇的构想是不可能的。这一地区劳动力的外流,造成人口逆差,大量的劳动力携带人口涌入其他城市,导致本地区仅留下一些低素质的劳动力、年幼子女、年迈父母在家,造成了留守家庭的情况。留守家庭和留守村庄的集结,生成了一个新的概念"留守城镇"。外出务工人员的工资回流构成了"留守城镇"的经济与消费主体,剩下的经济成分就是无处可去的劳动力,不得不在家从事传统的农作物种植来赚取微薄的收入。

"留守城镇"现象,是在城市化道路过程中的普遍现象。普通的农业地区,没有丰富的资源和先进生产力,沦落为靠工资回流支撑的消费城镇。在发达社会只有少部分人从事直接生产活动,而大部分人则围绕这一少部分的人进行第三产业的社会服务。但钱塘地区从事生产的人很少,而围绕他们进行社会服务的岗位也同样也很少,大部分的劳动力不能在当地获得就业,唯一的出路便是向大城市聚集,大城市中才有更多的就业机会,需要的服务人员也更多。走向城市,便是解决该问题的关键所在。中国特色的城镇化道路主要是靠市场和政府两种力量推动,就如同一把双刃剑,有利也有弊,关键在于我们如何去发展。

三、我国城市化道路大背景

中国的城市化道路大概分为四个阶段:

第一阶段:从1949年建国到1978年"三中全会"以前,中国大陆的城市化相当缓慢。

第二阶段:第一,表现在大约有2000万上山下乡的知识青年和下放干部返城并就业,高考的全面恢复和迅速发展也使得一批农村学生进入城市;

第二,城乡集市贸易的开放和迅速发展,使得大量农民进入城市和小城镇,出现大量城镇暂住人口;

第三,这个时期开始崛起的乡镇企业也促进了小城镇的发展;

第四,国家为了还过去城市建设的欠帐,提高了城市维护和建设费,结束了城市建设多年徘徊的局面。[5]

第三阶段:1985-1991年,乡镇企业和城市改革双重推动城市化阶段。这个阶段以发展新城镇为主,沿海地区出现了大量新兴的小城镇。

改革开放以来,我国城市化进程明显加快,进入到加速发展的新时期。但长期实施的城市化方针却严重阻碍了我国城市化向更高层次的迈进。城市化水平较低、城市化地区性差异明显、城市化滞后于工业化。农村剩余劳动力增长与城镇容量间的矛盾突出等成为中国城市化进程中出现的主要问题。其中,钱塘镇的城市化道路发展过于急促,使得人口向城镇聚集的过快,然而聚集之后的人却很难找到工作,就不得不出门务工,留下子女在家读书,所以就出现"留守城镇"。

四、结论与建议

(一) 对留守劳动力进行专业化

既然人口的两极分化导致了"留守城镇",那么我们可以把留守劳动力聚集起来,进行专业的培训上岗,让留守劳动力有一技之长,这样在周边区县有相应工作的时候可以前去。这样既可以帮助周边区县解决劳动力短缺的问题,又可以帮助本地区解决劳动力过剩的问题,可谓是一举两得。当然在农忙时节也可以帮助农田进行农业生产。这样不失为一种解决留守劳动力的办法。另外还可以成立相关的信息发布公司,及时快速的发布周边职业需求,及时向镇上人员通知。还有便是让多余劳动力进入不同行业,不同领域的专业化培训,这样既可以让产业层次多样化,丰富服务业的数量,提高服务业的质量,产业层次的多样化不仅可以为从事于社会生产的劳动力享受到更好的服务,而且可以促进更多从事于服务的人改革创新,有一种忧患意识,这样既可以促进服务业的发展,同时也可以解决部分的留守劳动力的就业问题。

(二) 引导剩余劳动力向大城市转移

对于钱塘这样一个特殊的地区,由于该镇的大量劳动力严重过剩,导致大部分劳动力外流的现象,我们可以对外流的劳动力进行社会引导,促使多余劳动力向周边大城市进行转移。这样一来既可以解决周边地区劳动力紧缺的问题,又可以促使该镇剩余劳动力就近劳动,从侧面看也能够促使更多的人围绕社会生产的人员进行社会服务,也可以增加该地区就业。要想做好剩余劳动力的转移工作首先是发挥政府的主导作用,深化体制改革,健全各项制度,为农村剩余劳动力转移创造宽松环境。各级政府要充分利用农村市场信息体系,拓展服务领域,做好信息服务工作。其次是建立统一的城乡一体化劳动力市场体系。想要完成剩余劳动力的转移我们还需要各种各样的社会保障体系。再次是推进城镇化建设吸纳农村剩余劳动力。最后是开辟多渠道的转移路径。将城市公共基础设施建设向农村延伸;培育新型农民,促进农业产业结构调整;调整乡镇企业结构,增强乡镇企业对农村劳动力的吸纳能力;进一步扩大国际劳务输出,用农村人力资源换取国外土地、能源等资源;鼓励农民工返乡创业。

总的来说,钱塘镇这样一个合川第一大镇,由于其工业基础相对薄弱,基础设施建设相对落后,也就使得想要把它打造成为一个现代化的工贸型城镇是不太现实的事情，我们应该实事求是，因地制宜发展与其相匹配，相符合的产业。

参考文献

[1] 城镇概念来源：http://baike.baidu.com/link？url = - N3——NnWUyqRh7ciJgTr1InlT8GSdmq7FRqxmI1GkydFUAJfHyDPjs5 znzRxtZwdqqTemKFJmgNVrztoX6 5TMk_mlvwd4FH5XYqc - gFs_a7

[2] 工贸型城镇概念来源：《工贸型城镇生态规划研究和实践——以苍南灵溪生态镇建设为例》

[3] 合川钱塘简介来源：http://baike.baidu.com/link？url = fbhWQH6w5jKsQeWf6qfI9ftLUh5eUdzic6wNBxkXsJlYs8h1c0j_Rjl8X70mvB - 1k7GlkoBuDEzf8mDqrAF9Fcr4Vz9HG8t0I6gy5ihw RHZEDH3bZOuqzGfecVXiMTDa9d0SqdxKJG5aYtmuEmFeR_

[4] 发展规划来源：http://www.docin.com/p - 80681043.html

[5] 中国城市化进程数据来源：http://baike.baidu.com/item/%E4%B8%AD%E5%9B%BD%E5%9F%8E%E5%B8%82%E5%8C%96%E8%BF%9B%E7%A8%8B/79617

浅析培田新农村发展不完善现状

陆君

(重庆邮电大学移通学院自动化系,重庆 合川 401520)

摘要:长期以来,农业、农村、农民问题一直是决定我国全面建设小康社会进程和现代化进程的关键性问题。只有广大农村的落后面貌明显改变,才能实现更大范围、更高水平的小康。在十六届五中全会上我国便作出了建设社会主义新农村的重大战略决策,为今后我国农村勾画出了"生产发展、生活富裕、乡风文明、村容整洁、管理民主"的新蓝图。但现在中国农村的发展是否有进展,对于各项发展措施是否起到行之有效的作用,都值得我们去研究与探讨。本文通过对培田古村情况的相关分析来探索我国农村发展的现状。

关键词:物质生活;科学技术发展;城市化;新农村改革

Analysis of the Imperfect Development of New Rural Areas in Pei Tian

Jun Lu

(College of Mobile Telecommunications Chongqing University of posts and Telecom and Department of Automation, Chongqing Hechuan 401520)

Abstract: For a long time, agriculture, rural areas, farmers issue has been key problems in China the process of building a well-off society and the process of modernization. Only the rural backwardness was changed in order to achieve greater range, higher levels of well-off. In the fifth Plenary Session of the 16th CPC Central Committee our country has made a major strategic decision of building a new socialist in rural areas, for the future of China's rural outlines the development of production, affluent life, civilization, clean and tidy village management is democratic " for the development of rural Chinese. But now whether there is progress, for the development of measures could play an effective role, is worth us to study and discussed. This paper explores the present situation of China's rural development by correlation analysis of Peitian village.

Key words: material life; science and technology development; urbanization; new rural reform

自周代始，即把村落称作"里"。"里"字从田从土，即反映了中国农村"恃田而食，恃土而居"的农业型经济生活特征。从事农业的人们，不像游牧民族或商业人群那样四处行走，而是世世代代守护在土地上，他们像庄稼一样，把根深扎在了乡土里，也把自己的感情与人生埋藏在这片土地上[1]。

但是随着现代化科技的发展，城市的钢铁洪流带来了更高的收入，更带来了医疗、教育、娱乐方方面面的快速提升。形形色色的"诱惑"吸引着村落里有需求，有抱负的年轻人远离自己的故土，向城市涌去。"落叶归根"这种从周代就流传下来的传统，也在城市工商业所带来的优越的物质文化生活状态的诱惑下开始动摇，农业文明滋养的人们一直以来坚持的信念也难以维系。

培田古村坐落于福建连城县宣和乡境内，有着"福建民居第一村"、"中国南方庄园"、"民间故宫"的美誉，当地保存有较为完整的明清建筑群，有着较高的旅游开发价值。那么培田的发展情况又是如何的呢？

一. 培田古村现状

（一）培田人口现状

在调查走访后，村庄的人口便有了具体的数据，一共是1532人，但是这些人里60岁以上的老年人就有298人，几乎是五分之一的人口。再看看年轻人，外出务工的人口就高达600余人，而留村的年轻人里18岁到20岁的仅有8人。村里没有那种充满希望的朝气，反倒是处处暮霭沉沉，对未来的迷惑笼罩在人们的心头。在上小学的孩子也只有58人，大多也随着父母去了城市，去接受他们父母心中更好的教育。

老少相依的古村，人们对未来谈不上有什么希望，也不至于落得绝望，老一辈对现在半好不坏的情况无可奈何，小一辈也不过是如今留守儿童的一部分，说不定有一日也会随着父母前往城市。农村，再也没有"落叶归根"的情怀了。

(二)渐渐荒芜的土地

培田在经历多次的新村改造和修路建设,培田的总耕地由1200余亩锐减至800亩,人均土地也由0.6亩下降至0.4亩。并且伴随着外出打工潮的出现,在乡耕种人口也在不断减少,实际耕种土地其实没有达到800亩的水平。

1. 耕地荒芜的原因

对于培田如此传统的乡村,土地的耕种是不会放弃的,可是三面环山的地形使得培田无法引进大型机械来进行耕种,而当地大力人工种植烟叶的情况使得当地的耕种情况越发显得力不从心。目前还有老一辈的村民苦苦支撑,往后的发展,基本可以断定,年轻人不会种地了。没有外来者的帮助,自然和人争夺田地的较量,将会以自然的胜利而告终。当然,人退林进,也未必不是好事,但传统村庄的衰落,将会成为不可避免的情况。

此外,收入起到了决定性的因素。在培田,人们主要的种植作物是烟叶,保留着水稻、百香果等其他作物的少量种植,那么耕地带给人们收入如何呢?平均只有600元左右,夹杂着当地旅游业带来的副收入,每月甚至不到2000元,而在外打工人员每个月带回的收入就能达到2000多元,土地已经无法吸引年轻人回到乡村了。

2. 土地荒芜的影响

全村800余亩的土地对于年轻一辈早已没有了吸引力,那么对于他们的后一辈,对于现在接受教育的一代更不会把土地看得有多重要了。当老一辈开始凋零,如今的一辈人回归后却失去了对土地耕种的欲望,下一辈又前赴后继的前往城市,农村会是怎样一副凄惨景象?

(三)培田古村经济状况

据培田村委会的统计,当地家庭的不同收入情况大致如下:

表一　　　　　　　　　　村民家庭各类收入情况

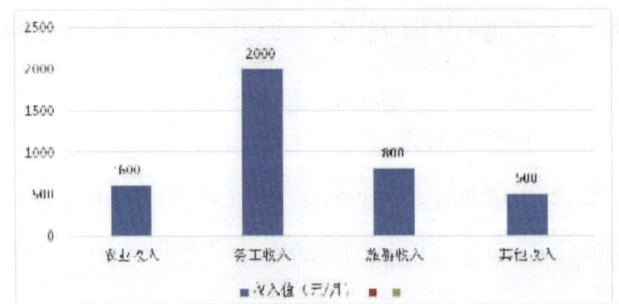

数据来源:大焕城市化研究生班培田调研数据汇总

通过此表我们可以发现在培田最主要的收入来自外出务工的收入,其次才是农业收入,而旅游收入和其他收入仅占较少的一部分,我们将2015年省市国家数据进行了对比:

表二　　　　国家人均可支配收入与福建省市人均可支配收入详情对比

类别	人均可支配收入(元)	工资性收入(元)	经营净收入(元)	财产净收入(元)	转移净收入(元)
国家(年)	11421.71	-	-	-	-
福建省(年)	13793	6187	5456	232	1918
龙岩市(年)	13274	5268	5456	91	1399

数据来源:国家统计局及福建统计局数据汇总

此后我们也查询了连城县的相关数据:2017年一季度连城农村居民人均可支配收入3264元,通过各项数据对比,我们可以发现2015年培田居民的11861元/年的人均可支配收入与2015年全国人均可支配收入方才持平,但却远低于福建省与龙岩市的人均可支配收入,并且这是现如今的培田与2015年的国家省市数据比较,那么到了2017年,差距又会拉开多大呢?

(四)行政情况

乡村作为我国的基层行政单位,基层的行政单位行政工作是否到位往往是当地发展好坏的关键。而在培田的情况又是如何呢?在培田的行政体系,村委会只是村民选举产生的群众性自治组织,村支书等皆为当地居民,而村支书又只有有限的在职时间,那么管理层之间就存在着不断地更新磨合,那么常常会出现的情况便是上一届村支书的工程还未完成就离职了,而新上任的村支书又不能完美地交接工作,那么未完成的工程便会滞留拖延,行政工作不能及时完成。

二. 培田古村现今发展模式情况

中国农业大学教授朱启臻:有人形容过,乡村的文化就像一个艺术宝库一样,也有人说对乡村文化就像一个精心雕刻的的工艺品,稍有不慎就可能损害它。但是这些年我们也发现,乡村艺术这座艺术宝库也逐渐在衰落,很多的非物质文化遗产在失传,甚至后继无人,或者已经被人淡忘。像有些传统的习俗在发生变化,正在受到城市文化或者其他外来文化的冲击,那么,有些手工艺品传人都已经消失了,有的就失传了。这些东西对一个民族文化来说,是一个很重大的损失,因为文化要多元的、多样性的形成文化生态,特别是我们乡村的文化有着多方面的功能,在弘扬我们的传统文化，有些优秀的民族品质都是蕴含在这些非物质文化遗产中的，所以我们要认真的去保护它，挖掘它，然后发扬光大[2]。

乡村衰败，不可持续。其实，乡村真正的衰败，城市化的巨大威力，到今天才显露无遗，今日的乡村才真正衰败而需要重建，可是经过这么多年的乡建，成效如何呢？是否解决了相关问题呢？

（一）当前发展中的困难

通过在培田各项资料的收集，结合专门研究乡村问题的专家言论，可以明确得出中国现在的农村的衰败是一个趋势，并且愈发严重，而其重要原因就是乡村的资源并未得到有效的开发，城市因此不得已不断向农村输送资源，可是农村反馈给城市的仅有很少一部分，却远远不及城市输出得多，长此以往必会不断形成乡村依附城市的局面，而乡村就变得可有可无了。

这也是在现代农村地位低下的表现，随着技术的不断发展，我们确实不必那么多的人口留在农村耕种，迫使他们远离故土，可是乡间子弟送了出来受教育，结果连人都收不回：不仅大学生不会再回来，就是目前在乡村教书的教师，乡村医生，也想尽办法回到城市。

如今中国也成立了许多类似中国乡建院这些组织，正试图改变这一现象，可是这样人为干预改变这种状态，是否能成功我们也无从谈起，但确实使得人们开始将目光投向到我们不曾重视的农村去，并使人们认识到重建乡村的必要。那么如何留住来自乡村的人才，提高乡村的生活状态则是最根本的要求。

行政手段的实施非常困难。乡村的重建一定是离不开农村自治的能力，可是那么又有一个问题摆在我们的面前：基层的行政有效吗？可是村庄如何自治，如何落实从上到下的行政？两者如何衔接正是行政能否畅通的关键。

对于如今的村委会，大到上级行政命令，小到村民之间的纠纷，村委会能否做到公正裁决呢？村委会的人与不同村民的关系有远有近，或多或少都会存在偏袒现象，那么村委会的信任从何而来？随着村民信任感的缺失，那么村委会即使有着许许多多改造村庄的措施手段或许也会遭到村民们的不理解和抵制。最典型的例子，培田从2008年起就开始进行新村的建设，2009年开始入住，可是一期入住户数仅为120户，二期也只有60户，而全村共有412户，也就是说还有232户依旧选择留住古村。根据我们在培田所调研得到的情况，入住新村的村民中大多也都身负10万左右的贷款，对于当地的村民以他们现有的经济状况，承受如此"巨款"是否力不从心呢？在无形之中，村民是否对于村委会的举措表现质疑呢？

当有人出现质疑，那么钉子户也就应运而生了，居民不愿离去然后大打出手，最终也是闹得无疾而终，可是村委会的威信却在居民的心中不断下降，最后村委会也就成了象征性的行政部门，成为人们口中的"有关部门"。当村里人口的不断流失，各自为家，相互之间毫无合作的情况既是无奈也是现实，在村里没有以己之力带动周围村民，无人思考村子整体该如何发展的情况下，村子就宛如一盘散沙，村庄的自治又从何而谈？

在培田，乡建看上去遥遥无期。

(二)外出务工人群的情况

在培田我们也遇见了一位四五十岁的中年男子，聊天里我们也了解到他以前也是外出打工人群中的一员，春节过后也就起了不想再出去的念头，可是待在家里却又找不到赚钱的出路，结果又是出去打工。可是年纪渐渐大了，没有什么技术知识，只能找些又苦又累工资还少的工作。这次回来也就不想再出去打工了，想着承包一点土地做回农民的老本行吧。我们也问到是否想借着当地发展旅游业的风头做一些副业，他却表示很困难：当地缺乏具有特色的副产品，而民宿却又存在设施简陋的问题，自主创业又显得举步维艰。培田当地文化价值高，而商业价值低的问题在此被放大，培田旅游业的缓慢发展正是此情况的体现。

这是许多外出打工者的尴尬境地，在他们所处的时代，大学是精英才能接受的教育，没有经受教育，仅凭一腔热血就投入到深广"打工潮"中，可是大多也都碌碌无为，即使有成功者也不过是凤毛麟角。到了现在，却又进退两难，他们把自己的青春与汗水留在了城市，可是在城市无情的压榨后只剩一堆渣滓，又回到生他养他的故土之上，利用一点积蓄买了一栋新房害得自己背上一身债务，他们的脊梁在城市里被钢筋水泥压得抬不起来，回到乡土后却又依旧如此，他们就像徘徊在城市与农村之间的孤魂野鬼，只能四处游荡。

在这群返乡者中，还有一众人群是难以安置的，那即是他们的子女，农村的后一代，对于他们而言，童年无疑是颠簸的，有的孩子在乡村生活了许久又被接到城市中被他们的父母给予希望，可是城市这一大世界的形形色色对这群来自乡村的孩子充满了错误的诱导。当吃苦耐劳的精神不在，幼的一代还能达到望子成龙的期望吗？还有的孩子从小就被父母接到城市里生活，突然又回到了乡村，对于他们又能否适应农村的生活呢？当这些孩子中优秀的一部分通过高考离开了乡村，他们还愿意回来吗？那些留下来的孩子是否又会像父辈们一样外出打工，等到待不下去后，又回到农村去压榨农村的那么一点资源。

乡村的发展也随着打工者的离去，后继无人，当村庄没有人，只有衰败，最后回归尘土。

（三）当前发展状况给村庄带来的不利影响

现代化带给人们的便利确实是巨大的，其影响力之深不论怎样形容都毫不过分，可是对于乡村而言，如何把控好现代化发展的力度成为了农村面临的一项挑战。在培田我们就能看到现代化的发展对于这个村庄带来了很多负面的影响，而这些苦果却又不得不自己咽下。

垃圾处理的问题，近几年以来，培田发展旅游业，建设新村带来了无数的塑料垃圾、玻璃垃圾、建筑垃圾，以农村旧时自然循环处理垃圾的方式难以奏效，洗衣粉、洗衣液，农药等等难以分解之物也纷纷流入河流，有一位老婆婆就这么回忆村口河流旧时的景象：每逢夏日村里的孩子都会下河游泳，河流的水又会经过水渠流入村中，家家户户洗衣做饭都在门口的水圳取水，无论何时水里都是清澈无比的。但是如今，河流已不再清澈，孩子们也不再下河嬉戏，河流的两旁也处处可见各种生活垃圾，游客留下的垃圾。随着垃圾的堆积，不仅污染着水源，也不断影响着村民对于村庄发展旅游业的反感。

三. 培田现存的利益分配不均衡的状况

培田开放培田旅游以来，便拥有门票收入，可是这份收入有到培田居民的手中吗？旅游区门票年收入200～300万（门票+导游解说费），并且逐年增长，但是门票收入中80%流向冠豸山管委会（旅游局下属公司），20%回到培田古村理事会。并且这其中的20%中有四分之一给村委会财管用于支出培田古村当地居民的农村医疗保险（80元+居民自费70元共计150元），剩下四分之三用于分红（分红对象为古屋被测评为景点的所有者），分红方式依据古屋的相关专业评分高低等级进行分红。（例如：古村中评分最高的继尘堂的年分红为3万元整），如有剩余资金，将用于古村绿化，厕所改建等。

也就是说这份收入只有少部分属于了村民们，并且基本是以社会福利的形式给予村民，村民们买账吗？想要得到这一份福利，村民还需要保证古宅的完整，允许游客的参观，可是在培田有着许许多多的地方都是村民们先辈的祠堂，为了这份福利而不再尊重先辈，这是适度的开发还是对传统文化的破坏？甚至还有一部分村民的古宅处在培田的边缘，所以他们得不到这一份补助，利益成为村庄里人们最关心的问题。

事实上我国对于农村的种种改革已经历了近二十余年，随着人们生活方式的不断变化，农业从第一产业向第三产业延伸，于是就开始发展观光农业和休闲农业。目前依托农业资源发展起来的农业旅游与休闲产业的范围相当广泛，并且呈现多元化发展。一些诸如"农家乐"的新的旅游区相继出现。历经多年的发展，这些以农业旅游为主导的休闲产业类型取得了明显成效，在旅游、教育、环保、医疗、经济、社会等方面发挥了重要作用，农业旅游与休闲产业将成为发展前景良好的新兴产业之一。

而培田虽然有着其特有的文化背景，可是没有具体规划和有效措施一味的发展不成熟的旅游业，只会不断地消耗仅存的文化价值。而现今随着城市化发展快，城市人口增多，交通拥挤，环境污染，城市人很希望到郊区农村观光旅游，这为发展城郊观光休闲农业提供了市场需求。培田作为有着天然优势的传统农村，如何抓住这个机会发展自身构建新型农村结构则是重中之重。

四. 关于培田古村现今发展情况浅析

根据在培田各项数据的分析，我们可以发现在现代化进程中的培田并没有构建出适合自己的新农村经济体，而现在一面建设基础设施，一面发展不完善体系下的旅游业并不能改善当前培田的衰败现状。虽然当前中国旅游业正在迅速发展，可是当类似培田这样的我国农村只通过乡村旅游一种方式增加农民收入是不可取的，当然也不能采取输血式的行政援助手段留住劳动力。许多类似培田古村的我国农村都应该积极发展农村的二三产业结构链，尤其是乡镇企业中的农产品加工业。在经济发达国家，农产品的深加工品已经占到原产品的70%以上，增值部分一般都是原值的3~5倍，而我国只有0.5~0.8倍，差距明显。加快农产品加工业的发展，努力提高农产品的附加值，是调整农村产业结构的一个重大战略问题，也是当前我国农村发展的一大优势和潜力所在[3]。如何推进农村产业结构的战略性调整，在培育主导产业的同时，增加副产业，使得农民收入的增加，同时吸引外出务工者的回乡创业则是当前培田村委会急需解决的问题。

参考文献

[1] 刘毓庆.《消失的乡绅，衰落的乡村》.《中华读书报》

[2] 张鹏.《为什么要保护农村传统非物质文化遗产》.央广网

[3] 建设社会主义新农村 http://www.5ykj.com/Article/xslwzhlw/16422.htm

培田新村再开发研究

林圣豪

(重庆邮电大学移通学院管理工程系,重庆 合川 401520)

摘 要:建筑业与人们的生活息息相关,且关系到人们的工作环境、生活质量、地方面貌等方面。为了对培田古民居进行合理保护,在培田村村支书带领下,培田新村一期二期工程取得了一定的成就。在中国城市化发展的大潮下,农民工进城寻求生路,收入水平不断提高,这也使得村民必定在若干年后会不安于现状,对居住条件、居住环境质量提出新的要求。经过对培田新村人口现状、住房建设成本、农村规划代际、村民买房意愿等的分析,培田新村三期、四期工程的建设已经没有足够的条件支撑,其再开发需要三思。

关键词:建筑业;新村再开发;农村规划代际;住房建设成本

The Research of Peitian New Village's Redevelopment

Shenghao Lin

(College of Mobile Telecommunications Chongqing University of Posts and Telecom and Department of Management Engineering, Chongqing Hechuan 401520)

Abstract: The construction industry is closely related to people's life, and it is related to people's work environment, quality of life and local appearance. In order to protect the residence of Peitian, the village head of Peitian lead the first and second phase project of Peitian village has been achieved. With the urbanization of China, many migrant workers come into cities to seek open hand, constantly improve the income level, it also makes the villagers will be not content with the status quo after several years. They will put forward new requirements of living condition, quality of living environment. On the basis of analyzing from field investigation present situation, the cost of housing construction, rural population planning generation, villagers homebuyers, there is not enough for the construction to support the third and fourth stage project, and the conditions of its development need to think again.

Key words: construction; new village's redevelopment; rural planning generation; housing construction costs

改革开放以来,随着经济的迅猛发展城镇化率不断提高,从 2000 年的 36.2% 到 2016 年的 57.2%,16 年间提升了 21%。城镇化的不断提高的重要原因就是农村劳动力向城镇的转移。[1]农村劳动力在城镇赚钱的同时会将资金带回农村,力图通过对居住环境的改善达到提升生活水平的目标,这是现如今乡村建设的重要组成部分。

学术界对乡村建设的研究多着眼于上世纪二三十年代晏阳初、梁漱溟、陶行知作为第三方力量在乡村进行的教育、经济、文化建设,且多属于纯历史的研究范畴,鲜有与现实结合的部分,以社会资本为视角对历史上的乡村建设展开研究的则更少。至于新时期的乡村建设,除了实践者本身,学术界也尚未从"三农"问题层面来关注具体的建设问题。自 2005 年中共中央提出新农村建设的历史任务后,各地政府忙于样板村的建设。[2]

此次新农村建设的研究以培田新村为例,从新村的各个方面进行分析,试从新村再开发的角度探索新农村建设的价值。

一、培田新村发展历程

改革开放以后,国家经济大力发展,大量农村人口紧随城市的大量扩张建设,进入了城市。在经历了一波进城大流之后有些赚到钱的人选择回乡并带回收入,这其中就包括培田村的村民。这些回流村民最先选择的建设方式就是改善居住条件,建新房。但是有些人没有文物保护意识,缺乏统一规划意识,在此基础上建设住房,加之原先古村居住条件就不怎么好,村民急于改善居住条件使得村落布局和古建保护形成了杂乱的影响。2009 年,村支书一行人决定带头统一规划新村,从最初的无人问津到后面的供不应求,经过几年的努力,两期成功落户。一期户数为 120 户,单层面积 100 平方米,造价 20 万元;二期 60 户,单层面积 90 平方米,造价 40 万元。

二、培田新村再开发分析

在中国,近几年随着村民收入水平的提高,村民手中的闲置资金不断增多,也是出于一种炫耀性动机,村民回乡自建房不断增多,培田新村一期、二期也因此建立起来,那么随着村民对新村认同感的增加以及住房需求的提高,培田新村会不会有三期、四期甚至更多期的出现呢?本文从以下几点进行分析讨论:

(一)人口现状

1. 人口概况

培田村,总人口1532人,常住人口不足1000人,其中18岁以上在外务工约600人。此外,在从对培田村村支书的访问得知,新村入住人口约占总人口的1/3,即培田新村人口约为500人。培田新村一期、二期总户数为180户,若以一家四口为一户计算,则培田新村保守估计可以容纳720人,这一数据远远大于实际入住的500人。去过培田新村的人会发现新村住房资源过剩显而易见,远看新村人来人往,其实往里边仔细走就会看到好多栋房子都空着而且内外都未装修。再看装修过的房子,居住的大多数是老人,白天几乎看不到人,大门紧闭。那么未入住新村的人在哪居住呢?首先,外出打工的人条件好的人会选择在城镇购房,主要的购房地点为附近的县城,条件再好点的就在厦门和福州这些大城市购房入住。然而大多数外出务工的人会为了储蓄,节省生活开支而选择恶劣的居住条件,主要表现为租住简陋的房子,然后将积蓄带回家自建房。但是随着城市化进程的推进,这一现象逐渐减少,现在在外务工的村民大多希望用自己的积蓄为子女在城市买房成家。

2. 人口结构

表1　　　　　　　　培田村部分年龄段人口数量分布表

年龄段	儿童	20~28岁青年	60岁以上老人	80~90岁老人	90岁以上老人	102岁老人
数量(人)	58	8	298	40	70	1
占总人口比例	3.78%	0.5%	19.4%	2.61%	4.56%	0.06%

数据来源:《重庆邮电大学移通学院大焕城市化研究生班培田调研数据汇总》

从表格可以看出,培田村60岁以上人口达到298人,占总人口的19.4%,村中人口老龄化严重。儿童仅有58人,占总人口的3%。这其中随着家长对教育的重视,他们更愿意将自己的孩子送到城里上学,这使得村中儿童愈发减少。相对于儿童和年轻人，村里的老人习惯了在农村生活，出于生活成本、对农村的归属感等因素老人通常选择留在农村养老，不愿随子女进城生活。另外，20~28岁的留村青年为8人，仅全村人口的0.5%，和全国大多数村落一样，农村常住人口更多的是从事第一产业的农民，在这样一个背景下对培田新村进行再开发是冒险的选择。

（二）农村建房成本

根据我国宅基地供给制度，农村集体内部成员可以无偿获得并且免费使用宅基地，不存在直接成本。同时，农民没有权利将宅基地转作它用，也很难将宅基地出售给他人，因此农民使用宅基地建房的成本很低，也可以认为农民建房的土地成本近似为零。[3] 但是，近几年随着农村自建房的不断增多，耕地随之减少，国家为了保护耕地，对房产进行了规定：在不是自家宅基地建房不但需要购买宅基地的使用权而且还要到国土局审批，使得在农村建房的成本不断提高。农民建房成本还包括建材成本和劳动力成本，特别是劳动力成本，随着"人口红利"趋于消失，今年的工人工资成倍上涨。此外，农民对住房质量要求的不断提高也是促使农民建房成本不断提高的主要因素。

从网上了解了一些数据，在农村自建房，房子的基本框架为800元/平方米，三层计算，一层100个平方那么房子框架的造价为800*300=240000元，普通装修为350元/平方米，装修造价为350*300=105000元，这两样加起来为345000元，这些不包括宅基地的购买和审批还有地基的建设，如果全部加起来，加上物价的上涨，一栋普通自建房的成本将达到60万以上，假如你精装修，那么造价又会翻番，从成本角度分析，培田新村的再开发有待斟酌。

（三）经济收入与建房成本的比较

表2　　　　　　　　　培田村经济户均收入结构表

经济结构	农业收入	务工收入	旅游收入	其他收入
收入/月	600	3000	800	500

备注：农业收入以当地居民种植双季稻为例，人均0.6亩耕地计算

数据来源：《重庆邮电大学移通学院大焕城市化研究生班培田调研数据汇总》

从经济收入表可以看出村民的收入以务工收入为主，其次是农业收入。我们假设一对夫妇，丈夫在外打工妻子在村内务农再卖些特产，一家的收入每月为4900元，这其中还不包含这对夫妇的各种生活开支。再看培田新村二期的房子，框架造

价为40万元一栋,当然这是不包含装修的,而且这还是几年前的房价,放到现在加上宅基地审批、建筑材料上涨以及劳动力成本的提高,现在建一栋稍微好点的房子,总造价很有可能是培田新村二期每栋的两倍,就是以二期的造价来算,前面举例的这对夫妇如果要购入一栋培田新村三期或者四期的房子,他们需要不吃不喝十年才能有一栋自己的房子,这显然是不太现实的。

(三)农村规划代际猜想

我们经常会听说在城市里买了房子并不是终身占有而是有一定的年限,可能是70年也可能是50年。在农村虽说集体土地上的宅基地无年限,但是在宅基地之上建造的自建房会有一个更新的周期。从前文第三大点的经济收入分析,假若一个家庭月收入为4900元,除去一年各种生活开支、教育开支、医疗开支,一年一个普通农村家庭大约能存下2万元,一栋房子的造价为40万元,那么他们需要20年时间才能建一栋房子。20年也是一个劳动力再生产周期,农村家庭的孩子一般在20岁左右会选择结婚,而有些农村家庭往往家中有两个或者两个以上的小孩,也是出于家庭形象考虑和居住的需求,家长不得不选择扩建、重建或新建房子,我们初步计算,农村建筑的更新为20年一个周期。

但是农村规划代际的提出并不是说培田新村的再开发就有了依据,相反,新村的开发已经没有含金量。举个例子:龙岩20年前平均工资200-300元,房价7000元左右;如今龙岩平均工资5290元,房价7000元左右;之前20年,龙岩房子增值10倍,农村房子在20年之后却经历更新换代,甚至不得不拆除。相比于农村破房子的无人问津,在城市二手房市场却如火如荼地交易着,二手房不愁无人接手。

(五)建房成本与附近城市购房的价值性比较

1. 农村建房

前面分析了培田村建房成本,可以看出现在农村自建房成本不断提高,2009年培田新村一期一栋房子造价20万元,二期单栋造价为40万元,现在若是建设三期,加上各种因素的改变,初步预算为60万元,这其中要是户主对居住环境要求高选择精装修,一栋房子的造价很有可能往百万飙升。而且在农村没有银行房贷可以按揭,要么自己全款建房要么从亲戚朋友那借,如果借钱借个几万还可以,但是若借几十万并没有那么容易。

2. 城市购房

表 3　　　　龙岩市 2016 年 7 月至 2017 年 5 月房价走势图

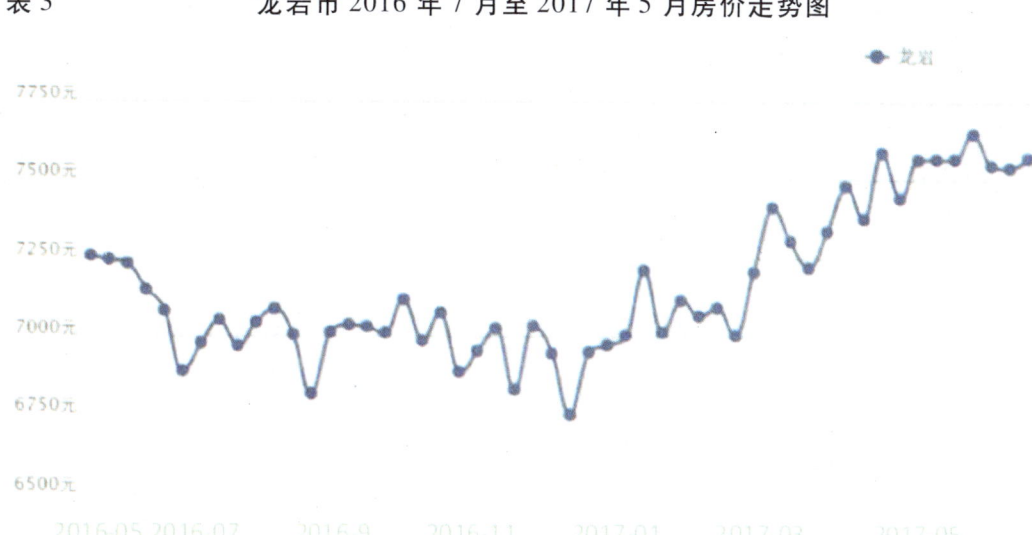

数据来源:房价网[4]

从图中可以看出,整个龙岩市的房价跌宕起伏,但是总体呈上涨的趋势,其中价格最低点为 2016 年 11 月,图中的价格为均价,我们以 6000 元每平方米来计算,若买在龙岩市购入一套 100 平方米的房价总价为 60 万元,可以选择向银行贷款之后按揭这笔资金。银行贷款是根据评估公司给的价格来决定贷给你多少钱,一般情况下,以评估房价的 70% 为准。若是在龙岩市的这套房子价值 60 万,那么你仅需要支付 18 万的首付就可以买走房子,剩余的资金就可以进行再次的配置以达到增加财产的效果。假如你有更多的资金,你还可以选择在周边更大的城市购入房产,增值空间会更大。这是在农村自建房子无法做到的,而且在农村房子正常情况下升值空间很小,甚至会随着房子的老化而跌价。此外,城镇中房产的配套设施是农村无法比拟的。

(六)培田村教育医疗条件

1. 学生情况

培田小学,学生 58 人,平均每学期转走 2~3 人,转入 1~2 人,学生人数呈递减趋势。这其中,留守儿童占 70%~80%,大部分学生家长在外打工。本村孩子只有三分之一的在培田小学上学,其余学生在外地或者宣和中心小学就读。

2. 教师情况

小学仅有九名老师,年龄偏低,还有一名为代课老师,一共九人,均为本地人,八人为本科师范专业毕业,当问及是否在合同结束后愿意留在学校时,毫无意外无人愿意留下,究其原因:教师基本待遇差,无特殊补贴。

培田村教育条件的不足还表现在落后的教学设施。首先是教学楼，学校仅有两栋矮小的平房；其次，学校的宿舍设在南山书院即培田小学的前身，实地考察后发现住宿条件之简陋真的让人心寒，一些未装修的老房子里摆一张床就组成了一个宿舍；最后，学校的运动场地很小，没有看到篮球场，也没有一块水泥浇筑的平整场地，只有坑坑洼洼的泥沙地。

3. 医疗条件

培田村卫生所月就诊人数约30人左右，医生月收入中500元来自卫生所的经营另外500元则来自卫生院所发的工资。村民患病率较高的病种：感冒、外科、妇科。从外面看卫生所，假如没有招牌的话你会觉得这更像是一家小卖铺，医疗器械更是少的可怜，除了基本的听诊器、体温计等器械外更无其他。村里卫生所的医疗水平也顶多治治感冒发烧这些简单的疾病，如果遇到了稍微麻烦的情况只能往城镇医院送。

简单分析培田村的教育水平和医疗水平不难发现，医疗和教育条件很难满足人们的基本需要。假如有机会出去生活，相信不仅是为了孩子的教育，为了自己的健康村民也会选择在这两种条件好的地方生活定居。

(七)城市与农村配套的对比

表4　　　　　　　　　培田村商业机构的调查表

商业机构数量及类别	营业中商(户)	停业中商户(户)	总户数(户)
商店	15	5	20
摊位	4	0	4
农家乐	13	29	42
民宿	13	23	36
合作社	1	0	1
农村淘宝	1	0	1
福利彩票	0	1	1

数据来源：《重庆邮电大学移通学院大焕城市化研究生班培田调研数据汇总》

从表中可以看出培田村的商业机构中虽然有很多农家乐和民宿，但是主要服务对象为游客。假如在培田新村你有了自己的房子，农家乐和民宿显然对你就失去了作用。据表中统计村中有很多商店和摊位，但是商店类型单一，仅限于生活用品和当地特产的摆卖，列表中唯一引人注目的是农村淘宝，即阿里巴巴公司通过与当地村民的合作让淘宝走进农村，让农民了解和走进网购时代。但是农村淘宝也有其局限性，首先由于交通不便，若在网上买了东西往往要很久才能到；其次村民见不到实物对网购不够了解所以购买有顾虑。除了农家乐、农村淘宝等商业机构，从村支书口中得知培田村本打算在新村旁边建设一个水上乐园，但是迫于村民的阻挠没有建成，如果建成这算是一个比较有特色的第三产业。纵观整个新村，除了气势恢宏的连体别墅，村中找不到让你可以享受性消费的地方和配套公共设施，也看不见年轻人的影子。当地年轻人多数选择外出打工，放着家中的连体别墅不住，宁愿去挤城市的车库，只因那个地方叫"城市"，一个不像农村的沉寂，拥有无限活力的地方。

反观城市，第一，大城市生活、商业、交通运输、娱乐休闲比较完善，而地方越小，配套就不完备，因此选择大城市是因为生活方便。从就业、生活两方面来看，大城市总是比小城镇、乡村好；第二，城市有城市的便利，城市有城市的文明，城市有城市的生活经验和物产。城市，文明进步之标志。交通发达，空中地下皆桥梁；经济发展，公司企业随处见；食宿不愁，饭馆酒店处处有；休闲逛街，如同旅游跑世界；养身健体，健身器材在身边；夜光通明，灯火照亮不眠城。第三，城市越大，就业机会越多，因此，不是大城市就真正好住，而是容易找比较合适的工作，并且大城市的工资水平也比小城镇和乡村高。当然，城市住宅不仅仅是居住舒适度的提升，重要的是你占据了城市的空间，可以享受大城市提供的各种基础设施和优越条件。我们经常会听到"蜗居"一词，即大城市中的部分人迫于生活的压力无能力支付高昂的房租，选择居住在狭窄的场所，洞穴、车库、地道，有空间的地方就有他们的身影。也会听说有人花几百万在大城市买几平米的房子只为孩子能接受大城市的教育，享受更好的社会资源。

三、培田新村再开发的研究总结

经过以上分析，培田新村的再开发价值不高，不会再出现三期四期。经过一期二期的建设，现有的住房已经基本满足村民的住房需求，相比于城市，培田新村没有足够的吸引点，基础设施不完善、医疗教育条件差、人口活力不足、房产增值可能性小，假如建设三期四期，那么配套设施必须跟上村民或者外来人口才会有购置的可能，但是配套设施的建设会使得建房成本提高造价上涨，那么培田新村三期四期就没有了和城市套房的竞争优势。

总之，培田新村不会再有三期、四期的出现，农村终归留不住你要走向远方的脚步，北上广深等一线大都市依旧是梦想归宿。

参考文献

[1] 胡建坤,田秀娟.农民工回乡建房行为研究2012.

[2] 邱建生.社会资本视野下的乡村建设——以培田社区大学为例,中国人民大学,北京.10872.

[3] 胡建坤,田秀娟.农民工回乡建房行为研究2012.

[4] 龙岩市房价均价走势图.http://longyan.fangjia.com/zoushi/

培田新村住房三四期不可行报告

黄逸冰

（重庆邮电大学移通学院工商管理系，重庆 合川 401520）

摘 要：2017年春天，在对培田进来了为期一周的考察后，笔者发现农村衰落的迹象已经不可逆转。文章认为农村持续衰败的主要诱因是城乡经济收入不平衡。自改革开放以来，大规模的农村劳动力向城市和工业转移，这种转移成为经济社会发展的重要推动力量，农民进了城市，给城市送来了廉价劳动力，解决了城市的劳动力问题，同时也通过工资增加农民收入，为我国城镇化进程的发展做出了不可磨灭的贡献。反观农村的现状，村内人口逐渐凋零，衰落已然在所难免。培田新村三、四期工程在农村衰落的大环境下是否能够建成，本文做出论述。

关键词：农村衰败；农村人口转移；基础设施

A Report for the Infeasible Projects of the Third and Fourth Phases in Peitian New Village

YiBing Huang

(College of Mobile Telecommunications Chongqing University of Posts and Telecom and Department of Business Administration, Chong Qing He Chuan 401520)

Abstract: In the spring of 2017, after a week-long visit to Peitian, the author found that the decline of rural areas was irreversible. The article holds that the main cause of the rural decline is the imbalance in financial income between urban and rural areas. Since reform and opening up, massive rural labor force transfers to cities and industries and becomes an important driving force of social and economic development. Farmers' coming into the city not only bring the city cheap labor force and solve its labor shortage, but also make an undeniable contribution to the development of Chinese urbanization process by increasing farmers' income. In contrast to the prosperity of the city, the decline of countryside is inevitable as the fading of rural population. Under such background, this article discusses whether the third and fourth projects of the construction of new villages in Peitian could be accomplished.

Key words: rural decline; rural population transfer; infrastructure

一、研究背景

国家统计局于2017年1月20日公布2016年多项宏观经济数据。数据显示，从城乡结构看，城镇常住人口79298万人，比上年末增加2182万人，乡村常住人口58973万人，减少1373万人，城镇人口占总人口比重（城镇化率）为57.35%。[1]中国近几年来城镇化率的不断上升，侧面上反映了农村的衰落。特此中国共产党十六届五中全会提出要按照"生产发展、生活富裕、乡风文明、村容整洁、管理民主"的要求，扎实推进社会主义新农村建设，希望能遏制农村的衰败。现如今，中国城乡发展的大趋势是一线城市迅猛发展，二三线城市发展次之，而广大乡村则出现了"负发展"的现状。中国的城市化表现为两个方面，第一方面在于乡村中的居民转移至城市，第二方面在于二三线城市中的居民和外来人口转移至一线大城市。但农村的实际情况是"留守老人和儿童在家，劳动力外出打工"。在此背景下，新农村住房建设在需求和规划相互冲突的情况下，是否可以获得进一步发展的机会。文章展开以下讨论。

二、培田现状

培田古村位于福建省龙岩市连城县宣和乡境内，是一个拥有800年多历史的古村落。村落自明清起发展，直至形成今日一整套独具风格的建筑物。古村人口以客家人为主，整个村子也围绕着客家的宗族文化。世纪变迁，一方面培田村古民居作为国家保护文物，需要进行妥善维护，村民的居住一定程度上影响建筑的维护。另一方面自国家改革开放以来，人民生活水平不断提高，古民居简陋的生活环境迫使少部分村民搬离，培田新村因上述原因应运而生。新村建于古村正东方，与古村仅仅隔了一条河流。新村以徽派建筑风格为主，在基础设施上进行了大量的改善。此前新村一二期工程也吸收了古村中的一些居民，培田村委会也正在规划下一步三四期的工程蓝图。

三、分析与讨论

当前培田古村人口继续流失的情况逐渐加重，而新村三、四期现今的工程造价与未来的保值性与城市住房相比缺乏竞争力，在就业与生活需求方面缺乏实用性。培田古村人口变动呈现出几种现象：一、劳动力在继续出走；二、老年人口不断离世；三、学龄青少年流失；四、外出务工人口回乡机会渺茫；五、驻村外来机构间歇继而中断。

一方面，已存在的一二期培田新村其造价与邻近县城住房房价相比较是否更为廉价，以此可以用来预测未来三四期的成本。又考虑到房屋保值问题，在以往的二十年内县城房价增长十倍，而同期的农村房屋面临却是更新换代的拆除。另一方面，村民的就业和生活相分离，基础设施条件落后困扰着新村的发展。在培田村内开展的各项调查，笔者选取实际数据，分析论证以上问题。

（一）农村人口继续流失

培田古村总人口 1532 人，412 户，但这份数据并未考虑外出人口。在实地调查中发现，全村外出人口 600 余人，而这些外出人口无一例外皆是年满 18～45 岁的青壮年劳动力，留村的青年（20 岁到 28 岁）只有 8 人。整座古村人口外出率达到 40%。下面这份图表为培田古村的总人口结构。

表 1 培田村人口各年龄段比例

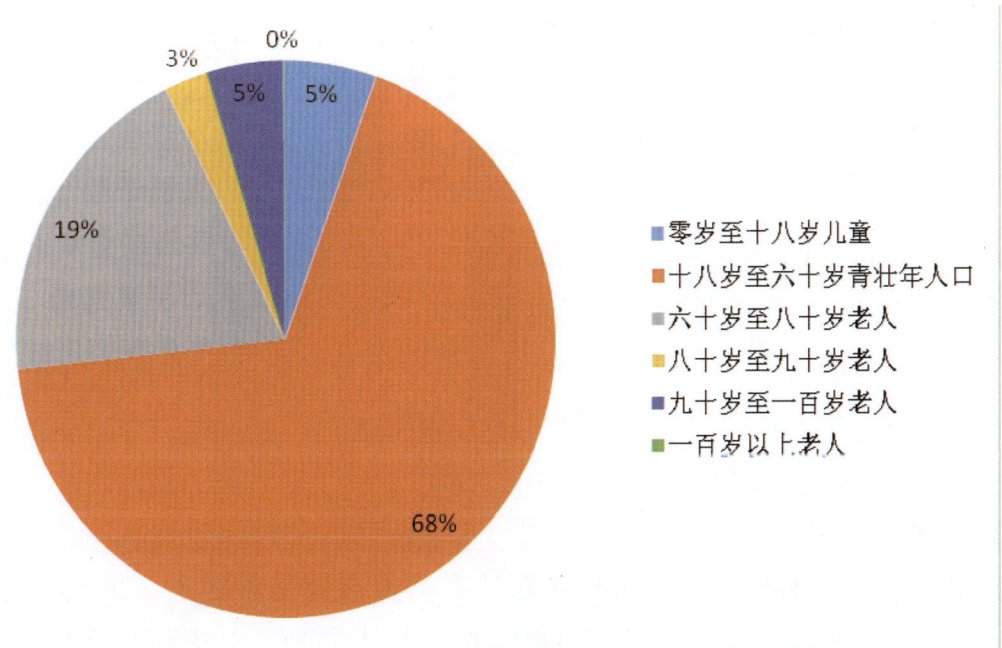

数据来源：《重庆邮电大学移通学院大焕城市化研究生班培田调研数据汇总》

1.1 劳动力还在继续出走

作为一个普普通通的村子，培田村民的主要收入为农业收入和旅游收入。微薄的人均耕地和农业收入和稀少的旅游服务岗位无法满足大多数青壮年的需要，青壮年只有选择涌向城市。培田村劳动力的流失，村内余留下的只有老弱病残。这不仅仅单是培田村的现象，据数据统计，中国流转于城市与农村的农民工数量可达三亿。这三亿的劳动人口来自中国各个乡村，其中就包括了培田村。培田外出的六百人皆为青壮年，作为村庄与家庭的顶梁柱，上有老下有小的家庭负担更迫使其外出务工。劳动力是生产物品与劳务的根源，缺乏劳动力的培田村必然导致村内直接经济收入的缺乏。因为外出务工人口需支付居住城市的基本生活成本，所以村内依靠返回至村内的收入修建三四期工程是行不通的。下图是国家统计局统计的近几年农民工总量及增速图。

表2　　　　　　　　2011-2016年中国农民工总量及增速情况

年份	2011年	2012年	2013年	2014年	2015年	2016年
规模（万人）	25278	26261	26894	27395	27747	28171
增速（%）	4.4	3.9	2.4	1.9	1.3	1.5

数据来源：国家统计局数据汇总

据该图所知，中国近几年农民工总量直线上升，增速虽有下降，但每年仍保持了1%以上的增速，这在万人为单位的统计值中仍是非常巨大的。全国数据与培田数据基本吻合，培田村内的劳动力将会继续流失。

1.2 老年人口相继离世

通过图表所得数据的分析可以发现，老年人口占全村人口近30%，其中80岁以上高龄人口将近10%。培田古村现存的高龄人口皆是本村人。根据培田老人的口述，他们更愿意待在老村，因为这里是他们长大的地方，花花草草都十分熟悉。老人们从年少到年老，一辈子都极少离开古村，如果政府突然让他们搬入新村，他们不赞同也不愿意搬入。因其居住时间长，熟悉古村的居住环境，依赖性较高，对培田古村现今的居住条件并不感到差，培田古村老人缺乏对培田新村的兴趣。高龄人口在今后的将来难免离世，这就造成了培田古村人口的进一步减少。培田新村的三四期若缺少足够的人口，势必无法建成。培田古村老人大都喜欢居住在旧址，除非政府强行搬迁，其不愿意离开旧址，前去新村。

1.3 学龄青少年流失

针对青少年人口的流失，可以引申一下培田小学衰败实例。培田小学前身为享誉中外的南山书院。往日的辉煌于今日的垂败形成了鲜明的区别。培田小学学生总人数58人，每年仍有迁出，人数逐年下降。学校老师一共九人，教龄偏低，且大都在合约结束后不愿留下来。学生人数减少，教师不愿存留，这就是培田小学的现状，这也是培田古村青少年人口流失的现状。离开培田小学的青少年将难以长时间的待在培田村内，等待他们的是连城的初中、高中，龙岩市外的大学和路途更加遥远的工作地点。培田的青少年人今后会离开这片土地，奔向更大、更远的城市。

1.4 外出务工人口返乡创业机会渺茫

在与村民的交谈中得知：外出务工人员大部分都选择定居在城市，少部分也是因为经济因素，被迫返回家乡。抛开居住条件，也可以对比一下培田居民进城打工和在家务农的收入，结果一目了然。培田古村经济性农作物主要为烟草、谷物（红米、黑米）、百香果，其收入占全村收入不足15%。2014年全国第一产业占GDP比重为9.17%，2015年为8.99%，2016年为8.6%。[2] 第一产业的衰败已成事实，培田村内的产业吸引力可想而知，而且这个比例将会越来越低，随着中国发展的日新月异，村民入城的趋势将会增强。在走访中，也发现了一些返乡创业的村民，有种植百香果的、有开店卖特产的。但返乡创业的村民在县城都拥有自己的房子，他们同样也是在权衡经济利益下，回乡创业。另外回乡创业的村民人数极少，屈指可数。纵观全球，中国的服务业滞后于世界发达国家，随着人工智能的进步，大量进城人口从传统的工业流水线上解放，他们将会涌向哪里？农村已经如此，只能涌向城市。下图是2012年至2016年城镇新增就业人口。

表3　　　　　　　2012-2016年城镇新增就业人数

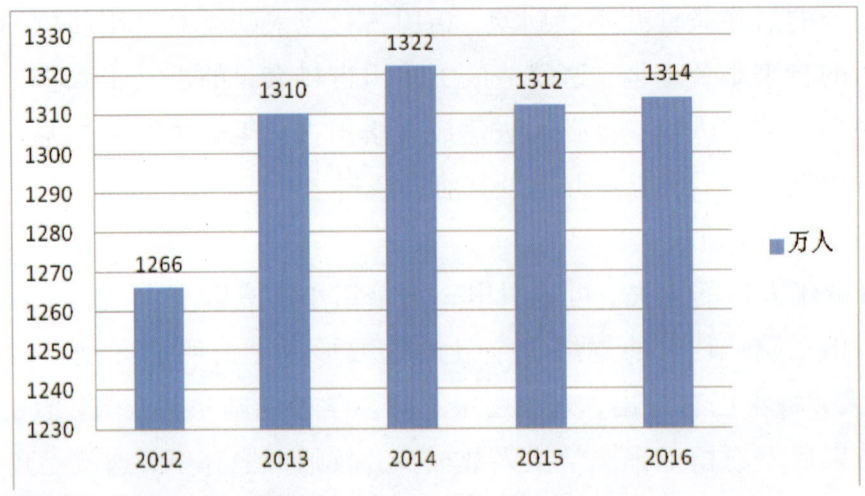

数据来源：国家统计局数据汇总

城镇新增就业人数的逐年上升，也说明了农村人口涌向城市就业的大趋势。试想一下，培田村人口大量外出，会造成两个现象，一是培田村常住人口进一步减少，二是村民储蓄涌向城市买房定居。没人没钱，那么新村即使规划开建，也会形成"有房无住"的现象。

1.5 驻村外来机构间歇、中断

培田古村内有一些外来公益机构，其中最典型的代表就是培田客家社区大学。通过对驻校志愿者的详细询问，了解到驻校志愿者并非是社区大学的老师，而是香港一家教育公益机构的成员。简单来说，培田客家社区大学正处于半关闭状态。虽然办公地点仍然开放，但内部实际已无人长期驻扎。培田客家社区大学还算是驻村公益机构情况比较良好的，其余公益机构连办公地点都不开放，关门闭户。一般来说，公益机构的志愿者本身是抱有极大的热情和远大的胸怀，志愿者个人对居住环境的忍耐力远胜于常人，但即使这样，培田古村仍发生了志愿者们的大量流失。归根到底在于培田古村已缺乏对现代人的吸引力，除去诗人等文艺家不谈，物质的吸引远胜精神的吸引，这无可厚非。

1.6 医疗与教育

有人说："乡村教育的衰落成为驱赶农民离开土地的最后一鞭。"凡是家长，无不希望自己的子女拥有更好的教育。培田村只有一座培田小学，教师9人，教龄偏低，有的还只是代课老师，落后的教育资源和糟糕的教育环境。学校本是乡村最重要的机构之一，没有学校的乡村是没有灵魂的，换而言之培田作为广大乡村的缩影，正在失去灵魂。城乡卫生医疗资源不均有目共睹，两者之间天差地别。培田古村内有一家培田卫生所，经过与卫生所医生的交谈，我得知村卫生所每月就诊人数平均下来30人左右，卫生所所能治疗的仅仅是一些外科、妇科之类的小病，若发现稍微严重些的疾病，只能前往更高级一点的医院。但凡健康问题，培田村民从不马虎。在经济条件允许的情况下，只求更好。教育和医疗一直以来是老百姓最关心的命根子，一个是将来的命运，一个是现在的生命。培田的教育和医疗欠缺了许多，已出现了外在依赖性。反观城市，则恰恰相反。培田古村虽开发了旅游业，国家也进行了一定程度的批款，但培田的基础设施建设仍无比缓慢。没有健全的基础设施，终究拉不回人心。

老幼相守的村子，人们谈不上有什么希望所寄。老一辈，即使无可奈何，也是习惯了自己的故土；幼的一辈，不过是暂时寄托在这里罢了，待到十五六岁，也就开始"东南飞"了。外出务工的人，有的仍幻想着衣锦还乡，拿出积蓄在新村购买房子。还有一部分，尤其是80后的一代，已经连回家念头都没有了，利用几代人的积蓄，在周边的县城，买了套小小的住房。外来的候鸟们不飞过来，乡村已然不是他们驻扎的窝巢。根据以上人口流转状况，三、四期住房缺乏住房率基础和购买支付基础，实际经济效用性低，难以顺利开展。即使艰难开展工程，也会陷入有房无住的局面。

（二）工程造价与保值

2.1 新村前二期住房率及建筑成本与城市相比较

培田新村一期工程共入户120户，造价20万左右，单层面积100平方米，于2009年建成。二期工程共入户60户，造价40万左右，单层面积减小到90平方米，于2013年建成。另外，经查实，凡购买一期、二期的大多数有超过十万的贷款行为。从一期至二期，入户减幅达到50%，面积减少了10平方米，造价反而提升了一倍。通过调查从村民口中了解到，村民收入大多来自于务农，稳定性较低，除去极个别，鲜有超过一年四万的，这与需要贷款的现象不谋而合。一期加二期总的购房人数不及全村的45%，而实际入住率更低，部分新村房子出现闲置现象。一期至二期已经出现购房率大幅下降的趋势，未来三四期惨淡的购房率可以预知。此外，随着培田古村人口流失的加剧，古村的人口终将进一步减少，极有可能发生一二期新村的人口涌向城市，若连一二期的人口都无法留住，何谈三四期？培田古村周边最近的城市为连城县，连城县上是龙岩市。连城县的房价缺乏准确信息，但从龙岩市的平均房价可以侧面估计出来。龙岩市中高档楼盘水韵华都房价为每平方米5000元人民币，平均房价不及4000元，[3] 试想一下，连城县的房价只能少不能多。假设连城县房价平均为3500元每平米，100平方米的连城县房子需要35万，而只有 90 平方米的培田新村二期至少需要 40 万。上述的假设,一未考虑三期的购房费可能远超二期,二未考虑连城县的实际平均房价可能小于这个值。即使这样,通过总房价的比较,可以发现培田新村的购房费高于同等面积的城市房子。一套坐落于偏僻大山中的房子和一套坐落于拥有较为完善基础设施和便利交通的城市的房子,在城市工作的培田青年打工者会选择哪个? 无疑会是后者。

2.2 保值

国家统计局于发布了 2017 年 3 月份 70 个大中城市住宅销售价格统计数据。数据中 15 个一线和热点二线城市新建商品住宅价格同比涨幅全部回落、6 个城市环比下降。70 个城市中一二线城市新建商品住宅价格同比涨幅持续回落,18 个城市环比下降或涨幅回落,其他城市环比涨幅略升。[4] 据此得出,70 个大中城市虽然出现了涨幅回落的现象,但房价仍未下跌。城市房价稳定的上升,只是增值慢了点,保值性仍在增长。县城一级房价 20 年来至少上涨 10 倍,而农村 20 年的房子却面临换代拆除,农村住房的保值性实在无法与城市住房相比。试想一下,一位村民投资 40 万于培田新村,一位投资 40 万于中型城市,随着时间的更替,城市住房价值越来越大,而新村二手房无价无市,再过 20 年可能又要面临拆除,而城市住房价值可能又翻了一番。

新村和县城住房工程造价和保值性之间的差距显而易见,县城住房无论是造价成本还是保值性都力压新村。培田村民收入普遍不高,在如此有限的收入下,村民必会细斟慢酌住房的现今造价和未来的保值升值。细斟慢酌之下,新村三、四期工程将不会被村民认可。

(三) 就业与生活

培田村内的商家机构类别及数量表见下

表四　　　　　　　　　　田古村商业机构情况统计表

商家机构类别及数量	营业中商户(户)	停业中商户(户)	总数(户)
商店	15	5	20
摊位	4	0	4
农家乐	13	29	42
民宿	13	23	36
合作社	1	0	1
农村淘宝	1	0	1
福利彩票	0	1	1

数据来源:《重庆邮电大学移通学院大焕城市化研究生班培田调研数据汇总》

从培田古村 600 人的外出务工队伍，可以得出二个结论：一、村内缺乏充足的就业岗位，二、培田古村的基础设施程度低，无法满足村民娱乐需求。随着人民生活水平的提高，新生代的年轻人越来越注重生活的质量。培田古村内缺乏完善的现代化设施，且住房质量居住条件普遍较差，跟城市中便捷、全面的基础设施和高质量的居住环境形成鲜明对比。培田村内不存在娱乐设施和中高层消费场所，这些恰恰是城市所拥有的。城市繁华的生活和便捷的交通是培田这类的村落所不能拥有，老一代的人尚能抵抗住诱惑，新时代的年轻人呢？培田新村距龙岩市近 100 千米，距连城县近 30 千米，距最近的宣和乡也有 5 千米，且多山间小道，交通不便。培田新村的居民在村内无法提供就业岗位的现状下，会选择前往临近县城工作。但在实际距离和沿途交通的双重打压下，这个可能性会减低。如果一个人每天花在往返工作途中的交通时间超过两小时，其积极性会减低，疲惫感会大幅度升高。当村民的就业和生活无法得到统一时，新村将会留不住人心。每日奔波在往返于城市与农村的道路上，还不如直接定居在城市，一了百了。如果定居新村造成了就业与生活的分离，那么新村实用性的缺乏将遏制三、四期的落实。

参考文献

[1] 国家统计局 http://www.stats.gov.cn/tjsj/zxfb/201701/t20170120_1455942.html
[2] 国家统计局 http://www.stats.gov.cn/tjsj/zxfb/201704/t20170428_1489334.html
[3] 房天下 http://shuiyunhuadu.fang.com/
[4] 国家统计局 http://www.stats.gov.cn/tjsj/sjjd/201704/t20170418_1485502.html

传承与辉煌:从厦门大学到移通学院
——民办大学发展之路

郭旭辉

(重庆邮电大学移通学院自动化系,重庆 合川 401520)

摘 要: 近些年来,我国民办大学异军突起,其教育生力军的地位逐年攀升,不负众望地扛起了我国高等教育的旗帜,在很大程度上弥补了我国公办教育的不足,为我国高等教育大众化、平民化起到了极大的作用。它与公办大学共同发展,各领风骚。本文以我国早期民办大学——厦门大学和现期民办大学——重庆邮电大学移通学院为例,二者对此论证得出厦门大学的特色教育可以为移通学院所汲取、运用,并转化为创新亮点。但不可置否,厦门大学在发展的过程中存在着一些现象和问题。文章通过对厦门大学的特色教育进行剖析,提出建议和解决办法,并可以为移通学院提供一定的借鉴经验。

关键词: 民办大学;厦门大学;移通学院;特色

Inheritance and Brilliance: from Xiamen University to Yitong College
——the development of education

Xuhui Guo

(College of Mobile Telecommunications Chongqing University of posts and Telecom and Department of Automation, Chongqing Hechuan 401520)

Abstract: In recent years, some of our private universities have become increasingly prominent, and their educational force has been rising year by year. The banner of higher education has been lifted and down, and the lack of public education has been made up for a large extent and played a great role. It is common with the development of public higher education, the leading position. In this paper, the early private universities in China – Xiamen University and the current private universities – Chongqing University of Posts and Telecommunications Institute of Transportation College, for example, the two – comparative demonstration of Xiamen University, the characteristics of education can be learned for the Institute of Transportation, and into Innovative highlights. But cannot be set, Xiamen University in the development process there are some phenomena and problems. Through the analysis of the characteristics of Xiamen University, the paper puts forward some suggestions and solutions, and can provide some reference for the Institute of Transportation.

Key words: private university; Xiamen University; Yitong College; features

一、历史对比

(一)厦大的发展历程

厦门大学是由著名爱国华侨领袖、被毛泽东誉为"华侨旗帜、民族光辉"的陈嘉庚先生于1921年创建的,是中国近代教育史上第一所华侨创办的综合性私立大学。校主陈嘉庚先生,独资创办厦门大学,并且在财政上资助厦门大学达16年之久。1921年4月6日,私立厦门大学集美学校举行开学仪式,中国第一所由海外华侨专办的大学宣告成立。1937年7月1日经陈嘉庚函请,南京国民政府同意将私立厦门大学改为国立。1937年7月6日,著名物理学家、清华大学教授萨本栋博士任厦门大学校长。1937年7月7日,抗日战争爆发,为保证教学不致中断,厦门大学经教育部批准迁往闽西山城长汀。1949年10月17日,厦门解放,厦门市军管会于10月20日委派军代表吴强、肖枫接管厦门大学,组建新的厦大党支部。1950年5月,中央人民政府任命经济学家王亚南教授为厦门大学校长。1995年7月,厦门大学进入国家"211工程"建设行列。1996年,厦门大学成为首批获教育部批准建立研究生院的33所高校之一。1997年4月,厦门大学"211工程"通过教育部组织的专家审定,有8个学科项目被列为"九五"期间重点建设项目。2001年2月,被列入国家"985工程"一期重点建设高校之一。2001年4月6日,厦门大学漳州校区奠基兴建。2001年7月,厦门大学被列为"九五""211"工程二期重点建设高校之一。2004年7月,厦门大学被增列为中管高校。

(二)重庆邮电大学移通学院的发展历程

重庆邮电大学移通学院(原"重庆邮电学院移通学院")成立于2000年8月,2004年3月18日教育部发函确认重庆邮电大学移通学院为独立学院。2004年12月30日重庆邮电学院移通学院登记成为独立法人单位,2006年3月15日教育部教发厅同意重庆邮电学院移通学院更名为重庆邮电大学移通学院。2007年3月24日重庆邮电大学与北京远景教育投资集团·重庆建鸿创嘉房地产有限公司就合作举办重庆邮电大学移通学院举行签字仪式,2007年4月16日重庆邮电大学移通学院新校区奠基仪式在重庆市合川区举行。

(三)厦门大学和移通学院的对比

1 时代背景的差异

厦门大学建立起始的初衷是"研究高深学术,养成专门人才,阐扬世界文化",却赶上国家动荡时期,于是一群满怀"教育救国"理想的知识分子义无反顾、克服艰难、几度迁校,在敌人的炮火声中将厦门大学经营下来。在此期间,不仅教学从未中断,甚至办学规模不断扩大。后来厦门大学在国际上的名望逐渐提高,创办者以"发扬国威"为办学宗旨,不断提高办学质量,成为"南方之强"。直到新中国成立以后,厦门大学不断外派留学生、聘请大师执教并发展成我国数一数二的名牌大学;而重庆邮电大学移通学院则是在我国实行改革开放后,经济复苏,国家恢复高考制度并鼓励支持创办民办高校的大背景下催生的教育产物。21世纪初期,我国的民办大学遍地开花,高等教育入学率提高而教育质量却不容乐观。于是,移通学院在这样的时代下横空出世,赶上国家全民创业时期,提出了"乐教乐学、创造创业"的办学宗旨,为我国企业中层管理人员储备人才。

2 办学条件的差异

厦门大学作为我国屈指可数的名牌大学,办学条件优越、教学资源丰富;包揽国家级特色专业、精品课程、教学团队和实验示范中心、基础学科人才培养基地等,科研成果不计其数,师资力量强,各种硬性条件完善,校园占地面积广、风景秀丽,被誉为中国最美的大学之一。重庆邮电大学移通学院作为一个建校只有10年的"小辈",师资力量、办学软硬件各方面并没有厦门大学这个近百年历史的"老前辈"完善,但是其办学规模在不断扩大、教学质量不断提升,在全国私立院校中为第一梯队,发展潜力和空间巨大。

（四）民办大学的传承意义

与陈嘉庚先生创办厦门大学的初衷有所不同的是，陈老先生大力发展高等教育是为了"救国"，为了振兴国家免受帝国主义的侵略；而移通学院的创办者作为现代实业家彭鸿斌先生，其目的是为了"兴国"，为我们国家的教育事业做出贡献，不断地培养精英，为企业中层提供干部储备。虽说二者的出发点不同，但都心怀赤诚的爱国主义情怀，对教育事业的热爱和发扬国威、壮大国力的期望是一样的。真正的爱国主义不应该表现在简单的口头承诺，而应该表现在为人民做实事，即使过程中充满了坎坷和艰难。

二、民办大学的发展历程

（一）探索经验

在经历了十年的文革动乱后，我国在经济等各方面做出了调整，其中高等教育也翻开了新的篇章。20世纪70年代，我国的高考制度重新恢复，无数的高考生期望实现自己的大学梦，然而招生名额很少，所以大多数人纷纷落榜。此时社会上兴起了"高考补习"和"自学考试辅导"的民办社会大学。后来我国把改革的重心放在了经济建设上，各类人才短缺。在一些公办大学无法满足需求的情况下，以"职业技能培训"为主要目的的大学便应运而生。这些大学的办学条件极为简陋，后来一步步逐渐积累了办学资源，他们在民间办学的组织形式、办学模式、管理机制为民办高等教育的发展提供宝贵的经验和思路。

（二）地位确立

1993年，国家教委出台了《民办高等学校设置暂行规定》，承认了民办高校的合法性，明确了其为我国高等教育事业的组成部分，同时也被正式的纳入高等教育体系，同年10月，国家教委评定黄河科技学院等七所大学成为我国首批民办大学。后来出台的《中国教育改革和发展纲要》中指出：对民办高等教育要"积极鼓励、大力支持、正确引导、加强管理"等等一系列政策法案都明确了民办大学在我国高等教育中的地位。

（三）蓬勃发展

长期以来，我国的高等教育一直属于精英教育，并没有普及开来。大学生比例不仅低于发达国家，甚至低于类似印度的发展中国家。直到21世纪初期，国务院经过研究决定扩大高校招生规模。2002年末，高等教育的毛入学率已经提升到15%，到2005年，这个数字已经上升到21%，说明了我国高等教育已经从精英化教育成为大众化教育，这是我国民办高等教育的蓬勃发展期。

（四）转变模式

随着民办大学的崛起，各种尖锐的矛盾和问题逐渐凸显：学校管理难度大、学校投入增长跟不上发展规模、教育教学质量下降等。另一方面，随着民办高校数量的急剧增加而生源竞争越来越激烈。如此一来，办学时间短、教育质量低、缺乏核心竞争力的短板暴露，其竞争的结果必然是优胜劣汰。国务院办公厅在2006年12月下发了《关于民办高校规范管理引导民办高等教育健康发展的通知》，引导民办高校转变发展模式，加强内涵建设，从自身改变，培养核心竞争力。

三、民办大学的现状

（一）优势点

1 招生对象的社会性

民办大学本着"宽进严出"的原则，广泛招收应、往届学校的毕业生及具有高中学历同等水平的社会青年。招生范围广、社会性强，给众多的高考落榜生提供了更多的高等教育机会。很多拥有各方面技能的人才，其优秀的才能在学校阶段并没有充分的体现出来，甚至错过了再教育的机会，民办大学为其提供平台施展才能。比如湖南涉外经济学院就培养过著名人士：朱增辉、彭宏宇、李文豪等。

2 人才培养的市场性

民办院校可以根据市场发展动态，开设适应现时期社会发展所需的专业，以培养应用型、开拓型、外向型、复合型的人才为目标，更能适应市场的需求。[1]随着我省经济与社会的不断发展，民营资本不断注入教育行业，民办高校的软硬件都有了长足的进步。在解决许多高考失意者的大学梦想的同时，民办高校更以就业为导向，走产学结合发展道路，培养高素质技能型人才的模式，为社会培养了众多复合型人才。

3 教育质量的保障性

由于民办大学与公办大学体制上的本质区别，民办大学必须依靠教学质量站稳脚跟。也就是地说，没有了国家和政府的支持作用，民办大学必须凭实力，凭他的产品(学生)在市场上的竞争力决定学校兴衰成败。所以,一个成功的民办学校,必然有优秀的教学质量保证。[2]而作为教育模式后起之秀的民办大学教育,教育质量在其学校管理中的角色尤为重要,教育名声的好坏直接关系到民办大学教育实体的兴衰。

4 民办学校的动态性

国家需要定期组织专家评估委员会对民办学校进行评估,使其在保证满足办学资格及条件的基础上,不断改善办学条件和提高办学水平,提高其市场竞争力。

(二)劣势点

1 办学者动机不同影响办学质量

上面说到的民办大学的人才培养的市场性,学校可以根据市场发展动态,开设适应现时期社会发展所需的专业,但也是这一点,办学者的初衷和动机不同本着"各取所需"的原则,最终使办学质量受到影响。

2 管理队伍薄弱,师资力量不足

民办院校的资金主要来自社会,就目前来说,我国更多是一些中小企业家办学,他们的财力往往不够雄厚,容易发生民办院校发展中的资金短缺问题。民办大学资金来源单一,大多数由个人创立,没有一个强大的集团作为支撑,一旦遇到教育评估需要投入大批资金建设校园,就会遇到资金瓶颈,进而导致办公条件简陋、教学设备落后、实训设备陈旧、运动场所不标准等。事实上,办学经费的不足已经严重影响了大学正常的管理体制运作,严重制约了民办教育的长期发展。

3 校园文化精神薄弱

民办院校起步晚,且大多为非教育人士搞教育,缺乏大学的精神品质。[3]从管理体制来讲,民办院校校领导、教师更换频繁,使得校风、教风没有跟上新的理念,结果造成对校园环境缺乏长远规划。另外由于教育经费的紧张,民办院校经费由董事长控制,各个部门没有经费支持学生开展文体活动、科研探讨、社团活动等。民办院校大部分学生家庭环境优越,从小娇生惯养,没有养成良好的学习、生活、行为习惯。

四、厦门大学简介

厦门大学是由著名爱国华侨领袖陈嘉庚先生于1921年创办的,[4]是中国近代教育史上第一所华侨创办的大学,也是我国唯一地处经济特区的国家"211工程"和"985工程"重点建设的高水平大学。目前学校占地超过9000亩,其中思明校区位于厦门岛南端,占地2596亩,漳州校区占地2568亩,翔安校区占地3645亩(2012年完成一期工程建设并投入使用)。2014年7月,厦门大学马来西亚分校动工建设。校舍建筑总面积210万平方米,图书馆馆藏纸质图书总量468万册,固定资产总值46亿元,仪器设备总值超过18亿元。校园高速信息网络建设的规模、水平居全国高校前列并成为CERNET2的核心节点之一。厦门大学是我国公立大学中最具有代表性的大学之一,它不仅是南方最美的大学,还是最有文化内涵的一所大学。

五、厦门大学的特色教育

(一)双学位制度

通常指双学士学位。其中第二学位指在获得第一学位的基础上,再主修另一学科门类本科专业两年,达到学校学位授予规定条件后,被授予第二学士学位。与第二学士学位不同,辅修专业学位是在本科学习阶段,学习本专业的同时跨学科门类学习辅修另一专业的学位课程,达到规定要求后同时获得另一学科的辅修学士学位,未达到申请学士学位要求者可视相应条件获得辅修结业证书。

(二)转专业制度

有很多学生在学习本专业期间,可能因为各种情况会对自己的专业逐渐失去兴趣,学校为学生提供一次转专业的机会。

(三)本科生导师制

为校内未毕业的学生(本科生)安排导师,相当于每个学生都有一个导师去专门监管和提供帮助。

(四)三学机制

每年的六月中旬到七月中旬期间,厦门大学都会有一个短学期,也就是所谓的第三学期,在这段时间内,学生可以自主开展各种学习、科研和交流活动,相当于学校集体的课余生活。

(五)通识教育

通识教育不仅是厦门大学的特色教育之一,也是重庆邮电大学移通学院在实行的特色教育。它包括文法、逻辑、修辞、算数、音乐、几何、天文等科目。它直接起源于19世纪的美国大学,拥有近200年的发展历史,包括美国哈佛、耶鲁大学和麻省理工学院在内的一流大学,通识教育已然成为其教育的核心组成部分。现代大学教育以不断分化的专业教育为基本特征,虽然有助于知识的增进和演化,却容易导致学生的视野过于狭隘,人格发展过于片面。有鉴于此,教育的目的不在于单纯的向学生传授专业知识和技能,而更加关注学生作为一个"人"的最基本思想、情感、能力修养的需要。通识教育培养的不是仅仅接受过专业教育和职业培养的"工具人",而是拥有均衡知识结构、广阔视野、完整人格并能全面发展的"全人"。

六、厦门大学对移通学院的启示

(一) 解读双学位制度

一个学生在已经选择的专业基础上,可以在特定时间内选择他喜欢的另外一个专业,并且两个专业都可以拿到学位证。也就是说,假如一个学生之前是物理专业,在大二的时候,他可以根据自己的喜好来选择法学或金融学,并有资格申请双学位辅助课程。

但是我国有关法律明确规定,《教育部办公厅关于规范高等学校学历证书有关事项的通知》指出:"高等学校只能为取得本校学籍的学生颁发并注册一份学历证书。确实学有余力的学生,在校期间修读同层次其他专业课程并达到专业要求的,学校可为其颁发辅修专业证书,辅修专业证书与学历证书配合使用,一般不单独作为学历证书使用。首先辅修证书是对学生学习能力的表彰,同时也是对其学习成果的认可与肯定,其次,国家在法律上不认可辅修证书,也是对国内教育证书的权衡,以免被有心之人滥用。移通学院虽然只是一个三本类院校,但在校学生中藏龙卧虎,不乏各个方面的佼佼者,有很多在成绩优异的同学在学习方面学有余力,就可使不断地挑战自我,尝试换个专业学习,从多角度发掘自己的潜力。"

(二) 解读转专业制度

其实专业分流本身就是一次专业的选择,如果在不能解决的情况下,就让学生恰当的转专业,当然某些专业因为本身的特殊性,选择性比较小(比如文科生选择数学专业需要高考成绩达到规定的分数线),而这一点20世纪初期国内也鲜有学校能够做得到。只要某个学院有公布转专业的计划,学生去报名,根据报名情况,若通过考核并达到要求,他就可以转专业。转专业制度是一个相当人性化的校园教育制度,就是因为它给了学生第二次重新洗牌的权利和可能。有很多同学在初次选择专业时,受家庭、就业前景、专业不了解等诸多因素的影响,选择了一个不适合自己的专业,如此一来他便能在其他专业大显身手。

(三)解读本科生导师制

大家最熟知的就是硕士研究生和博士研究生有导师,而厦门大学在早期就创新性的提出并使用了这种制度。让学生在本科学习阶段就能在导师的指引下更早的树立正确的人生和价值观,为日后的学习生活打下更牢固的基础。这是厦大一项很重要、很具有特色的教育制度,为什么这么说?首先每个学生都是一个独立的个体,只有融入到每个学生的生活和学习细节,了解他在每一个阶段、每一个时期的、具体的学习和生活状态,才能"因材施教、有的放矢",提出更具有建设性的建议和指导。其次,导师并不像大学里的授课老师而是更像辅导员,定期的了解学生的心理状态可以从根源解决问题,并且还可以起到监督的作用。移通学院的大焕城市化研究生班就是采用这种教学制度,虽说该研究班仅仅只是一个从来自各个专业、院系的学生组成的小班,但其导师制却是一大亮点:导师就是四位老师,平时学生的各种作业就由老师们去检查,同时他们对他们的学习和工作状态会提出各种意见,让其更好的发展。但是放眼全校,这种导师制并没有大范围实施,这与学校当前发展的实际情况、师资力量、人事分配都有关,是一项相当繁琐的任务。

(四)解读三学机制

这是一个相当有意思的制度:在第三学期内,学生可以自主开展各种学习、科研和交流活动,把时间真正意义上交还给学生自己,让他们去查漏补缺,去参与各种研讨和交流,在与不同的人发生思维的碰撞时,就有可能产生新的想法。不仅锻炼了大家的自主学习能力,同时还培养了学生的团队协作能力。移通学院有很多学生社团,这时候就可以发挥余热:比如青年志愿者协会可以举办志愿者的交流活动,让更多同学明白志愿服务如何提升自我的情操;学习部可以举办读书活动,开展有奖知识竞赛;班级内可以自发的组织开展类似高中的自习活动,让同学们自己交流学习上的困难,解决不会的难题等。

(五)解读通识教育

1 清楚地认识社会使命、塑造坚毅而健全的人格

教育是社会"人"的再生产,而高等教育的任务就是知识分子的再生产。中国古代把知识分子叫做"士",孔子说过"士不可以不弘毅,任重而道远。仁以为己任,不亦重乎,死而后已,不亦远乎,"知识分子是未来社会的引导者、创造者,是社会的良心，应当具有健全的人格和正确的价值观，才能担当起社会赋予的使命。竺可桢先生早就指出：我们受高等教育的人，必须有明辨是非、静观得失、慎密思虑、不肯盲从的习惯，然后在学时方不致害己累人，出而立身处世，方能不负所学。大学生必须注意其精神的修养，要能对一切事物有精细的观察、慎重的考虑、自动的取舍能力。而通识教育正是熔铸学生品质、健全学生人格、提升学生明辨是非能力的高等教育课程体系。

2 拓展知识视野与社会见识，不断地修炼学习的智慧

当代社会，知识呈爆炸式增长。一方面，知识的高度分化造成了学科的文化断裂，而知识创新又需要学科的高度综合。因而拓宽知识的视野、融合学科文化、塑造批判性思维成为大学生专业发展的基本条件，决定着其未来成就的高度。另一方面，知识折旧加快，个人职业转换次数加多，大学教育已经不能将学生未来所需要的知识全部进行传授。因此，学会判别和选择、学会整合和应用知识流变，比获得知识本身更加重要。推行通识教育就是要形成符合当代时代发展的知识观，弥补应试教育造成的知识结构的缺陷和能力的缺陷，让学生学会主动学习，奠定长远发展的基础。

3 涵养人文情怀与领袖气质，促进人生境界的提升

保证"人"的教育的完整性，促进"人"的全面和谐发展，是通识教育的重要任务。爱因斯坦在《培养独立思考的教育》中谈到：仅仅用专业知识教育人是不够的，通过专业的教育可以让他成为一种有用的机器，而非一个和谐发展的人。要使学生对价值有所理解并产生强烈的感情，他必须获得对美和道德有鲜明的辨别力。否则，他连同他的专业知识就更像是一条受过更好训练的狗。所以21世纪的人才要有大爱，不光是有知识的理性，还应该有文化的自觉，有广阔的视野，更要包容文化的多样性，善于与人沟通的能力，通识教育正是为这些素养提供了土壤和养分。通识教育和专业知识并非对立的，它不以实际的功用和技能为目标，然而其无用才是大用处，该教育可以为专业知识提供更加宽广的视野，提供价值和文化的引领，同时专业知识也要负载通识的意蕴，才使之超越了学科的局限、工具主义的束缚。

七、厦门大学的发展挑战

（一）教育教学观念有待更新，人才培养模式改革有待深化

在厦门大学的"十二五"规划中，明确提到了要进一步深化改革学校的人才培养模式，提高学生的创新和创造能力。厦门大学的交流项目是人才培养的计划之一，

分为两类：一个是国内学校之间的交流，另外一个海外学生交流，目前厦门大学有250多所的校际交流学校，像港澳台、欧洲、亚洲、美国、澳洲的学校，都有互派学生。接收外校、外国学生的同时，他们也派出大批量的学生到其他国家的学校学习。与其他高校互派交流生的做法虽说可以充分交流，做到海纳百川、增长见识的目的，但打铁还需自身硬，只有在学生的专业基础能力过硬的前提下，相互交流才能产生思维对撞的火花。基础学科拔尖学生则是培养人才的又一个计划：在拔尖学生中，选择优秀的导师或院长、长江学者亲自指导并有机会进入实验室，甚至可以本硕博连读。如果学校在不断发展中，可以继续摸索和总结经验，提出更多有关人才培养的方式，通过各种方法来提高学生的创新创造能力，与世界知名高水平研究型大学的差距会越来越小，甚至赶超。

（二）承担重大科研项目的能力不足，原始创新和解决重大理论与实践问题的能力有待加强。

"十二五"以来，学校自然科学科研实力大幅提升。[5]《科学》、《自然》、《细胞》及其子刊等国际高水平学术期刊上发表论文50余篇；获国家自然科学二等奖4项，获教育部自然科学一等奖1项、二等奖3项；1项成果入选"中国科学十大进展"，2项成果入选"中国高校十大科技进展"，1项成果获中国专利金奖。学校人文社会学科研究实力雄厚，共承担国家社科基金项目174项（其中国家社科基金重大项目15项），教育部哲社研究重大课题攻关项目10项；32项成果获教育部第六届、第七届高等学校科学研究优秀成果奖（人文社会科学），其中一等奖3项。厦门大学虽然近些年在科研方面不断取得突破，成果丰硕，但是承担重大的科研项目的水平还需要在不断理论和实践的基础上提高。大力发展原始创新，掌握核心科技技术才是硬道理。

辩证地看待厦门大学的发展情况，机遇和挑战并存，只有在保持现有的发展成果的基础上，不断深化改革、打破思维的牢笼，不断地探索和发现并总结失败的经验，厦门大学一定会像"十二五"中规划的那样成长为一所世界知名高水平研究型大学。

参考文献

[1] 民办高校也是提供人才的生力军 https://wenku.baidu.com/view/f57c59de3169a4517623a31c.html? from = search

［2］探讨提高民办大学教学质量的几点思考 http：//www.cqvip.com/read/read.aspx？id＝31219088

［3］民办院校——路在何方 https：//zhidao.baidu.com/question/279367295.html？fr＝iks&word＝％C3％F1％B0％EC％B4％F3％D1％A7％B5％C4％C8％E7％BA％CE％C6％C0％B9％C0&ie＝gbk

［4］百度百科——厦门大学 http：//baike.baidu.com/link？url＝wJLP9GXuRgOry434MPNCu9hntqEmkeIyuItfnOgZVENmxF18Yw6n8－w8p9Cwz0－OfPzdm2qwbEEIKFjyzC0tUFrioqXsPVDj－oCEJFocL693dRiGMbISZ9y1ne9fYMtm

［5］百度百科——厦门大学 http：//baike.baidu.com/link？url＝wJLP9GXuRgOry434MPNCu9hntqEmkeIyuItfnOgZVENmxF18Yw6n8－w8p9Cwz0－OfPzdm2qwbEEIKFjyzC0tUFrioqXsPVDj－oCEJFocL693dRiGMbISZ9y1ne9fYMtm

浅谈培田文化消失的原因

张雪

(重庆邮电大学移通学院工商管理系,重庆 合川 401520)

摘 要:文化作为一种精神传承,对一个家族、一个民族的思想、行为都有着举足轻重的影响。然而随着时代的变迁,技术革新的速度加快,城市化的脚步加快,很多的文化慢慢消失,特别是小村落的文化,尤其凸显。以培田古村落为例,深入调研发现诸多问题,比如人员的大量外出,文化后继无人,拥有原始培田记忆的培田老人的赡养堪忧,环境的污染加速培田文化的衰落,政府并没有为保护培田文化,基础设施差等措施。本文从古村落传统文化的现状出发,通过人、环境、政府三方面阐述;采用走访调查方式;得出培田文化即使在第三方的介入下也不能改变培田古村落在城市化进程中走向衰落的趋势。

关键词:培田古村落;人员流动;环境污染;建筑物损坏

The Reasons for the Disappearance of PeiTian Culture

Xue Zhang

(College of Mobile Telecommunications Chongqing University of Posts and Telecom and Department of Management Engineering, Chongqing Hechuan 401520)

Abstract: As a kind of spiritual heritage, culture has a significant influence on thoughts and behavior of family and country. However, with the change of the times, acceleration of technology innovation speed and the progressive pace of the urbanization, more and more culture disappear gradually. Especially, the disappearance of the small village culture is more seriously. Take Peitian ancient village as an example, many problems are found by in-depth research, such as large quantity of migrant workers, no worthy successors of culture, the pension problem of the old and the decline in Peitian culture accelerated by environmental pollution. The local government did not protect Peitian culture well, and the bad infrastructure also became the problem. This paper starts with the present situation of traditional culture of the ancient village, illustrates from the angle of people, environment and government after visit and draws the conclusion that it is hard to stop the decline of Peitian culture even with the intervention of the third party.

Key words: peitian ancient village; population mobility; environmental pollution; building damage

一、研究背景

21世纪是中国城市化的时代，城市的高效率的配置，导致人口大量流入城市，农村慢慢沦为躯壳，其中包括很多具有文化底蕴的村落，以培田为例。培田村不大也不小，有412户人家。在明清时，它却是盛名远扬。培田的先祖吴文贵，他为了躲避战乱，从北方迁至南方，落户培田。他带来先进的儒家文化和先进的旱作技术来到这里，以田地养育子孙，以教育培养后人。"培田"暗含着古代中国耕读文化为本的传统文化，他们尊师重道，看重教育。在极盛时有宗祠21座、书院六处，可见过去这里的客家人是多么的重视教育。从乾隆到光绪三十年，这里培养出的状元、榜眼、翰林、进士、秀才有百余人之多。商铺37间，今日仍保存完好的有23间。经营范围包括豆腐、肉类、酒类、花生糕饼、京果杂货、蜡烛、理发、裁缝、丝线绸布、竹木制品、纸业、医疗药品、客栈、轿行乃至赌庄，人类的衣食住行几乎无所不包。可谓是"三家一店铺，十户一书院"[1]。建筑也与之相匹配，化解了南方多雨潮湿的气候，九厅十八井，在风水上，藏风聚水冬暖夏凉。然而现在的培田，曾经的繁荣早已不在。培田在时间的推移下，慢慢的变成了空壳，房子里面稀稀疏疏的住着几个老人，建筑雕刻有一些破旧不堪，模糊不清。河水慢慢变得干涸，河面上漂浮着废弃物品。古村居民经济收入低下。剪纸，裁缝、丝线绸布、竹木制品、纸业等面临失传的危机，拥有古村原始记忆的老人一个个逝去，古村落的文化呈现衰败之势。

二、外形不在，文化将失去支撑

一个没有躯壳的文化是没有神韵的。虽然培田现在还保留得还比较完善，30栋大宅，21座祠堂，6处书院，一条千米古街，两座跨街牌坊，4处庵庙道观，村中间的一座高堂大屋为"九厅十八井"的至今犹在。灰褐色的风火墙、飞檐翘角的威严门楼、讲究的厅堂、精细的雕刻图案，现在透露出浓郁的传统客家民居风格。然而，当你仔细观察时就会发现还是有很多文物被损坏，雕刻残缺不全。

（一）自然因素造成建筑损坏

自然的因素导致建筑物的破坏是人的力量无法避免的，建筑潮湿虫蛀，暗渠堵塞，建筑物被风等自然因素的侵蚀……房子倒了可以重修，沟渠堵了可以疏通。而前名人笔记，牌匾，雕刻等物品损坏了，无论如何修补，都不能承载历史的厚重。况且无论怎么守护，还有很多东西已经消失，很多手艺也在慢慢失传。例如继述堂大厅中的地板成分组成。有人曾特意研究过它的材料，只知它大概的材料，不知比例，现在这门文化已经失传了。还有剪纸，裁缝、丝线绸布、竹木制品、纸业等手工艺品即将面临失传。

（二）政府的不作为

据说这间被重点保护的古建筑在几年前还是另一番模样：院内几处房屋朽烂严重、老式木门窗镶上了铝合金……培田现在的建筑都是重新整修过的，花费了很多人力物力。在政府方面，国家每年都会投入巨额资金进行维修。然而政府只是做表面功夫，并没有深入的了解当地的现状，更不论根据实地考察做一个合理的规划。培田书记有一句话，做好文化这个东西，并不能短期给上层领导带来经济上的效益，每当任期一到，官员要想升职，还得依靠经济的提升。培田未来还会面临更大压力。随着时间的推移，这一代老人死去，这村子将变成一个"遗址"，毕竟没人会选择放弃舒适的环境而选择潮湿阴冷的地方长期居住。如果老人死去，村中将无人居住，培田古建筑将会更快的衰败（若是有人居住会给房子通风防潮防虫蛀，修补小的破损等）这时他们需要更多的维修经费维护建筑。

三、留住培田人，才能留住培田魂

（一）青少年外出打工，文化无人传承

培田的总人口有 1532 人，外出务工（18 岁以上）600 人左右。外出打工的青壮年劳力已经占了一大半，村中只留下几个青壮年劳力靠旅游赚钱。此次调研发现留下几个青壮年劳力并没有积极参加村中组织的活动，像恭迎公太，戏台表演等并没有看到有多少年轻人。这样下去文化就无人传承，这恐怕不是文化的衰落，而是文化的断层。

表一　　　　　　　　　　培田古村经济收入来源表

来源	农业收入	务工收入	旅游收入	其他收入
收入(元/户·月)	300	2000	800	500

数据来源:《重庆邮电大学移通学院大焕城市化研究生班培田调研数据汇总》

培田的经济结构是:农业+旅游。培田古村在农业上主要种植水稻、烟叶,一些村民还会种植苗圃和百花果等进行创收。现在从事传统种植水稻的根本赚不到钱,可以大概算一下。水稻卖得便宜,大概每斤能卖一两元,每亩最高能产700千克[2],化肥,运输,农药一亩地需花费1000~2000元。这样算下来,每亩大约能有1000多元的收益,这还不算人工费。烟草稍微比水稻赚的多点。烟草是卖给政府的,一亩能赚两千多元。然而耕地面积限制了培田的农业发展。官方透露:总耕地面积800亩,人均耕地面积是0.6。实际上由于新居民区建设等建设所用的土地,真实的人均耕地面积是0.3亩,水稻就只能自给自足,并不能满足人的需要。在城市,每个月的务工的最低收入就有两千,可以说在城里捡垃圾的收入都比在培田种田的收入高。这样的诱惑是即使背井离乡也是甘愿的。

表二　　　　　　　　　培田古村商业机构情况统计表

商业机构数量及类别	营业中(户)	停业(户)	总数
商店	15	5	20
摊位	4	0	4
农家乐	13	29	42
民宿	13	23	36
合作社	1	0	1
农村淘宝	1	0	1
福利彩票	0	1	1

数据来源:《重庆邮电大学移通学院大焕城市化研究生班培田调研数据汇总》

表三　　　　培田古村旅游区游客量、门票收入及解决当地就业情况表

游客人数(万/年)	门票收入(万/年)	当地居民在旅游区就业情况(人)
5	200-300	44

数据来源:《重庆邮电大学移通学院大焕城市化研究生班培田调研数据汇总》

从表二，表三数据分析，商店停业的数达到25%，农家乐、民宿停业的数量差不多达到70%，这些与旅游息息相关的产业停业率如此之高，营业的数量是如此之少。是当地不懂利用旅游资源造成的。游客的人数每年都有五万人，可以说旅客流量非常之多。培田古村地处连城县宣和乡，距冠豸山动车站仅30分钟车程，班车直达村内，交通可谓十分便捷。那为什么又会导致这么多商家关门？首先，培田景点的单一性。纵观培田，发现当地只有观赏的没有玩耍的地方，游客一天都能逛完整个培田，那这样就不需要花费额外的钱去住宿和吃饭。其次，他们那里也没有很有特色的产品，吸引不了游客的眼睛。百香果，地瓜干，姜糖，姜，茶叶等，都可在超市卖得到，唯一的优点是无机，无添加剂。他们又何必花大价钱买呢？

基础设施非常落后。身体是革命的本钱，人一旦有病就得医，而培田的医院并没有达到培田人所希望的水平，一旦有人生病他更希望到城里就医。经过调研数据的整理，培田人每到村医疗所就诊人数，30人左右，患病率较高的病种分别是感冒、外科、妇科。常规病：感冒。治些小病可以，一旦遇到大病就不行了，他完全沦为卖药的了，而且价格还不低。娱乐设施匮乏，物品购买不方便，村里的唯一的农村淘宝要另外加钱。

(二)教育落后导致学龄儿童流失

孩子是培田的希望，抓文化就要从孩子身上下手，因为孩子在小时候是观念形成的最好时期。留住孩子就是留住培田的未来，而好的教育才会让父母安心的将还孩子交给你。在古时，培田是非常重视教育。在培田最兴盛的时候有七座学校，最出名的要数培田小学（南山书院），古时候南山书院远近闻名，周围县上的小孩都会不远千里到这里来读书。到清代乾隆一朝，从南山书院走出了一批学者、官员，在朝廷供职的就有吴玺等七人之多。而现在培田的小学生总共58人，平均每学期还要转走1、2人。培田的学龄儿童严重流失，其中留守儿童占到70%~80%，本村人孩子只有三分之一的在培田小学上学，其余学生在外地或者宣和中心小学就读。导致这一后果原因有多种：其一，教师的稀缺和教学质量的落后。培田现有教师一共九人，管理六个班级，任务繁重。老师八人为本科师范专业毕业，一人为代课老师，教龄普遍偏低，都是新老师，没有教书经验。其二，教育环境简陋，基础设施不全。培田小学只有二栋楼，小学和幼儿园各一栋，教育设施简陋，连多媒体都没有，还在用最传统的黑板教学。其三，教师基本待遇差，儿童流失导致教师态度消极。培田教师均为本地人，大都是抱着回报培田的心思暂时留下的，都表示在合约期结束后都不想留下，教师资源会越来越紧缺。"面对越来越少的学生，教师会产生消极的心态。"一位老人这样说。如果培田的教育情况得不到改善，培田的儿童还会继续流失，最终导致培田小学垮掉，培田文化将再无孩子继承。

(三)老人生活得不到好的照顾

表四　　　　　　　　培田老人年龄分布情况表

年龄段(岁)	60~80	80~~90	90~100	100以上
人数(人)	187	40	70	1

数据来源:《重庆邮电大学移通学院大焕城市化研究生班培田调研数据汇总》

60岁以上老人,298人,占总人口的19.5%,光是老人的数量就接近占五分之一,培田的老年化严重。从表四数据表明,而且培田老人趋近高龄化。80~90岁老人就有40人,90岁以上的老人更是高达70人,如此庞大的数量的老人,他们的赡养是一个大问题。

吴书记说,培田的文化要本族人在培田古村落居住才能留住他的文化气韵,才会有人气,目前在培田古村落居住的大都是老人,老人的生存条件非常差。可在明清时,老人的生活与现在截然不同。培田的是一个有着很深的孝道文化的古村落,培田祖先讲求尊老敬老,老人具有很高的地位,在明末清初就订定的家族家规中,孝父母"仅在位于第一的"敬祖宗之后。然而现在,在培田经济主义的侵蚀下,经济成为衡量尊卑的标准,老人地位急剧低下,因为他们挣钱的能力有限。一不能外出打工,二也干不了过重的体力活,很多高寿的老人生活不能自理,虽然政府和社会组织也关注到了这一点,政府将门票费20%中有四分之一给村委会财管用于支出培田古村当地居民的农村医疗保险(80元+居民自费70元共计150元)。社会上,举办以老人公益食堂、资助孤寡贫困为主的敬老爱老公益活动。但是目前而言,我并没有看到老人得到很好的赡养,七八十岁还要下地干活。还有那些老得走不动的老人生活更是艰辛。培田古村落现在留下基本是没有经济条件卖新房的老人(不排除有些不愿去的),似乎尊重老人的美好传统美德,跟随着他所掌握的文化一起被打破。培田老人的老去,死亡,也意味着培田文化即将走向没落。培田老人是真正文化承载体,从小受到家族文化的熏陶,学习家族手艺,并没有像现在的年轻人一样,为了钱在外奔波,没有时间完全学习手艺继承文化。保护文化必须从先赡养老人,减缓老人死亡的速度,让文化有足够的时间移交到下一代人的手中。

四、培田的未来堪忧

一个没有未来的培田,是吸引不了青年人回乡居住。培田需要人继承,从而使旅游更有活力,旅游的高收益才能留住青年人,如是旅游发展不起来,光靠农业收入的吸引力是不够的,这样一步一步就陷入恶性循环之中。

(一)培田发展艰难

培田旅游很难发展起来,经济很难提高。当地政府一直在改革,然而改革存在巨大阻力,哪里有改革哪里就有阻力,培田想要从传统的耕读文化经济转型到靠旅游经济非常困难。首先很难在旅游和文化中间找到个结合点,如果要因为经济的发展牺牲环境,将会像凤凰古镇那样一片骂名。其次,培田古村落居民为了利益固执己见,想要得到比他人更多的好处。据吴书记说,村头的那个小溪,是计划恢复到明清时的模样,并在水中种植荷花,做成一个河上乐园,借此增加当地娱乐的多样性,提高收入,但到目前为止都没动工。有几家钉子户想要得到更多的经济补贴,赖在那里不搬,这个规划也就搁置了。最后古村落居民与政府的关系并不是那么的和谐,账目做得并不是那么的透明,只是公布了粗糙的数据,没有细化账目,比如说每吨水泥花费多少,购买了多少,并没有公布,只是公布购买水泥用了多少钱。

表五　　　　　　　　培田新村各期户数、面积大小与房价表

期数	户数(户)	毛坯房造价(万)	面积(单层)(㎡)
一期	120	20	100
二期	60	40	90

数据来源:《重庆邮电大学移通学院大焕城市化研究生班培田调研数据汇总》

从数据可以看出一期的面积比二期大,而花费却比二期的少。一期的居民担当风险获取高利润,二期力求平稳,但还是二期会眼红一期的住房,怀疑期间有猫腻,利益分布不能服众,矛盾就产生了。吴书记计划实行股份制,多投多得,盈亏自付,然而不信任的氛围已存在,因此计划施行很困难,很多村民不同意,积极性并不高。

(二)环境加大了文化衰落的速度

农药,化肥的大量使用对土壤和水质造成破坏,仅几十年的时间,培田农地土壤的重金属严重超标,水中不见半点鱼儿的影子,没有土地,那有特产?二是森林的乱砍乱伐,山体裸露,造成山体滑坡,泥滚进河里,导致河床变浅,最终造成自然景观的破坏。三是培田居民目前没有保护环境的意识,河里随处堆放着很多垃圾。环境的破坏将影响培田的旅游发展,经济得不到提升,青壮年将继续留在城里,况且古人讲求"枕山、环水、面屏",环境本身是一种文化。

(三)思维陈旧,不重创新

固有的思维在一定程度上阻碍了培田经济的发展。耕读文化在当时是先进的,它让

人辛勤劳动，自给自足。现在时代不同了，我们从工业流水线上解放出来，进入人工智能时代。若是耕读文化不加以升华就无法适应时代需求，要知道粮食并不值钱，只能解决温饱，不能带来经济。现在的经济结构不比原来的的社区经济，古村居民一生的追求是解决温饱，生活所需的东西都能在当地买到。耕读文化在这时代便成了思想束缚，青年人跟上旅游带来的机遇，老人却只懂得守住自己的一亩三分地，并不懂得变通，不知道怎样将它利用好，取得更大效益，而不是仅仅让粮食有更大的丰收。

培田做为一个乡村性质的文化载体，它的特殊性并不是很强，它不是故宫，是一个国家的象征，不像苏州园林那样代表苏州人的习性，它们身后有繁荣的城市做支撑，有发达的交通。而培田却还没发展出融于当代社会的特色。所以在时代的进程下，培田终将成为过去，被现在文明取代。园博园，鸟巢这都是新时代下文化的产物。新时代会产生新的文明，培田在城市化的冲击下终将成为旧时代的遗址。

参考文献

[1] 民间故宫：福建培田古民居
http://plans.soobb.com/Motiveless/Comments/1974/
[2] 目前水稻最高亩产量是多少？
http://wenda.so.com/q/1368538393061749

精华与糟粕的鉴析
——小议城市化背景下的文化情怀

周天遲

(重庆邮电大学移通学院自动化系,重庆 合川 401520)

摘 要:在高速城市化发展的背景下,中国的乡村文化与城市化一直在不停激烈的对撞着,有的人认为应该保留老旧的文化情怀,而有的人认为进入城市是顺应时代的发展。本文通过深入福建培田古村,从古村居民实际的人口结构、收入、教育、医疗等问题出发进行调查分析。得出了在城市化大趋势下文化情怀应该保留是人文精神、舍弃老旧物件的结论。

关键词:城市化;乡村;村民实际生活;文化情怀

The Analysis of the Essence and the Dross
——the culture feeling of small – talking urbanization

Tianchi Zhou

(College of Mobile Communications Chongqing University of Posts and Telecom and Department of Automation, Chongqing Hechuan 401520)

Abstract: With the circumstance of the rapid development of urbanization, Chinese rural culture and urbanization have been fiercely contesting. Some people think moving into urbanization is the way of keeping up of the development of times. The analyses of this paper are about the real constructe of populization of the village, the income, the education, medical treatment and so on, which are through the search of the old village of Peitian, Fujian Province. It comes out that, in the great trend of urbanization, what the cultural feelings should be preserved is humanistic spirit and leaving old useless things alone.

Key words：urbanization；country；the real life of the villager；cultural feelings

一、培田古村历史文化情况

(一)培田古村的地理位置

在 2017 年 3 月份底的福建省连城县西部，大焕城市化研究院对培田古村进行了为期 8 天的实地调查。

古代有云，山清水秀，人杰地灵，培田古村的确是这样一个地方，培田古村，地处福建省闽西山区连城县宣和境内，依水而建，四面环山，可以起到阻挡寒流，多雾阻挡紫外线，有利于人与农作物的生长。相传，在明清两代，吴家的祖上是京城里太祖太宗面前的带刀侍卫，朝廷的官员，都是一些有头有脸的人物，人身在朝廷做事，立了功，皇帝会赐予良田美地，于是，这吴家人便在培田这么一个美丽的地方扎了根。

(二)培田古村的建筑

培田古村被誉为"中国最美古村""民间故宫"，有着 800 多年的历史，整个客家古民居建筑群是目前中国保存比较完整的明清建筑，这其中一共有 30 栋明清的大院子，20 座的古祠，还有五处书院，以及一条千米的古街，两座跨街的牌坊，组成一个连片成群，规模宏大，布局讲究，设计精美的古民居建筑群。这其中，目前保存完好，占地面积最广，也是最精美的大院子是叫"大夫第"，"大夫第"也叫做继叙堂，是典型的九厅十八井的建筑，历时 11 年才建成，距今有着差不多 160 年的历史，走进"大夫第"你会看到，穿厅过井，是一进又一进的院落，一个又一个的天井、厅堂。回廊里曲径通幽，四通八达。到处都是诗情画意，如歌如梦，青砖白墙黑瓦以及那通透的琉璃窗口都是那么的古朴精致，各个院子看起好像独立分隔，但其实是互为一体的，整体不可分割的建筑。这其中的地面是用了石灰、粗砂、粘土还加上一些少量的糯米混合而成的，数百年来，都看起来干净、整洁，并且结实、牢固。除此之外，还有天井里用鹅卵石的色差排出了铜钱图案、鸡图案、鹤图案等等，这也都是客家人的智慧与讲究。

"大夫第"仅仅只是培田古村一个代表性的建筑，据当地的导游说到，其实最精致，最华丽的建筑是位于古村里面的都阃府，原建筑富丽堂皇，是吴氏家族中最重要的宅院，只可惜，在上世纪 90 年代惨遭劫难，一把火，只剩下了残垣断壁，废墟一片，还有门口的一根旗杆，那个旗杆上面刻着的有五爪飞龙，古时候，一般的民居建筑装饰物的龙只能有三爪，这五爪飞龙，可是要朝廷特别批准的。令人惋惜。

(三)历史上的培田人物

一方山水养育着一方人,培田的青山绿水也养育出了一群吴家人,代代人才辈出,这句话形容培田一点都不为过。据资料记载,在清代嘉庆年间的当朝宰相王杰,就试取了培田人吴藤林、吴元英为武秀才,吴发滋为文秀才。而后自乾隆三十年到光绪三十一年,先后出了邑庠生、郡庠生、国学生、贡生等120人。其中三名举人、一名翰林、一名武进士,有五名被诰封或敕赠大夫;有十九人平步仕途:八人领九品衔、四人八品冠带、五人领五品衔、一人为三品宫廷内侍。再至近代,有旅居日本的吴建德;旅居法国的吴乃青、吴澂、吴树均;侨居泰国的企业家吴琪阶;国内有中央美术学院的画家吴明永;黄埔军校的学子也有几位。教育,是培田吴家人极为看重的,各个屋子都有那么一两句箴言,例如"世重博施轻财仗义,家承至德睦族敦亲"这是教育后人要乐善好施,以和为贵,"欲高门第须行善,要好儿孙必读书。"这也是倡导后人行善积德、重视教育的风气。诸如此类,还有很多,都挂在老宅子里最显眼的地方,大概这便是吴家老祖宗最想传承下去的东西吧。"修身、齐家、治国、平天下"的崇高境界与客家人的好客吃苦耐劳,坚忍不拔,追求上进的伟大精神在这里——"文墨之乡"培田得到了充分的体现,这也是培田它不一样的地方,吸引人的地方。

二、城市化下培田村生存情况

表面上看培田这里安静和谐、静谧温暖、青山绿水、居民好客,其实,在了解后才发现了那些在城市化背景下乡村的一些真相。

中国自1978年党的十一届三中全会以后的改革开放标志着中国现代化建设进入了一个崭新的历史时期。这其中,中国的城市化也进入了快速发展期,有数据表明:2016年中国城市化率从1978年的17.92%到了57.35%[1],农村人口大量的涌入城市,城市化的趋势越来越快,势不可挡。所以,在21世纪城市化的背景下,像福建培田这么一个如前面所说到的具有特色、文化丰富的一个乡村,它的现状如何呢?

(一)培田村的人口结构

几天的调研,通过调查村里的居民以及村支部书记,得到了培田村大概的一个情况:培田村一共412户人家,1532口人,这其中在60岁以上的老人有409人,一位102岁高龄的老人,留在村里20至28岁的年轻人只有仅仅的8人,约有600人左右的人口选择了外出务工。由此可见,培田村的第一个问题也是中国普遍的一个问题,老龄化严重,村里的年轻人很少,都选择了外出务工。那么为什么年轻人不留在在村子里呢?经过一些询问,了解到,当地的人均耕地仅为0.6亩地。在2006年左右第二批中国历史文化名镇(村)评选中,培田荣获"中国历史文化名镇(村)"[2]的称号。但在此之前没有政府大力的帮忙投资开发旅游业,培田人基本全都是以农业为主,农业产出有福建特有的烟草以及普遍的水稻,花卉,可是人均耕地只有0.6亩地,以前以农业为主的当地居民收入并不高,到了2006年后,即使有了政府的投资建设帮助发展,农业收入据统计平均也只有1500元一个月。经济的不发达,造成了村中的年轻人越来越留不住,涌向会有更多选择机会的城市。

(二)培田村的医疗水平及教育情况

除了留在村里收入少之外,还有两个问题,也是造成了村中大部分年轻人不愿意留在家的原因:一是村子的医疗水平问题,据村里的居民和当地的卫生所工作人员了解到的情况下来看,村里目前就只有一个培田卫生所,平均月就诊人数有30人左右,主要治疗一些患病率较高的病种,如感冒和一些跌打损伤,医疗环境不足,有时候遇到稍重一些的,村民还是会选择去条件相对安全保障的镇上或者县上去治疗,这样一来,医疗就变得不便了。二是,村子里的教育问题,如今的培田村已经不是以前的培田村了,在本村也只有一个小学,叫培田小学,村子只有三分之一的儿童约为58人在这个小学上学,其中留守儿童占70%－80%,各年级人数平均,性别比例平衡。其他三分之二的孩子家里边选择在外地或者宣和中心小学就读。为此,小组也去探访了培田小学的老师们,一共有九名老师,都是本地人,其中八个人是本科师范专业毕业,还有一名是代课老师,普遍教龄都偏低,老师们都很年轻,询问中表示,普遍待遇较差,等到合约期结束时,不愿意留在培田,都有意向选择去城市发展。可见,村子里的教育也不如人意。

在经济、医疗、教育的问题下,村子里的年轻人多数都选择离开村子去城市,不仅仅是村子里的年轻人这么想,培田小学的年轻老师们也是这么想的。这么一来,培田里最有活力,最有创造力的年轻人们都通通走向了城市,那么留在村子里的人在做什么呢?

(三)培田村居民的经济收入情况

留在村子的人可以分为两大部分:一部分是村子的原住民,另外一部分是外来机构和人员。前文提到,村子的大部分年轻人因为种种原因选择外出打工,那么剩下的原住民就只有一些中年劳动力和老人了,据调查了解,他们经济收入主要是靠农业和旅游业收入,并且农业的收入已经超过了旅游业,农业上还是靠着烟草和水稻交替收入,收入有差不多1500每月，在旅游业上有的村民选择了开商店卖一些当地的特产，如自家种的茶叶，特色的地瓜干等，还有的选择开民宿等小本经营来维持生计月工资。以及当地的吴家媳妇选择了当上导游上岗，月工资在1200左右。即使这样，在调查的过程中询问得知，农业收入实在太少，平日里，农家乐与民宿都是关门的多，开门的少。小组连着几天上午和下午都来培田村做详细的调查，发现这里的游客并不是很多（或许我们调查时间正处于平时工作日非假日时间），后来通过游客工作中心的工作人员了解到，培田村年均游客量只有5万人左右，这是非免票游客，算上免票游客的话，也只有10万人到20万人左右。并且来的旅客一天都可以把培田村玩完，绝大部分人都不会选择在培田村留宿，所以，很少有旅客再次在这里进行经济上的消费，这也从侧面反映了当地居民的收入并没有外地出去打工的人高。古村除了一些原居民外，还有一些外来机构，他们为着古村的发展也做了一些事情。一是古村内的社区大学，每一年会举办极具影响力的"春耕节"，开展客家耕读文化的夏令营、冬令营活动等，也会帮助当地村民进行培训等。还有"滋农组织"与"耕心团队"，他们也是组织外面的亲子游学团来古村里面学习民间手工艺、体验古村生活，帮助销售当地居民的特产品，拉动当地的经济。

（四）国家对培田村的投入情况

除了外来公益组织帮助古村，宣传古村文化，给古村增加收入外，自从2006年培田村得到当地政府重视，国家每年都会投入一笔钱对古村进行建设和保护，到2017年，国家文物局对古村的建筑保护投入的金额有5600万左右，旅游局也对当地进行开发，也是到2017年，旅游区门票年收入到200~300万。这其中有80%是给冠豸山管委会（旅游局下属公司），只有20%是给培田村理事会的。

三、文化情怀的保留与舍弃

（一）文化老观念的弊端

表面上文化底蕴厚重的培田村，其实在城市化的趋势下是显得那么疲惫、劳累。在培田村调查的居民里，除吴家的一些比较年长的老人不愿意离开这里外，其他的中年人还有少部分的青年以及外来的老师和医生们都是想离开培田村，去往城市。

那么为什么这些人依然现在还停留在这里呢？每年主要还是靠着政府投入维持的培田村还值得哪些留下的原因呢？这些原因，终究指向一个，中国人的恋旧与文化情怀。

在日常生活中很多人都有一个这样的现象，老人不愿意离开自己的老房子、老屋子，认为这里是他们的根，生活了一辈子的地方。在培田村依然如此，吴家的老人们基本上都是仍然居住在老祖宗留下来的老房子里面，他们的子女则是居住在离老村不远处的新村里面，白天时，他们会过来老村这里为游客卖土特产或者是其他的一些生计，顺便陪同着老人，晚上则是回新村自己的家。老村和新村的距离就步行十分钟左右就可以到达，即便这样，老人们仍然还是不愿意过去与子女一起居住。单看培田村的老人们是这样，整体上再来看整个培田村呢，其实也是这样的。整个培田村，分为新村与古村两个部分，两个地方距离是非常非常近的，新村分两期，一期单层面积约为 100 ㎡，造价 20 万左右，户数 120 户。二期单层面积约为 90 ㎡，造价 40 万左右，户数为 60 户。村民觉得这里离古村也近，于是就也贷款买房，大多数的村民都是贷了十万的钱去买房，这样一来，原本经济并不好的村民无疑是又增加了一笔负债。最重要的是，培田新村的房子是没有价值的，这里的交通，医疗设施，教育设施经过几天的走访调查发现都是那么的不如人意，外地的游客到这里来最多也是当天来回，这里的房子目前是没有升值空间的，为什么会这么说呢？因为人口繁衍代际的关系，培田新村的建成是给村里中年人居住的，大多数子女一是不会选择回来居住在这里，而是选择在城市生活；二是即使回来子女回来居住后，新村的房子会被拆掉，重新盖子女的房屋，这与中国人的爱好面子有关。它更深刻的原因是由农村人口繁衍一代所需周期——即农村劳动力再生产周期决定；也决定与农民工外出务工财富积累的速度（农民工的工资定额也和这种代际关系——即劳动力再生产这种关系存在着密切相关），这样一来培田新村的房子在未来来看的话，也没有任何的升值空间的，只有被拆掉的后果。培田村里居民经济上的不富裕，教育也不发达，医疗也不会及时的保障，政府每年投入这么多钱培田也是依然不发达，这本就是一个在城市化进程中必定会出现的趋势，谁来为这些买单呢？这是社会进步的必然代价，在这种代价面前，"文化情怀"显得苍白无力。

(二)文化精神的保留

文化情怀与科学发展一直以来都是两个相互排斥的东西，在城市化的进程中，像培田一样的村子还有很多很多，它们绝大多数都不可抗拒地慢慢在消失，被城市所"吸纳"，留下来的村子也像培田一样或许有着自己的特色勉强存活着。被文化情怀所束缚住向前发展的脚步，老房子，老屋子这些东西一年比一年少，终究是留不住的。人不应该是束缚在自己的一座屋子里，应该向着人更多的地方走，这样大城市的人口越来越集中。对于社会来说，这样的发展与效率是最高的；对于个人来讲，城市里选择的机会也更多。为了文化情怀把自己捆绑在乡下，这样子的人和屋子终究会消失的。时代在一步步的发生变化,生产方式也在发生变化。以前,培田人创造了"培田模式",那是因为"培田模式"在当时代表了最先进的生产方式,先进的文化,是培田人在客观需求下做出的选择,而不是为了留给后人,让后人继承什么,或是束缚什么。但是现在,从农业生产方式逐渐被工商业生产方式所取代,农业文明让位与工商业文明;农村让位于城市也就显得必然和不可抗拒。城市,是我们在当下城市化大背景下最好的生存方式。那么,有的人会说,老屋子,老房子都不要了,难道前人留下来的东西我们都不要了吗?其实,就在培田老房子中就有这么一句箴言挂在屋子里"水如环带山如笔,家有藏书垄有田",这句话老祖宗早在几百年前已经说得很明白了,告诫我们留下的精神财富远比物质财富重要。在城市化的今天,老屋子终究是留不下的,能留下像培田吴家人那样的精神,就是最好的财富了。人应该是往城市里走,发展,投资,而不是选择留在乡下,这也是时代要求我们所必需创造的新的"培田模式"——"城市化",才是顺应时代发展变化的最好方式。

参考文献

[1] 中国城市化率统计数据(1949 – 2016)

https://wenku. baidu. com/view/08809108eef9aef8941ea76e58fafab069dc4494. html? from = search

[2] 福建培田 http://www.baike.com/wiki/%E5%9F%B9%E7%94%B0

论城市化背景下农村小学的命运
——以培田小学为例

李林洪

(重庆邮电大学移通学院通信与信息工程系,重庆 合川 401520)

摘 要:在城市化进程中,乡村小学该如何发展?在对福建培田小学的实地调查研究发现,目前乡村小学在生源,教育资源方面与城市的差距迅速加大,在乡土文化传承中起着重要作用的乡村小学逐渐面临消亡。它们难以仅仅依靠外界的资源投入来挽救,更需要它们利用好现有资源完成自救。

关键词:培田小学;城市化;资源;自救

The Fate of Rural Areas under the Background of Urbanization
——take Peitian primary school for example

Linhong Li

(College of Mobile Telecommunications Chongqing University of Posts and Telecom and Department of Communication and Information Engineering, Chongqing Hechuan 401520)

Abstract: How could rural primary schools continue to develop in the process of urbanization? Through the field research and analysis of Peitian School in Fujian province, we find that disparity between the rural primary schools and urban ones are increasingly obvious due to the educational resources and source of students. The rural primary schools which play an important role in preserving the local culture are now disappearing. Investment from outside can hardly come to its rescue. Only by taking advantage of their own resources can rural primary schools survive.

Key words: Pei Tian primary school; urbanization; resources; self - help

一、逐渐减少的乡村小学

在中国传统的乡村文化中，学校是文化传播的中心，对乡土文化传承有着重要的作用，具有至高无上的地位。乡村中唯一的知识分子就是教师，学校和乡村不可分割，乡村会因为学校变得更加完整。在城市化进程中，越来越多的人离开了家乡，对他们大多数人来说，家乡的学习成长的时光是家乡最后的记忆，乡村小学传承了乡土文化。

在中国城市化开始迅速发展后，农村人口减少。国家为了集中教育资源而在全国范围内大范围开始撤点并校。乡村小学迅速减少，到目前为止，已经有数十万的乡村小学被裁减，许多校园只有一两个年级，甚至就已经完全荒废。学生们不得不前往乡镇小学就读，小小年纪就得走很远读书，或者寄宿。

乡村小学不能简单以节约和整合教育资源为借口撤掉，撤点并校的是为了提高了教育资源的利用率和节约办学成本，但他们却把这些经济成本转嫁给了学生，成了学生上学的时间成本和安全成本。撤点并校名义上能使得边远地区的学生集中起来使他们来到城市或者乡镇小学获得更好的教育，但却忽略了很多问题。过早的寄宿生涯也会带来众多的问题，缺乏父母的关爱和教育导致校园黑社会化呈现低龄趋势，催生了许多校园暴力事件，不利于学生成长。同时合并产生了许多超级学校，拥挤的班级不仅不能带来良好的教育，还会带来安全隐患，甚至产生严重的踩踏事故。撤掉乡村小学，也造成了极大的资源浪费，导致许多刚刚新建的小学教室被浪费，许多校园只有幼儿园和低年级。

曾经辉煌的培田小学也开始衰败，通过探讨这其中产生的巨大变化，寻找全中国数十万正在衰败或者已经消失的乡村小学的原因。

二、昔日辉煌的培田小学

培田小学原称南山书院，前身为"石头丘草堂"，始建于明成化年间（1465 - 1487 年），乾隆三十年（1765 年），改名为南山书院。1905 年改为新式学堂——"培田小学"，至今已有 600 多年的历史。

教育是一个民族振兴的基石，客家人也深谙这个道理。培田村的祖先自元末由中原南迁至此地，经过近千年的生息繁衍；到清末时，已形成一个有 300 多户、1000 多人口的村庄。现在村内仍然保留有数十余栋幢建于明清时期的高堂华屋、21 座祖祠、两座街牌坊、南山书院和一条千米古街，共同组成一个布局讲究的建筑群落，整体保存非常完好,总面积达7万平方米培田古村落,被誉为"中国民间故宫"。之所以能得到如此的发展,靠的就是培田发达的教育培养了众多人才。乾隆三十年至光绪三十一年间,书院子弟共有3人中举、翰林1人、武进士1人、诰封或赐赠大夫5人。平步仕途的18人中,九品衔8人,八品衔4人,五品衔5人,四品宫廷侍卫1人。父子,兄弟同榜的现象常常出现。古时培田人口还不足千人,能获得如此成就实在不易。难能可贵的是近代还产生了4名与孙中山、周恩来同窗留法、留日的学生,黄埔军校生3人。在那个战乱时代,依然人才济济。据统计,从1906–1949年,培田学校共培养出小学毕业生400余人。[1]

南山书院之所以闻名遐迩,最主要的还是师资力量强大,因为培田在教育方面有着坚定的物质保证,强大的家族力量保证了学校的运行,每当家族分家,都会专门分出一块经蒙田作为教育资金。培田还在学生考学路上买下房屋,作为培田学子途中休息的场所。为了家族教育一直传承发展下去,培田族人一直不断地完善管理机制。

三、命运多舛的培田小学

新中国成立后,培田村从长汀县划归连城县,校名也随之改为"连城县宣和乡培田小学"。南山书院留下里的文化底蕴,仍然吸引了附近很多村庄的孩子前来就读,为新中国的扫盲运动做出了突出的贡献,随后也培养了不少人才。

在1966年,席卷全中国的文化浩劫到来了,哪怕是偏安一隅的培田小学也难以幸免。南山书院留下来的数以万计的藏书都被破坏。同时村中众多的建筑、牌匾、文物等等都遭到了不同程度的破坏。培田小学的教学工作几乎不能正常进行,但最后培田小学还是挺过来了。

但自从改革开放,中国城市化浪潮滚滚而来,安居一隅的培田不可避免地被卷入这一浪潮。它虽然顽强地度过了战乱,挺过饥荒,挨过的了文化大革命的摧残,但阻挡不农村生产方式的变革以及城市化进程的滚滚车轮,被推向深渊。

培田小学从1990年代后期开始,学生逐渐减少,特别是宣和乡中心小学设立后,学生更少。培田小学的学生数日趋下降,还停办了幼儿班。在1999年,县教育局派副局长下来做工作,提出将宣和乡11所村完小合并到3所乡中心学校,以改善办学条件、提高教学质量。最后在村里大力反对下,培田小学才没有没撤掉。但是在2008年,又将小学四、五、六年级合并到乡中心小学。培田小学人数最少的时候仅仅只有3个年级,共25个学生,4位老师。后来尝试了一些努力后,投入了大量资金,仍然没用多大改善,如今仅仅只有58个学生,而且还在不断减少,每学期都有学生转学。[2]

四、努力挽救不了培田小学

(一)前人的尝试

提到培田小学力挽狂澜,坚持办学,就绕不开培田小学的老校长——吴美熙。正是在要撤培田小学的过程中他力挽狂澜使得培田小学留下来,也使整个培田古村落开始得到重视。当时教学还在南山书院旧址,书院年久失修,有重大安全隐患,可是村里面已经拿不出这么多钱来修缮。于是他尝试给南山书院申请文物保护单位,申报成功后每年有一笔维护费,这必然是一个极好的消息。然而,吴美熙的申报之路一波三折:第一次申报因程序错误而被驳回;第二次因捆绑古庙一起申报而被斥责为"老迷信";直到13年后,他才争取到县级文物保护单位称号,使培田小学能从南山书院搬出来,有了新教学楼。[2]

同时也正是这样的超前和不懈的保护意识,才保留了历史悠久的南山书院,同时使人们开始重视培田古村落,使得后来培田古村落申请到了国家重点文物保护单位,使得培田和培田小学得到了一个机会。但是后来又遭遇的撤点并校,又不得不开始了申诉之旅。最后在村里面的坚持之下,培田小学得到了保留,但是也遇到了更难以解决的问题。

(二)今人的无奈

培田古村落成为国家文物重点保护单位,培田名声大振,培田小学也开始得到重视。2010年,在县教育局和国际21世纪教育委员会的努力下,直接调配了7名大专师范毕业老师和支教老师,配备了25台电脑和相应的教学设备和体育器材。2016年又拨款150万元直接用于修建三层综合教学楼和配套设施。老师则配备的全是本科师范大学毕业,一共9人。如今在培田小学投入了如此多的财力物力,可境况还是令人尴尬,培田小学的学生仍然在不断减少。如今也仅仅只有58个学生,而且还在不断减少,每学期都有学生转学离开。

五、为何衰落的培田小学

(一)城市化下农村人口的流失

中国改革开放,城市化开始迅速发展后,大量农村人口流入城市。村中外出打工的人数逐年增多,孩子大多跟随父母进城读书。城市教育办的越来越好,农村与城市教育资源的差距也越来越大,到后来与乡镇小学比,在教育资源,升学率上差距也很大。于是连留在培田村的村民都纷纷把孩子送到教育质量更好的乡小学或县小学读书,愿意去培田小学的人逐渐减少。在1980年代以前,中国农村学校布局基本以"村村有小学,片片有初中,乡乡有高中"为原则。许多县教育部门规定学校要在村庄2.5千米之内,以便学生就近上学。但在80年代中期,城市化开始加快,农村生源迅速减少,许多学校因为人数较少难以维持,所以中国进行了第一次较大规模的农村中、小学布局调整,各级地方政府以农村初、高中为重点,逐年撤并了许多初高中及小学。培田小学首当其冲,因为培田小学规模逐渐减少,而且离宣和乡中心小学4千米,培田小学的学生被认为"距离较短"上学路程在可以承受范围之类,不幸面临撤并。在1999年,县教育局派副局长下来做工作,提出将宣和乡11所村完小合并到3所乡中心学校的意向,以改善办学条件、提高教学质量。先是停办了幼儿班,2008年又遵从上级指示,将小学四、五、六年级合并到乡中心小学。即使后来县教育局接手培田小学,进行了很大投入,可是还是没有多大起色。[2]

中国从曾经的农业社会发展到现在,农村人口不断地涌入城市。随着城市化的逐渐发展,未来农村人口只会越来越少,农村人都没有了,那么这学校怎么可能还有学生呢?农村小学将会随着农村衰退,社会发展趋势无法阻挡。

(二)培田经济文化的衰落

培田最早繁荣是因为地处汀州府与福建沿海地区联系的交通要道,培田古村中现在还有保存完好的明清驿站。培田地处东南丘陵,土地并不肥沃,与外界交流也不方便,培田人生活在这里并不容易。但正是培田人重视教育,培养出了众多人才,或入仕,或经商,从而反哺培田。培田现在保留的众多古建筑大多是还乡官员,富商所建。整个培田,族支之间也都较为富裕,也较为团结,而且当时培田人口较少,耕地多,于是形成了独特的"经蒙田"。田租收入,和放贷利息收入专门用于教育,形成了独特的"教育基金"使得培田的教育一直能持续发展下去。而且大族有更多的资金去请名师来教学,使得教学质量特别高。

新中国成立以后,原来的大族,乡绅纷纷被打倒,土改中"经蒙田"被当作地主田分掉消失,培田小学转为村里管理,但失去了直接的资金支持。而且随着村里面人口越来越多,人均耕地越来越少,如今人均耕地仅0.6亩。村中经济也难以跟上经济发展速度,村里再也不能像以前那样到处请名师,扶持家族子弟读书,投入的资金实在有限,渐渐落后于乡里面的中心小学。

正是成也萧何败也萧何,过度依赖资金的发展,使得培田的教育非常脆弱,一旦失去资金支持，就难以为系。这是培田的幸，也是培田衰落的不幸。

六、该走向何方的农村小学

在历史的滚滚浪潮中，和培田小学一样的乡村小学步入衰落是不可避免的，城市化是大势所趋，农村的人口只会越来越少，农村小学生源也只会更少，全国的农村小学必定会随着时间逐渐消失。现在农村小学一定要做点什么，否则不进则退，消失的速度只能更快。

正如培田小学那样，农村小学不应该单纯地依靠外界增加教育投入来维持下去，无论怎么拼硬件、拼师资，都是拼不过大城市有着丰厚教育资源的学校。必须要依靠本地的特色，如培田小学利用南山书院几百年的文化底蕴和培田中国历史文化名村的名号发展自己的特色，目前学校已经开设了一些特色活动，如春耕节，还吸引了外面不少关注度。还有更多的特色农村小学可以发掘。开放二胎的政策对所有小学都是福音，这将会带来一波婴儿潮，使得生源增加。这时候就需要农村小学尽力留住生源，有了学生，学校还有希望。

小学老师不提倡全是本科师范毕业的学生，小学需要的更多的是曾经最初撑起中国农村教育的中专老师。目前培田小学几乎都是全日制本科师范专业毕业的，他们接受了更多的教育，付出了更多的成本，农村小学给他们的回报是难以留住他们的。相对于中专老师，他们对学术钻研并没有那么精，但是培养速度更短，实践能力更强，技能掌握更广泛，更能迅速满足对师资力量的需求，学校也更容易留住他们。

利用互联网+教育也可使得偏远的小学获得更好的教育资源。实际上现在学校大多都有这些硬件，现有的多媒体设备都不需要进行大规模改造就行。农村小学可以联系发达地区的学校帮扶，发展远程教育，也可以利用好网上众多网络资源，使学校能获得更好的资源。

乡村学校最为头疼的还是学生成绩，特别是升学率。作为九年义务教育中的"小升初"考试是不是应该存在？不应该让乡村小学因为这个考试突显与中心小学的差距。"小升初"考试成了乡村小学难看的颜面。我国实行了这么多年的素质教育改革，小学更应该贯彻素质教育。资源较少的乡村小学必然在升学考试上输给城镇小学。这需要的是教育体制的改革，需要当地教育局合理分配好资源，始终公平对待"村小"和中心小学的学生。

乡村小学越来越难以跟上时代。社会生产方式和生活方式的巨大变革让农村越来越难以养活这么多人，教育更难以维持。所以农村小学必定会随着农村逐渐消失。农村做的也只有利用好现有资源保持合理的规模,满足基本的需求,减缓农村小学衰落的速度。

参考文献

[1] 吴泰均.《培田吴氏族谱,(续修本)》493-494,[M].
[2] 王丽.一座村庄的教育血脉,冰点特刊《中国青年报》[J],2010(01).

农村现状综述
——培田古村调研

刘彦露

（重庆邮电大学移通学院计算机科学系，重庆 合川 401520）

摘 要：土相比农村，城市中的人口流动量大，创造力强，效率高，市场活跃……一系列原因让城市收入与农村收入严重不平衡。培田古村的社会资源无法满足人们的物质需求，人气变少，而城市聚集的多元化资源对农村有着强大吸引力。客观规律的不可抗拒，人们在经过实践与时间的洗礼后更坚定不移地相信：美好生活的脚步在于走向城市。农村人口大量的涌入城市，城市化的趋势越来越快，势不可挡。自由是发展的最重要前提，尊重自由交易所创造的价值。

关键词：乡土情怀；城镇化；自由进程；土地产权

The Present Situation of Countryside
——Peitian village

Yanlu Liu

(College of Mobile Telecommunications Chongqing University of Posts and Telecom and Department of Computer Science, Chongqing Hechuan 401520)

Abstract: Compared to the countryside, the city's population flow is big, strong creativity, high efficiency, the market active and so on. A series of reasons for serious made urban income and rural income become unbalance. Mr Tian, an ancient village of social resources can't satisfy people's material needs, less popular, and the diversity of urban agglomeration resources has strong attraction to the countryside. The objective law of the force majeure, people after practice and more firmly believe that: after the baptism of the time the footsteps of the good life is to the city. A large number of rural population into cities, the trend of urbanization is more and more fast and unstoppable. Respect freedom trade value created, is the most important premise of development.

Key words: localism; urbanization; free process; land property rights

一、乡土情怀与乡土困惑

（一）客家人之培田古村

神秘的古村——培田，位于福建省闽西山区连城县宣和乡境内，拥有800年历史的村落，是我国现存较为完整的明清时期客家古民居建筑群，是客家建筑文化的经典之作。面积13.4平方千米，住户412家，人口1500余人。

（二）归乡就业

在农村有"落叶归根"、"告老还乡"的说法，即使在外面有多大的成就，客居他乡终要回到本乡。再加上古村客家人对祖宗的崇敬，800年周而复始，每13年一次的每家每户"迎公太"客家民俗盛会，纪念开闽王王审知——"拜神不如拜祖宗"。那么这里返乡建房是因为根深蒂固的"落叶归根"、"告老还乡"思想？当然不全是。根据实际考察发现，外出打工的年轻人觉得大城市里的生活压力巨大，都市里的快节奏、高消费、创业难、就业难，各种不利政策使他们对于能长居城市的期望破灭。除此之外想必还有一个重要原因就是互相攀比，在这样一个小村落里周围的变化都是那么明显，各户人家站在同一条起跑线上，谁都不甘落后。我们曾与一位近50岁的中年男子交谈中了解到，能返乡新建别墅的人基本上是从外地打工挣了些钱返乡的培田本地人。他以前也是在外打工挣钱养家，后来回乡盖房，想今后留在培田生活，靠种植农作物生存。在古村外建新房是与他年龄相仿的中年人和部分老人，而年轻人回来长期居住的却很少，大都外出去大城市打工奋斗，只有过年时节才会回来相聚。

想留在这里生活的人以农业、旅游业为主要生存途径，除此之外还有极少的新型创业思想，通过微信经商、农村淘宝、福利彩票、合作社等。农业其中具有当地特色的则是烟叶、百香果、水稻和少许姜糖几乎每处商铺店铺都有它们的身影，出售方式的改变也有一定提升从姜糖到姜膏，从百香果到各种衍生产品，从摊货到批发，但改变怎么也不够工业生产的高效，高质量的完成、推送和发行。事实上两大主要生存通道每月收入都不能比及外出务工的收入。

在没有经济基础支撑的地方何来的生存？试想随着时间推移，仅留下来的老人见证着历史逝去，孩童跟随着父母去往更大的城市，还有返乡建设者来到曾经养育、滋养他们的土地发展创业生活吗？那脑海中仅存的"落叶归根"、"告老还乡"也会不复存在吧。

据统计，目前村里大约有占村民总数40%的人——即600余人外出务工；而有20%——即近300名是60岁到100多岁的老人；在培田小学（又名南山书院）读书的仅有58名孩童，有条件的孩子会和父母去往大城市接收他们心目中认为更先进的教育。可见古村返乡劳动力不能够支撑它的发展，大量的青壮年外出务工，劳动力缺乏，村里没有新血液带动，只能显得村里村外处处死气沉沉，没有朝气，未来村子的发展又会如何？不禁令人困惑、引发深思。

二、能留住人吗？

（一）人杰地灵——培田

在风水中，"得水"是最重要的，"河水之弯曲乃龙气之聚会也"。《葬书》上说，选择风水宝地，"得水"为第一，"藏风"算第二，"气"乘着风就会散掉，但遇到水却会藏聚起来。

培田有条河，既"得水"又能"藏风"，鱼与熊掌二者兼得。《博山篇·论水》中也说，流水来势好，是"福气"；流水弯曲环抱，是"贵气"。蒋平阶《水龙经》中说，如果流水有很多弯曲，怀抱来朝的话，必定是富贵的风水宝地。古民居建筑群由30幢高堂华屋、21座古祠、6家书院、二道跨街碑坊和一条千米古街构成。最大的建筑九厅十八井，占地6900平方米。各座建筑布满浮雕、楹联、名匾、石雕等，工艺精巧，十分壮观。一些建筑专家和国外友人前来考察后认为，这是人类建筑史上的一枝奇葩，是不可多得的历史文化遗产。[1]

（二）收入天秤的失衡

然而城市化高速发展的今天正悄无声息地瓦解着这样一块人杰地灵的神奇土地。

"民以食为天"这是亘古不变的事实，无论人们在哪儿，只要在生活，只要还活着，就得吃饭。就如大自然中的动物们来说，它们年复一年的大迁徙最大动力就是食物生活在大自然中的人类当然也不可能打破这自然规律。那么这么大的世界哪儿有更多、更好的"食"等着人们去觅呢？城市就这样突显在人们的视野，相比农村,城市中的人口流动量大,创造力强,效率高,市场活跃……一系列原因让城市收入与农村收入严重不平衡。其中工商业和农业的收入的差距尤为突出,有两大原因牵动着差距的显现。第一是农业劳动力的特殊性如季节性,分散性和地域性等客观因素导致农业生产和经济效率低下。农业劳动力如何都不能无限制的填充到农业中,而工商业劳动力能在相同的环境下无限填充。第二是在资源流动性上,土地资源不可移动性,这注定意味着两者收入上的差异巨大。

马斯洛在1943年出版的《人类激励理论》一书中,首次提出需求层次理论,认为人类有五个层次的需求。最基本的需求即人类对于维持自身生存的最基本要求。[2]古村资源的匮乏,当村民对生活有了更高的物质追求,需求层次变高,培田古村的资源无法满足人们的物质需求,人气变少,而城市聚集的多元化资源对农村有着强大吸引力。

(三)农业发展趋势

影响21世纪人类社会进程两件最深刻的事情,一是美国的新技术革命;一是中国的城镇化。英国的城镇化用了200年;美国和北美城镇化用了100年;拉美和其他发展中国家的城镇化,只用了40~50年时间就基本完成了这一进程。此后中国的城镇化开始了,中国城镇化水平自1996年超过30%以后,16年间,城镇化处于快速发展阶段,年均提高1.33个百分点。近几年来,城镇化更是进入高速发展轨道,2010年我国城镇化率为49.68%,2016年,中国城镇化率达到57.35%。当前普遍认为,中国城镇化进程正处在快速发展阶段,并且这种快速发展趋势还将保持较长一段时间。然而,在城市化过程中,农村与城市相比处于劣势地位。这是因为农业经济的生产过程持续时间较长,并且农村产业极大地依赖土地等自然环境造成的。土地是保障农民生存的主要经济来源,中国人均土地少,农民过多这就迫使许多青壮的农民不得不外出打工,挣钱养家糊口。2015年,中国第一产业(农林牧副渔等全部)占GDP比重仅为8.99%。2014年的占比是9.17%。比如美国也是世界第一大农业国,农业总产值只占GDP1.2%,农业人口占1%,基本上都是老年人从事农业。日本也是1%农业人口、农业产值占1%,农业人口平均年龄68岁。世界规律全球一样,中国当下必须90%以上农民进城才有活路。[3]

三、理想还是现实

(一)外来机构的理想与现实

培田外来机构有社区大学、滋农、耕心团队、协助工坊。其中乡建派和新农村派这些外来因素并不是心血来潮,他们想帮助古村,减缓衰落,理想往往是美好的,那么现实呢?

在培田社区学校做志愿者的小陈老师,通过和她的交谈中了解到,在她来之前有很多青年志愿者和小团队抱着一腔热血来到培田,想通过自己的努力或者小团队的力量把培田古村打造成一个绝无仅有的古村,他们尝试过很多方法、途径来努力改变,但目前能将古村发展成一个综合性强,旅游服务设施完整且契合古村特色的个人或团队还没有出现,均以失败离场,离开了古村那个曾寄予希望的村落。

现实中的培田有一批以社区大学为主的外来机构每年举办培田"春耕节"这样极具影响力的大型旅游活动,至今年第五届;举办以老人公益食堂、资助孤寡贫困为主的敬老爱老公益活动;针对培田青少年设立农村图书室,并开展以客家文化、耕读文化为主题的夏雨雨人夏令营、冬令营等活动,帮助恢复南山学院;举办各种社区需要的文化活动和培训,协助村民组建文体组织(包括恢复十番乐队、组建盘鼓队、腰鼓队),协助村民成立培田汇通互助金融合作社、培田老人协会。滋农组织外面的亲子游学团来村里学习民间手工艺、体验客家小吃,帮助销售村里的农产品。耕心团队策划春耕节、组织游学团来村里体验古村落生活、为村民开展民宿知识方面的培训。协助工坊组织学生来培田做建筑设计。这些不仅丰富培田村民的文化生活,还促进当地村民综合能力的提升。

理想中的古村还能开发成一个吸引世界各地游客注视的景区,但现实无情地否定了他们的雄心壮志。人是流动的,即使受到阻碍也终究会回到人流中。客观规律的不可抗拒,人们在经过实践与时间的洗礼后更坚定不移地相信:美好生活的脚步在于走向城市。

(二)古村走向消失

文物保护,宣传培田古村,文化推送给外界,销售自身文化,寻求更多关注,并没有太大的用处,人气锐减,陷入一个死循环。我们曾在与一位老人闲聊时听到一句十分震惊的话:"培田古村不是衰败,而是在走向消亡。"据统计部门最新数据显示,我国的自然村10年间由360万个锐减到270万个,这也意味着,每一天都有

80~100个自然村落消失。[4]或许我们还不能看见古村走向消失的那天,但城市化发展飞速的今天古村衰败已经成为事实,这里经济来源大多来自在外打工的年轻人,回村盖房是在城市挣了钱,城市在滋养农村。离开了城市和城市人的滋养,农村犹如无根之树,无援无靠,会被活生生地枯死。

四、自由进程的脚步创造新的世界

(一)城市化飞速发展的光芒

2016年,中国城市化率从1978年的17.92%发展到了57.35%,[5]农村人口大量涌入城市,城市化的趋势越来越快,势不可挡。自由的脚步慢慢走出了自己的心声,但人们对于不能得到的充满了好奇和占有欲,无论是什么阶层什么层次的人都有追求事物的权利尤其是在这个自由和平的年代,于是在城市里的人大声喊出"逃离城市,走进农村",城市空气污染,农村空气清新;城市喧闹虚浮,农村宁静纯实;城市的压力,农村的自在。可是当真正植入其中时,你还会这样觉得吗?

在一个随处可见残垣断壁的农村,古村保护不适应村民追求现代生活的存留,村庄发展缺乏总体规划指导,没有协调好新、旧村的用地布局,只堵不疏,造成部分迫切改善居住环境的村民擅自改变古建筑内部格局。若不是政府的支持、国家对古村的建筑保护投入金额为5600万由文物保护局进行文物维修(资金使用文物申报过程为:申报维修－审核－批款－维修),这样一个正在走向败落的古村落何来的资金去维护文物建筑?培田文物保护的投入资金为专款专用,能在古村里长期居住的都是原居民老人。即使有这样的努力,部分古建筑闲置破败,濒临倒塌。当城里人住电梯房小公寓时,这些设施跟不上的老房子还有谁愿意守护?不过是只剩下了对古村有感情的老人,以情怀释天下罢了。旅游逐步发展的古村落,游客数量呈逐年递增的态势,但基础设施建设滞后却不适应旅游发展的需要。据统计,去年游客量达到5.5万人次。旅游的发展,也给培田古村落的保护带来了新的问题,基础设施和共用设施滞后的问题更加凸显。所以这暂时的小高潮迟早会面临低落的游客量。再看看那些融入了现代元素的民宿,商业化的进程承担了古建筑的维护,也能吸引游客带动消费,进入了双赢的良性循环。快餐式文化消费似乎更适合大众的口味,是人们的"口味"变得浅层了,还是农村发展走向了尽头?

无论如何,农村早已不在是当今发展的主流中。改革20年,城市化发展进程突飞猛进。数据统计,到1998年,我国市镇人口较改革前的1978年,增加了12个百分点。2016年末城镇人口占总人口比重(常住人口城镇化率)为57.35%,比2015年末提高1.25个百分点。据有关专家预测,我国城市化进程将会进一步加快,再过10年,市镇人口将扩大到65%以上。[6]然而在自由进程的路途中总是有或多或少的阻挠,我国的土地产权政策并不支持农村人到城里买房,千方百计地将外来人口堵塞在门口,拼命地想要画出一个红鲜的界限。自由受到了限制,那农村里的闲置资源白白浪费,捆绑在了农村,没有可移动的资本,自由的脚步迟迟不能跟进。农业的比较收入越来越低,解放农民、大量减少农民,使极少且专业的人管理特有的资源(文物和土地),顺应世界规律、全球潮流,走向城镇化的道路迎接新繁荣复兴。

(二)自由创造繁华

自由创造了如今世界的繁荣与复兴,自由让不同的人找到了属于自己的位置,创造自己的价值,在第三产业发展蓬勃的信息时代,服务业带动力可观的今天,服务于别人也是在服务于自己。《自由与繁荣的国度》是路德维希·冯·米瑟斯于1927年发表的一部著作。其中讲到:"自由主义仅仅是试图为人们创造一个外在的富裕条件,因为它知道,人们内在的、心灵的富足感不可能来自外部世界,而仅仅只能来自于他们自己的内心。"自由是发展的中心。尊重自由交易创造的价值,自由是发展的最重要前提。

参考文献

[1] 培田古村落建筑以及风水景观赏析

http://www.chinavalue.net/General/Blog/2015-11-22/1219069.aspx

[2] 马斯洛需求层次理论_百度百科

http://baike.baidu.com/link?url=tu3Oiu_w8Tc1mwj0KMnfQ1s5pfJ_be7xbwq83dIm_srYPAjr5ZYrbGerNIpV8sktG7Yz1B2wsioVFU7-LgkToQlgSY-DisJqsC7QrBqEnEaV-wJPodnEPKHtijBbX_rW0wjG0-KYSneJyb7Q8NjiX-SIwYt-6-AIEb5O5ey0oTlTm4vWDiSJ8EYpB2YVvA98

[3] 绿色城镇化发展欤国际经验及借鉴意义

http://www.cqvip.com/QK/96474X/201511/666657857.html

[4] 2013年上海公务员考试申论热点:村庄消失,城市能否繁荣

http://www.chinagwyw.org/shanghai/slfd/slrd/172134.html

[5] 中国城市化率统计数据(1949-2016)

https://wenku.baidu.com/view/08809108eef9aef8941ea76e58fafab069dc4494.html

[6] 第三章我国城镇化进程 http://www.docin.com/p-388140.html

乡村建设无法阻挡培田古村的衰落
——从乡村建设到城市化之我见

段抒廷

（重庆邮电大学移通学院自动化系，重庆 合川 401520）

摘要：从 2003 年开始，政府就将农业、农村、农民"三农问题"作为政策的"重中之重"，采取了一系列措施加以解决。也因此，才有社会主义新农村建设的再次兴起。在大力开展乡村建设的同时，城市化运动也在轰轰烈烈的进行着。城市化运动就像一块巨大的吸金石，农村大量的人力、物力、财力源源不断地被吸附到城市。乡村建设所进行的努力并不能阻止乡村衰落，而城市化运动却能源源不断为乡村发展提供新的出路。本次大焕研究院调研的培田古村便是一个例子：无论怎样的乡村建设，衰落是不可抗拒的，乡村建设的速度赶不上乡村衰败的速度。

关键词：城市化运动；新农村建设；乡建；衰落

Rural Construction Cannot Stop the Decline of Peitian Village
——from rural construction to urbanization

Shuting Duan

(College of Mobile Telecommunications Chongqing University of pots and Telecom and Department of Automation, Chongqing He Chuan 401520)

Abstract: Since 2003, the government has taken agriculture, rural areas and farmers, the three rural issues, as the most important policy, and adopted a series of measures to solve them. Therefore, the new socialist countryside construction has arisen again. While vigorously development the rural construction, the movement of urbanization is also in full swing. The urbanization movement is a huge attraction stone, and a large number, material and financial resources are absorbed into the city. So the efforts of rural construction cannot prevent the decline of rural areas, but the urbanization movement has provided new ways for rural development. The an example of Petian village, was investigated by the Research Institute of Dahuan, is that no matter what kind of rural construction, the decline is irresistible, and the pace of rural construction cannot keep pace with the decline of the countryside.

Key words: urbanization movement; new rural construction; township construction; decline

一、研究背景

(一)背景

从2003年开始，政府将农业、农村、农民"三农问题"作为政策的"重中之重"，采取了一系列措施加以解决。也因此，才有社会主义新农村建设的新篇章。社会主义新农村建设是指在社会主义制度下，按照新时代的要求，对农村进行经济、政治、文化和社会等方面的建设，最终实现把农村建设成为经济繁荣、设施完善、环境优美、文明和谐的社会主义新农村的目标。

2005年10月，中国共产党十六届五中全会通过《十一五规划纲要建议》，提出要按照"生产发展、生活宽裕、乡风文明、村容整洁、管理民主"的要求，扎实推进社会主义新农村建设。

尽管国家废除了农业税，免收农村义务教育费，建立起了以"新农合"为主的新型医疗制度。但是随着城市化运动的大力推广，大批的农民仍然离开了土地转而进入城市谋生。据资料，中国现在大约有2.7亿农民工到城市务工，并带动约4亿人口移居城市。

(二)失落的古村，留不住的人

培田客家古村落位于福建省闽西山区连城县宣和乡境内，占地13.4平方千米。住户412户，村民1523人。培田古村至今仍完好保存有30余栋高堂华屋、21座宗祠、六处书院、四座庙观、三种版本族谱、一条千米古街、两道跨街牌坊。培田古村拥有800年历史，它是中国历史文化名村，古建筑群是全国重点文物保护单位。

培田古村拥有着深厚的历史文化背景,经实地考察,门票价格为50元/人。尽管培田古村拥有深厚的人文背景和巨大的门票收入,它的建设情况依然很不理想。偌大的村庄仿佛一座空城,古街边几家冷清的特产小店提醒着到来的旅客们:这不仅仅是一个普通的小村庄,而是一个开发为旅游景点的文化古村。穿过一间间空荡荡的古民居,踩过一条条狭窄的三尺巷,每一根木头,每一块石板,都诉说着它们曾经的辉煌。

花费半天的时间就可以走遍培田古村的旧居。其中,三分之一的房屋已经残败不堪。崩塌的土墙,倒地的木梁,散落的碎瓦片,全然像是没有生气的"遗址"。三分之一的房屋大门紧闭,很难看出是否有人居住的痕迹。剩下的三分之一,是古建筑景点、沿街特产小店。这个被评为4星级景区的培田古村,完全没有一个4星级景区该有的样子。

这里没有产业,没有人气,除了遗留的古建筑及传统文化,当然,最缺的还是人。根据调研数据表明,全村共有412户,1523人。其中18岁以上外出务工的人就有600多;20岁到28岁并留在村里的青年人数仅8人。细思极恐,培田古村不仅是离开了三分之一的人口,更重要的是离开的还有村里的青壮劳动力,失去的是整个村庄活力和未来。

日暮沉沉的老人守着岌岌可危的老屋,这便是培田古村最常见的景色。日渐衰败的老屋,毫无生机的古街,老人小孩的人口组成,这便是衰落的培田古村,留不住的培田人。

二、培田古村的乡村建设调查

调查对象:培田古村当地居民
调查人员:大焕城市化战略研究院福建调研小组所有成员
数据来源:大焕城市化战略研究院福建调研资料汇总
根据研究院调研小组在福建培田古村为期4天的调研,整理资料如下:

(一)培田古村的新村建设

新村建设,是为了将老村中一半的人口迁出,以便于培田古村的古建保护和旅游建设。新村建设分2期,一期工程从2009年开始,计划迁出120户人家,价格约20万元左右;二期工程计划迁出60户,价格约40万。新村建设的目的是为了方便对古村的管理及修缮,同时,这样的造福工程也是给村民的一颗"蜜枣",希望村民都能留在村中发展。

(二)古民居、古建筑的抢救和修复

政府成立了拨款专项对文物建筑进行保护和修缮。国家对古村的建筑保护投入金额为5600万,由文物保护局进行文物维修及资金使用(文物申报过程为:申报维修-审核-批款-维修)。从2006年开始,迄今为止,国家总计修复古建筑16座,今年的计划是修复文物古建筑23座。这一方面是对传承的保护,也是对旅游开发的一种支持。

(三)乡村民俗活动的恢复与提升

今年恰好是培田古村13年一遇的"迎公太"民俗活动,培田村管理委员会对这项活动表示了大力支持,并且将培田村旅游收入的一部分用于此项活动。

(四)乡村小学的倒闭与重建

培田小学的前身为南山书院,是历史上有名的教育圣地。而近年来,受到很多因素的影响,导致培田小学的生源急剧减少,教育资源奇缺,几乎快要倒闭。为了维持培田小学的继续运作,政府对培田小学进行了旧址保护和新址建设,教育资源和师资力量的重新分配。

(五)自然风景的保护工程

河道整治工程,对游客中心到培田古村这段河道进行整治,一是为了防洪,二是为了美观。

(六)公厕的改建

培田古村原来只有旱厕,在选评为景区之后,逐步的对厕所进行了改造。到现在为止,培田村内一共有7个现代化卫生间。

(七)社区大学的活动

表一　　　　　　　　　培田古村社区大学活动名称及其描述

序号	活动名称	活动描述
1	旅游类型	每年举办培田"春耕节"等极具影响力的大型旅游活动,至今年是第五届。
2	公益类型	弘扬培田尊老爱幼的优良传统,举办以老人公益食堂、资助孤寡贫困为主的敬老爱老公益活动。
3	文化类型	针对培田青少年设立乡村图书室,并开展以客家文化、耕读文化为主题的夏雨雨人夏令营、冬令营等活动,帮助恢复培田小学。
4	社区类型	举办各种社区需要的文化活动和培训,协助村民组建文体组织(包括恢复十番乐队、组建盘鼓队、腰鼓队),丰富培田村民的文化生活,促进当地村民综合能力的提升。
5	协助类型	协助村民成立培田汇通互助金融合作社、培田老人协会。
6	滋农	组织外面的亲子游学团来村里学习民间手工艺、体验客家小吃,帮助销售村里的农产品。
7	耕心团队	策划春耕节、组织游学团来村里体验古村落生活、为村民开展民宿知识方面的培训。
8	协助工坊	组织学生来培田古村做建筑设计。

数据来源:《重庆邮电大学移通学院大焕城市化研究生班培田调研数据汇总》

培田古村有政府和不少外来机构的支持,又有800年的历史文化,还有大量遗留的古建筑,依山傍水的培田村依旧是这样萧条惨淡的样子。

三、乡村建设无法阻挡的衰落

前面列举了培田古村的乡村建设活动,但是无论多少的乡村建设活动,现实都是残酷的。下面将分点讨论培田古村如何在城市化运动的背景下衰落的。

(一) 经济衰落

表二　　　　　　　　　　培田古村村民收入情况表

序号	经济来源方式	收入（元/月*户）
1	农业	300
2	务工	2000
3	旅游	800
4	其他	500

数据来源：《重庆邮电大学移通学院大焕城市化研究生班培田调研数据汇总》

根据从《重庆邮电大学移通学院大焕城市化研究生班培田调研数据汇总》中找到的数据，培田古村的村民收入不高，即使有很多的政府造福工程、外来机构的援助，他们的主要收入来源仍然是靠传统的农业和务工。乡村建设所进行的努力并不能阻止乡村衰落。

(二) 人口衰落

首先要从古村现在的剩余人口说起，培田古村总计有1523人，除去离开村庄的600多名青壮年，剩余的人口中，60岁以上的老人就有298个。

表三　　　　　　　　　　培田古村人口情况分布表

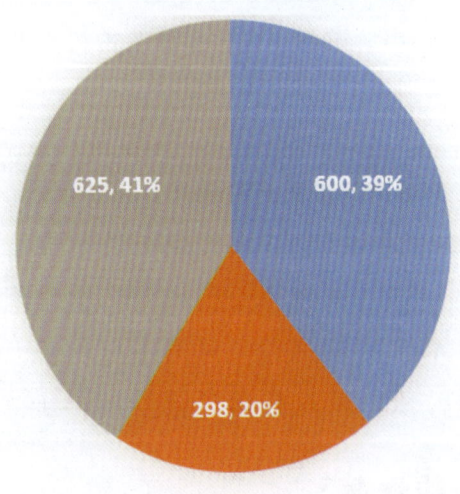

数据来源：《重庆邮电大学移通学院大焕城市化研究生班培田调研数据汇总》

据调查显示，培田古村中，绝大多数的老年人都留在了老村的旧居里，他们守护着文化传承和老一代的记忆。他们不在乎生活的条件如何，仅仅不愿离开他们生活了几十年的老屋，眷恋和老屋一起生活的几十年感情。因此，最终前往新村的人数比预期的还要少。新村的建设原本是民众的造福工程，但是目前看来，并没有达到预期的效果。年轻人离开了培田，出去开阔了视野，他们会选择回到培田吗？答案不言而喻，见识了大城市的他们并不会因为所谓的"乡愁"，而回到落后的乡村。失去了新鲜劳动力的培田古村，即使建立了崭新的房屋，也不过是原地的挣扎而已。

所以，城市便是一块巨大的吸金石。农村大量的人力、物力、财力源源不断地被吸附到城市。培田也难以逃离城市化运动巨大的漩涡。

(三) 教育衰落

人口的流失还远远不止青壮年，培田小学的重建更是说明了问题。培田小学目前有58名学生，平均每个年级还不到10人。据研究院汇总的数据：培田小学平均每学期转走2~3人，转入1~2人。这足以说明培田古村流失的不只是青壮年，还有儿童。

孩子代表着未来，而培田古村的孩子们却在一点一点的流失，这似乎也预示着培田古村的未来。

"58名学生中，留守儿童占70%~80%"，"本村孩子只有三分之一的在培田小学就读，其余学生在外地或者宣和中心小学就读。"从老校长的口中，我们获得了这两条信息。

尽管政府没有拆掉或者合并培田小学，还加派了各种各样的教育资源，甚至重建了校舍，依旧没能阻止孩子们出去的脚步。这样的乡村建设是否有用？

考察组继续考察了小学的老师情况，培田小学一共九名教师，均为本地人，八人为本科师范专业毕业，一人为代课老师。他们都有两个共同点：

1) 教龄偏低。

2) 在合约期结束后都不想留下。

这是一个可悲的调查结果，一个连教师和学生都留不住的学校，它的重建毫无意义。

青壮年、儿童、教师，都不可避免的离开了乡村，他们是一个地区发展的核心和未来，现在却都涌向了城市。

(四)旅游开发作用有限

再看看其他项目的乡村建设,不管是修复古建筑,还是整治河堤;不管是改造公厕,还是举办民俗活动,都有一个共同目的——把培田古村开发建设成为更好的旅游景点。

培田古村作为一个旅游景点,收费50元/人的门票,每年旅游收入有200~300万元。这样高额的收益仍然不能吸引人口留下。常理来说,有"利益"的地方就一定有人,可培田村为却还是一副萧条的样子,旅游收入的钱是否进入村民们的口袋里?

表四　　　　　　　　　门票收入资金去向表

序号	去向
1	80%流向冠豸山管委会(旅游局下属公司)
2	20%回到培田古村理事会。这其中的20%中有四分之一给村委会财管用于支出培田古村当地居民的农村医疗保险(80元+居民自费70元共计150元),剩下四分之三用于分红(分红对象为古屋被测评为景点的所有者),分红方式依据古屋的相关专业评分高低等级进行分红。(例如:古村中评分最高的继竖堂的年分红为3万元整),如有剩余资金,将用于古村绿化,厕所改建等。

数据来源:《重庆邮电大学移通学院大焕城市化研究生班培田调研数据汇总》

根据表四的数据显示,除去有古屋分红的村民,真正进入村民口袋里的只有每年80元的医疗保险。政府费尽心思建设这样的一个旅游文化古村,最大的受益方并不是培田古村的居民们。没有足够的"利益",培田古村凭借什么留住人。

没有人就没有创造,没有人就没有"利益",没有人就不会有发展,没有人就只能衰败,从而退出历史的舞台。

不管怎样的乡村建设,都没有从根本解决人们的需求,无论在乡村建设什么,都比不上城市对人们的吸引。城市的利益性、进步性、多样性、感官性都是乡村无法比拟的。

(五)社区大学的无用功

社区大学的小刘老师是一名来自深圳的志愿者,她因培田古村的宁静来到了培田村,通过社区大学的平台,参与和举办了很多的活动。例如在去年,社区大学曾经请来了外地的学者专家给培田村的农民培训农业知识,看起来这本是一件利于村民的活动，而村民也确实得到好处。但是，从经济的角度去分析：资金由城市里的慈善机构提供，流经培田古村社区大学后流向了其他地区的学者专家手里。整个过程，培田古村并没有得到一点点"经济利益"，从实际的角度来说，这样的活动举办再多次数，也无法带给培田古村经济的发展，培田古村依旧无法去和大城市竞争。

乡村建设在和城市化运动的竞争中，或许乡村建设能够暂缓人们涌向城市的脚步，但是最终的结果是不会变的。乡村的衰落是由城市化运动所带来的，乡村建设和城市化运动相互对立，一个主张建设农村，发展农村；一个主张集中于城市，发展城市链、城市群、超级大城市。两者之间的矛盾只会越演越烈，而在竞争中出于劣势的乡村，会慢慢地被城市同化。

培田古村便是这样一个活生生的例子，而这个世界上还有多少个这样的村落呢？大力的进行着乡村建设，试图抵抗城市化运动的洪流。

四、讨论和建议

既然无法阻止，那就应该去顺从它。大禹治理黄河，改填堵为疏通，很早很早以前的中国人就有了这样的智慧。同理，减少乡村建设，加大城市化运动的做法，就像是疏通的洪水，开闸放坝，让人民的洪流进入城市。大量的人口基数，给城市带来了不可计量的需求，增加了城市的丰富度。随着人口的高度集中，人们的需求扩大，很可能会在短时间内爆发第三次科技革命，这些对人类的发展百利无害。就培田古村的例子来讲，第一步就是将培田古村的农村人口转变为城镇人口。培田古村现在作为一个4星的文化旅游景点，就应该把这个景点专业的地下去，新增大量的全面的旅游服务业。把大多数的居民都迁入城市，利用培田村所占有的优势，打造成一个专业性的景点。保留一部分村民，传承客家的传统文化，作为景区的一大特色。

在现在的大城市化运动的背景下，调节乡村设和城市化运动的矛盾刻不容缓。顺应潮流的发展，向大城市进发，逐步的减少乡村建设，将有限的资源集中到城市里发展，实现资源的最大利用率。这不仅仅是培田古村的出路，这应该是当前所有乡村的出路。"乡村为什么衰落？因为人们找到了更好的去处和生活方式"。漫漫长路，世事变迁，十里炊烟不见了，衰落培田古村落，欲问乡村何处走，唯有迈向城市化！

参考文献

[1] 祁文发. 新农村建设和城市化运动是两个不可调和的矛盾
http://blog.sina.com.cn/s/blog_5ecffea20100xnor.html

从培田看农村的衰败

邓宗泽

(重庆邮电大学移通学院计算机科学系,重庆 合川 401520)

摘 要:随着科技的发展,工业化和城市化进程的加快,农村的衰落也越发迅速。而农村、农民问题一直是我国现代化进程的关键性问题,社会发展全局的根本性问题。本文对当代中国农村衰落的现状做了整体分析,包括其衰落的现实表现、衰落的原因及后果,同时指出未来农村的发展道路。

关键词:城市化;农村;未来

See the Decline of the Countryside from Peitian

Zongze Deng

(College of Mobile Telecommunications Chongqing University of Posts and Telecom and Department of Computer Science, Chongqing Hechuan 401520)

Abstract: With the development of science and technology, industrialization and urbanization speeding up, the decline of rural grew more quickly Farmers and rural problem has always been the vital problem that the process of our modernization, social development of the country's fundamental problems In this paper, the status quo of contemporary Chinese rural decline to do the overall analysis, including the reason of the decline of reality show and consequence of its decline, at the same time points out the future development of rural roads

Key words: urbanization; country; future

1. 培田概况

在进入工业化社会之前,社会中大部分的人口居住在农村,农村是社会的基石。而反观农村现在却一步一步走向衰败。我们在对位于福建省龙岩市连城县宣和乡境内的培田古村进行实地调研后,发现这是一个非常有意思的地方,可以说是一个能够完美体现农村发展历程的典范。培田村拥有800年历史,是国内存较为完整的明清时期客家古民居建筑群和传统的家族农业聚落。过去这里是交通要道与文化中心,由于出仕了许多达官贵人,也成为了当地的"政治副中心"。然而,随着时间的流逝,社会的发展,培田古村不复从前荣光,反而是随着时间的流逝,越发衰败。

1-1 培田的经济现状

培田古村的经济来源基本上靠务农,旅游业,还有部分外出务工青年回乡进行自主创业。培田古村农作物主要为烟草、有机谷物(红米、黑米)、百香果,其收入占全村收入不足[1]15%,大概就是1500元\人·年,只能达到维持最低生存限度。随着科技的发展,社会的进步,村民能够通过务农得到的收入占比不断减少。然后就是旅游业,培田古村的旅游门票年收入大概是200~300万(门票+导游解说费),并且逐年增长,但是门票收入的主要部分却并非属于村民,门票收入有80%流向冠豸山管委会(旅游局下属公司),只有20%是培田古村理事会的。而且这培田古村理事会中的20%只有1/4交给村委会财管用于支出培田村户籍居民的农村医疗保险(80元+居民自费70元共计150元),剩下四分之三用于景点产权分红(分红对象为古屋被测评为景点的所有者),分红方式依据古屋的相关专业评分高低等级进行分红。(例如:古村中评分最高的继尘堂的年分红为3万元整),如有剩余资金,将用于古村绿化,厕所改建等,不过但凡专业评分等级高的古屋,族支内人数也同样多,这样平均分配下来的收入就微乎其微。还有一些回乡自主创业的村民,种植百香果的、有开店卖特产的,但这部分村民都是在外务工多年有了一定的经济实力,且在权衡经济利益的情况下,回乡创业(这样的村民也只占少数)。

1-2 培田的教育现状

望子成龙都是每个父母所希望的。而培田古村在教育方面面临严峻的危机。培田小学是培田古村仅有的一座小学,它的前身是培田的南山书院,南山书院在过去是培田乃至附近几个县的文化中心,附近的学生都会到这来求学。然而培田古村过去的辉煌已经消逝,现在培田小学内仅有教师九人,普遍教龄偏低,其中还有的只是代课老师。培田古村教师的待遇一般,并没有什么特殊的补贴,而且他们表示在合约结束后不愿再留下来,同时还有个问题那就是每学期都会有1~2个人会转出去，而且培田古村中只有1/3的小学学生在培田小学进行就读，其他学生都选择在更好的宣和中心学校就读。而且这还是小学，他们未来的方向是连城的初中、高中，龙岩市外的大学等等。就算是辍学也会外出打工。

1-3 培田的医疗现状

生病是一个非常严肃的问题。然而现在的城乡医疗资源分配严重不均，可以说两者之间是有天壤之别。培田古村内有一家培田卫生所，通过询问得知，卫生所每月就诊人数平均下来30人左右，而且卫生所所能治疗的仅仅是一些外科、妇科之类的小病，若发现稍微严重些的疾病，只能前往县里或者市里。在这个医疗费用攀升的幅度超过了农民的实际收入增长幅度的时代里，以培田村民平时基本收入没有剩余的情况看，培田村的医疗情况可想而知。

2. 城市化背景下的中国农村

2-1 中国农村经济状况

2016年，全国农民人均种植业收入只有2240元，名义上只增长了1.1%。2016年第一产业增加值3.5%，在国民经济中的比重下降到8.8%，比上年下降了0.2%。实施价补分离政策后，东北玉米价格下降了25%~30%。根据政府建立的玉米生产者补贴制度，2016年补贴了390多亿元，东北地区的农民应该能勉强回本。没有补贴的地区的农民会亏钱。

2016年外出农民工的人数增加了0.3%，实际增加了50万人。如果不是农民外出打工的收入增加，农民收入会更低，与菲薄收入相伴而来的是，农民生活得不到改善，那自然会流向能够解决这些问题的地方。

2-2 农村教育问题

国家在农村教育投入不足，现在城乡教育差距越拉越大。长期以来，中国在教育投入方面呈现出两个极端，重城市轻农村，重重点校轻非重点校，重高等教育轻基础教育。然而从受教育的人数来说，农村教育才是基础教育的大头，但农村教育从教育投入这块蛋糕上切得的份额实在太少，导致农村教育长期贫血。农村教育投入不足，造成农村办学条件难以和城市相提，给学校日常运转和管理带来极大压力，同时留不住优秀教师。因为农村学校经费普遍紧张，有限的办公经费，还要应付各类繁杂的检查、考核和迎来送往，以至于保运转都相当困难，也就难以腾出钱来改善教师福利，也难腾出钱来用奖金调动教师的教学积极性。再加上农村教师待遇普遍偏低，学校没有优质的师资，而且很多师范生和优秀教师都不愿到农村任教，就是在农村任教的教师，也要想方设法调到条件更好的城市学校去。这也就造成了农村学校人才进不来、流失大、结构老化。以上还不算是严重的，严重的是生源。现在农村学校生源极不稳定，变动频繁且流失严重，同一地区的农村学校生源巩固率远低于城市，流失率远高于城市。究其原因，一方面：农民携子女外出打工，造成学生来来去去。另一方面，由于难以享受城市学生同等的教育资源，许多家长千方百计把子女弄到城市学校就读。

2-3 农村医疗问题

在我国农村，多数农民从事的种植业，收益低下、剩余很少，仅能自给自足。而现在医疗保障基本上是农民自我保障的重要部分。在医药价格猛涨的情形下，农民医疗费用支出急剧增加，但是医疗费用攀升的幅度超过了农民的实际收入增长的幅度，这是其一；另外，乡村医务人员素质普遍不高，乡镇医院年老的多为赤脚医生，虽有一定的临床经验但学历低，理论水平不高，年轻的多是中专卫校毕业，缺少临床经验，除能治疗简单的伤风感冒、跌打损伤之外，其余的病多半束手无策这是其二；还有就算现在乡镇级的卫生院八成处于崩溃边缘。

3. 中国农村整体人口外流概述和培田人口流失的具体分析

3-1 农村人口外流的原因

热爱土地是中国农民沿袭了几千年的天性。今天为什么要离开土地？原因很简单，他们在农业生产中的投入不能得到相应的产出回报，追求自身利益最大化是人的本性，农民也不例外。在"不种不亏，越种越亏"的情况下，农民宁愿选择不种地。从某种意义上，农民不爱土地，农民离开土地涌入城市，只不过是农民沉重负担而收入菲薄的一种消极抵抗罢了。其次就是经济问题，国家在农村与城市之间所投入的资金严重不均，造成了农村教育资源与医疗问题同城市之间的巨大差距，同时还有就是乡村问题错综复杂，乡村政府无法理清其中的关系这些种种原因是逼迫农村人口进一步的外流的重要原因之一。老弱病残留下，青壮年外出打工，农民子女大学毕业第一选择是留在城市。即使有部分响应政府号召返乡创业的，也不是城市里的精英，精英人口从农村的普遍流出，而且没有任何回流的迹象，这也是农村衰败的原因之一。但促使农村人口外流的根本原因在于城市经济远远比农村的经济发达。

3-2 培田人口流失的具体分析

在过去，绝大多数的外出人员都将他们离家在外的寓居之地视作人生旅途的驿站，最后还要返归故里，只有故里才是他们心理情感上真正认同的归宿之地，而现在，培田作为一个传统的乡村，人们在培田的经济来源就是靠务农，而靠务农得到的收入实在是太低了，在2016年全国居民人均收入为23821元，而福建，该省当年的全部居民人均收入达到27608元，福建城镇居民人均收入达36010元，但是福建农村居民人均收入却只有14999元。而培田古村的人均收入仅有16000元左右，要知道的是发展中国家农村人均收入必须达到城市人均收入的70%才不会发生劳动大量逃离农业，而现在这个比例才达到40%，那农民外出打工也就不足为奇了。同时还有下一代的教育，成长，结婚等一系列事情导致的经济压力，迫使他们外出去解决这些经济压力。还有从古至今，不管是对谁教育医疗都是头等的大事，在家乡与自己的健康、孩子的未来中选择，基本上都是选择放弃家乡。离开家乡去为了创造更好的生活环境而努力。培田古村更不例外，因为培田古村在教育与医疗方面都有问题，培田古村已经不再能像过去那样通过南山书院去吸引人口向它集中。因为教育和医疗等问题，只会迫使更多的村民选择迁出古村，向城市寻求更好的生活。再加上一点，那就是在未来几十年里培田古村的出生率远远比不上古村的死亡率，这一系列的问题造成了古村的进一步衰退，然而古村已经无法吸引外来人口，那古村在将来一定是衰败，甚至是灭亡。然而随着城市化的不断加快，城市对外来人口需求的不断加大，农村想要与城市进行竞争人口基本是不可能的。

4. 在高速发展的现代社会农村未来的出路讨论

随着中国城市化的不断加深，培田乃至整个农村在不断衰败，土地不再是农民获取收入的主要来源。有统计表明，农民一半以上的收入都来自于外出务工的收入，如今土地的基本功能已经发生根本性变化，土地不再是农民挣钱和保障生存的唯一方式，在城市的冲击下，这个从远古就开始存在于中国，一直作为中国根基的农村在未来将会如何，农村那么庞大的人口将会何去何从？

4-1 整个中国农村的出路

农村人口不断外流的真正原因在于农村经济发展不起来，然后由经济发展不良，导致出的各种民生问题，再加上城市与农村在各个方面的差距越来越大，城市不断吸引农村的人口,所以农村人口的外流是未来社会发展的趋势,是不可阻挡的,普通农村发展道路其实就是那两条,一是靠务农,二是从事第三产业。为什么只有这两种了?对整个农村的情况进行分析,其实大多数农村村里的情况都比不上培田,它们既没有丰富的历史遗产,浓厚文化背景,又得不到国家的巨额补助,因此一般农村的发展道路要比培田要窄。其次按现在这个生产的模式来说,单靠务农得到的收入,在农村只能自给自足,想要通过提高务农而提供收入,就必须改变耕种方式,使其专业化,机械化。但是专业化,机械化耕种必是在有着大量耕种土地的前提,所以大部分农民是无法这么做的。如果发展第二产业,农村又竞争不过城市,因为无论是人力财力,还是各项资源,农村都比不了城市,所以这也是不行的。最后便是从事第三产业,靠务农能容纳的人口必定只是少数,而唯有第三产业才能吸纳怎么多的人口,科技的发展伴随着它对人口的需求不断增大,而现在世界发达国家的第三产业的比重达到了80%~90%,而中国现在第三产业的比重却还只有51.6%,因此第三产业还有巨大的空间与机会。

4-2 培田未来的发展

综上所述,培田人口不断外流的真正原因在于培田经济发展不起来,加上城市与农村在各个方面的差距越来越大,再加上城市不断吸引农村的人口。所以农村人口的外流是未来社会发展的趋势,是不可阻挡的。因此培田在未来可以往这三方面发展,第一,集中发展农业,用现代化、专业化、规模化农业取代当前的小农体制,通过地权改革实现土地的兼并,以增加耕作规模,这样才能有效地提高农业从业人员的收入。以少量的农业从业者的耕作为全社会提供足够的粮食。第二,从农业剥离出来的人口前往城市加入第二、三产业。城市化是有利于生产分工和产品分配的必然发展趋势。尤其是从事第三产业人的工作者,要知道第三产业的发展可以有力地促进第一产业和第二产业。是社会进行产品再分配的基本模式。第三,旅游业专业化,培田的旅游资源再加上国家的拨款维护,使得培田具有发展旅游业的良好基础,但是现在培田的旅游业并没有得到很好的开发,对培田资源的利用仅仅只是存在于表面,没有进行深度的发掘,对未来发展没有具体规划和有效措施。所以可以选择找专业的人才来经营,使培田的旅游业专业化,唯有培田旅游业发展好了,培田才能有更好的发展。

参考文献

[1] 重庆市邮电大学移通学院大焕城市化研究院培田调查

[2] 2016年全国农民人均种植业收入只有2240元,名义只增长了1.1%
http://blog.sina.com.cn/s/blog_54098f900102x5yd.html

[3] 2017全国人均收入省份排名,2017城市人均收入排名,中国各省人均收入比拼
http://www.xuexila.com/paiming/qita/2652201.html

[4] 2016年中国GDP为74.4万亿,第三产业增加值占比51.6%
http://www.askci.com/news/finance/20170228/09555391892.shtml

回不去的农村

况勋瑞

（重庆邮电大学移通学院通信与信息工程系，重庆 合川 401520）

摘 要：随着时代的进步、城镇的发展使农村居民走向城镇，城市发展又带动许多人进入了城市，这导致农村人口越来越少，城市人口越来越多的情况。但仍有部分恋旧一族向往着农村生活，想要回到农村。本文就是否应该回到农村这个问题从农村的环境、人口、便利性、医疗设备、房价几个方面进行了探讨，得出了人们不应该往回走，农村已回不去的结论。

关键词：农村；城市；城市化发展；买房

The Countryside which Cannot Go Back to

Xunrui Kuang

(College of Mobile Telecommunications Chongqing University of Posts and Telecom and Department of Communication and Information Engineering, Chongqing Hechuan 401520)

Abstract: As time goes by, the development of the town and the city leads to the population

mobility from rued areas to urban areas, so that urban residents cue more and more while rural res – idents are fewer and fewer. However, some people who long for rural life want to go back to rural areas. This paper discuses whether people should return to rural areas from severed aspects: rural e – nvironment, population, convenience, medical care, house price, And the conclusion is that there is noway going back to rural areas and people should not do that.

Key words: rural areas; city; urbanization; house purchasing

一、研究背景

农村,是一个落叶归根的词汇,它十分美好,拥有着新鲜的空气、绿色的植物,也是人们在闲暇时所向往的栖息之地。但农村所在地大都远离喧嚣的城市,需要挣钱的人们都纷纷离开农村,去向了外面的世界,导致农村成为了既是许多人向往的纯净花园,但又是人烟稀少的地方。那农村的命运到底应该何去何从呢?是经过社会的不断努力让它保持着发展与生命力,还是继续变得人烟稀少,没人管理?本篇文章将进行具体分析。

二、研究内容

(一)农村的环境

表一　　　　　　　　　　山区农村水质检测结果分析

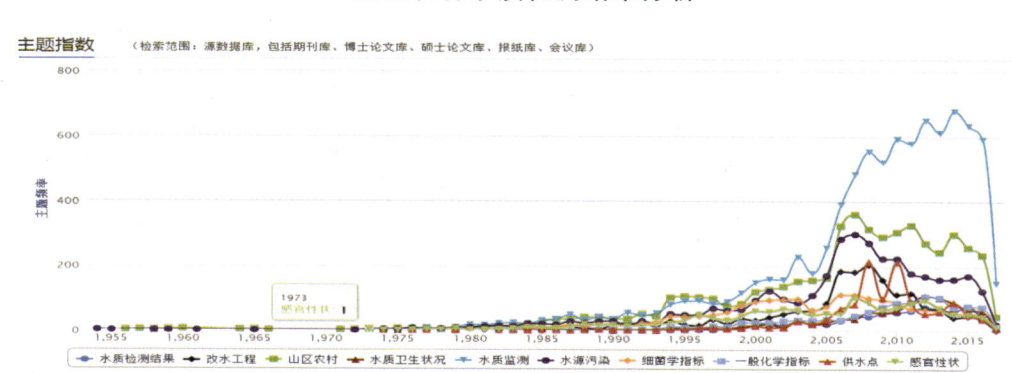

资料来源:百度

由表一可以看出,山区农村的水质检测结果从 1980 年的不达标到后来的远超达标表明农村的水质是在被逐渐改善,但水源污染在整体上看也是上升了许多,那农村的水好还是城市的好呢?

城市的自来水与农村的水肯定是有区别的,农村的水一般取自于地下,水的质量是看地下水,如果地下水受到污染,那水就不一定安全,所以农村的水存在极大的不确定性,甚至在湖北也有着农村水质差,影响居民生活的情况。但城市的水不一样,城市的自来水都经过了处理,并且水质安全受到了检测以及控制,总的来说比较安全,饮用起来也放心。所以农村的水好是有好的,但由于并不能时时监控,无法达到可以一直饮用的状态。单水质来说,城市的水要比农村的水安全许多。

但农村的空气确实是比城市的好,因为农村植被较多,工业污染少,并且交通尾气排放少。

表二　　　　　　　　　　　乡镇居民肺病率表

性别	男性	女性
肺病患病率 copd	1.72%	1.23%

资料来源：https://wenku.baidu.com/view/16aa31442b160b4e767fcffa.html

表三　　　　　济南市城市居民慢性阻塞性肺病流行病学调查分析

性别	男性	女性
肺病患病率 copd	12.2%	3.9%

资料来源：http://www.docin.com/p-143038688.html&endPro=true

由表二表三可以看出，农村男性患肺病率低于城市男性 10.48%，农村女性患肺病率低于城市女性 2.67%，看似可以得出农村患肺病率低于城市患肺病率的结论，但在整体上，农村人均寿命比城市却要少 5 年以上，环境因素一定占有原因。

再讨论农村的生活垃圾，不得不说，农村因为居民不多，生活垃圾自然比不上城市，但很容易发现，农村的垃圾都没有正规处理的地方，居民们要么把它放在一个地方让大自然把它降解掉，要么堆在一起火化掉。这都是对农村的一个缓慢污染。但城市的生活垃圾都有有效的处理，至少在生活居住的地方不容易看见生活垃圾。所以在生活垃圾方面来说，城市因为有着良好的处理措施而胜于农村。

(二)农村的人口

说到人口，自新中国成立以来，人口增长速度就十分快，由 1684 年的 1 亿人到 1995 年的 12 亿人，这是一个质的飞跃。

表四　　　　　第六次人口普查与第五次人口普查人口变化表

	城镇人口	乡村人口
第五次全国人口普查	458438267 人	807386835 人
第六次全国人口普查	665575306 人	674149546 人

资料来源：http://wenwen.sogou.com/z/q726682962.htm

从表四可以看出在 2010 年的第六次人口普查中，城镇人口占 49.68%，农村人口占 50.32%，是一个相对均衡的状态，但与 2000 年的第五次人口普查相比，城镇人口增加 207137093 人，乡村人口减少 133237289 人，城镇人口比重上升 13.46 个百分点。可以看出农村人口正在不断外流，而城镇人口的不断增加表现了人们从农村走向城市的这一大致方向。

并且在调查完合川钱塘镇以及福建培田乡村之后我们发现,人们为了有更高的收入,大部分人涌向了城市,在培田项目上,虽然国家大力扶持,希望保持这个古村的生命力,但结果也是挡不住人们外出的脚步。

表五　　　　　　　　　古村商业机构情况统计表

商业机构数量及类别	营业中(户)	停业中商(户)	总数(户)
商店	15	5	20
摊位	4	0	4
农家乐	13	29	42
民宿	13	23	36
合作社	1	0	1
农村淘宝	1	0	1
福利彩票	0	1	1

资料来源:《重庆邮电大学移通学院大焕研究生班培田调研数据汇总》

由表五可以看出,培田古村的生命力在衰退,其原因就是人口的流失,逐渐进入"留守"状态。

(三)农村的便利性

农村普遍都远离城市,便利性自然不言而喻。在城市随处都有超市,可以十分方便的购买到日常用品,而农村一般没有超市,要购买日用品都必须到集市上去买,步行平均在10～20分钟,并且肉、蔬菜之类的易坏食品必须放在冰箱里保存,吃不到新鲜的食物。大多数农村都没有公路,所谓想致富先修路,进入农村大多是靠步行,还有就是简易的公路,基本就由泥土和石子组成,交通极不便利。

在这个网络时代,农村就显得十分尴尬,因为部分农村存在着收不到手机信号,或者信号不好等情况,其次就是只有少数农村接入了网线,大部分农村在网络方面就特别不方便,这也算是不便利的一种表现。

相反看看城市,基本上是步行几分钟就可以买到自己想买的东西,并且交通便利,火车汽车不够快了还有高铁和飞机。基本上家家户户都安装着网线,完全可以十分迅速地解决生活问题,城市比农村更便利。

表六　　　　　　　　　　城市农村光纤网价格表

区域	一年光纤网价格（元）
农村	1000~1500
城市	500

资料来源：http://wenwen.sogou.com/z/q741720797.htm

表六就可以体现出因为农村的不便利所以就连光纤也要贵一些，这样来看农村的便利性确实比城镇差很多。

（四）农村的医疗条件

人最重要的就是生命，所谓生命只有一次，人人都得珍惜。

表七　　　　　　　　　中国城市、农村居民主要疾病死亡率

疾病名称	城市粗死亡率（1/10万）	农村粗死亡率（1/10万）
传染病（含呼吸道结核）	6.64	6.62
寄生虫病	0.04	0.13
恶性肿瘤	161.28	150.83
血液，造血器官及免疫疾病	1.25	0.88
内分泌，营养和代谢疾病	17.64	10.56
精神障碍	2.66	3.15
神经系统疾病	6.91	4.85
心脏病	136.21	123.69
脑血管病	125.78	138.68
呼吸系统疾病	74.17	84.97
消化系统疾病	14.53	13.84
肌肉骨骼和结缔组织疾病	1.66	1.32
泌尿生殖系统疾病	6.65	6.5
妊娠，分娩产褥期并发症	0.09	0.18
围生期疾病	2.11	2.27
先天畸形，变形和染色体异常	1.83	1.89
诊断不明	2.43	2.17
其他疾病	7.08	8.83
损伤和中毒外部原因	37.33	56.50
合计	607.73	617.86

资料来源：https://wenku.baidu.com/view/bc6f3e28700abb68a882fb47.html
https://wenku.baidu.com/view/6c9f1d46e518964bcf847c8d.html

从表七可以看出，农村的死亡率比城市高 10.13/100000，其中很明显损伤和中毒及外部原因农村要比城市多 19.17/100000，虽然整体上差别并不是太多，但从这一项就可以看出农村的居民在受伤时会得不到及时的治疗。并且农村居民死亡率确实比城市居民死亡率要高，其中必然有一部分原因是农村没有较好的医疗场所或者医疗设备。

总的来说，生活在一个可靠的，安全的地方是十分有必要的。城市医疗设备齐全，可以很大程度的降低人们的死亡率。

换一方面城市的治安工作搞得也很好，对人们行为上也有所限制，不至于发生特别严重的安全事故，城市在一定程度上比农村要安全许多。

（五）农村的房屋与增值幅度

谈到农村房屋，就必须说说现在农村的现状。

1. 农村房屋构建一般没有建筑师参与，大家都是互相对比，然后建造出自己认为好的房屋，这样的房屋可能存在不美观、不适用、不经济等问题。

2. 农村的房屋设计结构不合理。

3. 施工员不一定专业，修筑房屋的质量不一定过关，房屋的安全性得不到保障。可以看出农村的房屋住着是不那么安全的，得不到像城市一样的安全保障，所以要比住所的话，住在城市肯定比住在农村好。

但现在有部分人在城市找到钱以后，就回到农村修建房屋，农村从一些土房变成了砖房，并且这部分房屋是有经过设计师设计，安全性也比较高的一类。但从上文来看，回农村修建房屋真的有必要么？或者说这种行为是好的吗？答案是否定的。除了上文的各种原因，还有房价的原因。

现在在农村修建一套房屋大概 15 万，与城市一套房屋价格来看确实便宜，并且面积也大得多，但是房价增长的决定性因素不只是人口，还有经济发展，农村显然是比不上城市的。

表八　　　　　　　　　　2016-2017背景房价走势

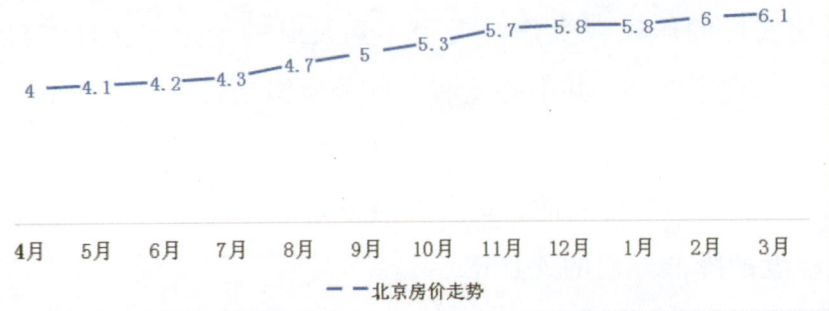

资料来源：（北京房价走势 2017）

由表八可以看出，北京房价增长十分快。再看看其他城市，也是大同小异的结果。

表九　　　　　　　　　　个城市房价涨幅

城市	房价涨幅
合肥	46.44%
南京	41.17%
上海	31.82%
杭州	28.65%
郑州	28.74%
福州	27.42%

资料来源：（http://mt.sohu.com/20170118/n479041301.shtml）

从表九也可以看出，各个城市房价的涨幅都是十分大的，花上一笔钱在城市买一套房屋一定比在农村修建一套房屋要划算得多。并且城市也如上文所述更加方便安全。

二、分析与讨论

就农村环境来看，农村的空气比城市要好得多，但是农村的水质得不到保障。农村的人口也随着城市的发展而慢慢减少，农村也逐渐进入衰弱状态，发展落后的农村，便利性自然逐渐下降，生活服务得不到满足，医疗设备自然也将跟不上，这样的农村留不住人是肯定的。这种种原因也导致了农村房价几乎没有增值，并且还有着逐渐下降的可能性。农村回得去吗？农村回不去。

既然农村已经回不去了，那农村应该以什么姿态继续存活下去呢？

现如今农村状况较好的解决方法就是走向专业化，用专业的人才与知识去管理土地，并合理利用农村的劳动力，让农村居民有更多的收入，使农村的收益达到最大化。

人们需要向前看，而不是反着时代走。农村只是社会发展的一个过渡，就像第一次世界大战与第二次世界大战一般，总不能用一战的武器去面对二战的敌人吧，时代在进步，人类也要进步，保存好的习俗，然后向前走才是最好的生存方式。

三、结论与建议

回不去的农村，回不去的过去。往事总是用来回忆的，我们终究要走向更先进的社会，更美好的时代。虽然越大的城市竞争就越大，但机会却更多，不能只沉迷于一时的安逸。城市是整个社会的集中地，他就像珠穆朗玛峰一般高高耸起，并带领着周围的高山直直向上。如果高速发展的城市是一辆公共汽车，我们则应该竭尽全力地挤上这辆车，并且跟着这辆车越走越远。大城市与小城市的一部分差别就在于得不到最新的资源，而落后也在于此。举个例子，比特币在许多大城市的居民来说是耳熟能详的一个名词，但在小城市的居民，可能根本就没听说过，但比特币增值却十分快。这不就让小城市居民错失良机了吗？所以大城市自然有大城市的好处，农村已不是当年大家聚集工作之地，顺应时代发展，找准适合自己的生存之路就好。回不去的是农村，向前走的是自己。

参考文献

[1] 中国农村住宅现状问题与展望 https://wenku.baidu.com/view/d1f1347d453610661fd9 f 4 2 2.html？from = search

[2] 农村人死亡率高达城市人的20倍. http://blog.sina.com.cn/s/blog_4e87217d0102w6hp.html

[3] 北京房价走势 https://image.baidu.com/search/detail？

[4] 城市农村人均寿命 https://zhidao.baidu.com/question/1641824056413009540.html

[5] 山区农村水质检测结果分析情况 http://xueshu.baidu.com/s？

关于培田古村旅游业发展的调查报告

杨红美

(重庆邮电大学移通学院通信与信息工程系，重庆 合川 401520)

摘 要：具有历史文化积淀的古村正普遍从农业转型发展旅游业，以此来振兴古村经济。但是，古村落在实际发展中受城市化影响，往往发展状况不尽如人意。本文以特色旅游古村落培田为例，调查其旅游业、零售业、住宿业的发展，了解目前培田古村发展中存在的问题，其研究对古村落发展有参考意义。

关键词：旅游吸引力；城市化；土地政策；住宿价格及环境

A Report on the Development of Tourism in the Peitian Village

Hongmei Yang

(College of Mobile Telecommunications Chongqing University of Posts and Telecom and Department of Communication and Information Engineering, Chongqing Hechuan 401520)

Abstract: The ancient village, which has a long history and culture, is transforming from agriculture to tourism, so along to revitalize the economy of the ancient village. However, the ancient village has been affected by urbanization in development, and it is not always satisfactory. Taking the ancient tourist village as an example, this paper will investigate the tourism, retail and lodging industry, so as to understand the problems existing in the development of Peitian Village, and such research has reference significance to development of ancient villages.

Key words: tourist attraction; urbanization; land policy; the price and environment of accommodation

一、概述

(一)城市化背景

1953年,中国以工业建设为中心的第一个五年计划开始实行,到1957年,基本建立起公有制占绝对统治地位的计划经济,同时兴建的几百个骨干企业又为全国工业体系的形成奠定了基础。1978年的改革开放让中国走向了加工贸易。从工业建设到经济建设,从计划经济到市场经济,从自给自足到加工出口,我国工业化水平不断提高,产业结构的重组升级促进了劳动力的转移,极大地推进了我们社会向城市化转型。

(二)培田古村现状

培田古村有30幢明清时建的高堂华屋、20座古祠、5处书院、1条千米古街、2座跨街牌坊,目前有412户人家,总计1532人。其中村中有298位60岁以上的老人,8位20至28岁的留村青年。2000年,培田古村开始由农业向旅游业转型,还建设了培田新村,但人均耕地从0.6亩减少到了0.5亩,当地水质也受到了轻度污染。

二、培田古村的旅游业现状

表一　　　培田古村旅游区游客量、门票收入及解决当地就业情况表

游客人数(万/年)	门票收入(万/年)	当地居民在旅游区就业情况(人)
5	200~300	44

数据来源:《重庆邮电大学移通学院大焕城市化研究生班培田调研数据汇总》

表二　　　　　　　　门票收入资金去向表

序号	去向
1	80%流向冠豸山管委会(旅游局下属公司)
2	20%回到培田古村理事会,这其中的四分之一给村委会财管用于支出培田古村当地居民的农村医疗保险(80元+居民自费70元共计150元),剩下四分之三用于分红(分红对象为古屋被测评为景点的所有者),分红方式依据古屋的相关专业评分高低等级进行分红(例如:古村中评分最高的继尘堂的年分红为3万元整)。如有剩余资金,将用于古村绿化,厕所改建等。

数据来源:《重庆邮电大学移通学院大焕城市化研究生班培田调研数据汇总》

培田是一个具有800年历史的古村落,从表一、表二的数据,可以看到继述堂的年分红有3万元,但是实际上有几十户人家来分这笔钱。所以,这笔钱的作用显得不那么大。培田古村目前还有一些明清时期的古房屋,错落相连的古街道和有古朴店铺的千米古街,这些历史文化对于追寻历史文化古韵的游客具有强大的吸引力,但对大多数以游乐休闲为主的一般游客来说,吸引力不大。因此,这说明培田古村旅游的商业价值不高,不能吸引足够的旅游人群前来旅游,培田古村的旅游资源没被真正有效地利用起来。所以,培田古村旅游资源的规划还需要认真探究该怎样找到一条通俗与研究、商业与文化相结合的道路。同样,旅游资源的有效规划也是一个问题,古村开发旅游,旅游服务技巧性和技术性也有待深究。培田古村中见到垃圾桶的频率不高,可供歇息的座位也不多。实地调研过程中,有些穿着时髦的人乘坐班车直接在圣旨牌坊下车,没有村民的陪同就直接从新村入口处进入了培田古镇,本来在那里是有一个验票点,但是,验票点的工作人员没有观察这些,是在办公室里面看电视。能从新村入口直接进入培田古村是方便搬进新居后的培田原著居民能回到自己的古屋。圣旨牌坊开通的班车不仅方便了古村居民的出行也方便了古村居民的亲朋好友来探亲,但是竟然就让人躲过了买门票这一程序,古村白白损失了旅游收入。

二、培田古村商业机构现状

(一)商业机构发展总体后劲不足

表三　　　　　　　　培田古村商业机构营业情况表

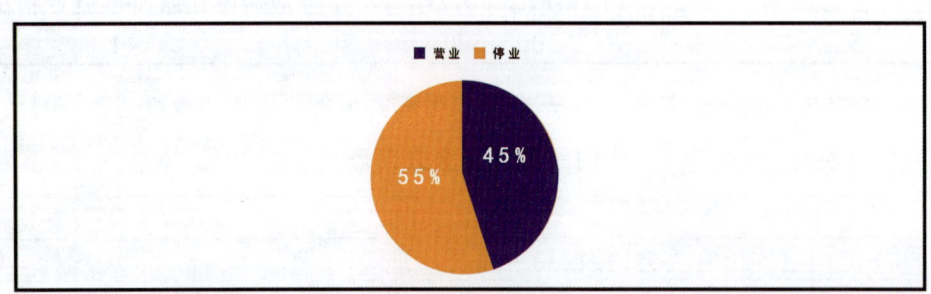

数据来源:《重庆邮电大学移通学院大焕城市化研究生班培田调研数据汇总》

通过对培田古村新旧村的实地调查,并将数据与培田古村居委会数据核对后,发现培田古村商业机构发展态势明显后劲不足。如表三,调查显示,培田古村有五类商业机构,分别是商店和摊位构成的零售业24家,民宿和农家乐构成的住宿饮食业78家,农村淘宝,合作社和福利彩票各一家,共计105家。[1]但是实际营业的商业机构只有47家。从最初105家商业机构的营业发展规模中，可以看出培田古村在旅游业的黄金时期，直接带动了古村商业规模的扩大。但是现在实际营业的商业机构47家，可以看出培田古村现在处于黄金时期向稳定发展时期过渡的阶段，由于已经过了最初打响知名度的时期，人们依靠新鲜好奇的心理，前往培田古村旅游的阶段。现在培田古村商业机构发展呈现的是总体后劲不足，停业的商家占到了总商户的55%，这从侧面说明培田古村最初各类商业机构的迅速兴起存在盲目跟风的现象，发展不顾市场的需求，造成了资源的大量闲置。

(二)零售业发展暂平稳

表四　　　　　　　　　商业类别和在营比例

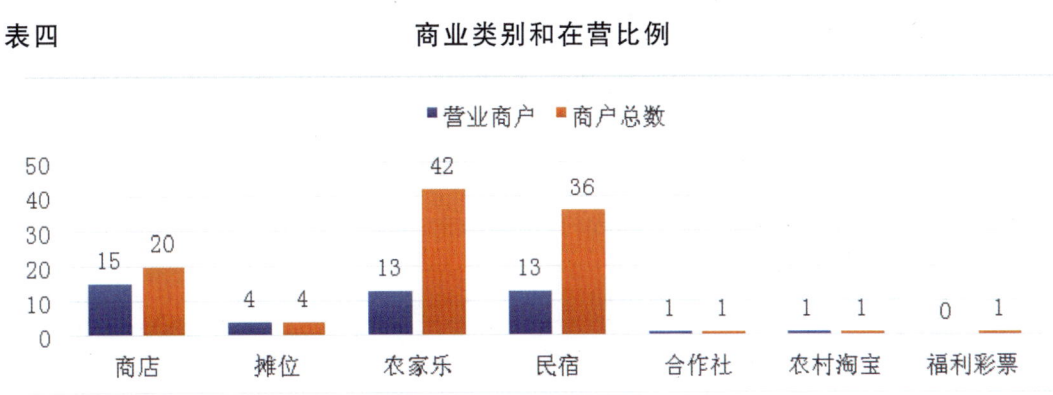

数据来源：《重庆邮电大学移通学院大焕城市化研究生班培田调研数据汇总》

相比商业机构发展总体后劲不足，零售业目前发展是趋于平稳的。如表四所示，商店这类固定零售业总共有20家，实际营业的商家15家，这15家商家中有2家经营古村特色工艺品。其余零售业主要以日常副食用品和培田古村地瓜干、蜜饯、古方红糖、百香果等培田特色美食相结合的方式营业。另外还有4家经营饮食的流动零售摊位，这4家摊位都在营业。这些都说明培田古村目前零售业的经济发展平稳，平稳地，度过了最初的零售业井喷时期。虽然，零售业经营的商品品类和档次可供顾客选择的范围不广不高，但他们也在一定程度上满足了古村居民日常生产生活的需求。另一方面，零售业经营的古村特色美食也为游客购买特产提供了选择范围。实地走访这些零售业商家，零售业商家们表示经营状况各有不同，有的商家现在有自己的固定客源，往往有顾客通过电话或微信订购，然后商家们通过农村淘宝快递到顾客手中，再加上日常销售，可以维持生活发展。但有的商家销售情况就不好，往往就处于停业状态。

三、培田古村住宿业现状

(一)住宿业发展极不成熟

表五　　　　　　　　零售、住宿业对比

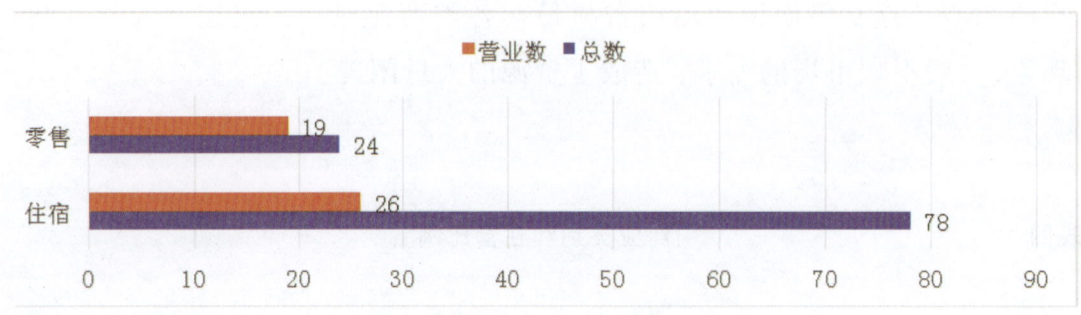

数据来源:《重庆邮电大学移通学院大焕城市化研究生班培田调研数据汇总》

表六　　　　　培田古村新旧村内的住宿价格表

名称	携程旅行(元)	同程旅行(元)	途牛旅游(元)
连城培田官厅驿站	168 元	168 元	165 元
连城培田南山客栈	120 元	120 元	117 元
连城培田李妹美食农家乐	168 元	168 元	165 元
连城培田福远农家乐馆	80 元	80 元	78 元
培田古镇吴家大院	暂无	暂无	暂无
规格:双人房,免费无线、有线宽带,独立卫生间(连城培田官厅驿站无独立卫生间)			

数据来源:携程旅行,同程旅行,途牛旅游

表七　　　　　连城县住宿价格表

名称	携程旅行(元)	同程旅行(元)	途牛旅游(元)
龙岩连城顺鑫公寓	98 元	98 元	96 元
龙岩连城居家福宾馆	78 元	78 元	78 元
连城新银湖宾馆	70 元	70 元	68 元
规格:双人房,免费无线、有线宽带,独立卫生间			

数据来源:携程旅行,同程旅行,途牛旅游

培田古村有 30 幢明清时建的高堂华屋、20 座古祠、5 处书院、1 条千米古街、2 座跨街牌坊,独特的明清客家古民居建筑群本应吸引许多游客驻足留宿,然而,如

表五所示,与零售业相比,住宿业从最初的 78 家锐减到 26 家,降幅达 67%;反观零售业从 24 家减到 19 家,降幅只是 20%。可以看出培田古村住宿业与零售业在同等的区域条件下,住宿业发展明显不如零售业。从表六、表七可以看到,培田古村内的住宿价格几乎都高于连城县普通商业旅馆的住宿价格。以途牛旅游为例,表六中最高价为 165 元,表七中最高价是 68 元,中间相差的 97 元是 68 元的 1.42 倍,价格提升率为 142%;表六中最低价为 78 元,表七中最低价为 68 元,价格增长率为 14.7%。同等条件下的连城培田李妹美食农家乐和连城培田福远农家乐同为农家乐一个价格为 165 元,一个价格为 78 元,价格相差 87 元,价格提升率也达到了 111%。连城培田官厅驿站和培田古村吴家大院都是以培田古村的古建筑为依托经营的住宿业,但是连城培田官厅驿站的住宿价格达到了 165 元,竟然还没有独立卫生间,反观连城新银湖宾馆价格为 68 元都带有独立卫生间。培田古村的吴家大院可以说是培田古村的第一民宿,但是在《互联网周刊》2016 年旅游综合服务 APP 排行前三甲的携程旅行、途牛旅游、同程旅行中竟然找不到其明确的价格,也无法预订房间。[2]住宿价格忽高忽低,没有一个明确的标准,让游客望而生畏。特别是高价格的住宿房间竟然还没有独立卫生间,培田古村地处连城县宣和乡,较为偏僻,许多住宿商家不免费提供早餐服务,一点也不人性化。由此可见,培田古村的住宿业总体发展是极不成熟的。

(二)住宿的环境和服务不规范

培田古村中祖传的老屋没有独立卫生间,缺少现代便利的生活设施,房间阴暗潮湿,培田的居民接触这些几百年前的生活习惯所留下来的生活设施,村民们觉得住起来很不舒适,而且在古村每座古屋里实际拥有居住权的人数很多,古屋根本不够这么多人居住,人均居住面积很小。所以,古村里有许多地方的祖屋早已被拆迁,村民自行盖上了新房。培田这块土地上的建筑越来越多,建筑风格也越来越杂,有明清建筑风格的客家建筑,有红砖砌的平房,还有现代规划修建的一排排白色 3 层独栋。即使是感受原生态的生活,也要有人指导和服务。但是现在的古村并没有达到那样规划的标准。特别是在夏季古镇蚊虫较多,商家提前做好防蚊防虫就十分有必要。古村里面依托古建筑经营住宿业的民宿和农家乐都有房间潮湿阴暗,隔音效果不好,卫生间太小且卫生条件不好,房间内设施不完善等问题,且服务人员较少,大多是店主夫妻二人。

(三)土地政策制约发展

户籍制度使城镇户口的人没有资格在农村建房买房,这也限制了住宿业的发展,获得城市户口的古村精英人群无法对自家古屋进行合理规划利用,让古屋焕发生机。在经济快速发展的今天,城市化建设初成规模,但乡村的发展却踌躇不前。据调查,古村约有 600 位 18 岁以上的人外出务工,住房需要有人居住才有活力和生气,否则就会颓圮,垮坍。培田古村房屋多为木质,不小心就会直接变为灰烬,都阃府就是前车之鉴。但是在农村宅基地管理制度中规定,宅基地和住宅不能流转,不能抵押,这严重阻碍了农民致富和农村经济的发展,不利于资源的合理分配;也不利于农村剩余劳动力的转移。国家有农村宅基地管理制度,所以即使培田古村新村里的每家每户都拥有住房,这个房屋的房产所有权也只属于集体,不属于个人。如果村民想申请借贷,也只可以借贷 8 万元。

三、对培田古村发展的建议

(一)因地制宜现人情

类似于培田古村这样的旅游特色型村镇,土地政策的适当宽松更宜于古村发展和保护古村落。而且还可以添加一点娱乐设施,单依靠一个农村淘宝满足娱乐中的购物这个方面是不够的。可以在空地增加一些基础健身设施,方便老人健身。还可在古村里有空闲位置的地方增加一些垃圾桶和座位,这样不仅方便游客,也保护古村环境。

(二)推出特色食品和工艺品

培田地瓜干、红米、蜜饯、古方红糖等培田特色美食和培田客家文化的工艺品都可以添加移动支付付款与快递相结合,直接把商品送到游客家门口,方便游客旅游购物。在商品包装上直接印上商家的店铺二维码,或者微信号,为培田食品持续远销做好铺垫。

(三)规范化住宿

培田古村整个住宿业都应该改善住宿环境,既要有客家气息,居住也要令人舒心。并且提高住宿内部的绿化面积。真诚热情周到的服务游客,可以根据时令定价格但行业价格必须统一,且不可超过行业价格。而且整个住宿行业要向外推广自己,在一些大型具有影响力的旅游网站登记信息,这样不仅可以提高培田古村的知名度,也会提高自身住宿店面的知名度。古村住宿行业可以对住宿人员范围做一个扩大,从携程旅行、途牛旅游、同程旅行调查古村内住宿情况发现,几乎只接待内宾，即持中国身份证的居民，可以把住宿人员范围扩大到包括港澳侨胞。

（四）推出游前须知

为方便游客清清楚楚地旅游，可推出培田古村游前须知。可以是顺口溜，也可以是二维码和影像资料，最重要的就是要告知游客客家文化的特点和禁忌。这不仅是游前须知，更是文化名片。

参考文献

[1] 道客巴巴《当前小城镇的商业业态分析及规划策略》
http://www.doc88.com/p-3167967660657.html

[2] 中文互联网数据资讯中心《互联网周刊:2016上半年度中国APP分类排行》
http://www.199it.com/archives/492298.htm

钱塘发展农业休闲旅游业的可行性

全娜

（重庆邮电大学移通学院管理工程系，重庆 合川 401520）

摘要：在城市化下，农村究竟何去何从？一行人在钱塘的考察之旅中，耳闻目睹，走访调查，为它的发展出谋划策。钱塘具有出色的自然风光，大片的农田，如果加以规划，发展农业和休闲旅游业，无疑是一种新的发展方向，说不定会为农村带来出路。

关键词：农村；发展；休闲旅游业

The Feasibility Study Develop Agricultural Leisure Tourism in QianTang

Quan Na

(College of Mobile Telecommunications Chongqing University of Posts and Telecom and Department of Management Engineering, Chongqing Hechuan 401520)

Abstract: On the ground of urbanization, the countryside of which way lead to? Some people on the way to QianTang to make research, Learn by their eyes and ears, They want to give advises about how to develop it. QianTang have special natural scenery, A lot of field, if there have some paints develop the agricultural leisure tourism, There is no matter than it is a new develop derection, bring countryside to outlet.

Key words: countryside; develop; leisure tourism industry

一、研究背景

众所周知，随着生产力的发展，专业化的生产更能提高经济效益。社会需要的是更高的产量和效益,传统的以家庭为单位的农业生产模式已经不能满足社会需要了,它正在被逐步淘汰。

农村消亡的具体表现为人口的减少。主要有两种情况,一是知识分子毕业后选择留在城市工作,二是农村青壮年大都选择外出打工,因为他们都认为城市才是个人发展的最好选择,也选择在城市成家立业。

而农村消亡的过程中,农村劳动力流向城市,带来的不仅是土地资源的荒废,建筑物的减少,也带来了留守儿童和老人的问题。

二、钱塘现状

(一)钱塘的人口

现总人口94038人,人口大多是老人和小孩,因为青壮年大都外出打工。

(二)钱塘的经济

钱塘位于重庆一小时经济带内,与四川武圣县和合川城区仅15分钟车程,边贸活跃,逢场天的人流量达到3万人,使得农副产品销售额增长25%,餐饮业增加30%,副食行业增加25%,发兴街已成小有名气的不夜街。

(三)钱塘的农业

钱塘物产丰富,有水稻、玉米、小麦、红薯等农作物和葡萄、雪梨等各种水果。素有"天然粮仓"和"雪梨之乡"之称,万亩雪梨带的年产量已达650万千克,[1]产值近700万元。除此以外,钱塘还发展中药材种植,与一些大型药业公司有订单合作。

(四)钱塘的交通

钱塘地处川渝交界,渝武高速横贯其中,嘉陵江贯穿境内47千米,镇内先后实施了灰坝—小泥、湖塘—郭堰、钱塘—石墩等10条村级公路,新修了75千米的便民路,全镇四通八达的交通网络已经形成。

三、可行性分析

(一)该模式的优势

如果发展休闲旅游农业模式,首先要满足一些基本情况,在农村尚未完全消亡的时候。发展一种新的经济模式,它的城市功能更加单一,并不具备现代城市的多功能的特点,而更简单的城市结构则更加适合农业休闲旅游业。没有高污染的企业,但这并不影响城市化的发展,因为它是城市化的补充。在小乡镇建立起容纳人口的小城镇,而且它更多的依靠旅游业发展,对大型城市功能的依赖性不大。

(二)发展旅游业的条件

1. 自然条件

发展旅游业要有良好的自然条件,不仅要有俊美的山川和广阔而肥沃的土地,还要有令人舒适的气候和良好的空气质量。温度、湿度、空气含氧量都非常的重要,而这些都是钱塘得天独厚的资源。钱塘号称合川北部最美的小镇,不仅山形俊美,而且自然资源非常丰富,有大面积的原生态林,是非常适合发展休闲旅游业的。

2. 消费人群

如果按照发展宜居小镇的模式,就要把钱塘发展成主要依靠农业和休闲旅游业的发展模式,这需要大量稳定的消费人群来源。这样的消费人群则主要是老年人口为主,因为他们往往向往简单而自由的生活,对生活环境的要求更高。而钱塘地接四川省武胜县,如果把钱塘变成休闲养老的圣地,钱塘将会有非常稳定的消费人口,对于持续稳定地增加收入是很可能实现的。

3. 旅游特色

再者就是要有独特的休闲度假方式。如果钱塘以农业为依托,发展观光型农业,这无疑是对休闲旅游业的加固,钱塘将更具有吸引力。因为特色农业不仅可以提供丰富的农产品,还能建设成生态园,供人们观赏,形成一条农业观光的旅游路线。让人们在赏美景品美食的时候,还能体会原生态的农业生产方式,尤其适合丧失劳动能力的中老年人休闲度假。

综上所述,在钱塘发展农业加旅游业的模式是可行的。如果真正建设成了这样一个特色的旅游小镇,不仅能够为钱塘的发展带来生机,也能缓解大中小城市中老年人无法安置的问题,还能打造一条特色的旅游路线,无疑是一种新型的小乡镇发展模式。将为小城市的发展带来新的体验。

(三)具体规划措施

如果能有统一的规划,钱塘的特色旅游业将会发展的更好,城市的功能分区将更加完善,会使得钱塘的特色旅游也更加具有吸引力。那么,在钱塘镇发展的休闲农业模式究竟是什么样子呢?它有什么样的具体措施呢?

1. 农业资源规划

要想发展旅游业,就必须要有强大的旅游资源。钱塘固然有原生态的林业,但是仍然需要大量的人工林。如果把农民手中零散的土地集中起来,统一规划成生态林,将大大提高钱塘的自然风光,也提供了人们休闲的场所,因为不用担心原生态林的不安全因素。也便于建造更多的游玩设施,为在那里的休闲老人,提供了散步和健身的天然氧吧。这样既可以发展林业,输出木材,为当地的手工艺提供原材料,又可以发展艺术园林类产业,为城市提供观赏型盆景,形成一条以林业为主的生产链,将为旅游业提供新的经济增长点,从而丰富了钱塘的旅游业。

2. 小庄园的经营模式

为了使钱塘的农业风光更具特色,可以采用企业承包的方式。除了在专门的片区进行政府规划外,还可以让企业合作,打造生态旅游园。同时可服务于周边的休闲旅馆,从而形成特色的旅游产业。至于园林艺术产业的发展,也可以采用公司生产的模式,引进该专业的人才和聘请当地的劳动力,提供更多的发展机会,促进园林业的繁荣。同时还可以种植花卉等观赏性农作物,在美化风景的同时又能够通过卖花带来效益,何乐而不为呢?

3. 大面积的农业风光

有大面积土地,就可以在集中利用起来的土地上发展特色农业了,根据钱塘的气候特点,比较适合种植雪梨,葡萄,柑橘,油菜花等农作物,而这些农作物的观赏性都比较高。种植也比较方便,农产品还可以用来销售。无疑具有农业和观赏性的双重特点。来这里度假旅游的人,既可以欣赏美景,又可以亲自下地体验农作物的生产过程,在劳动中体验生活,还可以把它当做自家的菜园子。把生产出来的农产品作为礼品馈赠给亲朋好友,分享一种健康的生活方式。也可以把它寄送给在城市中生活的儿女,让他们体会到来自父母的关怀。

4. 特色休闲旅游业

在钱塘发展休闲旅游农业的重要方面,就是要形成特色的旅游发展模式。要能留住游客,就必须要依靠有特色的旅游模式。而在钱塘这样的一个小镇,非常的适合发展休闲旅游业。所谓休闲旅游业,就是游客的目的是为了休闲和打发时光。可以在农业规划比较好的地区,开设休闲场所,供游客休闲、居住。它既可以是休闲会所的形式，也可以是农家乐的形式。反正是有一个能让游客休息的地方。可以提供有特色的农产品菜佳肴和新鲜的时令水果，如果条件允许的话，还可以发展桑拿洗浴什么的，让人沉醉在钱塘这样的美景中乐不思蜀。

鉴于钱塘这样特殊的美景，可以发展不同的旅游观光方式，比如租赁自行车，大篷车，以及建设索道，让来玩的人都觉得很有意思。尤其是小孩子们，可以为他们开设游乐场，这样就吸附小孩子这样的消费人群。对于小朋友们认识大自然，享受和家人在一起的快乐时光，感受休闲生活具有活教材的作用。对于促进小孩子的全面发展是非常有益的，这就增加了回头客的数量，为钱塘提供稳定的消费人群来源。

5. 健全的服务业

如果时机成熟，还可以加入更多的服务行业。比如美容养生方面的顾问，治疗健身方面顾问，修身养性方面的培训机构。要是对环境质量要求特别高的都是可以的，因为在那儿人们可以得到身心的放松。但不管怎样，它始终是依靠旅游业发展起来的。优点是它的环境资源比较好，对旅游休闲人群的吸引力比较大。

但是要真正实施计划，在钱塘建成这样的一个小镇面对的困难是很多的，它必须依靠得天独厚的旅游资源，还有丰富的人文环境，让那里的人都支持旅游业的发展。形成相应的旅游发展环境，打造当地特色的旅游产业，才能有特色小镇的建设。

我们得获得政府部门的批准，要想提出的方案得到认可，就必须要切实可行的规划，要有正确的理论来源，对细节的重视，着眼于社会的整体效益，才能是一个切实可行的方案，才会得到认可。因为不管怎样，政府部门在规划方面是具有决策作用的。而从一个构想到得到认可，成为一个切实可行的计划，则需要各种方面的数据证明。而这项工作必须要有政府部门的参加，他们可以从中检验计划的可行性，从而决定要不要推行这个规划。而完成这项工作，还需要对钱塘进行实地考察，数据分析，进行大量的走访调查。才会得到全面客观的结论。

（四）理想国的实现

1. 企业经营

随着游客的越来越多，对于居住条件需求越来越高，即可在城镇通过企业招标，建设一批专供游客住宿的住宅房，提供更加全面的配套设施。发展出小医院，小餐馆，休闲娱乐场所等设施，让钱塘真正的成为一个安乐窝，吸纳大量的消费人口。而对于农家乐这种小规模的设施，既可以选择把它合并，也可以选择合作，让它星罗棋布地散落在钱塘的各个角落。在城镇的周围，一定要保证有观赏性高的大面积的农业自然风光。

而农业生产出来的农作物，可直接提供给钱塘的餐饮业，让来观光的游客，看着当地的美景，吃着当地的美食。也可以建立特色的打包服务，让来游客把它带回家自己烹饪，或者是作为礼物馈赠给亲朋好友。而剩余的农作物也同样具有价值，我们甚至可以对它进行特殊包装。贴上绿色蔬菜的标签和旅游区的美名，销往钱塘周边的地区，这将会提高农作物的附加价值。为企业增加农业收入。

还可以发展高级的美食养生会所，针对小范围的消费者，以更加精细的烹饪美食，追求更高的环境享受和更精致的食物，让人得到身心的愉悦，满足各种层次的消费者需要，加上配套基础设施，提高钱塘的美誉，将更有利于提高钱塘旅游业的发展层次，有利于钱塘的长远规划发展。

2. 农民个体经营

对于仍然居住在农村的农民生活问题，我们可以选择通过私营的方式来缓解压力，农民个体和私营企业可以直接投资，即鼓励当地的居民，把旅游业看作是土地发展的新模式。提高他们的创业意识，在钱塘发展与旅游业密切相关的产业，活跃钱塘的经济状况。

他们可以选择开农家乐的方式，为前来观赏花卉的游客提供便利，也可以提供休闲、居住的场所，从中谋取利益。久而久之，在不知不觉间他们就已经放弃了传统农业的生产方式，把经济基础从第一产业直接过度到第三产业。而长远的规划发展，不能投机取巧和急于求成，还是要尊重经济发展的客观规律。把钱塘的农业旅游业化建设之路走的越稳越远越好。

总之，在钱塘的特色旅游业之路，是和农业紧密相关的，是在规模化的自然农业景观下产生的特色农业旅游观光模式。而经过一段时期的发展，它终会发展成一个特色的宜居小镇，吸附大量的城市中老年人，变成一个集休闲娱乐于一体的宜居城市，成为更多人的养老选择。而这也是新型城市化下的一种发展模式，他既避免的小城镇消亡的尴尬，也缓解了中老年人养老困难的现象，为大城市分担了人口压力，是一种非常理想化的城市化模式，值得我们去验证。

参考文献

[1]百度百科－合川钱塘镇,农业发展 http://baike.baidu.com/link？url=wsr-FVNPyLJDQgHKwT5TkTiL72Hd02WWv1RQFVcaGbI2ynBYAIokiSWRrWNhNds SJCut-Lm8XQaDhXhXbJCpSksEA3DZWfZqn2w68vfyILvk1Ayisx2o1X539XzQ29RIdDSZj7Shfzby1bZrMOONbq

浅谈城市化对农民增收影响

蔡丹艳

（重庆邮电大学移通学院管理工程系，重庆 合川 401520）

摘 要：改革开放以来，城市化发展的主导力量由政府转换为市场支配，我国进入城市化快速发展的新阶段。伴随着城市化的进程，大量农民进入城市由此产生了城市化与农民工问题。在城乡二元体制的结构下，"农民身份""农村土地所有制"与城市化的矛盾日益激烈。通过对钱塘的实际调查，获取农民收入的基本信息，了解城市化下农民的收入分配方式，收入金额，买房倾向等。从微观和宏观上研究城市化如何使农民富裕，农民最终是否可以富裕？以及农民与农村的最终出路。

关键词：城市化;农民收入;农民出路

On the Influence of Urbanization on Increasing Farmers´ Income

Danyan Cai

（College of Mobile Telecommunications Chongqing University of Posts and Telecom and Department of Management Engineering, Chongqing Hechuan 401520）

Abstract: China has entered a new phase of rapid development due to the change that the market rather than government has become the driving force of the urbanization. In the wake of urbanization, a large number of peasants have entered the city, which gives rise to the issue of how the urbanization co-exists with the migrant workers. Under the dualistic structure system of urban and rural areas, the contradiction between "peasant identity" and "the rural land tenure system" is increasingly tense. Through the field research in Qiantang, this paper aims to shed light on the income distribution of the peasants, their actual income, house purchase tendency, etc on the basis of the information of their income.

It is also a study of how urbanization can benefit the peasants and how the peasant can eventually get rich, providing a solution to the issue mentioned above for the peasants and rural areas.

Key words: urbanization; farmers´ income; the solution for farmers

1. 研究背景

城市化，又称城镇化、都市化，是指人口向城镇聚集、城镇规模扩大。从经济结构变迁看，城市化就是农业活动逐步向非农业活动转化和产业结构升级的过程。[1] 目前我国处于城市化加速发展阶段向城镇化完成阶段的发展过渡期。据了解，到 2016 年我国城镇化率达到了 57.35% 基本实现城镇化，[2] 本次调查范围仅限于合川钱塘镇。

钱塘为合川的第一人口大镇，总人口 9.4 万人，幅员面积 134.15 平方千米。这个镇上的外出务工人员占劳动力的 70% 以上，城镇沦为留守城镇。[3] 钱塘镇是中国城市化下的一个农村社会的缩影，具有典型的研究意义。

本篇文章将从微观和宏观两种视角看中国的城市化与农民增收的关系。

2. 从微观视角看城市化下的农民

2-1 调查数据

本次调查对象为合川钱塘镇 24 个村、2 个社区居委会的当地住户。调查采用随机抽样法进行随机访谈调查。

调查样本如表一、表二、表三、表四、表五、表六所示。

数据按一个农村家庭六口人，在以下三种假设下所获得的收入情况，数据比较以家庭为单位，农民务农一个家庭按五亩地计算。

第一种假设，一个农民家庭仅种植粮食作物为他们的主要经济收入并附加上家庭业余收入（1.6 个劳动力）。

第二种假设，一个农民家庭采用大农户雇佣制（2 个劳动力），按日按月结算工资。

第三种假设，一个农民家庭以外出打工作为他们的收入方式（2 个劳动力），仅仅以东部发达地区的工资作为参考标准。

第一种假设：根据百度资料，以水稻品种培两优 0293（目前最高产的水稻品种）

为例,它一年的亩产量能达到 700～850 千克经过换算是 1400－1700[4] 斤左右。(数据限试验田)由于普通种植的产量只能达到试验田的 70% 左右所以数据按亩产量 980 斤～1190 斤计算。2016 年国务院发布的水稻保护价是早晚籼稻、粳稻依次为 1.33 元/斤、1.38 元/斤、1.55 元/斤。数据按一年两季的熟制算法,保护价取平均值 1.35 元/斤,种子农药化肥按 600 元/亩/季(不考虑自然灾害、销售)计算得到如下表格:

表一　　　　　　　　　一个农民家庭种植水稻一年纯收入表

水稻数量(斤)	亩数(亩)	熟制(季)	价格(元/斤)	农药费(元/亩)	纯收入(元)
980	5	2	1.35	1200(两季)	1446
1190	5	2	1.35	1200(两季)	2013

数据来源:国家统计局

根据表格可知:一个农民家庭(6 人)种水稻一年纯收入在 7230～10065 元之间变动。

但是农民不可能光种粮食,他们还通过其他方式实现创收。假设一个家庭业余收入以服装加工为主。服装加工有季节性,数据按一年两个加工季每个加工季为两个月共 120 天计算,得到如下表格:

表二　　　　　　　　　家庭业余收入表

创收类型	工价(元/日;月)	纯收入(元)
服装加工	40/日	4800

数据来源:《重庆邮电大学移通学院大焕城市化研究生班钱塘调研数据汇总》

根据上面两个表格数据,从中可以得出一个结论:一个农民家庭(6 人)一年在家务农的纯收入大概在 12030～14865 元之间浮动。上述数据是在最理想化的情况下得到的,它是农民纯收入最理想化的数据。

第二种假设:根据在钱塘镇调研所得的数据显示那里已经有大农户承包土地进行规模化种植。当地土地租金计算方法是按每年稻谷价格补给农民多少斤粮食折算成现金大概一亩地一年 1000 元左右。一个农民家庭有五亩地土地一年租金在 5000 左右。农民受雇于大农户进行农场种植按每日 50 元计算,假设农民一个月只能在农场做工 15 天按一年 12 个月计算得到如下表格:

表三　　　　　　　　　一个农民家庭雇佣一年的纯收入表

工价(元/日)	天数(日)	工人(数)	租金(元)	纯收入(元)
50	180	2	5000	23000

数据来源:《重庆邮电大学移通学院大焕城市化研究生班钱塘调研数据汇总》

第三种假设:农民外出务工,他们所取得的经济收入计算。数据以东部沿海省份的工资价格为例,假设男性农民在工地工作,女性农民在工厂工作有以下价格表:

表四　　　　　　　　东部沿海省份男/女农民工工价表

工种	工价(元/日;月)
工人(电工、木工、技术工人)	280～300
小工	180～200
杂务工	2000元/月
机工	3000元/月

数据来源:(1)http://m.yl1001.com/gxs_article/4731435321554593.htm(2)百度问答

工地一年大概能工作200天左右,按200天的标准计算得到以下数据:一个农民家庭(6人)一年的收入大致在60000～96000元。

第一种假设之下一个农村劳动力所创造平均的收入在8404元左右。第二种假设之下,一个农村劳动力所创造的平均收入在11500元左右。第三种假设之下,一个农村劳动力所创造的平均收入在39000左右。

表五　一个农民家庭/单个农村劳动力三种假设下的收入平均情况表(单位:元)

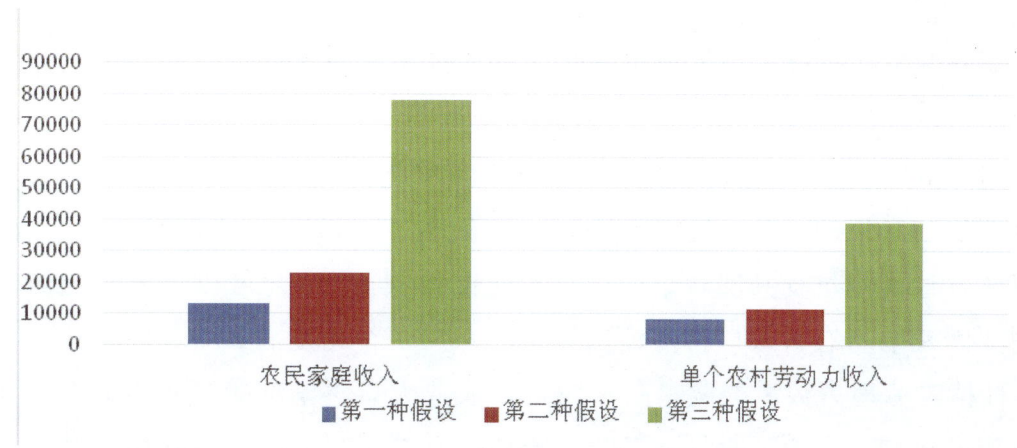

数据来源:《重庆邮电大学移通学院大焕城市化研究生班钱塘调研数据汇总》

2-2 城市化使农民富裕

大量数据显示城市化模式下农民的收入是上升的,而且可以说是处于翻倍上升的模式。这可能是基于一二三产业产值的不对等造成的。三种产业产值不对等是由于第一产业的资源不可移动和劳动力不能无限制填充。劳动力的无限制填充可以带来工业产量的无限增加,但是由于第一产业受制于气候,资源等不可控因素,无法实现产值的增加。据英国经济学家刘易斯的理论，发展中国家的农民的边际生产率很低，甚至为零或趋于负值，导致农民收入很低。这一理论道出了中国农民收入低的深层次原因，增加农民收入不能单纯靠农业的增长。大量学者指出，城市化滞后是农民收入低的根本原因，加速城市化才是解决农民收入的关键。[5]

2-3 城市化的本质就是减少农民

同时根据我国的现实情况人均田只有一亩不到，基于这种情况，城市化使大量农民从土地上剥离开来，从事二三产业，实现收入上升，而由此造成的大量荒废土地正好用于规模化种植，这就是上述的第二种假设。根据产业分工理论，在现阶段现有的技术水平下，农业产品过剩，产品价格和工作岗位急剧下降。农业人口向第二三产业转移。同时依据现实情况我国大量的农业人口与先进的农业生产不符，对农业人口的转移是必须的，而农业人口最终的流向应该是城市，这种农业进程可以说是一种中国模式。

3. 从宏观视角看城市化下的农民

3-1 城市化不可阻挡

上一部分的三种假设从个体出发，那接下来将从微观到宏观进行表述。从历史的沿革中，发现城市化与农民的关系。城市化是个大趋势，顺之必昌，逆之则亡。1984年之前，国家反对城市化造成农民极端困苦的经济环境。一个国家没有城市化是不可能发展起来的，农民进城打工的过程就是一个城市化的过程。纵观世界，一个国家的发达富裕过程其实就是一个城市化的过程。[6]由此可以得出我国城乡差距巨大的原因是限制农村人口自由流向城市。从另一个角度看，随着农业技术的发展，农业种植对劳动力数量的需求越来越低。农业人口逐渐向第二产业转移，随着第二产业产品过剩，人口逐渐向第三产业转移。而二三产业需要良好的公共基础设施，因此我国的城市化不可阻挡。

以下三张图表主要是阐述了1982年以来中国人口流动与城市化进程以及农民纯收入的进程。从宏观上把握城市化对农民收入的影响以及人口流动带来的城市疯狂扩张。

表六　　　　1982-2015年流动人口变动趋势图(单位:百万人)

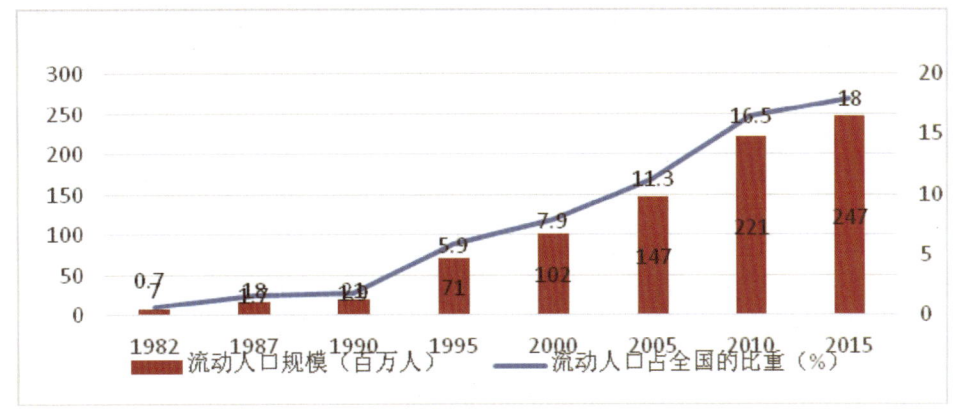

数据来源:(1)段成荣、杨 、吕利丹等根据历次人口普查和抽样调查计算；

(2)国家统计局公报

表七　　　　1982-2015年中国城市化率以及增长率图

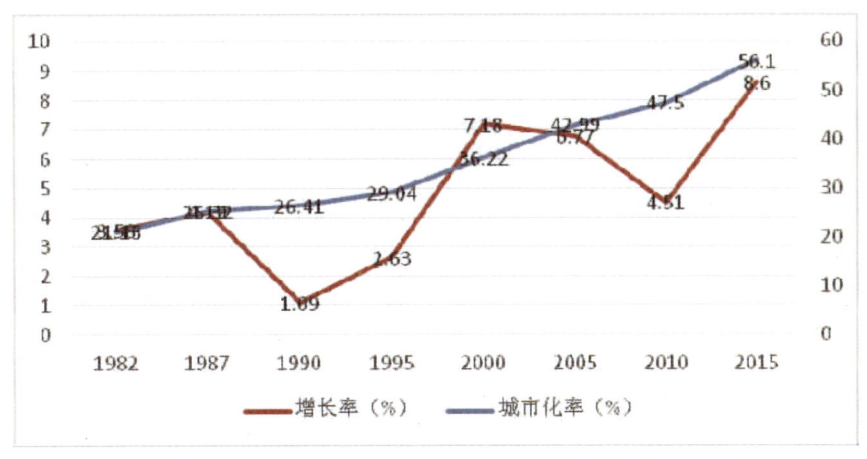

数据来源:(1)国家统计局:中国城市化率历年统计数据(1949-2011)

(2)国家统计局发布2012-2015年国民经济运行情况

从1949-1982年这整整33年期间中国的城市化率仅仅增加了10.49%,每五年的增长率为1.58%,每一年的增长率仅为0.3%。而从1982-2015年也刚好是整整33年它每五年的增长率为5.28%每一年的增长率是1.05%。1949-1982年的流动人口因为受到政策原因无法计算姑且用1982年的7(百万人)为标准,1982-2015年,33年间流动人口增长了240(百万人)每五年的增长率为36.36%。而在1982年之前每五年的增长率仅仅为1.06%。城市化与人口流动可以说是相辅相成的,它们之间到底是谁促进了谁,这个问题就像世界上到底是先有鸡还是先有蛋。但是从上述数据中可以得出一个结论:因为严格的人口流动管控政策的存在,城市人口自然增长缓慢,限制了城市化的内在推动力的发展使得那33年城市化率仅仅增长了10.49%。也是因为缓慢的城市化进程，没有快速的把农民从土地上剥离开来。农民人均纯收入在后33年每五年的增长率是前33年每五年增长率的43倍。

3-2 城市化使农业走向现代化

纵观历史，我国的农业经济有个显著的特点：小农经济。而小农经济是一种自给自足的自然经济模式。因其农业规模小，产值低，农民获得的收入微乎其微。改革开放以来，迅速的城市化进程以及科技的发展给农民带来了外出就业的机会。城市化对劳动力的需求，使得农村劳动力流失，进而带动农村零散土地发生集聚效应使得规模化种植成为了可能。农业科技的发展使产量农业转化为效益农业。机械化种植的推广使种植作业由人工作业转变为科技作业。上述两种转变使我国的农业走向了现代化之路。农场的企业化经营以及农业产业化在身份上使农民转变为农业产业人员。上述农业方式的种种转变，皆因城市化这个契机。城市化改变了原有的农业经济模式，它使中国的农业走向了现代化的道路。

表八 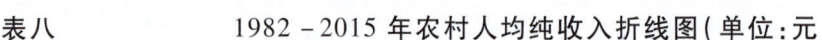1982-2015年农村人均纯收入折线图（单位：元）

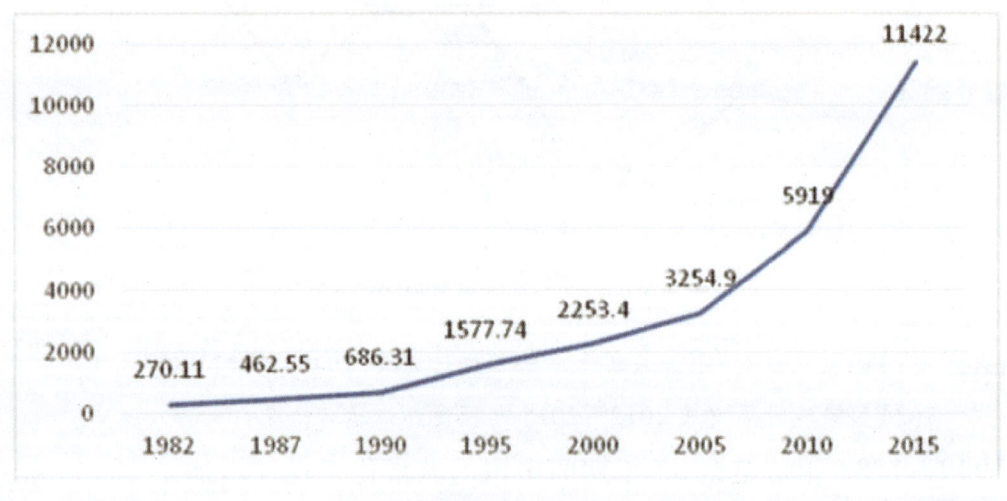

数据来源：国家统计局

3-3 城市化使城乡贫富差距缩小

1949年农民人均纯收入为44元，到1982年整整33年它每一年的平均增长率为6.85%，而从1982-2015年它每一年的平均增长率为337%。这是前所未有的巨变，农民的收入呈现几何速度增长。

以上三张统计图，如果把它们放在一起，可以得出他们在某些阶段的增长幅度有着惊人的相似。而这个转折点或许可以把它定为1984年。1984年和1978年都是一个很关键的时刻。以下是一些历史资料。

我国人口流动政策阶段：1958－1983年严格限制，1984－2002年逐步放开，2003－2010年公平理念提出，2011年制度化和全面付诸实施阶段。之所以用1982年作为一个截点，是因为到2015年可以划分成两个33年的阶段。而这两个33年绝对是天与地的差距。围绕城市化使农民富裕这个课题，三大产业产值的不对等，和人们渴望更好的生活愿望是促进人口流动的内在因素之一，当然也是当时政策的松动。人口流动促进了城市化疯狂的扩张，城市化进而带动了农民纯收入的增长。而由于城市的推拉理论的"拉力"使得大量农村人口进入城市，促进了城市的扩张。

有言论说改革开放使城乡贫富差距扩大，其实不然，1978年的中国，基于"可支配收入"的"城乡收入比"为9.5，接近于10，是2012年"3.10"的3倍多。"基尼系数"为0.61，评价为："不可接受的贫富分化"。基于"纯收入"的"城乡收入比"为17.67，"基尼系数"为0.704，[7]如果把农村纯收入换算与城镇居民可支配收入进行对比计算，可以得出改革开放使农村富裕，使城乡差距缩小。

4. 结论

4-1 城市化使农民致富

城市化从根本上打破了产业的城乡限制，进而促使农民从事产值更高的第二第三产业。从微观上，上述的三种假设数据分别证明了城市化使农民富裕。从宏观上，基于1949－2015年城市化的历史进程而言，农民的收入情况增长是不容置喙的。历史也表明了阻拦城市化就是阻挡农民富裕。因此，城市化确实使农民富裕了。

4-2 城市化的本质是减少农民

根据产业分工理论得出农民的最终出路在城市，从微观上，由于更高产业经济效益的吸引农民从农村走向了城市，从宏观上，由于人口政策的松动，时下价值观念的影响，欠发达地区的农民走向了发达地区的城市。无论是乡－城的城市化模式还是地域－地域间的城市化模式都是时下的一种常态。这两种城市化模式的本质就是减少农民。

4-3 城市化不可阻挡

中国自 1958 年起就用政策来压制城市化的进程,城市化极其缓慢。这也为 1982 年以来中国城市化的疯狂扩张提供了依据。33 年的积蓄,一朝爆发,迅猛如潮。城市化是这个时代的潮流,事实证明城市化不可阻挡。

参考文献

[1] 都市化. http://baike.sogou.com/v296600.htm? fromTitle =%E5%9F%8E%E5%B8%82%E5%8C%96

[2] 2016 年中国城市化率. http://www.jiemian.com/article/1139383.html

[3] 钱塘镇基本概况. http://cqtimes.cn/news/article/id/167220/nowCat/196.html

[4] 水稻产量. http://wenwen.sogou.com/z/q655959435.htm? sw =&_t =745895

[5] 李宏岳. 城镇化与农民增收问题研究[J],农业经济,2011,第四期,59-60[J]

[6] yixing168 楼主. 谈谈农民工与城市化 http://bbs.tianya.cn/m/post-free-1700421-1.shtml2017.5.1

[7] 孟凡贵. 论毛泽东时代的两级分化 http://blog.sina.com.cn/sulami000mfg

浅谈城镇化对培田古村的影响

张光豪

（重庆邮电大学移通学院计算机科学系，重庆 合川 401520）

摘 要：影响21世纪人类社会进程两件最深刻的事情，第一是以美国为首的新技术革命，第二就是中国的城镇化。我国城镇化水平自1996年超过30%以后，城镇化率增长可谓日新月异，在2016年城镇化率为57.35%。[1]城镇化的主要内容之一是农村人口向城市的流动，而农村人口的转移也必然会对农村的经济发展产生影响，其中存在着积极和消极两个方面。本文在城镇化背景下对培田古村进行调研，发现其青壮年人口外流问题严重，文化传承问题出现困境，以及乡村建设问题重重。

关键词：城镇化；农村人口流动

Talk about the Impact of Urbanization on the Peitian Village

Guanghao Zhang

(College of Mobile Telecommunications Chongqing University of Posts and Telecom and Department of Computer Science, Chongqing Hechuan 401520)

Abstract: Two of the most profound things affecting the human social processes of the 21st century are the new technological revolution led by the United States, and the urbanization. Since the level of urbanization in China exceeded 30% since in 1996, the rate has changed rapidly, china's urbanization rate reached 56.1% in 2015, and 57.3% in 2016. One of the main contents of the urbanization of rural population flow is the transfer of rural population, which will inevitably lay impact on rural economic development, and which will lead to positive and negative influence. This paper researched under the urbanization background of to research of Peitian Villiage, and find out that the problem of the outflow of young population was quite serious, the inheritance of ancient culture was in dilemma, and the construction of this village was problematic.

Key words: urbanization; the flow of rural population

1. 昔日培田

有人说:有太阳的地方就有中国人,有中国人的地方就有客家人;哪里有一片土,客家人就在哪里聚族而居。与福建永定土楼、广东梅县客家围垅屋并称为客家三大奇葩建筑的,是福建连城培田的"九厅十八井"大型砖木民居建筑。这里有明清时期的高堂华屋30 幢,吴氏宗祠21 座,私家书院6 处,跨街牌坊2 道,还有一条千米古街。放眼望去,每户街门都有门楼,每座宅院都有高墙大屋顶,移步皆是景。这里有飞檐翘角,石柱雕梁,还有额饰龙凤、联书圣谕……自古以来培田古村以其丰富的文化底蕴闻名全国,培田人在历史的积累中更是传承下来了许多优秀的民俗文化,然而近年来,随着城镇化进程的快速推进,越来越多的培田青壮年人选择背上行囊外出务工。这是为什么呢?

2. 培田现状

2.1 培田古村人口结构

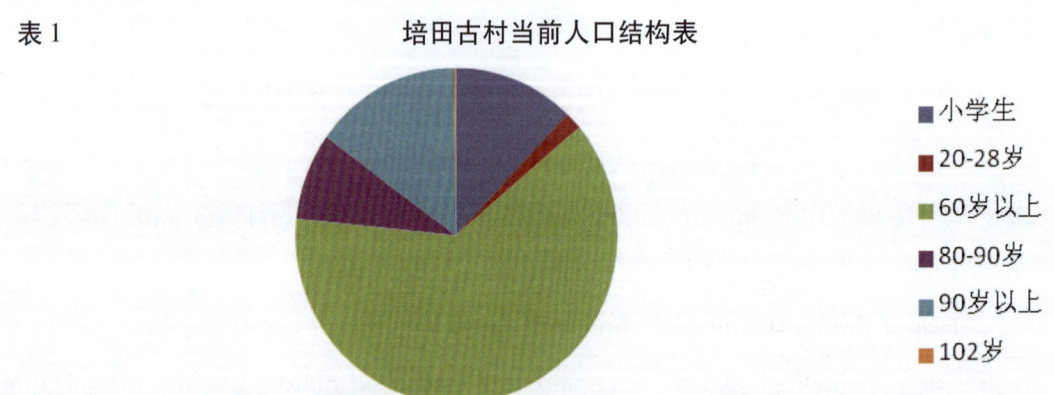

表1　　　　　　　培田古村当前人口结构表

资料数据来源:《重庆邮电大学移通学院大焕城市化研究生班培田调研调研数据汇总》

我们一行人在村子进行调研时发现,村子活力不足,村子里以老年人为主体,只有极少部分青年人留在了村中。从图中数据清晰表明培田古村中60 岁以上老人为298 人,其次80~90 岁老人为40 人,到达90 岁以上老人为70 人,还有102 岁老人1 人。那么村子里的青年人呢? 属于培田古村的青年人中,选择外出务工(18 岁以上)的有600 人左右,然而选择留村的20~28 岁青年仅8 人。而且村中的小学生更是仅为58 人,村子老老少少的现象显而易见,自然没有什么活力。试想,古代哲学家朱熹说:"问渠那得清如许,为有源头活水来"。青年人正如一股注入培田古村的"活水",但是这股活水却被引流了。这是什么原因导致的呢?

2.2 培田村民的收入结构

表2　　　　　　　　　　　培田村民户均收入结构表

收入方式	收入额(元\人·年)
农业收入	1500
旅游收入	9600
其他收入	6000

资料数据来源:《重庆邮电大学移通学院大焕城市化研究生班培田调研调研数据汇总》

收入决定了青年人对工作地点的选择。留在培田的人中,多数以务农为主,其中通过农业的收入为1500元/人·年,还有就是通过培田古村旅游者的收入大约在9600元/人·年,以及其他收入6000元/人·年,一个月2000左右元似乎不足以让一家人过上富裕的生活。因此,随着城镇化进程的推进,在城镇里,许许多多服务业需要大量的普通劳动力。而且培田村里也没有足够的资源让青年人来利用,古村青年人口的流失就此应运而生,村子里几乎全部的年轻劳动力选择外出务工。城镇化对于培田古村来说算得上一把双刃剑。一方面,它让培田古村的人有更好的方式赚钱过上更好的生活。另一方面,流失了一个充满活力的青壮年群体,一个村子的发展中,少了青年人这么一个充满想象力的群体,那么古村怎么才能更好的传承文化,乡村建设呢?

2.3 培田文化的现状

文化包含甚广,其中培田以其民俗文化享誉全国。在培田目前举行较为隆重的特色民俗活动有:迎公太活动、春耕节、妈祖纪念活动、关帝出生纪念活动。"迎公太"在河源十三坊轮流举行,十二为一轮,一年一村,由来已久,目的是为祭祀王审知。王审知在唐末五代时期创建"闽王国",为福建的社会安定、稳定、经济、文化的建设和发展做出了显著贡献,后人因此将其尊为"珨瑚公太"并加以供奉祭祀。还有就是近年来兴起的春耕节,在培田举办的春耕节,是农耕文化在代际上的延续和传承,是农民在时空上的"群体记忆"。也让我们非农观众领略一下当地的乡愁与民俗。举办春耕节,就是传承传统,记住乡愁;"传统时尚化,时尚传统化",莳田节演绎为春耕节,是重农的体现,是张扬人们为实现农业现代化的愿望与决心!接着3月23日妈祖纪念活动。5月13日关帝出生纪念活动。这些活动中除了迎公太活动有大量人参加外。其余活动的人数参与量都在70~80人左右,并且参与人的年龄大都在50岁以上。如果不是政府一直在这些方面有一定的投资,民俗文化会慢慢消失。说到参与者多数以老年人为主,那么一个不得不思考的问题就跟着出来了。文化的传承?是靠花钱雇外来人维持?还是依靠通过乡村建设吸引更多的青年人回来在老一辈的基础上,不断的学习并继承呢?

3. 培田古村的困境与问题

3.1 低效率的农产业

表3　　　　　　　　　我国与发达国家农业支持水平对比表[2]

国家	TSE/GDP(%)		TSE(百万美元)	
	1995-2002	2003-2012	1995-2002	2003-2012
OECD	1.35	0.98	330199.54	374731.14
欧盟	1.36	0.91	117442.96	137263.95
日本	1.51	1.18	67704.81	58549.61
美国	0.92	0.84	83284.26	114484.26
中国	1.40	2.10	15350.06	90101.21

数据来源:OECD网站,网址:http://stats.oecd.org/

从表中可以清晰地看出,我国农业补贴增长明显,但相对水平较低。政策自然是一个相当重要的因素。同时,我们也不容忽视从事农业生产的人的年龄。就拿培田古村来说,因为年轻人大量外出务工,从事农业生产的主要是老人。不只是培田,我国许多地方亦是如此,农业生产的从事者多是老人,但是老人的文化水平普遍偏低,造成很多新技术、新品种、新模式难以推广。现代农业与传统农业包括经营理念都有很大区别,如果仅靠现在的老人,难以承担起这个重任。农村年轻劳力越来越少,政府相应得就应当提高农村的生产效率,通过提高农村科技,大力在农村推行机械化、科学化、规模化、智能化、产业化的种植,政府应当努力实现农村与农业的现代化,提高农村生产力,减轻老农的负担,通过承租、流转、购买等方式,实现农村资源的市场化和变现,使老年农民可以以拥有的农村资料取得好的收入,实现资源致富,过上好的生活,不用再辛苦劳作。

3.2 培田小学处于衰落的现状

培田村子里一共有小学生58人,其中各年级人数较为平均,男女较为平衡。但是,生源并不稳定,因为平均每学期都会转走二三人,也转入一二人。在这些小学生中,留守儿童占70%~80%,本村孩子只有三分之一在培田小学上学,其余学生在外地或者宣和中心小学就读。学生数量都是这样,自然这里的教师队伍也并不壮大,培田古村里一共有教师九人,均为本地人,其中八人为本科师范专业毕业,一人为代课老师。并且,在这里授课的教师教龄普遍偏低,据调研时了解到,在这里授课的教师在合约期结束后都不想留下,都想在城镇里去工作。而且本地政府对于在这里的教师,都是教师基本待遇,没有任何特殊补贴。如何留住老师,让村子里的孩子们享受到长期稳定的教育正是一个巨大的问题。

3.3 吸引青年返乡举步维艰

表4　　　　　　　　　　培田古村商业机构统计表

商家机构数量及类别	营业中商户(户)	停业中商户(户)	总数(户)
商店	15	5	20
摊位	4	0	4
农家乐	13	29	42
民宿	13	23	36
合作社	1	0	1
农村淘宝	1	0	1
福利彩票	1	1	1

资料数据来源:《重庆邮电大学移通学院大焕城市化研究生班培田调研调研数据汇总》

就培田古村目前来看,政府已经出台了相应的措施来刺激培田古村当地的经济,并以此来吸引更多的培田青年人投入到家乡的建设中。现在就有福利彩票、农村淘宝、民宿、农家乐、合作社等一系列村子里以前没有过的经济收入方式。一旦外出务工的青年们看到了自己的家乡里的收入水平上去了,那么是不是会有那么一部分人会选择回到家乡来谋生,而不是继续在外闯荡?但目前的情况则是当地能够为返乡青年带来的创新产业较少,按目前现状很难吸引到一定数量的青年返乡。所以说,现在吸引青年返乡举步维艰。

3.4 乡村基础设施落后

人吃五谷杂粮,自然免不了会有生病的时候,既然人会生病,那么就会有医生来为我们老百姓治疗。在培田古村,村卫生所目前医疗水平很一般,治疗以感冒、外科、妇科病为主，其中感冒居多。村子里如果有人患上了什么大病，都选择到城里去进行治疗。在村卫生所的医生月收入 500 元来自卫生所的经营（月就诊人数 30 人左右），500 元来自卫生院所发的工资。目前问题在于，一方面医生的收入过低，对于医生是不公平的，另一方面，村卫生所没有良好的医疗条件，对于当地居民也是一个弊端。试想，在一个基础设置配套完善且较好的村子里，是不是会提升居民的安全感以及幸福感。

3.5 文物保护与新村建设

就目前而言，政府的一个大方向是投入大量的资金来进行对古建筑的保护以及新村的建设，这不仅没有让村民们得到直接的实惠，而且让村民背负上巨大的负担，因为在当地政府进行新村建设的过程中，响应政府号召搬来新村的村民中大多数身负 10 万元左右的债务，就目前而言他们的收入偿还这笔债务是非常困难的。如果仅靠在培田当地的收入（以农业收入为主）还上这笔巨款不知猴年马月，所以这也在无形之中让青年人不得不选择外出务工以此来还上房款。所以培田新村的建设，与对培田文化的保护是否有利还有待验证。

3.6 旅游业利益分配不均

自培田开发旅游以来，门票收入也成为了当地居民的一直收入来源，但是 200 万～300 万元的旅游收入是怎么样分配的呢？据调研数据显示，村民们每年旅游的门票收入分红仅够购买 80 元的福利保险，没有真正的改善到他们的生活，而且培田人口就 1532 人，不妨简单计算，真正到村民手中的门票收入只有总收入的 5%。这个为村民谋福利的项目，赚来的大部分钱是不是流入了旅游公司？

3.7 人口的外流

随着城镇化进程的推进，城乡收入差距被不断的拉大，因此中国许许多多的村子里青年人多选择外出务工。年轻人不愿意回乡，除了农村赚钱机会少，农村出路少等原因外，最重要的原因是因为城市的开放。过去的城市是城里人的城市，是干部职工的城市，现在的城市是所有人的城市，不再只是城里人的城市，不再是干部职工的城市，也已经成为农民的城市，任何人，都可以在城市工作，即使找不到正式的工作，也可以在城市做生意，摆摊，还可以做各种手工活，当建筑工等。而且现在的大城市，比如培田古村青年人多数去的厦门，在厦门这里不仅有更多的机会，而且这里的消息更加的灵活，赚钱的方式更加的多（例如服务业）。现在城市化已经成为时代的主流，不管是福建还是哪里，到处的乡村都在进行着他们的改变，改变的核心目的就是让人们的生活过得更好,国家内部纷争更少。然而现在面临的问题很明显,乡村里的基础设施不够,人们收入不够,享受不到大城市里的方便快捷。如果我们能够在这些方面取到一点程度上的改善,那么不管是对于乡村的保护,还是古村文化的保护都将是一种有效措施。都说文化是吃饱了的人来谈论的东西,如果一个人连生活都不够良好,他拿什么闲工夫来保护文化、保护历史。

4. 结论与建议

现在城镇化已经成为时代的主流,不管是福建还是哪里,到处的乡村都在随着城镇化的改变而改变,改变的核心目的就是让人们的生活过得更好,让我们国家内部纷争更少。然而目前乡村所现在面临的问题很明显,乡村里的基础设施不全面,村民收入水平较低,城乡收入差距明显,致使大量青年人口外流。类似培田一样的文化古村正经历着一种巨变。接受着来自外来文化、经济收入、方便快捷的大城市的高效生活的冲击。建议类似培田一样的文化古村,第一,依旧继续发展旅游业,并争取将旅游业发展为当地的主要产业。第二,留住本地的青年人,对于自己家乡的文化,他们从小都是沐浴在这样的一个环境中的,自然是再了解不过了,谁来传承与保护这些璀璨的文化,自然是他们再合适不过了。第三,建议政府将对于文物保护的专款资金下发到村民手中。一部分让村民与专业人员组成队伍对文物进行修建与保护,另一方面让村民有更充沛的资金进行商业活动。第四,青年人外流除了钱以及另外一个原因也就是城镇里的环境比乡村好很多,如果能够整治好乡村环境自然也是一个很好留住青年人的方法。

参考文献

[1] 百度词条我国城镇化率
[2] 我国与发达国家农业支持水平对比 http://stats.oecd.org/

以钱塘为例分析高速城镇化进程中所带来的问题

杨莉莎

（重庆邮电大学移通学院艺术传媒学院，重庆 合川 401520）

摘 要：城镇化进程是检验一个国家发达程度的标准之一。改革开放以来，随着市场经济制度的确定，国民经济得到了较大发展，中国的城镇化进程也取得了重大进展。但高速城镇化进程所带来的问题值得我们去分析、思考。

关键词：城镇化；人口流动；隔代教育；新型农业

Take Qiantang as An Example to Analyze the Problems Caused by the Rapid Urbanization Process

Lisha Yang

(College of Mobile Telecommunications Chongqing University of Posts and Telecom and Department of Arts and Communication, Chongqing Hechuan 401520)

Abstract: The urbanization process is one of the criteria for testing a country's development. Since the reform and opening up, with the determination of the market economy system and the development of the national economy, the process of urbanization in China has made great progress. But the problem of the rapid urbanization process is worth analyzing and thinking.

Key words: urbanization; Population flow; every generation education; a new type of agriculture

一、研究背景

(一)城镇化发展概况

中国的城镇化进程历经曲折和时间的洗礼,终于走上了快速发展的道路。改革开放以来,特别是党的十六大明确提出发展城镇化后,中国的城镇化水平不断提高,已接近世界平均水平。《国家新型城镇化报告》指出,2015 年,我国城镇人口总量达到 77116 万人,城镇化率达到 56.1%,比世界平均水平略高出 1.2 个百分点。

(二)城镇化发展的原因

1. 城镇化是人口迁徙的推力

城乡收入的巨大差距和城市工商业高速发展为农村劳动力提供的机遇成为中国当代人口的大迁徙的主要动力,流动就业的农民成为我国城镇化发展的人口主体。从城乡结构看,2016 年中国城镇常住人口 79298 万人,比上年增加 2182 万人,乡村常住人口 58973 万人,减少 1373 万人,城镇人口占总人口比重(城镇化率)为 57.35%。2014 年中国城镇人口为 74916 万人,乡村人口为 61866 万人;2015 年中国城镇人口为 77116 万人,乡村人口为 60346 万人。

表1　　　　　2005 - 2016 年中国城镇、农村人口对比走势图

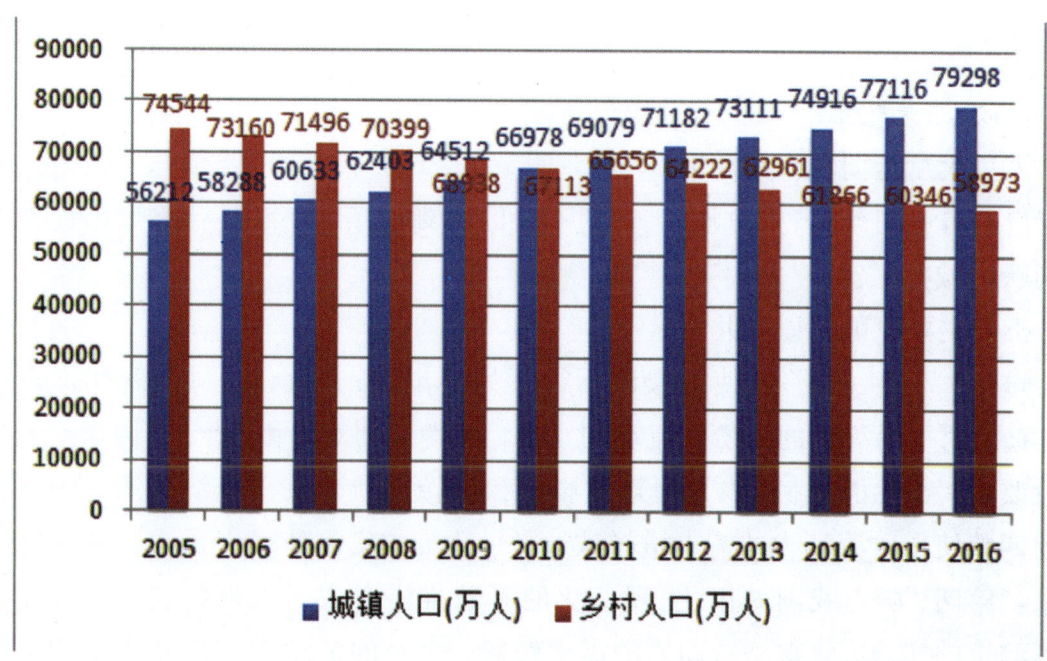

资料来源:百度网

中国的城镇化率在逐步提升,数据显示,广东省城镇化率达69.2%,高居全国各省市首位,辽宁省、浙江省分别位居第二、第三位,而西藏和贵州仅为27.74%和42.01%。

表2 2010-2016年中国城镇化率

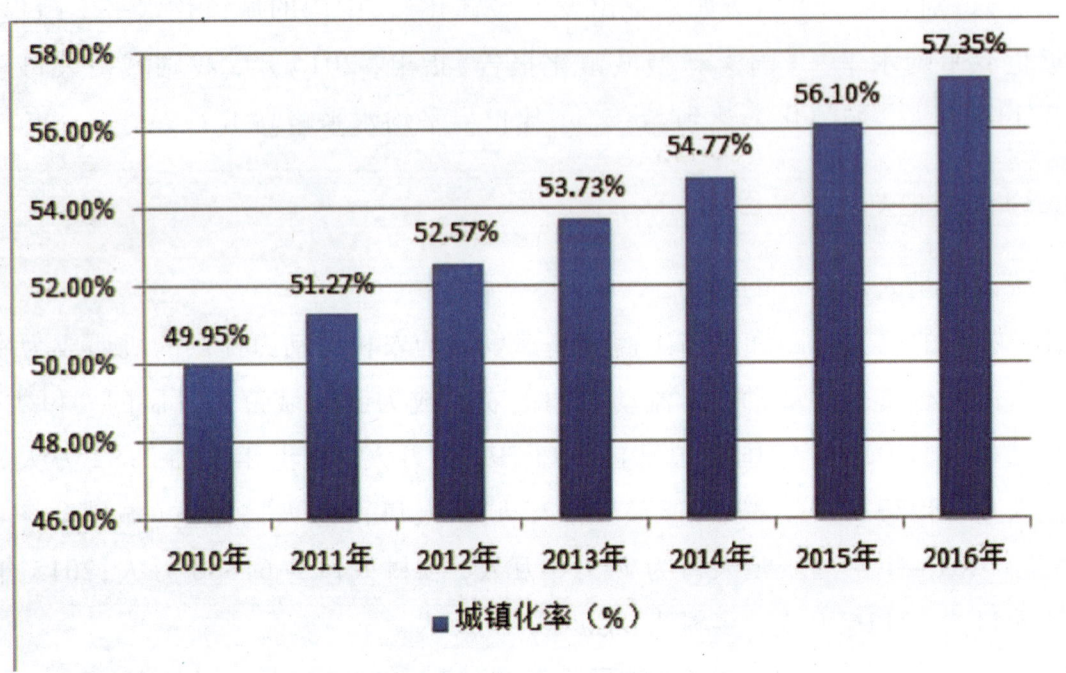

资料来源:百度网

2.人口大量走向城市的原因

在户籍得不到落实、身份歧视、待遇不公的苛刻的条件下,是什么原因促使大量农民踊跃进城务工?

分析其主要原因有以下几种:[1]

首先,收入的巨大差异使得农民不得不另谋出路;其次,农村家庭联产承包制以后,农民获得了流动的身份和流动的土地,获得了相对自由;第三,国家对农村土地进行改革,实行承包制,农民通过被雇佣和流转土地来获得经济来源。国家土地政策的调整使得对劳动力的需求量锐减,这一政策的实施使得大量农民从农业中分离出来。第四,随着我国城市化、现代化的不断推进对农村人群的吸引,企业承包土地等政策的实施,使得对劳动力的需求锐减,多余的劳动力在生活压力和经济收入的吸引下转化为农民工进城务工。

（三）人口大量走向城市所带来的问题

当前我国大量农民外出务工已经成为农村人口流动的主流，农村劳动力的大量流失使得新型农村社区（镇）的发展受到阻碍停滞的同时也带来了社会问题。人口的大量外流使得人口老龄化的加剧、留守儿童隔代教育问题的凸显、留守妇女半劳动力该如何有效利用等等问题都成为新型农村社区（镇）下一步该如何发展的巨大困境。

一、以钱塘为例分析城镇化所产生的问题该如何解决

（一）钱塘概况

钱塘全镇幅员面积134.15平方千米，总人口94038人，其中城镇人口2.1万人。钱塘是个典型的留守城镇，由于大量的年轻人都到一二三线城市务工，钱塘镇出现了大量的留守老人和孩子。老人带着孩子生活，子女在外打工赚钱。孩子的教育、留守妇女半劳动力该如何有效利用、农业的转型与发展等等问题都是钱塘未来发展需要解决的焦点问题。

（二）出现的问题及解决建议

1. 隔代教育

据统计，全国有近五成孩子接受着隔代教育，隔代教育由此成为教育问题的一大重点。钱塘大多数外出打工的人由于工作的原因和出于路费的考虑，一年基本只是春节回家小住几日又不得不再次踏上工作征程。留守在家的老人大多数年迈体弱多病，但却不得不撑起整个家庭，照顾孙子孙女。由于父母都外出打工，钱塘最为常见的监护方式为年幼孩子跟爷爷、奶奶生活。[2]由于留守儿童的监护人大都是爷爷奶奶或外公外婆，他们的文化素质普遍偏低，文化水平、知识结构不能完全适应现代儿童的需要无能力辅导儿童的学习。老人应该努力接受新思想、学习新知识，尽量用科学的方法抚养教育孩子。老年人由于体力、种地等原因容易造成对孩子监管的薄弱，有的孩子甚至独立生活，基本处于无人监管，致使监管薄弱。面对此问题，老年人应该树立规矩，宽严有度的管理孩子。该玩的时候玩，该学习的时候一定要学习。亲情的缺失容易使孩子与父母之间产生隔阂，而孩子由于年幼，容易对父母做法无法理解，容易造成对父母的不满甚至憎恨。但对于留守儿童最大的影响是家庭教育环境的缺失，父母不能够很好地引导教育儿童，为儿童营造良好的

学习氛围。其家庭也缺少文化氛围，从而造成留守儿童的受教育环境较差的局面。学校应该加强对老师素质的培训，使老师具备良好的心理素质，能够公平公正地对待每一位学生，营造浓郁的学习氛围的同时加强对学生心理健康的教育工作，重视学生的心理咨询与辅导，能够及时发现解决学生问题。

2. 留守妇女半劳动力

除了留守儿童和老人之外，留守妇女半劳动力该如何有效利用也是城镇化发展进程中的一个焦点问题。

钱塘是典型的留守城镇，很多留守家庭妇女上有老下有小，无法离乡打工。人们没事找事，搓麻将、吵架等成了家常便饭，钱塘亦是如此。发展家庭妇女手工业遇到的一大难题，就是"半劳动力"缺少专业技术，是制约家庭手工业发展的瓶颈。而加强农村家庭手工业技能培训，让乡村小作坊连接大市场，是合理利用留守妇女半劳动力的有效方法。

留守妇女大多拖家带口，离不开家，有孩子老人要照顾，地里有农活要忙。通过前期的技术培训后，在自家生产产品，时间自由，可以有效合理安排自己的时间。一些企业可以通过技术娴熟的工人入户进行培训，讲解操作要领来提高妇女的专业素养。这样，一些人足不出户，可以合理安排自己的作息时间，为企业工作。企业也可以降低用人成本，一举两得。

3. 农业转型与发展

3.1 观光农业

除了企业送技术入户之外，还可以利用观光农业、养殖业充分利用好留守妇女半劳动力。钱塘观光农业旅游资源丰富、类型多样。钱塘镇位居合川区东北部，距合川市城区23千米，距重庆市区105千米，良好的地理位置可以依托都市,持续发展。[4]观光农业在具有生产性、改善生态环境质量等功能以及人们收入的增加，闲暇时间的增多，生活节奏的加快以及竞争的日益激烈，人们渴望多样化的旅游背景下观光农业拥有巨大的发展潜力。对于日常观光农场品的养护需要一批专职人员，妇女劳动力可以得到充分利用。在家门口就可以工作赚钱，事业家庭都可兼顾对于妇女来说是一件好事。妇女还可以通过养殖鸡鸭等家禽来拓宽收入渠道。

3.2 利用互联网开拓农场品销售新渠道

我国农业培育养殖从不缺人，但目前我国农业发展中面临的一个突出问题是农产品流通的市场化低、流通成本高，农民没有从流通领域享受到应得的比较利益。其中，由于我国农业发展相对落后，与现代科技的相关性联系较低，大大削弱了我国农产品在国际上的市场竞争力。钱塘产业单一，经济增长缓慢，钱塘经济的发展离不开农业的推动。种出了农产品，却没销路，农民只得眼睁睁看着自己辛辛苦苦种出来的农作物烂在地里，亏本无收。[3]但通过电子商务交易平台，可以拉近生产者和消费者之间的距离，使农产品不再因为销路原因而滞销，还可以简化中间环节，增加农户收益。被电子商务交易平台影响的不仅仅是距离和收益问题，还有对农业产业的带动和促进作用。考虑到农民的文化水平有限，政府可以加大福利，吸引大学生回乡创业，利用专业人才来打开电子商务交易的大门，通过互联网＋的方式拓宽农场品的销路，实现双赢。

3.3 土地资源的整合与经营模式

在总体耕地面积不断减少，人均耕地面积呈下降趋势的现状下，合理规划利用土地资源显得尤为重要。

一家一户，分散经营，农民虽然有很大的自主权，但是，由于形不成规模，生产效率就很难再向上提高。拿雇主工资意味着农民多劳多得，农作物成熟时也不用想销路，承担卖不出去的风险。土地流转一份收入，给企业打工又一份收入，两份收入加起来，肯定比过去自己经营的时候要高，而且这种收入基本上没有风险，是稳定的。通过实现土地流转，将连片抛荒地，集中由少数人通过投入资金、技术来开发经营，既可以防止土地抛荒，又可以达到合理利用土地，增加农民收入的目的。

当前，农村耕地的流转现象十分普遍，许多外出务工的农民将自己承包的土地转给他人或公司耕种，自己拿取一定的土地租赁费或者等价的谷子，有的留在家的农民还被公司聘请拿工资。对于留在家种地的农民来说，公司承包土地能够充分利用土地的同时，还能有固定收入。

地理位置不好、土地较为贫瘠的土地，能利用程度低，公司大多不愿意承包。对于深山交通不便的土地，政府可以牵头鼓励农民种植果树等经济作物，并进行补贴降低农民的风险。

3.4 培养专业人才发展专业农业

农业依靠科技，科技依靠人才。农业人才的规模水平、素质高低决定着农业的发展水平，农村的经济状况、农民的富裕程度。特别是在发展现代农业的关键时期，农业科技人才更是发挥着举足轻重的作用。农业人才的培养显得格外重要。

钱塘工业基础薄弱，产业单一，促进经济迅速发展的有效办法就是发展农业专业化。农业技术人员对农业生产具有促进作用，让专业人员从事农业生产，能够提高产值，用最少的人力获得利益的最大化。让专业人员从事专业的农业生产，让农业从农民劳作转型为专业化农业生产。专业化农业生产提高生产效率的同时还能合理利用资源，能够形成完整的产业链，促进城镇经济的发展。

追梦改革万里春,农民潮涌作工人。荒滩野岭高楼起,立体网联城市群。城市化是把双向力,一种是推力,一种是拉力。推力指使人群离开乡村的因素,拉力是指那些吸引人群来到城市的因素。推力如人地矛盾加剧,自然灾害频发,收入低,生活水平差,社会服务资源短缺等;拉力如就业机会多,社会服务资源丰富,交通便捷,文化设施齐全等。统筹城乡发展、稳步推进城镇化进程是城镇化进程中最应该做的。

参考文献

[1] 张晓云,赵红.我国城市化进程中的问题与对策探讨.《山东农业大学学报(社会科学版)》

[2] 李雯婷.浅谈农村留守儿童问题——基于隔代教育对其的影响.《成都师范学院学报》?,2005,21(10):22-23

[3] 陈俊杰 刘玉军 宋兆文.农村电子商务(新型职业农民培育系列教材).农业科技,2016-06-01

[4] 陈丹微,马丽卿《农村经济与科技》,2014(2):81-83

浅谈古村经济
——培田考察

李进

(重庆邮电大学移通学院工商管理系,重庆 合川 401520)

摘 要:培田古村历史悠久,特色旅游资源多样,旅游发展前景良好。在分析农业产业结构单一、旅游业发展缓慢、旅游设施不完善、体验氛围不浓厚、体验项目少而单调等问题基础上,提出培田古村旅游业与农业相结合,其中包括发展观光农业、营造体验氛围和体验旅游项目设计等建议。

关键词:培田古村;观光农业;游客体验;配套设施

Elementary Introduction to Ancient Village Economy
——Peitian village investigate

Jin Li

(College of Mobile Telecommunications Chongqing University of Posts and Telecom and Department of Business Administration, Chongqing Hechuan 401520)

Abstract:The ancient village has a long history, a variety of characteristic tourism resources and a good prospect of tourism development. In the analysis of agricultural industry structure, single tourism development is slow, the tourism facilities, experience atmosphere, experience and less monotonous problems based on the proposed Peitian village tourism and agriculture combined, including the development of sightseeing agriculture, build the experience atmosphere and experience tourism project design proposal.

Key words: Pei Tian ancient village; sightseeing agriculture; tourist experience; supporting facilities

一、当前农村经济发展的整体现状

目前,我国全面贯彻落实科学发展观,在建立社会主义市场经济体制,国民经济全面向市场经济转轨和高速增长的宏观背景下,中国农村经济进入了新的一轮快速发展时期,且取得了很大的成就。然而,农村的发展还存在很多的问题和不足。

(一)农产品质量跟不上。随着我国农村经济的不断发展,农业科技发展技术滞后,生产水平处于较低的水准下,农产品供给出现了结构性、地区性和阶段性的过剩。导致产品质量没有跟上技术进步受阻,从而影响了我国农业经济的发展。

(二)对生产的投入不足,基础设施的滞后严重阻碍了农村经济的快速发展,由于投资基础设施建设受到资金和科技不足的限制,且建设周期长、规模大、风险高,盈利水平还相对较低,缺乏对市场资本吸引力,导致很多企业不愿意去农村投资。

(三)农村集体经济薄弱,农村集体经济意识薄弱,给社会带来了很多不安定因素,从而导致农村经济不能持续、稳定、全面发展,导致不平衡发展。

(四)农村劳动者素质偏低。劳动者的文化素质是经济发展的先决条件。农村大部分农民文化素质较低,缺乏农业科学技术,只能以传统的方式面朝黄土背朝天地种植一些玉米、高粱等普通粮食作物,这在很大程度上制约着农村经济的发展进程和文明素质的提高。

(五)基础设施建设比较薄弱,农村生产生活条件差,电力、通讯、运输、环保、供排水等设施短缺,造成农村经济发展的集聚和辐射效应未能充分显现。尽管"十五"以来对农林水利基础设施建设投入力度逐年加大,但由于历史欠账较多,对农田水利投入仍显不足。

二、培田古村落经济现状

表一　　　　　　　　　培田古村经济现状情况表

人口 (人)	旅游收入 (万/年)	务工收入 (元/月)	农业收入 (元/月)
1532 (412户)	200~300	1500	150

数据来源:《重庆邮电大学移通学院大焕城市化研究生班培田调研数据汇总》

培田古村经济主要由农业、旅游业两部分构成,其中旅游业所占比重最大,旅游收入是当地居民的主要收入来源,人们大多从事零售业和服务业。培田服务业主要以农家乐、民宿、医疗小诊所组成,零售业主要以培田特产铺和商店组成。古村经济的开发对当地居民的生活有着重要的意义。

在大城市化背景下的培田古村面临较为严重的经济问题。首先,培田古村的农业产品过少,缺乏创新,导致了农业产业结构单一;其次商业配套设施不完善,缺乏活力,使其不能规模化、产业化发展;再者古村落民宿和农家乐缺乏"乐趣",游客们不能体验到真正的乡村游;最后,古村落的旅游产业低是古村经济的最大问题,旅游产业的低迷导致其他产业也难以发展。

(一)古村经济现状分析

1. 农业产业结构单一

农业产业结构可以分为三个层次讲:(1)大农业中有农林牧副渔,如果只有一样或两样,就单一了;(2)狭义的农业中有果蔬粮等,如果只有一样,就是单一了;(3)一样农产品中还有很多品种,比方说水稻就籼、粳、糯等,只有一样,就单一了。

然而,培田古村一个人均耕地只有0.6亩的地方并不适宜发展实用农业,而是需要发展具有休闲娱乐功能的观光旅游农业。

近年来观光农业伴随全球农业的产业化发展,人们发现,现代农业不仅具有粮食的实用功能,还具有改善生态环境质量,为人们提供观光、休闲、度假的多样性文化性功能。随着收入的增加,闲暇时间的增多,生活节奏的加快以及竞争的日益激烈,人们渴望多样化的旅游,尤其希望能在典型的农村环境中放松自己。于是,农业与旅游业边缘交叉的新型产业——观光农业应运而生。

2. 观光农业的发展情况

观光农业把农业生产、科技应用、艺术加工和游客参加农事活动等融为一体,是一种集观光、休闲、度假、修学、娱乐等功能为一体的游憩体验形式。[1]

我国观光农业的兴起较晚,但发展非常迅速。目前已有一定雏形,形成了一些经营模式,其中台湾省的观光农业发展较早。20世纪70年代,台湾地区在逐渐达到中等小康生活水平、人们的生活方式和消费方式由劳动型转向休闲型后,开始陆续将果园、农场于农闲或假日开放社会大众参与,观光果园在台湾出现。经过单一果园、多类农园、主题式农园和整合式农园四个阶段的发展,目前已拥有1000多家休闲农园,也成为一种新兴的农业发展形态。可以说,无论从开展形式还是客源市场的结构上看,台湾观光农业都表现出与国外观光农业发展同步的趋势。

到了1990年代,农业观光旅游在我国其他大中城市也迅速兴起。据不完全统计,1996-1997年已动工的计划投资在1亿元以上的观光农业项目在7个以上。1998年国家旅游局以"华夏城乡游"作为主题旅游年,使"吃农家饭、住农家屋、做农家活、看农家景"成了农村一景。目前我国大陆地区观光农业旅游项目主要分布在北京、上海和广州等大城市的近郊。各地政府积极支持发展观光农业,纷纷开办了各具特色的观光农业项目,如浙江金华石门农场的花木公园、自摘自炒茶园,北京朝阳区的观光农业区等等,正在逐步形成具有中国特色的观光农业基地。广大农民也表现出极大的热情,主动向有关部门进行咨询,开办家庭旅游农业项目。

观光农业是把观光旅游与农业结合在一起的一种旅游活动,它的形式和类型很多。根据德、法、美、日、荷兰等国和中国台湾省的实践,其中规模较大的主要有5种,其中适宜培田古村的有以下几种:

(1)观光农园:在古村景区开辟特色果园、菜园、茶园、花圃等,让游客入内摘果、拔菜、赏花、采茶,享受田园乐趣。这是国外观光农业最普遍的一种形式;

(2)农业公园:即按照公园的经营思路,把农业生产场所、农产品消费场所和休闲旅游场所结合为一体;

(3)民俗观光村:到民俗村体验农村生活,感受农村气息。

(二)培田古村观光农业发展的可行性分析

1. 发展条件

(1)观光农业投入少、收益高。观光农业项目可以就地取材,建设费用相对较少,而且由于项目的分期投资和开发,使得启动资金较少。另一方面,观光农业项目建设周期较短,能迅速产生经济效益,包括农业收入和旅游收入,而两者的结合使得其效益优于传统农业。例如:农产品在狩猎、垂钓等旅游活动中直接销售给游客,其价格高于市场价格,并且减少了运输和销售费用。

(2)培田古村拥有丰富的农业资源,并形成了景观各异的农业生态空间,具备发展观光农业的天然优势。

(3)观光农业的一大特征是它体现了各地迥异的文化特色。培田古村历史悠久,文化底蕴深厚,与各个地区的农业生产方式和习俗有明显的差异,文化资源极为丰富,为观光农业增强了吸引力。

(4)旅游资源丰富,每年有稳定的旅游客源。

2. 发展类型

(1)观光种植业。指具有观光功能的现代化种植,它利用现代农业技术,开发具有较高观赏价值的作物品种园地,或利用现代化农业栽培手段,向游客展示农业最新成果。如引进优质蔬菜、绿色食品、高产瓜果、观赏花卉作物，组建多姿多趣的农业观光园、自摘水果园、农俗园、果蔬品尝中心等。

（2）观光渔业。指利用滩涂、湖面、水库、池塘等水体，开展具有观光、参与功能的旅游项目，如参观捕鱼、驾驶渔船、水中垂钓、参与捕捞活动等，还可以让游人学习养殖技术。

（3）观光副业。包括与农业相关的具有地方特色的工艺品及其加工制作过程，都可作为观光副业项目进行开发。如培田传统的手工剪纸，可以让游人观看艺人的精湛技艺或组织游人自己参加手工剪纸活动。

（4）观光生态农业。建立农林牧渔土地综合利用的生态模式，强化生产过程的生态性、趣味性、艺术性，生产丰富多彩的绿色保洁食品，为游人提供观赏和研究良好生产环境的场所，形成林果粮间作、农林牧结合、桑基鱼塘等农业生态景观，如广东珠江三角洲形成的桑、鱼、蔗互相结合的生态农业景观典范。

三、旅游业现状分析与讨论

（一）商业配套设施不完善

表二　　　　　　　　培田古村商业机构情况统计表

商业机构数量及类别	营业中商户（户）	停业中商户（户）	总数（户）
商店	15	5	20
摊位	4	0	4
农家乐	13	29	42
民宿	13	23	36
合作社	1	0	1
农村淘宝	1	0	1
福利彩票	0	1	1

数据来源：《重庆邮电大学移通学院大焕城市化研究生班培田调研数据汇总》

通过上表可以清楚地看到，古村的商业机构类型很少，且数量较少，总数量加起来没有超过100家，其中零售业和服务业所占数量最多，与现代网络挂钩的只有两家，分别为农村淘宝和福利彩票。农村淘宝是一个服务农民的交易平台，网站侧重点显然是第一分类"农资农具"，农药、塑料薄膜等多种农具应有尽有，村民只需绑定农村淘宝APP账号即可以网购，网络代收点是一名大学生负责经营，代收快递加收3元的代收费,然而本村大多为老年人,青壮年在外打工,他们大多通过农村淘宝客户端给家里人买东西;在节假日一些游客会买很多特产,摊位商店的老板通知农村淘宝店主上门取件把包裹发出去。据了解本村只有一家这样的摊位,这里可以支付宝微信付款;其他摊位都是老人经营,他们没有固定的收入,只是靠卖特产来维持生活;除了周末以及其他节假日大多农家乐和民宿都处于关门状态。

(二)农家乐、民宿缺乏乐趣的原因

古村社区环境不足,缺乏社区氛围,缺乏像城市商业带给我们的便利,所以说民宿不是简单的住,必须得民享,晚上想出去散散步,喝个小酒找不到一个地方,晚上也没有路灯,黑漆漆的古村并没有带给我们安全感,只能憋在屋子里看着电视听着歌,根本没有享受到民宿带给我们的生活体验,这就是社区环境的不完善。[2]

古村的技术性障碍,缺乏专业人才、基础设施、虽然说现在古村开展创业方式让更多的年轻人返乡进行技术培训、酒店管理等,但是民宿产业仍然没有起色。

经营理念的错误,缺乏专业化运作,主题特色不突出。培田古村民营经营者主要是当地的农民,经营理念较狭窄,管理服务人员的职业化水平低,比如在房屋装修上照搬城市宾馆装修,缺乏乡土的气息,这样的民宿缺乏自身吸引游客的亮点。优质的民宿经营者必须具备良好的理念和态度,才能让民宿经营有内容、有特色、有价值。当地居民没有认清楚地方的愿景,其实民营经营者就是当地的经济人,充分熟悉当地,然后分享当地的资源,让民宿作客的人体验当地的生活、了解当地的文化、认识当地的产业,以便于更好地让游客体验客家文化的精髓和人情的温暖。

发展环境有待优化,要素制约严重。一是受现有政策的制约。培田新村的民宿都是村民自行建造,由于现行政策规定农村住房高度"一般不得超过两层,最高不得超过8米",导致当地住房面积限制在200平方米左右,使当地民宿产业化、规模化发展受到限制。

缺乏资金,培田新村一期的造价在20万左右,二期的造价在40万左右,一期的单层面积约为100平方米,二期单层的面积约为90平方米,当地的村民大多数都是通过贷款10万来建房,自我发展,在财力上不足以完善娱乐、交通等公共配套设施。

所以如今培田古村民宿缺乏存在着"四不像"的问题,没有城市服务质量高的民宿,又不能体现农家气息,也没有我们想要的商业观光模式。

(三)旅游产业收入低

乡村旅游就是广泛利用农业资源和自然景观、乡村农业经营、乡村文化、农家生

活等条件,通过规划设计和开发利用,为人们提供观光、旅游、休闲活动的场所,开发具有浓郁乡村特色的旅游活动。主要包括农业观光游、民俗文化游、休闲度假游和自然生态游等。具有明显的农业特性和乡村特点。当今培田古村经济最重要的收入就是来自于乡村旅游收入,而旅游并没有给培田古村带来活力。

表三　　　　　培田古村旅游区游客量、门票收入及解决当地就业情况表

游客人数(万/年)	门票收入(万/年)	当地居民在旅游区就业情况(人)
5	200~300	44

数据来源:《重庆邮电大学移通学院大焕城市化研究生班培田调研数据汇总》

表四　　　　　　　　　　门票收入资金去向表

序号	去向
1	80%流向冠豸山管委会(旅游局下属公司)
2	20%回到培田古村理事会,这其中的四分之一给村委会财管用于支出培田古村当地居民的农村医疗保险(80元+居民自费70元共计150元),剩下四分之三用于分红(分红对象为古屋被测评为景点的所有者),分红方式依据古屋的相关专业评分高低等级进行分红(例如:古村中评分最高的继尘堂的年分红为3万元整)。如有剩余资金,将用于古村绿化、厕所改建等。

数据来源:《重庆邮电大学移通学院大焕城市化研究生班培田调研数据汇总》

从表三、表四可以清晰地看出门票收入过低,村民并没有直接得到门票分红,而是大部分流向管委会。培田古村地处连城县宣和乡,据冠豸山动车站仅30分钟车程,班车直达村内,交通方便。观光旅游不是只局限于参观古建筑群落,而是要与商业观光相结合,培田古村旅游形式单一,走完古村也许只用一小时就可以走完,这种快餐式旅游方式导致很多游客也许只待在古村一晚就走了,呈现了农家乐民宿萧条的景象;劳动力过剩也是如今农村存在的普遍问题,培田古村就是一个典型的代表,当地居民在旅游区就业人数不到50人,村里的年轻人都前往城里打工,村里只剩下老人和留守儿童。

当前古村缺乏支撑产业,影响力不大,存在着服务雷同的项目,比如说农家乐和民宿过多,整体服务缺乏亮点的问题。而且乡村旅游并没有很好地与当地的特色农业或其他产业相结合;形式单一,特色不突出,乡村旅游是借助当地的地理环境、文化风情发展而来的。目前,古村在服务形式上普遍存在盲目跟风的特点,一家开了农家乐其他人看着眼红,形成了我们看到的基本都是一样的农家乐,缺乏自身的特色服务内容和品牌的局面。

(四)乡村旅游业发展的意义

提高农户收入水平。因为乡村旅游的魅力来源于乡村环境、乡村文化、乡村生活,因此乡村旅游业可使当地居民从乡村旅游的项目、产品中获得经济效益。有些乡村旅游地的居民直接采取家庭接待也可以看成是一种旅游产品,并且给农户带来直接的经济收益。

有利于合理开发乡村资源,传承历史文化。良好的生态及环境是乡村旅游的基本条件,合理的文化内涵是吸引游客的重要基础。因此,一个有吸引力的乡村旅游地,必将大力推动环境的整治,以及对具有文化内涵的资源的保护与合理开发。因为消费"绿色食品"是乡村旅游的特色,因此乡村旅游还可以促进旅游地农田施用农家肥,减少对化肥和农药的依赖,客观上改良了土壤,保护了环境。乡村居民对历史文化的传承起着主体作用,因此要使乡村旅游地具有文化内涵,必须加强对旅游地居民的教育,自觉维护和保护历史文化资源,因此通过乡村旅游这一经济手段可以保护乡村资源和历史文化的完整性,传承历史文化。

乡村旅游能够产生大量就业机会。旅游业是一个劳动密集型的产业,它对劳动力有较强的吸纳能力,能够产生大量的就业机会。从事旅游业的工作人员的素质要求不是很高,一般岗位只要通过培训就能胜任。城市游客来到乡村,无论是吃农家菜、体验农活,还是观光风景,对于农村居民来说非常熟悉,上岗比较容易。所以,乡村旅游使许多农民获得了就业机会。

四、结论和建议

在当今大城市化下的培田古村经济发展存在滞后性,农业产业结构单一、劳动力过剩、配套设施不完善、旅游收入低;我们要清楚地看到一点是在城市化的巨大威力影响下,只有把古村经济与旅游相结合才能让古村发展得更好。

(一)个性化乡村旅游产品

乡村游的人大部分以家庭、情侣或自驾游为出游方式,他们要求看到的乡村旅游应有个性和独特性,而目前培田古村并没有这种个性,还需策划个性化的乡村旅游产品。

(二)体验游

适当增加探险和健身项目。随着现代旅游的发展,单一传统的乡村旅游不能满足现代人多方面的需要。调查表明,受城市旅游活动的影响,乡村旅游也具有主动参与、竞争、时尚、现代、个别的和快节奏的需求特征。定向越野、生存游戏、漂流、冲浪、空中滑翔、帆伞运动、喷汽船等冒险旅游和体育旅游等成为追求个性和时尚的青少年感兴趣的旅游项目。乡村旅游也可以朝着这个方向发展。

与养老业开发相结合。我国目前人口老龄化越来越严重,养老业是一个极具开发价值的项目。乡村旅游对于老人来说也是一个休闲娱乐的好去处。资料显示,农家乐和古村落每年都有大量的城市老人去观光旅游,为乡村带来了丰厚的收入,是今后乡村旅游开发的一个重要方向。

推出特色专题旅游项目。例如,"城市上班族假日游"、"农家小果园"、"古村落主题假日"等专题旅游产品,进一步细分市场,在交通方便的乡村开发不受季节和农业资源限制的旅游项目。

参考文献

[1] 休闲观光农业

https://wapbaike.baidu.com/item/%e4%bc%91%e9%97%b2%e8%a7%82%e5%85%89%e5%86%9c%e4%b8%9a/8598963?adapt=1

[2] 民宿发展历史 https://m.douban.com/note/572901112/

城市化背景下粮食的生产"农场"模式
——钱塘镇调研后感想

徐文慧

（重庆邮电大学移通学院工商管理系，重庆 合川 401520）

摘 要：随着城市化进程的不断发展，农民工大批离开农村，现在的农村呈现出怎样的状态？通过对合川钱塘镇的实地考察发现，大量的农民流失导致村内空巢，留下来的土地资源没有充分被经济化使用。那么如何充分利用土地资源，改善农村现状？因此提出在原有农村中建设农场，走上农业专业化的道路。

关键词：生产农场；生产效益；企业运营；资源整合

Under the Background of Urbanization of Grain Production "Farm" Model
——the town of Qiantang feeling after research

Wenhui Xu

(College of Mobile Telecommunications Chongqing University of Posts and Telecom and Department of Business Administration, Chongqing Hechuan 401520)

Abstract: With the continuous development of urbanization, a large number of migrant workers from rural areas, rural presents how the state now? In the town of ocean Qiantang on – the – spot investigation found that a large number of farmers lost cause village empty nest, stay and land resources is not fully used by economization. So how to make full of use land resources and improve rural situation? Therefore put forward the construction of crop production in the original rural farm, and carries on the operating mode via the Internet, on the path of agricultural industry specialization.

Key words: production farm; production efficiency; business operations; resource integration

一、研究背景

2016年农民工总量达到28171万人，比上年增加424万人，增长1.5%，增速比上年加快0.2个百分点。外出农民工16934万人，比上年增加50万人，增长0.3%，增速较上年回落0.1个百分点。[1]为什么这么多人离开农村？他们的离开会给农村带来什么影响？会影响农作物的生产吗？

表一　　　　　　　　　外出农民工人数（单位：万人）

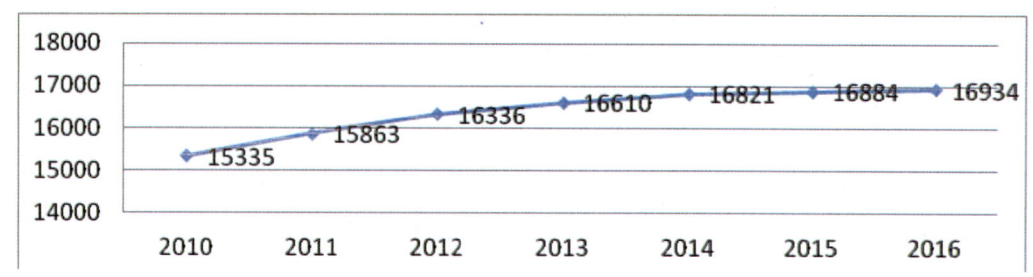

数据来源：中国政府网

http://www.stats.gov.cn/tjsj/zxfb/201512/t20151208_1286449.html

二、钱塘镇周围村庄的现状

钱塘——合川的第一人口大镇，由广贤乡、会龙乡、泥溪镇、金子镇、钱塘镇五个乡镇组成，总人口9.4万人，幅员面积134.15平方千米，辖24个村、2个社区居委会，距重庆主城70千米，距合川城区23千米。截至2012年上半年，钱塘镇耕地面积达7.71万亩，流转面积达到2.6万亩，占耕地总面积的33.7%。钱塘的官方介绍里有这样几句话：

经济雄厚，百姓安康，农民人均纯收入达到3036元。边贸活跃，市场繁荣，逢场天的人流量达到3万余人，极大地刺激了商贸业和房地产业的发展，农副产品销售额增长25%，餐饮业增加30%，副食行业增加25%。产业强大，到2007年，全镇种植优质稻17145亩。实施"政策招商、环境招商、亲情招商、全民招商"战略。钱塘的工业总产值已达10563万元，初步形成了以食品加工、机械制造、建材生产为基础的工业经济雏形。目前，待开发引进的项目近10个。[2]

根据我们的走访调查发现，从2012年开始，钱塘的城镇化已经开始走上衰退的道路，大量的年轻劳动力外出打工，镇上留下的都是一些老人、妇女和儿童，钱塘俨然已经变成一个"留守城镇"。镇上虽有很多商店但是经营状况并不理想，基本只能维持，盈利并没有很多，大多店员的月工资在1700元左右。周边还有一些楼盖起却无人购买成了烂尾。我们所调研的镇上的上千亩土地里,其中 200~300 亩种了西瓜,300~400 亩种了葡萄,其余种的菜,但就在我们去的那天看到了大片大片的菜籽被弃收,所种的菜籽大概只有七分之一被收获作为优良种子卖给种子公司,其余的不精良种子则被舍弃作为地肥,土地的使用效益十分低下。种地的都是承包土地的老板雇佣的当地人,这些人大多也都是上了年纪已经没有外出打拼心思或能力的人。在镇上我们也看到了工业园区,可是很多园区都是荒废的景象,并没有运行。从当地人口中我们了解到,当地的确有很多工厂的进入,可大部分都没有经营下去,甚至有的工厂还没有建起老板就因债务而跑路了,经营较好的也只有一家叫做"久满"的汽车部件生产厂,其员工的工资只有 2000/月。镇上周围的老村庄从之前几百人到如今十几个留守的老人和一些租户,村子周围一块一块的土地被简单的种些农作物供自己吃。

根据国家统计局对全国 31 个省(区、市)农业生产经营户的抽样调查和农业生产经营单位的全面统计,2015 年全国粮食播种面积、单位面积产量、粮食总产量如下:

1. 全国粮食播种面积 113340.5 千公顷(170010.7 万亩),比 2014 年增加 617.9 千公顷(926.9 万亩)增长 0.5%,其中谷物播种面积 95648.9 千公顷(143473.4 万亩),比 2014 年增加 1045.4 千公顷(1568.1 万亩)增长 1.1%。

2. 全国粮食单位面积产量 5482.9 千克/公顷(365.5 千克/亩),比 2014 年增加 97.8 千克/公顷(6.5 千克/亩)提高 1.8%,其中谷物单位面积产量 5982.9 千克/公顷(398.9 千克/亩),比 2014 年增加 90.8 千克/公顷(6.1 千克/亩)增长 1.5%。

3. 全国粮食总产量 62143.5 万吨(12428.7 亿斤),比 2014 年增加 1440.8 万吨(288.2 亿斤)增长 2.4%,其中谷物产量 57225.3 万吨(11445.1 亿斤),比 2014 年增加 1484.6 万吨(296.9 亿斤)增长 2.7%。

表二　　　　　　　　粮食作物播种面积(单位:千公顷)

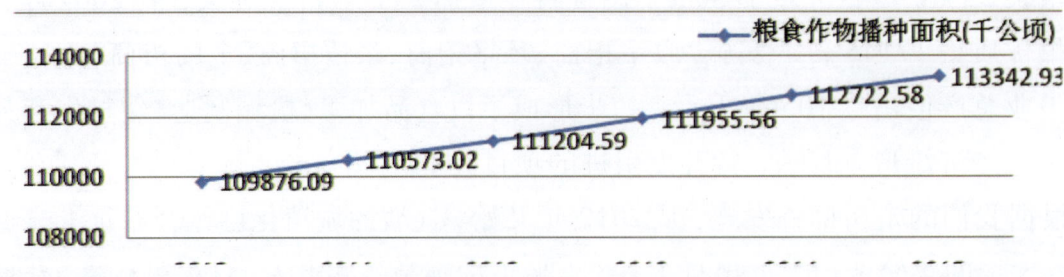

数据来源:中国政府网

http://www.stats.gov.cn/tjsj/zxfb/201512/t20151208_1286449.html

表三　　　　　　　　　　粮食产量(单位:万吨)

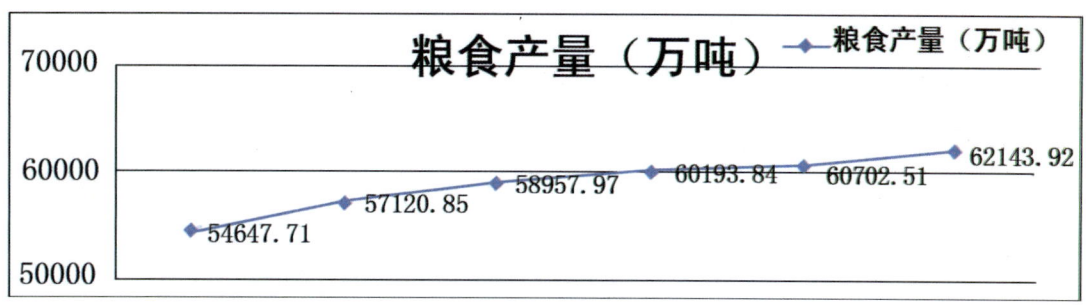

数据来源:中国政府网

http://www.stats.gov.cn/tjsj/zxfb/201512/t20151208_1286449.html

从以上数据我们可以看出虽然农村人口大量外出,但全国的粮食播种面积并没有减少反而呈增长趋势,粮食产量也在逐年递增。这种现象说明农村人口的外出是由于农村劳动力过剩,农村现有的土地资源不需要那么多人,单单依靠耕地不足以满足农村人口对经济的需求。

三、分析与讨论

面对如今农村粮食生产经济效益低下的现状,粮食的生产模式也应有所改变,应走向现代化、科技化、高效率的大农场生产模式。

在美国农场模式经营十分成功。

美国农场具有如下特点:

是种植,更是"经营"

爱荷华州位于美国中西部境内的大平原地区,是个农业大州,处于美国中心,被称为心脏之州。这里土壤肥沃,农产丰富,美国20%~25%的玉米、20%的大豆、30%的猪肉,出产在这个州,号称"美国的粮仓"。

Reed Kuper 家的 Kuper Stock 农场是爱荷华州12万个农场之一,主要种植玉米和大豆,这里不仅有现代化的实验室、配肥站、机械和粮库,还有大型的畜牧场,完善的农业产业链及先进的经营理念提高了农业生产效率,降低了生产成本,农场的收益自然可观。总结 Kuper Stock 农场和美国大农业,这里不仅是"种植",更是经营。"一个农民可以耕作上万亩土地,用飞机喷洒农药,用卫星种地,用转基因技术解决病虫草害问题,然后通过长途运输将所生产的农产品运往全国乃至世界各地",这些都是美国大农场种植的缩影,而在这个缩影的背后,是美国大农业的现代化经营模式。

Kuper Stock 农场是完全意义上的个人农场,Reed Kuper 一家人运营整个农场,

12万亩的耕地配肥施肥、耕地播种、田间管理、收获粮储等等仅需要他们五个人完成，这就要求农场的经营必须现代化。在美国，像Kuper Stock这样的农场有200多万个，这些农场是美国农业的支撑。

在美国经济发展不景气的现状下，这些现代化大农场的发展却很好，造就了逆势发展的美国农业，农业已经成为美国产出效益第二好的产业。在农场现代化的经营模式下，工业化和机械化降低了生产的成本，科学的种植和管理促进粮食产量的逐年提高，农场主的收入也越来越多，变得更加富有。高效的投入产出比，让Reed Kuper这样的大农场主对于经营大农场就更加用心，投入也越来越多，农场经营也越来越好。

生产经营专业化

美国把全国分为10个"农业生产区域"，每个区域主要生产一两种农产品。北部平原是小麦带，中部平原是玉米带，南部平原和西北部山区主要饲养牛、羊，大湖地区主要生产乳制品，太平洋沿岸地区盛产水果和蔬菜。就是在这种区域化布局的基础上，建立和发展了生产经营的专业化。[3]

我们可以向其学习，根据地域特点将农村土地资源整合起来在全国划分"农业生产区域"，建立农业企业。

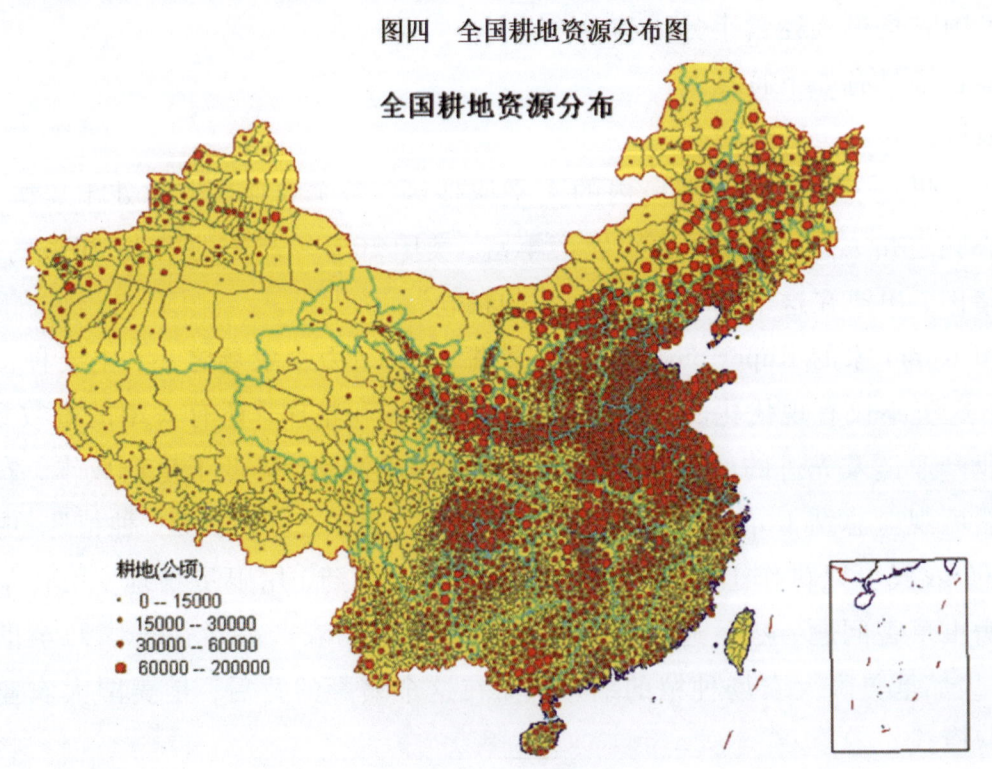

图四　全国耕地资源分布图

数据来源：中国耕地资源分布图_百度图片搜索

从图中我们可看出,我国的耕地资源分布较为集中,主要在东部,根据分布特点可将农场划分为大、中、小三种模式。

农产品生产企业化、农场化的优势在于有更加专业的团队经营,改变了以往小农生产盲目性、不科学、不专业的形态,企业的市场安排可以避免像以往,今年一种农作物销量好来年农民一哄而上去种该作物导致供大于求的滞销现象。农民也不会向往常一样靠天吃饭,而是由企业发放固定的工资和投保来保障社会利益。以2014年为例,我国小麦种植总成本为每亩965.13元,是美国的3.03倍;玉米种植总成本为每亩1063.89元,比美国高53%;大豆种植总成本为667.34元,比美国高39%。[4]

从中我们可以看出我国粮食每亩的生产成本远高于美国,我国的土地效率低下,导致这种现象的原因是美国是现代化的农场生产模式机械化操作,需要的人工较少,投入最小的成本产生最大化的利润,而我国是小农户生产模式对人力的依赖较强,人力的效率又远比不上机械。所以我们也要走上现代化的农业发展道路,建设农业企业。

四、以钱塘为例,建立农场,实行企业运行模式

如果钱塘建立生产农场,原本农场上的居民给其经济补尝让他们搬离农村。由企业进行资源整合、规划,运用现代化、科技化的农业工厂生产模式,购进现代化机械设备,雇佣工人进行农业生产。将钱塘所有的7.71万亩耕地交由企业管理按照美国农场5000亩地只需25个工人算,7.71万亩耕地只需约380多工人。现如今城镇人均的年收入为33600元,钱塘农民平均一人一亩土地,种两季水稻一亩年收入可达2200元,除去一半的成本费,净利润1100元。城镇人均收入是农民的约30倍,要使农民人均收入达到城镇人均的70%,意味着农村人均要种植21亩水稻,按照钱塘农村的情况每个家庭平均有五口人,一个家庭就有约100亩,正好如同日本家庭农场的规模。如果建立一个规模为1000亩的、类似美国的现代化大农场,只需兼并10个家庭农场的土地,如果每家只出一个劳动力在农场工作有10个农场工,但现在在现代农场机械化的支持下我们只需5个劳动力。这一结果的得出恰好与美国农场的用工吻合。

农业企业的农场建立可以解放出许多基层的劳动力,为从事农业生产的人带来较高的利益,提高农业生产的效益,中国未来可以发展类似美国的农业农场。

五、日本农场模式

日本与美国相比，一小一大，一东一西，他们国情不同，农业资源也相差很大，但有一点相似的是，他们在农业上都取得了不小的成就。日本农业的最大特点是人多地少，土地分散，小规模经营，根据这一国情日本选择改良品种和改良土壤在先，机械化在后的道路，具体路径："土地改良——化学化——良种化——机械化"。日本完全从事农业的农民并不是很多，大部分是从事他业兼营农业生产。日本农业的社会化服务质量高，对推动日本农业发展起到了很大的作用。日本有着发达的农业合作社——日本农业协同组合（农协），其功能多样而全面，涵盖了农业生产、农产品购销流通等各个领域，在农业生产资料采购、农民生产计划、农产品的销售等方面的事务都有相关的分会来负责。农村工业发展与农业发展同步也是日本农业现代化的重要特点。日本是世界上最早提出农村工业化的国家。第二次世界大战之后，日本政府制定了一系列的政策，鼓励工业企业到农村地区投资办厂，吸引农村富余劳动力到工业企业就业，在农村设立工厂的企业能够享受到贷款优惠、减免税收等政府鼓励政策。[5]

六、结论与建议

在城市化不断发展的背景下，农村人口逐渐减少涌入城市，农业应该转变其生产方式借鉴美国、日本成功的农业农场模式提高我国的农业生产效益。

参考文献

[1] 2016年农民工监测调查报告 - 中国社会科学网
http://ex.cssn.cn/jjx/jjx_bg/201704/t20170428_3503438.shtml

[2] 钱塘镇_百度百科
http://baike.baidu.com/link?url=Q-jeFcO9IyNat3bp_W6r8b_Hhyx8gLDEUnjFN3D33RDUa6dkJfccMmQviR-KxQwpDj6L9Wbnmq1LxIPR-z6mUykh-rn76GEoZ6hH12oTkaBQotyXQkesITJEvPJnyNqF

[3] 当你在看美国和日本农业的时候，你看到了什么？ - 搜狐
http://mt.sohu.com/20160831/n466882986.shtml

[4] 中美粮食种植差距有多大？中国成本高80%，单产低一半|界面新闻 oJMedia
http://www.jiemian.com/article/1120011.html

[5] 当你在看美国和日本农业的时候，你看到了什么？ - 搜狐
http://mt.sohu.com/20160831/n466882986.shtml

看不见的手
——钱塘镇现状

李国亮

(重庆邮电大学移通学院自动化系,重庆 合川 401520)

摘 要:世界上唯一不变是"变化",主宰"变化"的是"规律"。就像当今社会一样,无论是城市还是农村,人口将是影响其存亡的关键因素!而人则不断地为生存寻找资源,世界上可见的、不可见的东西都可以概括为资源。但是可用资源还是有限的,因此每个地方的人口也是有限的。现今的钱塘古镇居民就因为可用资源的缺乏而纷纷外迁去寻找生活资源,留下的人口数就是钱塘资源承载的最大量。时至今日,古镇已经成为由老人为主体的"老年休息室"。资源短缺、人口外流、人口比例严重失衡。为探索钱塘老年化的原因和未来趋势作此分析。

关键词:资源短缺;人口流动;工业断臂;老年化

Invisible Hand
——the status of Qiantang ancient town

Guoliang Li

(College of Mobile Telecommunications Chongqing University of Posts and Telecom and Department of Automation, Hechuan Chongqing 401520)

Abstract: The only constant in the world is change, and the new principle of this change is the law. As in today's society, whether in urban or rural areas, the population will be a fatal factor affecting its survival. However, people are constantly looking for resources for survival. The visible and invisible things in the world can be summed up as resources, but the available resources are limited, so the population in each area is limited. Today, the residents of the ancient town of Qian tang, because of the lack of available resources, have moved out to find living resources, and the population left is the largest amount of Qiantang resources. Today, the ancient town has become the elderly as the main body of the elderly lounge. The shortage of resources, population outflow and the imbalance of population proportion are obvious. To explore the reasons for the aging of the ancient town and the future trend of this analysis.

Key words: resource shortage; floating population; industrial arm; aging

一、研究背景

合川钱塘镇，古名园凼子，位居合川区东北部，初建于明代，清雍正初设镇，1941年7月改镇为五乡。1985年11月，撤五乡为一镇，与四川武汉接壤，面积134.15平方千米。合川钱塘属于西南丘陵地区，自然条件较为复杂，经济发展水平较低，区域差异大，农村居民点呈"小、散、乱"的布局。根本任务放在大力发展农村生产力上。建设社会主义新农村，经济是基础，必须大力发展农村生产力。发展农村生产力，最重要的是发展现代农业，重点是提高粮食综合生产能力，核心是要增加农民收入。

随着城镇化、工业化进程有所加快，但是钱塘工业仍然不容乐观，城镇人口外流现象有所减缓，建设用地需求量日益增大。"闲散地、废弃地、多占地、占好地"等土地浪费现象较为严重。

我国农村建设用地（主要是农村居民点）中却存在大量闲置、废弃的土地，导致大量建设用地指标的低效利用，伴随着农村人口的城镇化，大量农村人口拥入城市或小城镇，"空心村"现象日益严重。因此，推进农村居民点整理，置换建设用地指标，对于优化西南丘陵地区农村居民点用地配置，补充耕地和促进农村可持续发展显得尤为重要。

国外农村居民点整理以德国和俄罗斯最具有代表性。德国的村庄更新强调通过村庄更新使农村具有与城市同等的吸引力，强调地产的调整。

俄罗斯的整理更强调居民点体系布局利于未来远景发展，生产、生活的土地配置，利于环境保护。目前，我国学术界对"农村居民点整理"的具体内涵还未形成一致意见。具有代表性的理论研究如张海峰、严金明、陈美球、吴次芳、安祥生等。

二、钱塘镇现状

钱塘镇位居合川区东北部,始建于明代,在1941年7月的时候将钱塘镇撤销改成了五个乡,可以说从一开始就在走向落后。时间来到了1985年,钱塘镇开始回温,十一月时钱塘镇又迎来了一次历史性的改革,撤掉五个乡,合并为一个钱塘镇。就这样又回到了最初的原点!时代在发展,人民在进步,从一点一滴的成长中留下的,仅仅是时光的泪痕。时光如溪流,而往事如朱颜,你的沧桑过去都写录在脸上,无法掩饰,这也正是你的足迹!我一直在寻找的东西!

根据实地调查发现,钱塘位居重庆与四川武汉接壤,算是一个特殊的小镇,占地面积约134平方千米,山地较少。但确实是我们口中的问题小镇!有一只看不见的手拉着小镇向前走,导致小镇出现问题。

(一)看不见的手——人口外流

劳动力是一个城市不可或缺的组成部分,一个城市想要发展,缺的不是领导者,也不是缺少资源,而是缺少劳动力,就像战争时期,中国为什么会继续存活下来?就是因为中国有这样一支忠心的庞大部队,为党、为组织付出时间、精力、劳力以及自己的生命!所以我们红色中国才顽强的存活到了今天,这也是为什么人是群居动物,离开了群体而独立存活的个体,其生活质量生活压力以及生活水平都是跟不上时代的先进步伐的,这就是群体主义和个人主义的不同。相似的,一个城市要想发展,第一个基本条件是有人在,在此基础上发展速度由基本条件的单位个数取决。也就是说,要想一个城市快速发展,必须要有足够的人力资源。有人才会有交易,有交易就会有市场,有市场才会有发展。这一切都是建立在人口聚集的地区。

钱塘镇正是处于主要劳动力稀缺的瘫痪状态。在近20年里,钱塘镇人口大量外流,其中大多为成年男性外出务工,少数为搬迁外地。导致钱塘镇劳动力稀缺,无法进行工业化生产,批量化销售,只能进行个体农业的现状。这样一来,工业无法进行,农业基本上保持衰退性发展,劳动力在家无用武之地,养活自己还行,至少饿不死自己,但是要养活一个家庭就是件困难的事情,有可能还会出现其他都不愿意看到的情形。所以,为了一个家庭的稳定,为了生活的质量,成年男性大多选择外出务工。这就是人口流动的原因,也是钱塘镇处于瘫痪状态的最根本原因。

(二)看不见的手——人口老龄化

人口老龄化导致劳动力资源相对短缺,人口老龄化程度加深,首先会造成:劳动适龄人口规模减少,即劳动力短缺。按照分析来看,由于劳动适龄人口减少,直接导致社会劳动生产率下降,降低社会生产的经济总量,于是对社会经济发展产生不利的影响;劳动适龄人口比重下降,即劳动力老化。劳动力老化对总体生产率提高和经济增长抑制作用较大,劳动者的身体素质成为劳动生产率高低的决定因素之一。人口老龄化是导致劳动生产率和经济增长速度下降的一个关键因素,而这种消极作用主要体现在其对劳动力资源的影响上,由于钱塘人口严重老龄化的出现,导致大多数工厂无法在钱塘镇运行,很多工业试着在钱塘镇进行发展都纷纷夭折,仅仅存活的一家工厂也处于倒闭的危机当中。

较大的经济收入来源被割断,居民的生活资源严重缺乏,在这消费超乎预想的时代,经济储备成为了挂在嘴边的家常话。钱塘的资源不能提供居民所需要的基本量,为了生存,就出现了人口流动现象,这一现象由钱塘资源决定流动方向。当资源与人口处于某个平衡点时,人口流动将会停止。而现在,钱塘古镇已经严重的人口外流,现在还在钱塘古镇的居民绝大多数是老人,其次是小孩。而且现在居住的人都很少,基本上属于空心村。

人是消费的主体与直接承担者,社会的发展总是为了满足人的某种需要。一定社会的消费水平、消费结构以及由此形成的产业结构总是与这个社会的人口构成因素密切相关。随着我国人口结构的转变,人口老龄化的加剧将使得未成年人口的消费品需求逐渐下降,而适应老年人口需求的各种消费品以及服务将会不断增加,也是当今钱塘古镇的现状之一。

(三)看不见的手——缺乏经济交流

经济交易是交易的一种形式,从最初的物质交换演变发展而来。在现今时代常以经济交易看时代发展。一般情况下经济交易量取决于物资需求量,到这里又回到了人口问题。同时从经济上决定小城镇的发展趋势不堪入目。从经济流向看;成年男性外出务工的工资勉强够家里生活,家庭余力不多,无法进行更多开支,更别说理财、投资等。在钱塘镇大多数服装实体店都是连锁店,总公司都不在本地,从此看出当地经济大多外流可用资金稀薄,发展也只是说说而已。没有了经济实力,何来的发展,又怎么养活更多的人口呢?

(四)看不见的手——文化落后

生活,讲究质量和方式。生活质量是在生活方式多样化成熟化的基础上衍生出来的新名词,在这谈论质量的时代,生活方式这个名词可能已经淡出大多数人们的视野,说明时代的发展已经成熟。而钱塘镇有些地方还保持着最原始的挑水生活,并且是人工铸造的水井。生活方式极其落后,大多家里都有灶火,以上山劈柴生火做饭。住房还有以石头为主的建筑房屋,或者以木头为主的建筑,这些都见证了钱塘镇的落后生活方式。生活方式的落后在一定程度的反应出了钱塘镇发展的困难性。

钱塘镇目前只能保持原状,而且存在着滑落的危险。钱塘镇要发展是很困难的,无法进行,或者十分艰巨,除了国家出巨资投入这样的不切实际的妄想以外,其他方法在钱塘镇都不适用,在短期时间里钱塘镇不会有发展,有可能还会衰退,因为人走了,怎么会有发展,其次没有钱怎么运行项目,怎么进行经济交流,所以,钱塘镇又怎么发展呢?这是个悲哀的事实,我们要正确地面对最真实的现状,从而做出合理的取舍,这才是正确的做法。

现在的钱塘镇居住者的流向告诉我们城市化是生活质量提升的来源,在钱塘镇生活方式落后,经济来源稀薄,对外经济交流少。无法养活大量的人口,从而无法发展,只能保留现状。

接着一个问题出来了,人们会怎样生活?我的回答是:最好进入大城市生活,大城市的生活方式,生活质量都很先进,并且生活经济来源广阔,来源充足,足够养活自己的家庭,还可以提高自己的生活质量,孩子的教育质量也会有效的提升,生活更加美满幸福,这是每个人的向往。

三、结论

钱塘镇处境十分严峻,目前只能保持原状,仍然存在着滑落的危险。但还是有较为微小的孕育新生的希望。

参考文献

[1] 西南丘陵地区农村居民点整理潜力分析 https://wenku.baidu.com/view/3bb03479e2bd960590c677b5.html? from=search

[2] 人口老龄化对我国经济发展的影响及对策 https://wenku.baidu.com/view/1548471559eef8c75fbfb330.html? from=search

[3] 国家对新农村建设做出了什么样的扶持政策

浅谈劳动力流向对农村发展的影响

刘渝

(重庆邮电大学移通学院计算机科学系,重庆 合川 401520)

摘 要:在当代城市化的背景下"打工潮"随之掀起,劳动力出走,工资回流,既为农村的发展注入了生机,也带来了一些问题。许多人开始担忧农村的发展,本文就这个问题进行研究得出结论:劳动力的出走是城市化进程的必经之路,农业人口的流失不会影响农业的发展。本文提出了这种情况下新农村发展的新思路——即充分利用土地资源,在有条件的地区提高农业的专业化、规模化、机械化程度;不适合大规模农业生产的地方发展观光、趣味、体验、园艺、科技型农业,让农业走向城市与城市生活有机结合起来,使农业文化化、产业化。最后分析了"返乡潮"形成的原因和对城市化进程的制约进行分析。

关键词:劳动力流向;打工潮;返乡潮;新农村

On the Influence of Labor Force Flow on Rural Development

Yu Liu

(College of Mobile Telecommunications Chongqing University of Posts and Telecom Department of Computer Science, Chongqing Hechuan 401520)

Abstract: In the background of contemporary urbanization, the " tide of workers" is set off, the labor force is gone and the return of wages is not only brought into full play for the development of rural areas, but also brings some problems. Many people began toworry about the development of rural areas. This paper on the issue of research concluded that: the labor force is the only way of urbanization process, the loss of agricultural population will not affect the development of agriculture. This paper puts forward the new idea of the development of new countryside in this case, that is, make full use of land resources, improve the specialization, scale and mechanization degree of agriculture in conditional areas; not suitable for large-scale agricultural production, Experience, gardening, science and technology agriculture, so that agriculture to urban and urban life organic combination, so that agricultural culture, industrialization. Finally, it analyzes the causes of the formation of "returning tide" and the analysis of the restriction of urbanization process.

Key words: labor flow; migrant workers; returning home; new countryside

一、研究背景

（一）全国农村人口转移的现状

农村经济是我国国民经济的重要组成部分，农村经济发展更是推动我国经济发展重要力量。从1978年，党的十一届三中全会召开以来，我国开始改革农村经济体制，农村实行家庭联产承包责任制，使农民生活水平提高，农村经济得到发展。但作为一个农业大国，我国农业人口庞大，劳动力素质偏低，工业化程度不高，使我国城镇化进程缓慢，城市化水平偏低。尤其是在农村地少人多的情况下，造成了农村劳动力过剩，人力资源闲置，极大地减少了农民收入。因此，在改革开放以后20年内，为了谋求更好的发展，提高生活水平，农村劳动力大规模、迅速地向城市转移。

随着改革开放的20年推进，在1997年左右形成了声势浩大的"打工潮"，村镇的人们为了更好地满足生活需求，来到城市工作，有的到了省会城市，有的到了沿海城市，广州、深圳。这种现象一直持续，到了近几年外出务工人员仍在上升，根据国家统计局发布的《2015年农民工监测调查报告》抽样调查结果表明2015年农民工总数量为27747万人，比上年增加325万人，增长1.3%。[1]

大量且迅速的劳动力外出给农村和城市的发展带来了一些问题。在城市，由于长期的城乡二元身份，务工人员的合法权益受到侵犯，得不到公正对待，给社会治安带来许多问题；加重了城市的负担和管理的难度；加重了交通运输的压力。在部分地区农村，由于劳动力转移，导致留守儿童、空巢老人出现，农村社会发展出现问题。

（二）合川钱塘考察

重庆市合川区钱塘镇，就是一个很典型的例子。它本是合川区的一个人口大镇，行政区辖36个村、2个社区、292个农业合作社，全镇幅员面积134.15平方千米，总人口94038人，其中城镇人口2.1万人，但现在却有超过半数以上青壮劳力外出务工，镇中心的人也很少，剩下的一部分大都是老人、孩子和妇女，平日里整个镇都显得很冷清，只有过年过节的时候才会热闹些。

二、农业劳动力向城市转移促进城乡发展

农村劳动力向城市流动表面上看使农村失去劳动、劳动力枯竭，这个问题看似很严重，影响了农村的发展，可能对整个社会发展产生不良影响，其实不然。我国虽耕地总量可观，达到19.24亿亩.按全国(大陆)总人口(12.66亿人)计算，人均仅占有耕地1.52亩；按农村总人口(8.07亿人)计算，人均占有耕地2.38亩；按农村劳动力3.5亿人计算，单位劳动力占有耕地5.5亩。同世界各国相比，我国人均或单位劳动力占用的耕地少的可怜。到2000年底，我国人均耕地只占世界人均耕地的45%。全国约30%(666个)的县(市)，人均耕地低于联合国粮农组织确定的0.86亩的警戒线。这充分地反映出我国人口与耕地之间矛盾的尖锐程度。

表一　　　　　　　　　中国农业增加值和劳动力表

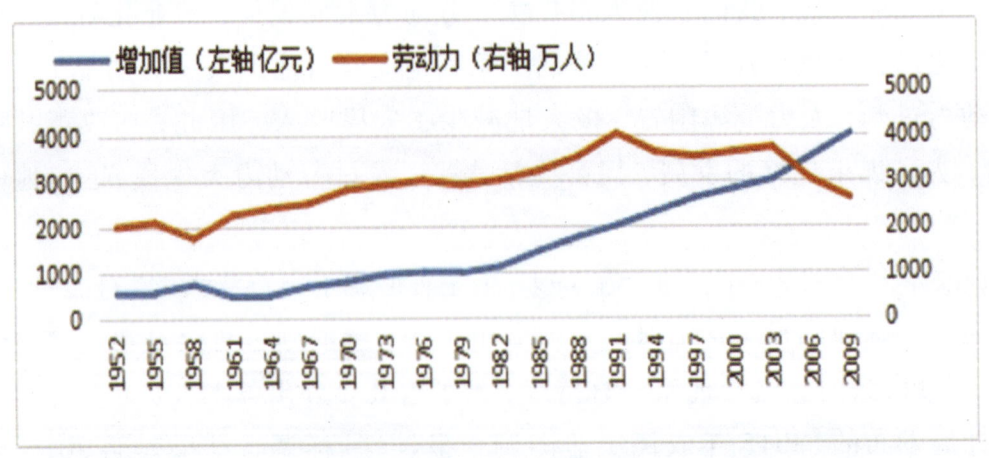

资料来源：《农业人口流动对我国的农业现状及未来发展会产生怎样的影响》[2]

在过去的20多年里，虽然中国农业的劳动力在不断的减少，(如表1)，在1991年农业劳动力达到峰值约3.9亿，但在2011年下降到2.5亿(有效劳动力折合不到2.5亿)，在这连续20多年农业劳动力下降的同时，中国农业增加值却在不断上升，最终农业增值翻了一番。劳动力在减少，产值却在上升，说明农业人口的减少，劳动力的流失并没有对农业生产产生影响，而是促进了农业生产效率提高。这也取决于这些年来我国科技发展，农业生产方式的改革，农业机械化程度的提高等多方面因素，机械化的农业发展将替代更多的农业劳动力。农村人口的流失，是一个农业国家向工业国家转变的必经之路，也是一个国家市场化城市化的必经之路。在保证粮食安全的情况下促进农业人口分流，使资本、技术、先进的管理制度进入农村，达到农村和农业的专业化、高效率，实

现农业现代化的变革。农村劳动力转移所引起的农村人口向城市、城镇的集聚是一个契机,能够直接推动城市化进程,改善了劳动力的利用状况,提高资源配置效率。农业劳动力向城市的流转是由于农村劳动力严重过剩引起的,是过剩劳动力的正确流向,只有农村劳动力与土地资源相互匹配,才能找到农村新的发展模式。

三、在劳动力大量流向城市的情况下该如何发展农村

(一)将农业现代化与土地流转承包相结合

新农村的发展离不开现代化——农业专业化和农业机械化。因为我国的耕地不仅数量少,而且质量差,三分之二的耕地分布在山地、丘陵和高原地区,有灌溉设施、旱涝保收的耕地不足40%。近20%的耕地受到工业"三废"和农药污染,致使每年有数百万亩农作物减产,甚至绝收。干旱、半干旱地区耕地有40%受水土流失、荒漠化的侵蚀,质量严重退化。另一方面,土地的贫瘠化问题不可小看。进入20世纪90年代以来,我国有20.6%的耕地有机质养分不足,缺氮、磷、钾的耕地分别占24.6%、50.8%、13.8%.现有的耕地,三分之二是中低产田,与高产地块相比,产量要低40%,有的甚至低一半以上。[5]

首要先解决农村地少人多的问题,就要将农业发展的现代化与土地流转承包制度相结合。土地承包使农户转让土地的经营权,让荒废的土地集中在一起使用,使外出务工农民的荒地可以充分利用起来,把农民从具体的农田劳动中解放出来,使农民获得土地的租金。在现代化的农业模式下农业过剩劳动力的流失,对农业发展不构成负面影响,反而有利于提高农业劳动生产的效率。

表二　　　　　　　　每千克小麦构成结构表

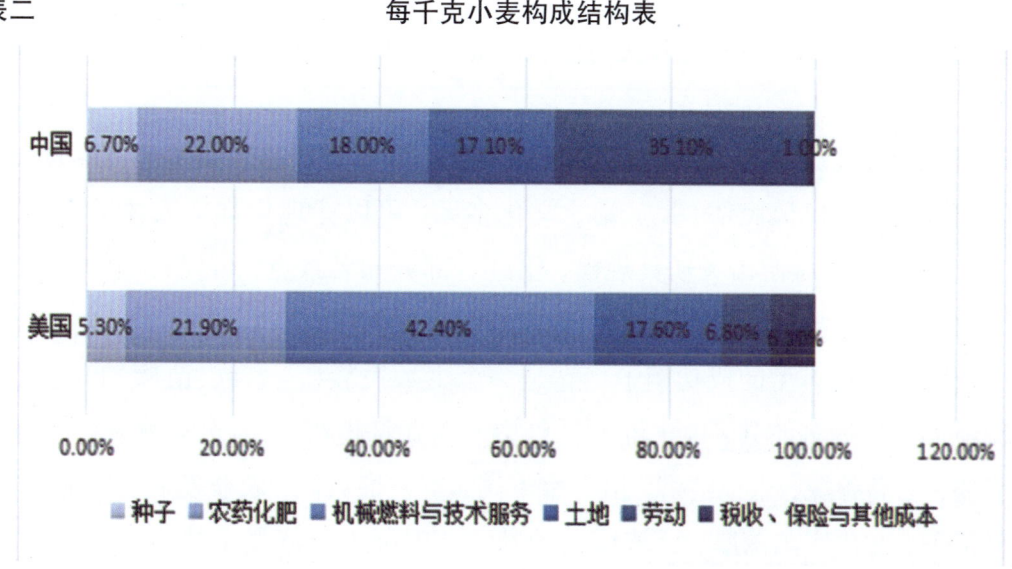

资料来源:《农业人口流失对我国的农业现状及未来发展产生怎样的影响》

在我国已经有些地方实现了将土地流转与现代化的农业相结合，形成了大型的现代化农场。以合川钱塘为例，在钱塘镇有个稍大型的葡萄园基地，园主将这周围居民的土地统一承包，将所有的土地统一管理，修建葡萄园，聘请原土地的主人在园里工作，每天给他们发工资一天60元，并定期给他们土地租金，算起来一年将近3万元。由于土地集中好管理，便在地里有序地修建了喷水管，肥料池，排水沟实现了较低的机械化，减少了在土地上劳作的人数，也大大提高了农民劳作的收益。在东北平原、华北平原、江淮地区、四川盆地、新疆地区，这些地方就比较适合发展现代化的农业。虽然我国已经逐步实现农业的机械化与专业化，但当前与农业发达的国家相比其程度并不高(如图2)。以中美每千克小麦成本结构为例，中国大部分投入为劳动力成本，占比为35.1%，美国仅占6.8%，而美国是机械、燃料与技术服务占比较重为42.4%，中国占18%。我国实现农业专业化与机械化的上升空间还很大，需要更加的努力。

(二)不适合机械化生产地区发展休闲旅游农业

由于我国地形复杂，很多地方有丘陵、山地、沼泽等，尤其是西部、西南地区有大量不适合发展大规模机械化的土地，这种地方就不适合发展大型机械化农业。这部分地区包括丘陵地区、沟壑纵横的山区、靠近城市的村镇、有特色民俗历史文化的地区。前两者是由于地形造成的，发展机械化农业难度高，投入大，农业生产效率低，干脆退耕还林，修建林场，开辟国家自然保护区，将农民转移到城市。靠近城市的村镇地价高，农业生产成本高，但靠近消费人群，可以发展趣味、体验、园艺、科技农业，比如把土地分为小块，增加基础设施，出租给城市家庭，由父母周末带孩子来体验，平时帮助进行管理，每平方米租金100元或者更高，加上协助管理的劳务费用每亩可达10万元左右，远比农民自己种地收入高得多；再比如英国农场把麦田做为麦田圈，成为景点，吸引游客前来观奇，收入是小麦的好几倍。

对于西南少数民族聚集地区的广大领域，拥有许多发展旅游业的优势：人文方面，少数民族拥有独特的民风民俗，民族多，文化多元，可以让现代都市人体会多元的民族文化；社会经济方面，旅游市场初具规模，已经有部分知名景点，可以带动发展。在西南广大领域内实行文化导向，特色农业的国家战略，前景辉煌。

重庆酉阳是个很典型的成功例子。它是一个少数民族(土家族、苗族)自治县，是渝东南面积最大人口最多的县，由于境内是典型的喀斯特地貌，"八分半水一分半田"，生态环境脆弱，山高谷深，土地贫瘠，出产率不高，复种指数低，农业发展受限制。但当地生态环境优美，文化底蕴深厚，民族风情独特，是中国土家族摆手舞之乡，中国著名民歌之乡，中国土家文化发祥之地。酉阳依托这些特色扩大文化资源，发展旅游业，将生态资源转化为经济资源。如图3,是酉阳在2011年至2015年游客接待量及旅游收入,从2011年的261.0亿元,增长到2015年的814.78亿元,观光旅游业改变了酉阳人民的生活。[3]

表三　　　　　　　酉阳2011－2015游客接待量及旅游收入表

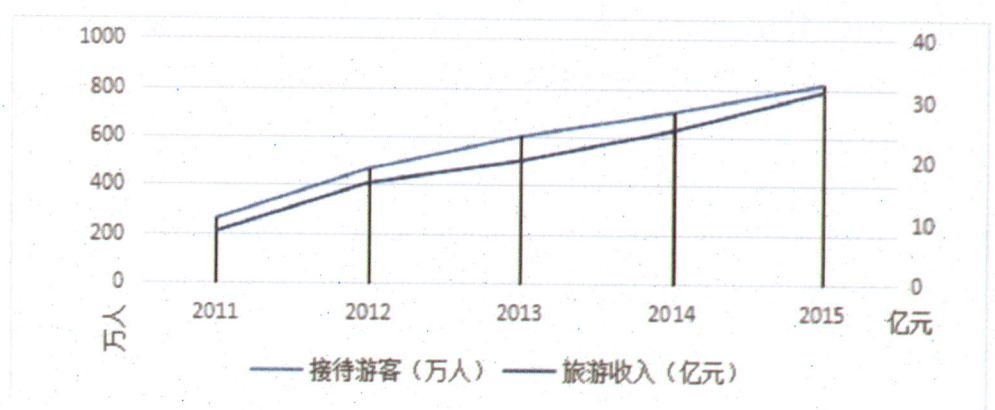

资料来源:酉阳桃花源官方网站

(三)加强农村基础设施建设

随着社会的发展,人们生活水平的提高,对生活环境的要求也越来越高,完善农村基础设施建设更加重要。加强农村生产性基础设施建设是农业和农村发展的有力支撑,加强农村生活性基础设施建设是缩小城乡生活水平的重要举措。其中最基础的是人们的生活出行方面:加强农村道路交通建设,加宽乡村道路,加强道路保养,提高农村道路质量,实现"村村通";健全农村水、电、通讯建设,解决用水问题,完善通讯网络,促进农村信息化建设。然后是老人和孩子的问题,由于青壮年外出务工,农村存在普遍的留守现象,要改变教育不均衡现象,加大对农村学校的建设改善力度;完善农村医疗卫生服务,让老人孩子能健康生活。最后是农村生产生态建设:重视污水处理,加强农田水利建设,实现清洁能源;做好防护林生态体系,自然保护区的建设。只有这样才能保持乡村的天蓝水清,对城市居民保持高度的吸引力。

四、劳动力流向新方向

(一)农民工人数增速放缓,外出打工潮在逐渐退潮

根据国家统计局的抽样调查结果,2015年农民工总量为27747万人,比上年增加352万人,增长1.3%。其中,外出农民工16884万人,比上年增加63万人,增长0.4%。本地农民工10863万人,比上年增加289万人,增长2.7%。本地农民工占农民工

总量的 39.2%，所占比重比上年提高 0.6 个百分点。从 2010 年以来，农民工总量增速持续回落。2011 年至 2015 年，中国农民工总量增速分别比上年回落 1.0、0.5、1.5、0.5、0.6 个百分点。同期，外出农民工人数增速分别比上年回落 2.1、0.4、1.3、0.4、0.9 个百分点。从 2011 年至 2015 年，本地农民工人数增速分别为 5.9%、5.4%、3.6%、2.8%、2.7%，除 2011 年增速增加之外，其他各年增速都逐年回落。本地农民工人数增速快于外出农民工增速，显示农民工留在本地打工人数增长比外出打工要快。[4]

(二)农民工返乡的原因

农民工返乡的原因存在两点，城市对其的"推力"和农村的"拉力"。拉力是对故乡的眷念，希望和家人在一起。来自城市的推力是最主要的，农民工在城市从事的工作大多是建筑、制造行业，如图 4 其中这两个行业就占了 58%，但由于目前国内制造业发展走下行路，从 2011 年开始资产投资增长率便持续下降，到 2015 年国内制造业资产投资增长率下降到低于 10% 如图 5，中国制造业发展困难，转型升级难度大，加上海外市场低迷，工厂订单减少，工人工资降低，很多工厂直接迁出中国，所以，工人外出打工根本挣不到钱了，来自城市的推力就迫使农民工不得不返乡。

(三)农民工返乡带来的影响

返乡的就业压力大，经济发展缓慢。部分人返乡后进行了创业，但是仍有很多人难以创业，或创业失败，人力资源过多，就业岗位不足，找不到固定的工作，原本务工有的稳定收入现在没有了，导致家庭经济收入受到影响，生活水平下降，这必然又会引起农村消费水平下降，使农村市场陷入疲软，影响经济发展。

城市化进程放缓。过去的 20 多年间，"打工潮"的掀起，加快了城乡的建设，也使我国城市化进程非常迅速。但近几由于劳动人口外流的趋势放缓，以农业人口转移为特征的城市化进程已进入后期，城市化的进程也将受阻放缓。

集、学子仰望、政客驻足的地方如今变得这般落寞寂寥？培田是中国历史文化名村，古建筑群是国家重点文物保护单位。2000年开发以来，各路媒体及众多学者专家，文人墨客及观光旅游者来此谈古访古，寻找远去的乡味，发思古之幽情。有文物为依托，旅游经济为支撑的培田尚且留不住人，其他地区的农村发展前景更是堪忧。

二、造成农村人口流动的原因

（一）工业革命促进人口流动

翻阅世界历史，会发现1539年的法国街头还有猪行走，弗朗索瓦一世的"环保风暴"政策出台100年却没有执行，工业革命前的城市和农村差别不大。1840年前后，以蒸汽机的发明和使用为标志的第一次工业革命结束，资本主义国家率先完成工业革命，进入"蒸汽时代"。此后，一系列革命让工业也来越多，人开始脱离土地，进入工厂从事生产，城市化水平也是在近100年提高得最快。著名时评人童大焕根据多年研究得出：人类就经历了两次工业革命。第一次工业革命把人从农业中解放出来，进入大工厂生产；第二次工业革命把人从工业中解放出来，进入服务业和娱乐业。这两次工业革命都是在约200年的时间里发生的，它带来的产值比以前社会的总和还要多，几千年都不曾改变的城市，也在这一时期发生了天翻地覆的变化。

（二）逐利行为促进人口流动

一条蜿蜒盘旋的明长城，阻隔了北漠蒙古族与中原汉族的经济文化交流，这是中原经济文化长期领先西北蒙古人的重要因素。近代历史上的二元户籍制、大三线小三线建设、知识青年上山下乡以及现代的西部大开发、东北振兴、汶川震后原地重建和最近出台的"一线城市限购"等政策，实际上都是在防止大城市人口过于集中，让人留在农村或者二、三线城市。然而，人都有利己的思想，这些限制政策在利益面前显得苍白无力。

1980年国家政策放宽对农民的限制，允许他们自带口粮进城，农民工大量进入城市，为改革开放后的城市经济建设贡献了很大的力量。由于劳工制度和经济制度的不完善，最早进入城市的农民过得并不理想，他们大多干着最艰苦的工作，有的时候还拿不到应得工资。在这么苛刻的条件下，是什么促使他们仍然选择离开乡村，到城市谋生呢？

（三）城乡收入差距加速人口流动

中国同时存在落后的农业部门和以工业、服务业为主的现代城市部门，这是我国典型的"二元经济"结构。农业生产部门最重要的生产要素是土地,土地作为农业生产要素其受到"移动性"限制;农作物受气温、湿度、季节等自然条件的限制具有不可连续注入劳动的特点。这种情况下就造成农业的劳动力过剩,所以与工业相比,农业生产方式还很落后。在城市经济中,起决定作用的是自由资本而非土地。在资本和市场充足的条件下,工业和服务业可以无限制吸纳劳动力,农业劳动者通过经济结构的转换进入城市,从而获得更好的生活。

表一　　　　　　　　　　部分职业薪酬表[3]

2016年夏季求职期平均薪酬城市分布图					
排名	城市	平均薪酬	排名	城市	平均薪酬
1	北京	9240	18	昆明	6230
2	上海	8962	19	南宁	6197
3	深圳	8315	20	郑州	6191
4	广州	7409	21	长沙	6186
5	杭州	7330	22	天津	6178
6	宁波	7152	23	合肥	6173
7	佛山	7017	24	大连	6144
8	东莞	6998	25	无锡	6095
9	厦门	6886	26	济南	6067
10	苏州	6719	27	青岛	6057
11	南京	6680	28	石家庄	5886
12	重庆	6584	29	西安	5872
13	福州	6522	30	沈阳	5842
14	贵阳	6437	31	太原	5841
15	成都	6402	32	烟台	5765
16	武汉	6331	33	哈尔滨	5659
17	南昌	6235	34	长春	5332

资料来源:《2016年夏季中国雇主需求与白领人才供给报告》

表二 城市基本工资排行表[4]

城市基本工资排行表						
序号	省份	实施日期	月最低工资(元)	上月最低工资标准(元)	增加额(元)	涨幅
1	上海	2016.04.01	2190	2020	170	8.4%
2	天津	2016.07.01	1950	1850	100	5.4%
3	广东	2016.02.29	1895	1895	0	0.0%
4	浙江	2015.11.01	1860	1650	210	12.7%
5	江苏	2016.01.01	1770	1630	140	8.6%
6	北京	2015.04.01	1720	1560	160	10.3%
7	山东	2016.06.01	1710	1600	110	6.8%
8	新疆	2015.07.01	1670	1520	150	9.9%
9	内蒙古	2015.07.01	1640	1500	140	9.3%
10	山西	2015.05.01	1620	1450	170	11.7%

资料来源:《2016-2017年全国最低工资标准一览表》

表三 重庆山区农作物产量及单位价格表

农作物	亩产(斤)	单价(元/斤)	亩产值(元/亩)
油菜	200	2.5	500
芝麻	100	4	400
水稻	1000	1.2	1200
黄豆	50	2.2	110
玉米	350	0.9	315
土豆	700	1	700

数据来源:访问重庆本地农民

表一和表二反映的是城市经济收入,表三反映的是农村经济收入,从上面三个图可以看出城市与农村经济收入差距甚大。收入差距为城乡人口流动积蓄了能量,人生而自由,人们都渴望有更好的物质文化来改善生活水平和满足精神需求,政策限制不能完全制止人口逐利行为的迁徙大潮。

(四)产业布局带动人口流动

政治资源、经济资源、文化资源等分布不均衡导致基础设施与寻租空间的地区差异,通过对产业布局的影响也会引起人口与就业的流动。有的学者根据珠三角、长三角、北京、天津等27城市人口规模与经济规模的数据,对经济增长与人口增长之间的关系规律进行统计分析。结果表明,人口规模与经济规模存在非常强的因果。人口越集聚的地方,就业岗位就会越多,贸易越发达,同样的消费水平也会比人口少的地方高。

三、人口流动的规模和现状

表四　　　　　　　　　2013年部分地区常住与户籍人口表[5]

城市	户籍人口(万人)	常住人口(万人)	人口净出入(+/-)(万人)	户籍人口密度(人/km²)
上海	1425.14(-1.79)	2415.15(+34.72)	+990.01	2247.68
北京	1316.3(+18.8)	2114.8(+45.5)	+798.5	783.51
广州	832.31(+10.01)	1292.68(+8.79)	+460.37	1119.54
天津	1003.97(+10.77)	1472.21(+59.06)	+468.24	842.26
深圳	324.32(+25.17)	1062.89(+8.15)	+738.57	1660.76
重庆	3358.42(+14.98)	2970(+25)	-388.42	407.56
成都	1188.0(+14.6)	1429.76(+11.98)	+241.76	958.84
武汉	22.05(+0.34)	1022(+10)	+199.95	967.76
杭州	706.61(+6.09)	884.4(+4.2)	+177.79	426.41

数据来源:《2013年各市常住与户籍人口》

这9个城市都是各个省的省会城市,图表显示只有重庆人口净出入为负数,其他8个城市常住人口都呈上升趋势,户籍人口密度大。与这些城市人口增长相对应的是二、三线城市及广大偏远农村地区的人口减少。有研究资料显示,中国共有自然村约300万座,以每天200座的速度在消失,十几年消失了90万座。人离开农村是村庄消失的主要原因。

人离开村庄是不可控的,刻意控制只会违背客观的自然规律。所谓规律,就是事物运动过程中固有的本质的、必然的、稳定的联系。规律是客观的、不以人的意志为转移的、它既不可能被创造、也不可能被消灭。同时规律也是普遍的,自然界、人类社会和人的思维,在其运动变化和发展的过程中,都遵循其固有的规律[6]。培田古村昔日的繁荣昌盛与他们尊重自然规律、敬畏自然规律离不开的。

四、人口流动的所谓"负面"影响

"贫民窟"指各种低收入住区和糟糕的人类居住条件。"贫民窟"的定义是"以低于标准的住房和贫穷为特征的人口稠密的城市区域"。这样直截了当地反映了贫民窟的主要的实体和社会特征,其实很多"贫民窟"曾经是高档的住宅区,甚至是人们向往的地方。在原来的住户搬到城市的新区或条件更好的地区后,贫民窟之"贫"就被显现和制造出来了。渐渐地,房子在细分后租给了低收入的人,原来的房子的状况也越来越差了。在过去很长一段时间内,贫民窟还是"黄、赌、毒"的代名词,这样一个地方,为什么有人来住呢?

京华时报曾爆出过这样一则新闻:北京朝阳区丽都南门附近,探访该地多处井下发现,不足3平米的空间里,住着一些白天外出谋生、晚上下井居住的人,他们之中有正值壮年的洗车工,还有以捡废品为生的独居老人。还有一则报道说:一位妇人宁愿在大城市捡垃圾,也不愿回到农村。看了这些报道,可能会有很多人会发出:这样做值不值得,城市无处安放的高收入和农村遮风避雨的小家,到底谁更重要的疑问。

在我看来,这些问题的主要来源是由于价值观不同。他们当中一部分人认为,自己苦点没关系,在城里努力几十年,儿女辈就有可能在城市扎根,若是现在以辛苦为理由,也许祖祖辈辈都没有留在城市的可能。他们向往城市并执着追求,城市的领导人竭力阻止农村人进城安家落户,可城市不会拒绝,它敞开怀抱,热情欢迎应每一位通过自己努力实现梦想的人。改革开放初期,很多人去到首都北京,他们要面对住处的拥挤不堪,也要面对一些老北京人鄙夷与嘲笑,通过自己的艰苦奋斗,他们当中很大一部分人住上了高楼大厦,而曾经嘲笑他们的那些人,还住在以前的小屋内。

面对北京、上海、广州、深圳的高房价,很多人望而却步。值得注意的是,高房价对应的是高收入,城市房价高的另一面也反映出城市工作者的收入也相对较高。贫民窟对很多人来说只是进入城市的驿站,就像现在燕郊是很多青年进入北京的驿站一样。中国目前的城市化率是56.1%,城镇人口7.7亿,其中户籍人口是4.8亿,占了总人口的40%。和发达国家相比,我们的城市化水平还很低。

五、乡村的结局

培田的一位老乡绅说:乡村不是在衰败,可能有一天会终结。第一次听到这句话很多人是很震惊的,不禁想着,村庄终结了,那些来自乡村的孩子该把乡情寄放到哪儿去。自给自足的经济方式和铁犁牛耕的生产方式已经被现代化机械生产替代,转型升级是一部分乡村的选择。例如:婺源、乌镇、西递、宏村、培田等,它们借用乡村的外壳,发展旅游经济。2000年,培田开始对外开放,越来越多的在城市里疲于奔波的人来到培田,在漆黑的夜空下,寻找明亮的星星,或者在阳光明媚的午后拍下洁白的云朵,又或是跟着乡民,赶着老牛,哼着小曲,在这个"采菊东篱下,悠然见南山"的地方,感受"晨兴理荒秽,带月荷锄归"的辛劳。让心灵在这片曲径通幽的古村里,得到片刻的宁静。不管时代怎样发展,社会怎样改变,我们这个源于"农耕文明"的民族还是要留点前人的东西,不然拿什么传承?讲什么发展?后辈凭什么去寻根?

六、乡村建设的意义有限

从梁漱溟的《乡村建设》到费孝通的《江村经济》、《乡土中国》再到现在的"建设社会主义新农村",针对中国农村问题研究的人很多,但真正达到预期效果的微乎其微。

在培田古村落的村头,有一排排新建的民居,当地人称为"新村"。"新村"2009年才开始修建的,分两期建造完成。一期120户,单层约100平方米,共计三层,房价20万左右。二期60户,单层约90平方米,共计三层,房价40万左右。这种房子够大,完全可以说是乡间小别墅。这里的常住人口大多是老人和小孩儿,出门务工的年轻人,经济条件稍微好一点的把孩子也带走了。偌大的村庄里,很多漂亮的新房是处于闲置状态。童大焕院长经常告诉我们,资金具有时间价值,同样的钱投在大城市和小县城所得到的回报率是不一样的。他举例说:十年前花50万在农村买一套房子和在城市买一套房子,到今天的市场价值相差非常大,农村的房子涨到了100万,但城市房子可能涨到了500万甚至更多。交通欠发达,生活设施不完善的乡村,除了浪漫的文艺人,我想很少有人会来此居住,没有人来这里交易,这些房子就真的成了"不动产",成了死的资产。

近年来中国农村修建了很多"新农村"。政府把分散的农户集中到修建好的"新农村"高楼中,不管是从住房的安全性还是卫生性,都是不错的。但是走进"新农村"就会发现,除了春节外,这里日常漫步的只有少量老人和小孩儿。年轻人基本在外务工,很多小孩儿跟随父母去了他乡,生活在"新农村"的老人要带小孩儿读书,不用带孩子的老人还是居住在以前的地方。把村民的房子集中在一处,而人都去建设城市去了,让美丽的新村沦为"鬼村",陌生人进入村庄就像探险一样,没有让农民留在乡村的"新农村"又有什么意义呢?

七、对"游子"的建议

每一个村庄都有独特的韵味,在城市化迅猛发展的今天,它们可能命不久矣!就像一位诗人发出的感叹:我们注定是一种感伤的接触,我救不了你,你也留不住我,而未来是难及的天涯。津京冀一体化发展、河北曹妃甸以及某些大城市建设卫星城,前期发展如火如荼,而今步履维艰。对于漂泊不定的"游子"来说,总有城市不能留,总有家乡回不去。

现代能工巧匠的高超技艺与科学技术的完美融合,一幢幢高档住宅楼在城市拔地而起,纵横交错的柏油马路把人与人之间的距离拉近。很多国家正在进行的工业4.0革命,未来中国制造的数字化将更成熟。互联网、增强现实/虚拟现实、人工智能、移动网络技术等,在中国智能手机的普及以及微信等的使用,都要求很好的控制数据,都是数字化的全新商业模式。在机器人替代人的技术下,美的公司的员工从21万减少到9万,富士康昆山工厂的员工从11万减少至5万,但是它的产值和利润都在上升。

中国社会要达到工业4.0革命的条件还有一定差距,我相信不会太久。到时,从事工业生产的很大一部分人将会从事服务业,而服务业对人口聚集度要求更高,城市的就业岗位增多,包容性也会更大。进入城市,总有一天会从过客变为归人。

参考文献

[1] 童大焕:工业革命后城市的变化. http://m.sohu.com/n/470628988/

[2] 记住乡愁 SOIEOI:培田村——敬畏之心不可无[Z],央视,2015.

[3]《2016年夏季中国雇主需求与白领人才供给报告》[R],智联,2016,1.

[4]《2016-2017年全国最低工资标准一览表》[R],三思教育网,2017,1.

[5]《2013年各市常住与户籍人口》[R],360doc个人图书馆,2014,1.

[6] 规律的阐释. http://baike.baidu.com/link?url=3VPIDQKLOvpQdQAEqXVCwHJbtx6SGo Fj-vC99c3FL9 DxH4_ Eoje7uBr7U1SPBD5ezUmQAX5l FnF5NgifzbI83H GVohmwgLJxMaHccSF721i

城·时代
第一辑
下册：调研拾趣

丛书主编◎孟凡贵
本册主编◎代蕊岚

中国商业出版社

图书在版编目(CIP)数据

城·时代. 第一辑 / 孟凡贵主编. —北京：中国商业出版社，2018.6
ISBN 978-7-5208-0273-4

Ⅰ.①城… Ⅱ.①孟… Ⅲ.①城市化-中国-丛刊
Ⅳ.①F299.21-55

中国版本图书馆CIP数据核字(2018)第036512号

责任编辑：蔡凯

中国商业出版社出版发行
010-63180647　www.c-cbook.com
(100053　北京广安门内报国寺1号)
新华书店经销
北京世嘉印刷有限公司印刷
＊　＊　＊　＊　＊
开本：787×1092毫米　1/16　印张：32　字数：420千字　四色彩印
2018年6月第1版　2018年6月第1次印刷
(上、中、下册)定价：158.00元
＊　＊　＊　＊
(如有印装质量问题可更换)

编委会

主　任　彭鸿斌

副主任　尹邦满　刘　枚

秘书长　童大焕

委　员　彭鸿斌　尹邦满　刘　枚　童大焕　孟凡贵

总编纂　孟凡贵

副总编纂　李亚琳　代蕊岚

上册:《碧山行说》　单册主编:李亚琳

中册:《行而论道》　单册主编:李亚琳

下册:《调研拾趣》　单册主编:代蕊岚

序

为了未来我们走进历史
为了城市我们走进乡村
为了真知我们学习思辨与表达
童大焕 – 2017 年 11 月 10 日 ~ 11 日

1 走进乡村，走进历史

城市化是 21 世纪中国最伟大、最惊心动魄的社会变迁，每一个身在中国大陆的中国人，不论男女老幼，不论贵贱尊卑，都将主动或被动地被卷入、被改变，诚如诺贝尔经济学奖斯蒂格里茨在 2000 年所言：21 世纪影响人类进程有两件大事，一是以美国为首的新技术革命，一是中国的城市化。

两股时代性力量同时在古老的中国大地上碰撞、交织、盘旋，产生的巨大能量和对中国社会的全方位深远改变，大到难以想像。这也是人们从未经历过的崭新历史。正因为从无历史经验可循，乃至于绝大多数已经坐上时代高速列车的中国人，身体已经进入了城市，思想和头脑却还顽固地停留在农业时代。千百年大同社会、均衡发展的理想像梦一样纠缠着他们，他们一步三回头地回望乡村。这样一种观念跟不上现实变化的"历史的涡流"，微观处，直接影响个体对自由幸福的追求；宏观处，直接妨碍社会的转型和国家的全球竞争力。

从小被教科书里的乡村田园梦牵魂摄魄的莘莘学子，更是在这场历史巨变前不知所措随波逐流。我们想带他们认清这场历史巨变，找准自己和时代的方向和定位。

如何带领同学们清晰地把握这浩大的历史洪流？带他们进入城市吗？城市的茫茫人海里，一千个人就有一千种可能性，且每个人都在不停地变换着自己的脚步和方向。面对这样的洪流，同学们可能会更加迷失方向。

因此，我们采取的方向是：逆向而行。为了未来，我们走进历史；为了城市，我们走进乡村。

因为乡村足够小，我们可以用较短的时间、较低的成本，很快看清它的面貌。我们

和同学们一起看乡村的历史、今天，展望它的未来。我们让同学们一起来思考一个最核心、又是大道至简的问题：人到哪里去，为什么会到那里去？钱从哪里来，怎么来？

这是真正的以人为本位，把人作为万物的尺度。把"人往何处去，钱从哪里来"这个问题看清楚、想明白，则天下之大道，已然在多数同学的心中豁然开朗：在城市，你会看到一个人的无限种可能；但是在乡村，我们只会看到几乎一种可能——到城市去，到城市去。乡村没有牧歌，不是田园将芜胡不归，而是乡村看不到前途，小农经济支撑不起任何自由与尊严的生活。

2 学会思辨与表达

我们希望养成学生正确的思辨与表达能力，学会自己从头到尾把一个个小问题分析清楚透彻。这一点，说来简单做来难。我们的教育，从小学到中学，只教会学生各种零散的、碎片化的知识，很少教会他们如何系统地思考和表达。乃至于到了大学，我们仍然发现，很多同学，连最基本的清晰表达都还没有做到。在我们挑选出来的同学里，有的同学一篇文章不到200字的导语，包含标点符号，一共有十几处错误。于是让他们看我一篇一稿写成的万字长文，发动同学们一起来找错别字，找出一个奖励10元。结果，我只付出了10元钱。

我们一直强调独立思考，但从来不知道、也没有人告诉我们怎么才能独立思考。独立思考并不是标新立异、与众不同就叫独立思考，真正的独立思考，是有正确的科学的方法，学会系统地分析和解决问题。

3 重建比白纸更难描

我们是在国内教育几乎从无科学方法训练的基础上，对已经初步形成思维惯性的大学生进行方法与观念重塑。这是比"白纸上描最新最美的画图"更难的一份挑战，一定程度上相当于推倒重建。而观念和思维方式的推倒重建，显然比物质领域的推倒重建要难得多。

博学的孟凡贵老师、年轻的李亚琳老师，都把他们专业所长的论文写作方法和科学的调查方法，手把手地教给孩子们，不厌其烦地一遍遍帮助他们修改论文。其中的艰辛，可想而知。代蕊岚老师作为班主任，则像一个大家长，不仅事无巨细地规范孩子们的日常行为，也具体指导他们的散文和随感写作。

更应该感谢的是学院和董事长，尤其是董事长彭鸿斌先生开放、先进的教育理念，不惜代价给我们开辟了不问文凭、只问经历的校内研究生班这样一块教育的小小试验田。这在国内几千所大学里，几乎可以说是绝无仅有的。我希望承先启后的同学们，能够加倍珍惜这样的机会。如果今后，在漫长的人生旅途上，我们教给同学们的这一点比较科学的思考方法，和严谨的习惯与态度，能够帮助同学们在遇到任何问题时，具备更加独

立的思考与判断能力，那么，我们今天短暂的碰撞与相逢，就是生命中最美丽的碰撞与相逢。

　　天空中不要留下翅膀的痕迹，但我已经飞过。明天总是新鲜而又贴近，让我们，用自己的逻辑、自己的手筋、自己的定势，努力把握！

目 录

培田自述 …………………………………………………………… (1)
春风三月游福建 …………………………………………………… (7)
春日散曲 漫步福建 ……………………………………………… (12)
从你的世界路过 …………………………………………………… (18)
福建调研之随笔六记 ……………………………………………… (27)
行万里的体会 ……………………………………………………… (33)
行于路，思于行 …………………………………………………… (37)
行与悟：行走在福建的村镇市 …………………………………… (42)
可谈风月的过去，无处安放的未来 ……………………………… (47)
空留斜阳日暮 ……………………………………………………… (53)
梦回培田，有暗香拂过 …………………………………………… (58)
闽南之福地洞天 …………………………………………………… (63)
土地最好的主人——客家人 ……………………………………… (69)
相逢定是有缘 ……………………………………………………… (73)
心有感慨 畅想未来 ……………………………………………… (78)
一处景色，一丝情谊，爱上一座村 ……………………………… (84)
驻足福建，思索发展 ……………………………………………… (90)
钱塘的故事 ………………………………………………………… (95)
钱塘调研感想 ……………………………………………………… (99)
钱塘旖旎，和风撩人心 …………………………………………… (103)
钱塘镇春行 ………………………………………………………… (106)
钱塘镇之行 ………………………………………………………… (110)
青竹秀瓦，古韵钱塘 ……………………………………………… (115)
轻嗅远山的芬芳 …………………………………………………… (119)
时间的打磨，历史的选择 ………………………………………… (123)

我的钱塘看法 …………………………………………………………………… (127)

乡愁 …………………………………………………………………………… (130)

春风十里不如你 ……………………………………………………………… (133)

印象钱塘 ……………………………………………………………………… (137)

第二次征程——神秘的钱塘 ………………………………………………… (141)

点滴见真情 …………………………………………………………………… (145)

被世界遗忘的角落 …………………………………………………………… (148)

培田自述

2015 级管理工程系　王梅

"朱雀桥边野草花，乌衣巷口夕阳斜"，没有朱雀桥也没有乌衣巷的我，在 3 月 26 日下午迎来了一批来自重庆的老师和学生。他们朝气蓬勃、风华正茂，在温暖和煦的春日夕阳下，更显青春活力。从前，我也曾年轻过。我是培田，"培"字有两层意思：一是为保护植物或者墙堤，在根基部分加土；二是帮助和保护人的成长。是不是从名字就可以看出我有一群重视土地，乐于助人的乡民呢！

"古树高低屋，斜阳远近山，林梢烟似带，村外水如环"这首诗是对我最贴切的描述。铺满鹅卵石的小巷道，两旁是由内墙砖墙围炉，外墙榫卯对接的木架结构组成的一排排古屋，内外兼修的我共计占地13.4平方千米。我的一切都很古老，褪去曾经的芳华绝代，留下的余韵依旧让人震撼。

1840年前后，以蒸汽机的发明和使用为标志的第一次工业革命结束，资本主义国家为了夺取更多的销售市场和原料产地，希望打开中国国门。英国为了加紧扩张，丧心病狂地往中华大地上倾销鸦片，企图控制国人。1839年，清政府委任林则徐在广州虎门销烟，英国借此为由，发动战争。1842年中英签订《南京条约》，开放广州、厦门、福州、宁波、上海为通商口岸。属于福建省的我可能会让很多人羡慕，的确，我的很多乡民在这期间和东南亚各国有密切的联系。他们借着这个机会，云游海外，搞多种经营，发家致富。

第一次工业革命让外面世界的生产力和生产关系发生了改变，我没有改变。资本主义的坚船利炮让传承千年的文明古国发生了改变，我没有改变。外出经商的培田人赚得盆满钵满，衣锦还乡，添置了几套房子，来扩大我的阵容，除了这些，其他的我依旧没改变，从新中国成立，经过文化大革命，再到改革开放，我依旧是我，还是那个没有改变的、古风古韵的培田。

我的乡民在2000年的时候就开始把我推出去，面向全国，走向世界，17年了，我也算声名远播。各路媒体及众多学者专家、文人墨客及观光旅游者来此谈古访古，寻找远去的乡味，发思古之幽情。我的最大魅力就在于能轻易地勾起农村孩子留在乡村的美好回忆，让迁客骚人感受"采菊东篱下，悠然见南山"的怡然自得，也能令西装革履、运筹帷幄的富商巨贾返璞归真,寻找内心的宁静。有研究学者统计过,中国的村庄大约有300万座,以每天大约两百座的速度在消失,过去十几年里已经消失90万座,所以当游人看到这里保存了几十幢明清留下来的古民居、古祠堂、古书院后都很敬佩我的乡民,在城市化高速发展的今天还能不被外界新思想、新观念诱惑,把我保护得非常完整(完整指的是思想的完整与器物的完整)。

我的乡民礼敬祖先,后辈建造的房子客厅内往往会挂上自己先辈的图片,当地也流传有"求财不忘祖"的说法。他们敬重自己的祖先,这是中华民族的传统美德,是值得发扬的。我听游人问一位中年大叔为什么不将房子卖掉到外地去生活或者出去务工,他反问为什么要离开,他说祖先都在这里,他的根也在这里。可见培田敬仰祖先的传统文化要正确理解,理解得当,它能鞭策、警示世人,理解错误会让人步入迷途,原地打转。这位大叔的思想代表大家的思想,也代表中国广大农民的思想,他们认为祖先留下的东西就是好的,自己不愿打破陈旧,也阻止别人打破陈旧,因此,我被完完整整地保存下来。

就我来讲,是不想要这种完整的。有的游人乘兴而来败兴而归,走时还不忘对我吐槽一句"这个老态龙钟的妇人",当然"恩荣"牌坊、进士第、大屋和一些残垣断壁也让一些游人震撼、赞叹和兴奋,面对这片古屋,他们会情不自禁的脑补我昔日的辉煌与富足。郑愁予的诗歌《错误》里有一句话是"我不是归人,是个过客",这才是我的心声,只愿做乡民们的过客。总觉得乡民们以保护我的名义制作了一个厚厚的茧,他们就包裹在里面,不尝试创新改变我,也没有想着逃离我。他们有钱,就是从来没想过为他们的更好未来投资一分，很多都用在给我"打补丁"上，或者直接在旁边建起一片比我高的新"牢笼"。世道急剧变化的今日，乡民们封闭自守，只会导致贫穷落后。

我还依然维持着正宗的中国传统：以儒家思想为核心的价值体系；以血缘关系为纽带的宗族社会的组织结构；小农经济和小手工业的生产方式；我的乡民还是以"耕读为本，耕读传家"的思想生活着。历史的发展，社会的转型，最根本的是要实现传统农耕文化向现代工业文化的转变。我的完整很大一部分原因就是没有很好地实现这个转变。目前国家已经处于后工业化阶段，工业化水平较高，工厂的最低收入在 2500 元左右，高者可月入上万，工作相较农村来说要轻松，反观我的乡民还采用精耕细作的小农经济去获得收入，自种烟叶，每亩毛利 2000 元，水稻、红薯、玉米等基本自给自足，一家人忙碌一年还没有多少存款，虽然用"四海无闲田，农夫犹饿死"来说夸张了一点，但这种谋生方式和现代化的机械化生产比起来确实不可取。

　　我不是不让乡民们推倒我的墙，拆掉我的瓦，建现代化的高楼大厦，我只是希望他们能够改变思想，直面现实，接受创新，成为城市化的弄潮儿。我好怕，有一天他们对保护我的完整这件事后悔了，愤怒了，把唯一证明我存在的东西全数尽毁，让我"尸骨无存"。不管时代怎样发展，社会怎样改变，一个民族还是要留点前人的东西，不然拿什么传承？讲什么发展？后辈凭什么去寻根？

　　我看着吴氏祖先吴纯熙18岁"弃笔砚而理牙筹"，他"敬承先志，大振家声"，求财有门，富甲一方，吴纯熙只是先一辈的代表，后辈的吴昌风、吴昌同也是经商发家致富，后来我也看到很多吴氏子弟，在经济、政治、文化等方面的建树。他们没有固守本源，而是利用当时社会的新思潮为自己打下了一片天地。我也听说聚龙小镇曾经是一个交通不便，房屋稀疏低矮，环境很差的地方，现在高楼林立，鳞次栉比，虽然还没有完全发展起来，至少它敢于尝试。我还听说厦门的高楼大厦可入云端，马路四通八达、车水马龙，路上行人熙熙攘攘、摩肩接踵，晚上灯火璀璨，朝阳普照方息。我也想我的乡民去看看，到发达地方去扎根，偶尔可以回来看看我，而不是在村的另一边40万买300平方米的大房子。

　　几百年了，我还记得一位叫"五亭公婆"的人，她从不吝惜对有困难乡亲的资助，甚至"远近有义亲，率倾囊乐助，脱簪珥以益之"。还有一位大学教授吴明永，在"文化大革命"时替同事申辩，最后冤死他乡，40多年才在故乡入土为安。不论是社会制度还是吴家宗亲，从"五亭公婆"到吴明永，再到现代社会，早已经是沧海桑田，我的乡民还是依旧善良可亲，乐于助人。耳畔总是飘荡着"到屋喝茶"这句话，只要你走进屋内，热情的他们就会洗净茶杯，拿出吃食热情地款待你。这种高尚的品德从吴氏在培田建家时就有了，传承至今实属不易。

我听说近年来中国农村修建了很多"新农村"。政府把分散的农户集中到修建好的"新农村"高楼中，不管是从住房的安全性还是卫生性，都是不错的。但是走进"新农村"就会发现，除了春节外，这里日常漫步的只有少量老人和小孩儿。年轻人基本在外务工，很多小孩儿跟随父母去了他乡，生活在"新农村"的老人是因为要带孙子读书，不用带孩子的老人还是居住在以前的地方。把村民的房子集中在农村，而人都投身于城市建设，一个不能让农民留在乡村的"新农村"又有什么意义？

我常常也在反思，很多年轻的乡民都走了，条件好的把孩子也带走了，剩下的是迟暮之年、华发苍颜的老人家，或者蹒跚学步、顽皮天真的孩童，我和许多欠发达地区一样留不住人，为什么我们都留不住？我很焦虑很无奈的同时也很开心，我的乡民终于开始走出偏远闭塞的乡村，走向繁华的大城市，我爱他们却不想他们回来。

世界上没有两片相同的树叶，也没有两条同样的河流，我复制粘贴不了别人的发展道路，也不能为了发展违背自然规律。在城市化浪潮下，我可能命不久矣，我留不住乡民，乡民也救不了我。只期盼他们能够渐渐脱离我，别再依赖我，放飞自己的思想，在大城市里获得真正成功！我也希望能为乡村建设者、城镇化研究学者提供一些可供参考的资料，彰显我最后的价值！

春风三月游福建

2016 级自动化系 周天迟

2017 年 3 月末,寒冬似乎在重庆还表现出些许的迹象,可是,在更南方的福建省早已开始迎来了春日的温暖与和煦。

因为大焕城市化战略研究院提供的一次机会,我很幸运地加入到了 2017 年福建调研队伍中。为此,我十分感谢重庆邮电大学移通学院大焕城市化战略研究院给了我这么一个来之不易的调研机会。

在为期8天的调研活动中，童院长和老师们带领我们从家乡"火炉"重庆走向了福建省民居第一村——培田古村，再从培田古村转向了现代版靖节先生笔下的"桃花源"——聚龙小镇，最后，我们到达了海滨城市——厦门。从连城县的培田，再到泉州的聚龙小镇，最后到厦门，三个地方的人情与风景，都给我留下了颇多深刻的印象。

首先，我们去到了在福建省内西南方向的连城县培田古村，这里有如古人笔下的"水稻田畴稻叶齐，日光穿树晓叶低"乡间景色。从大学校园里来的我们，是一群没有真真切切感受过田园风光的孩子，在调研的第一天的清晨，迫不及待的我们连公交都不等，从离古村五千米处的住地徒步到古村。我们走在通往古村的道路上，一边欣赏着道路两旁农户种植着的整整齐齐的水稻、烟叶，一边倾听着童院长与我们讲述当地的风土人情和美丽的故事。尽管，清晨的迷雾还未散去，但我们的心已经开始向着古村进发。

自古以来，有这么一句话，眼看为实，耳听为虚，最开始的时候，培田给我的印象只是别人口中的"福建第一村"、"中国民间故宫"，可是，当我真正地去用眼睛看到了它，真实地用耳朵去倾听了它，近距离地用手去触摸了它的一墙一砖一瓦后，一种强烈的沉静但又震撼的感觉在心里久久的回荡着。

在培田古村中，不知出于何种原因，很自然而然地融入到了这里，感觉这里像是一个景点，但又不像是一个景点，这里不像其他的很多古村景点一样人去楼空，

而这里的老宅子里依然住着吴家后裔。粗略地看，整个培田古村只是一个占地大约只有十三四平方千米，有400多户人家的小村子，但是细看只有差不多1000多人的村子，却有着一笔巨大的财产，有着30座高堂华屋，21座古祠等等，并且它们都是明清时期工匠们用智慧所凝聚起来的结晶。

众多的古屋里，有一座叫继述堂的屋子让我的印象很深刻，它静静地坐落在古村的村口处，背靠着山坡，面对着小河，据了解，这座宅子的面积是古村中最大的，体现了古时培田人的财力与物力。当我站在它的大门口时，突然明白了"大户人家"这个词所描写的一番景象。大门口前有两座精致的石狮子像，好看又结实，跨过门框进去后，才发现里面更是精致，做工优美俊俏的飞檐，还有透露着幽幽绿光的琉璃窗饰。或许这个建筑就是对于能工巧匠这个词语最好的诠释吧。

如果说，古村里只有村没有人，那么这古村是死的。活的古村，必定是先有人，再有村。培田古村的历史可以追溯到800多年前，那时，一个吴姓的先人带着自己的妻子和孩子们在这扎了根，800多岁的村子就此诞生。有太阳的地方就有中国人，有中国人的地方就有客家人。培田古村里的居民都是吴姓客家人，他们是这古村里最重要的标志，不仅有着客家人的好客、讲求实际、刻苦勤俭、艰苦奋斗的美德，还有着自己老祖宗传下来的家规家法和文化。正因为这些，这个小小的吴姓村子出过许许多多的文人墨客、有名的学者，村里的南山书院就为村子培养出了100多名秀才。

文化的保留和传承，是培田古村最大的特点，也是培田人最大的特点。其实，我认为，古村真正的保留可以把重心同时放在人和建筑身上，古建筑是越来越脆弱的，投入很多的经济进去或许会保持十年二十年，但是五六十年后呢？建筑还能百分百地保留完好吗？固然，人对于建筑来说是一个小小的个体，但人是动物，会繁衍。他们生活在这里，一代又一代，一代又一代，他们传承下去的不止有子孙，更重要的是培田人自己独

特的文化，独特的精神。五六十年后，即使古村建筑可能会衰败，但如果培田人还记得自己的根，那么，这古村则是真正的活在了他们的身上。

淳朴、好客，是当地培田人给我留下最深刻的印象，记得那是一个下午，我和队友带着调研问题走进了一家普普通通的古民居，刚一跨进大门，一位40多岁的大叔热情的朝着我们挥手让我们放心大胆地进去，大叔是那么热情，立马让我们坐下，拿出茶具，清洗茶具，一点一点的细心地为我们俩沏茶，大叔还很高兴地让我们不要觉得拘谨，说进来这个屋子的人都是客。说着，又重新给我们的茶杯添满。那天下午，虽然调研的问题是那么的繁杂，但是培田人的热情还有那杯暖暖的绿茶是那么让我迷恋这里。

培田，有时觉得恍如隔世，犹如梦中。

在培田古村里，还有一个老师让我的印象特别深刻，她姓陈，我们亲切的叫她小陈老师。第一次见到小陈老师的时候是在一个清晨，我们突如其来的拜访让她有点不知所措，大概我们是又一次让这个小院子突然热闹起来了，我们说明来意后，小陈老师热情地给我们摆下凳子，同学们也都纷纷帮忙，就坐，开始与小陈老师交谈起来，在交谈中，我们知道了小陈老师大学毕业，工作两年后辞职来到了这里当志愿者，她说，不为别的，只为追求心中的那种宁静。当然，小陈老师也给我们建议毕业后要参加工作获取经验尽快提升自己，要有能力去考虑现实与梦想二者之间的关系。那一刻，眼前的这位看似柔弱的姐姐，让我心生佩服。环顾四周，一间不大的屋子，简易的生活设施，但这些并没有抵挡住小陈老师在这里挥洒青春，努力实现自己梦想的热情。追梦的小陈老师，是那么的美丽迷人。培田，也是那么的美丽迷人。

培田调研结束了，我们从连城县转站到了古代海上丝绸之路的起点，也是现代"一带一路"的起点——泉州，在这里，我们的调研目标是聚龙小镇，它是一个依山而建，依水而建的城外之城，是房地产商打造出来的一个现代版的桃花源，聚龙小镇占地面积非常

的广，里面也拥有着许多的配套设施：医院、体育馆、学校、购物街等等。聚龙小镇给我的第一印象是这里的房地产商不会把房子卖给那些炒房的人，而是把房子卖给那些真正想要居住在这里的人，聚龙小镇，它注重的是邻里关系和睦，强调人人都是小镇的一员，有种我为小镇，小镇为我的感觉。当时，天正好下着小雨，远处的山与高的楼都被雾笼罩着，似乎有那么一点仙气。

可是，这富有仙气的地方经过我们的调查，并没有很多人居住，入住的居民中，大部分都是退休老年人以及他们的孙子们，那么年轻的一代人去哪里了呢？当时的我冒出了这个疑问，可是随着调研的进行，我想我心中已经有了答案。聚龙小镇，确实环境优美，山清水秀，但是，这终究是不能和城市相比的，它的医院和购物街太单一了，除了绿化地带还是绿化地带，它更像一个高级的养老院，当人的一生奋斗够了，或许会选择到这里来。这里年轻人很少，他们都选择去大城市，那里才是他们的一片天，那里才是属于他们拼搏的地方，也是未来我会去拼搏的地方。

从培田古村到聚龙小镇，一个是拥有着丰富的文化底蕴，另外一个则是有着稳固的经济基础，两个地方形成了鲜明的对比，各有各的特点，各有各的风景人文，但它们有一个共同的特点，那就是在那里年轻人群体少，年轻的一代则是去了福州、厦门这样的大城市。年轻人代表着创造力，新鲜的创造力涌向更大人更多的城市，他们在那里创造，他们在那里生产，大城市会变得越来越集中。而没有了新鲜血液的培田古村和聚龙小镇这一类的地方，它们的命运是走向衰败，最后直至灭亡吧。我也突然明白了任何的旧东西在城市化的大潮流下变得是如此的令人惋惜和不堪一击。城市化的进程，真是一个又值得期待又令人害怕的事物。

春日散曲 漫步福建

2016 级工商管理系 罗倩

培田记忆

3月26日凌晨4点我们整装待发踏上了前往福建的旅途。经过了10个小时的颠簸,我们终于到达了此次调研的第一目的地——培田古村。晚饭后老师组织我们开会,简单地给我们介绍了培田古村的人文风俗、经济背景等,为的是让我们明天更好地开展调研工作。

老师规定的是第二天早上 8 点半到大厅集合吃饭,我大概在 7 点 40 就醒了,想到马上就要进行我这辈子第一次调研就有些激动,我早早地洗漱好下楼等着大家,早饭后一同前往古村落!

从我们住的农家乐到古村有大约 40 分钟的路程,因为初到这里,我们并不知道有直达古村的班车,所以徒步前往。一路上大家有说有笑,有些同学关心苗圃,有些同学关心山水,有些同学甚至关心坟墓,而我独自关心那棵路旁的古树。古树为香樟,有 500 多年的历史了,这近几百年来由于每日受到淳朴村民的膜拜似乎更加葱郁,枝干也好像比普通年龄的古树多了几分岁月的痕迹。老师为我们讲解了这棵树的历史后,我们又继续前进。

我们冒着烈日,沿着石板小路走到村口,首先看到的是光辉耀眼的恩荣牌坊,据导游介绍,这座牌坊上光绪皇帝御赐的"恩荣"二字在昭示着这座古村落曾经"不论文官武将至此,文官下轿,武官下马,一律步行"的荣耀。据传这是清代光绪皇帝赐建给他的御前四品蓝翎侍卫吴拔祯的。它与村尾吴昌同得"圣旨"所立的"乐善好施"牌坊遥相呼应,显示着培田村文武竞秀、积善济人的辉煌历史。进入古村,与我们直接打个照面的是两座水车。导游介绍到这里的水车首先是风水的一宝。常言道"山主阴,水主阳",水车的运转必将形成水势,水的不断循环是制造川流不息、连绵不绝之意,起到最佳催财转运的效果,水车把水带回村里,就相当于把财带回村里。第一座水车在道路的一旁,另一座位于它靠里的右下方,块头略小。并且修建时间也要稍晚一些,其目的在于增强阳气催财。其次它们还是饮水灌溉的重要农具。

通过查阅资料我了解到,中国自古就是以农立国,与农业相关的科学技术取得了卓越的成就,水利作为农业中最不可或缺的一环,各朝政府都致力于兴修水利工程,不论是灌溉渠道或是运河都动员了大量的人力、物力和财力去营建。但是这些渠道大都分布在各大农业区,至于高地或是离灌溉渠道及水源较远之地,显然是无法顾及。于是,善用智慧的中国人发明了水车。

再往里走,背对着村口的是文武庙。文武庙分为两层:第一层祀武帝关公。关公雕像两侧有一对联"一生不负桃园义,千古长存蜀汉忠",横批是"千古一人";第二层祀文圣孔子,雕像两旁对联"文章垂千载,圣教衍万年",横批是"大成至尊"。不仅如此,孔子神像前,还供奉着亚圣孟子,朱熹及孔子的11位弟子曾参、颜渊等人的神位。庙中香火旺盛。

在当地村民的族谱中,还有这么一段记载:文武庙"每修皆大发、诚敬必高升"。意思是说,每次文武庙修葺的时候,神灵就有感应,培田必有一段文武昌盛,人才辈出之期。即使不是培田人,只要心怀虔敬,顶礼膜拜,同样也会好运连连、官运亨通。

培田调研结束前,老师让我们根据自己的实际情况自行安排工作,我在之前与老人交谈时听说村对面有一座不高的小山,山坡上建有一高一低两座观景台,清晨时分,登临此处鸟瞰培田村全景,山下村庄房屋依山傍水,整齐有序,历历在目,炊烟四起,小桥流水人家,风光无限。白墙、黑瓦、灰卵石路,衬托在蓝天、白云和绿树之中,就像迷人的西子"淡妆浓抹总相宜",显得朴实淡雅、自然明朗。或许培田古村本来就是朴实幽静的世外桃源,不想外人打扰吧!于是趁着这个时间,我前往一探究竟,果真如老人所说。

聚龙小镇——最具人情味生活圈

在热情好客的培田古村进行了几天的奔波采访，我们带着满满的收获，经历了重重的波折来到了聚龙小镇所在的黄塘镇，到这儿已经是下午四五点的样子了，简单的收拾好行装我就听说老师们为了第二天的调研活动更具针对性、效率性去聚龙小镇踩点了。

看老师们都如此不辞辛劳的工作，我也没闲着，各种百度，做各种功课，为的是更加了解这里。通过这些查询我知道聚龙小镇位于福建省惠安县西部聚龙山麓。面积约20000亩，由福建省聚龙养生发展有限公司开发。以"人文"、"森林"、"湖泊"、"运动"为主题，是一个集生态、养生、居住、运动、文化等为一体的综合性大型园区。以"倾力构建人间桃源真品质人居幸福小镇"为开发理念，打造"最有人情味的生活圈"、"没有陌生，心有所安，情有所归"的人间桃源，标准的富人区！

第二天我们一行人打车来到聚龙小镇进行实地考察，在售楼部工作人员给我讲解到此楼盘以打造邻里亲情的为销售模式，使来到这里的人都感受到"远亲不如近邻"的温暖，销售人员还重点介绍了聚龙小镇的交通。它的交通也是一绝。聚龙小镇地处海西黄金枢纽，小镇交通便利，福厦高铁、福厦高速均在小镇家门口。

工作人员详细的介绍后已是中午12点了，大家拿出前一天晚上准备好的干粮打算就餐。就在这时，我们被聚龙小镇的十周年庆——饺子宴吸引！我看到大家齐心协力地为这次活动辛勤的付出，有的在擀面皮，有的在包饺子，有的在下饺子，当然也有许多人和我们一样等着吃。在"等吃"的过程中出现了一件让我感动的事情：一个老奶奶见我和我的小伙伴们在寻找餐具就把她和老伴的碗筷给了我们。我们有些惊讶，就问老奶奶怎么自己不吃啊，她说她再等等，她老伴下楼的时候再带两副碗筷就可以了，更何况大家同在一个小区，邻居互帮互助是应该的呀！这让我真的有些感慨，这里的家文化真的这么浓厚吗？

惜别鼓浪屿

时间过得很快，这已经是三月的最后一天了，我们一行人浩浩荡荡从泉州前往福建调研的最后一站——厦门。

按照计划，在4月1日这天我们要前往我心中梦一般存在的地方——鼓浪屿。

听到这个消息我的心情就像一句歌词"想想都觉得那么美",碧蓝的大海、金灿灿的沙滩、奔跑的赤脚……一切的一切都在我的脑海浮现,我迫不及待地想瞧一瞧这座只有仙女才配居住的行宫。

"以公谋私"的旅途开始了!踏上轮渡的那一刻我的心情很激动,我的血液在沸腾,亮闪闪的海面又时刻刺激我的神经以示我没有做梦,眼看着离码头越来越近,越来越近,对面的红色房子、白色教堂、绿色棕榈和金色沙滩也渐渐清晰地呈现在我的眼前。踏上这一方土地,脚下的碎石小路向海滩、向岛内延伸着,路上洒满了人们的笑语……匆匆谈论行程安全后,便急着去融入这片欢声中。顺着海边的一条小道悠然地往前走,路边的每一棵树,每一块石头,每一声鸟叫都不愿轻易错过,我愿用眼睛竭尽全力去扑捉这美丽。和同伴赤脚在沙滩上漫走,即使烈日灼伤我的手臂也不愿停留在阴凉的商铺底下"享受"不能在重庆得到的快感。从脚边捧起一抔黄沙,是那么细腻,那么柔情,那么如水般的温柔,好似一个有涵养的少女,不骄不躁。

顺着石子路继续向前走,两旁的植被被海风吹得沙沙作响,不时由上而下的几束光铺撒在脸上,是温暖的。抬起头,椰子树上的一颗颗圆圆的椰子定在那儿,一动不动,躲在椰叶的身下,不会受到烈日的烘烤,像是一个吮奶的孩童躲在母亲的怀抱中,安详且自在。

肚子似乎比我的心更懂得享受这里的美好,在她的催促下我们来到了街边的一个小吃店,复古的招牌,悦耳的轻音乐,在美丽小姐姐的招呼下我们很随意地点了几道当地颇负盛名的小吃。落日，黄沙，椰树，在海风的吹拂中一切都显得那么惬意，伴随着闲聊与吃饱喝足夜幕下的鼓浪屿悄然地进入我们的视线。

霓虹灯闪烁，海风的呼啸，狂躁的潮水似乎让柔情的鼓浪屿成了一个巨人，他想吞噬岛上的人儿，他想让人们永远留在这座岛屿上，或许夜晚的鼓浪屿是寂寞的，来到鼓浪屿的人们也只是想见到它最美的时刻，而不是受尽海风的虐待。我们在码头上与海风做最后的斗争，我们几个人紧紧抱成一团，互相取暖……最后，我们赢了，我们踏上了回厦门的轮渡。从岛屿到对面的厦门渡轮航行了仅仅五分钟的时间，这五分钟我站起来向对面的鼓浪屿挥手作别，回想起白天鼓浪屿是那么柔情似水、婀娜多姿，到了晚上就像变了一个人似的，狂躁、寒冷、不通人情的想要把我们吞噬。五分钟过去了，我们回到了厦门，我真的好想对白天的鼓浪屿认真的说一声：再见，我爱你。

八天的行程就这么悄悄的结束了，我没有太多能够用文字描述出来的感受，只有洋洋洒洒的几个字"出发时怀着轻松愉悦的心情，回来则是沉甸甸的责任与收获。"

从你的世界路过

2015 级管理工程系　马川

快到四月天的合川总在世人面前摆出一副春寒料峭的模样，在它那阴晴不定的面容下生活的我们真的也很无奈啊！穿梭在校园的人群里，总有人穿着短袖在对着身旁的人苦诉到，冬天都走了，春天怎么还不来啊。即将前往温暖地带的我，心中不由得暗自窃喜起来，想想此刻东南沿海蓝天下的椰林、阳光、沙滩，心中的那颗"逃离的心"不由得更加迫切起来。终于，一场"逃离合川"的计划到来了，深夜三点的移通宁静舒适，远没了白天的喧嚣、忙碌。踏上车门驻足回首，此刻安静宁适的景象却令我突生不舍之感，我想，如果这是两年后我对大学的最后一次驻足，那么我会不会流泪。庆幸的是，这只是一次普通的离别，我想，要是真的到了那天，我也会笑着挥手，因为是你让我懂得了不留遗憾。

印象福建

带着任务，带着期盼，我们踏上了征程，心中激动之余，仿佛又多了一份忐忑，因为我们都清楚地知道此行的目的并不是旅行游玩。有太多的东西需要我们去认真对待，有人说出了校门就是社会，没有了束缚，却换来了压力与责任。在我心中又何尝不止一次地这样认为，我们的福建调研之行不就是这样吗？表面上，我们出了校门摆脱了一周的课堂束缚，然而却换来了相等价的压力与责任。但是我想这一切都是值得的，没有压力哪来的收获，没有责任哪来的懂得与成长。任何事情都是有两面性的，我们不管身处何种位置，都应当学会去懂得和把握。

悉数我对目的地所了解，霓虹灯、海浪、沙滩、高楼大厦、厦门大学，好像并没有太多的什么了。貌似其他沿海大都市该有的你都有，没有的"宝岛台湾"你也有。历史课上，我在《南京条约》中第一次遇见了你。那时的你是显得多么的无助，最先被迫开设为通商港口，沦陷于西方的资本主义的爪牙。厦门码头那一张张泛黄的黑白照片仿佛是你在我脑海中永恒的记忆，被岁月洗礼的你现在还好吗？

当得知我们其中一个调研地点将会是鼓浪屿时，我们全队几乎都沸腾了，沸腾的原因我想就不用我多说什么了吧。调研第七天，我们游走在鼓浪屿的大街小巷，

早就听说鼓浪屿素有"万国建筑博览"之称。今日近距离接触更让人深有体会,罗马式的圆柱,哥特式的尖顶,伊斯兰的圆顶,令人目不暇接。因为鸦片战争后许多国家在这里建了领事馆,所以才有这么多西式的房子。随着时代的变迁,破旧了的房屋逐渐被打上了历史的痕迹,近距离驻足凝视,历史上的一幕幕仿佛正在透着这些建筑向我们述说着它过去的故事,郑成功收复台湾、鸦片战争等等。鼓浪屿,一个神奇的岛屿,它有着太多的东西值得我们去尊敬和深思了。

面朝大海,心有所悟,站在内厝奥码头望着对面那被岁月洗礼的厦门,繁华如你,他人羡慕不来,岁月的伤痕正是你那繁盛的理由。这让我不禁想到了前几天童老师的那堂田野授课,他所讲的大城市化的理论使我们整个调研过程豁然开朗,现在细细想来,厦门你是多么的幸运啊。鸦片战争你开放为通商口岸最先接触资本主义,改革开放你最先接触市场经济,在经济发展上总是率先迈出那第一步,造就了如今的繁华之都。

衰败或是灭亡

乘坐在厦门至培田古村的火车上,正在用手机玩游戏的我仿佛被带回到了山城重庆。断断续续的网络信号令我变得焦躁起来,本就疲乏的行程被夺去了这仅有的一点乐趣,不得不让我关掉游戏,静静地望着终点的到来。沿海地区的平原大地犹如那消逝的仙境,被拔地而起的山峦所覆盖,东南丘陵的"势利"让我的"视野"显得是那么的狭小。火车穿梭于各山之间,窗外闪过的村落、城镇景象打破了我对这个发达沿海地区的印象。大海、椰林、霓虹灯、高楼大厦原来只是它的代名词,在它光鲜亮丽的背后,也如同"我们"一般,显得是那么的平凡。火车依旧呼哧哧的快速通向远方,仿佛对眼前的一切毫不在乎,你带不走我,我也留不住你,注定朝着某个终点不断奔腾,因为这就是历史的使命,发展的规律。望着眼前这发达城市背后的乡镇,它破败的景象仿佛在向我诉说,难道这就是我们口中常说到的城市化吗;人口和资源总是往大城市聚集,小城镇和农村的人会不断流失,直到达到它的承载力?

我想随着列车的前行,它的疑惑将会很快被揭晓,因为我们此行的目的就是为此探索、探索、再探索。下午时分,在跨越了半个中国后,终于到达了我们的目的地——培田古村。初入古村,这里的一切都让我们感受到祥和宁适,清澈似玉的河源溪环绕着以"九厅十八井"为代表的古建筑群,别致的山水地形及错落有致的古建筑布局，让游人感受到这是一个没有围墙的美丽庄园。

游走于古村之间，总让人心生一种忘记城市烦忧与世隔绝的感觉。热情好客的客家人用一杯甘甜的茶水，让人忘却那初识的陌生。我想，不管是谁都会被这所感染，而陈芳就是其中一位，大学毕业，在深圳从事社工工作的她选择了留在古村社区大学工作。通过对学姐的采访，我们不断更新着对古村的看法，同时也更新着属于即将面临社会的我们大学生的社会观。看着面前这位热情洋溢的学姐，让我不禁好奇，到底是什么吸引了她。一位正值青春年华的大学毕业生，本该有着繁花似锦的工作和大都市生活，却选择来到这里，而这里说白了就是属于那要什么没什么，干什么都不方便的地方，她是不是傻啊！不过我想或许是因为遵从了自己的本心吧，两年的深圳社工工作让我们不难猜测她的理由，每个人都有着自己的价值导向，而对公益的热爱正是她青春的选择。在物欲横流的当下，自己的每一个抉择究竟是傻还是聪明，我想只有我们自己才能明白吧，只希望不管何时，我们都能保持一颗不忘初衷，不负年华的心。

　　站在山上俯瞰古村，新旧两村格外鲜明，在视觉上给人以强烈的冲击，缓缓流淌的河水划开了历史与现代，也更像是一种传承与守护，源远流长，永不止息。历史的产物"培田古村"，在现在看来貌似真的已经成为了历史的产物。面对国家的修缮与保护，村民只有居住的权利而没有了改造的权利，进而搬出古宅，寻找更适合现代居住的房子，造成古村人气日益稀薄。这让我联想到了安徽碧山村的房屋现状，由于碧山计划的影响在无形之中将当地的房价抬升了，而愿意在那里买房的人却很少，出现了一种有价无市的现象。在高维修成本与高房价面前，已经移居外地的村民对待老房子形成一种既不修缮又不拆的态度，这对当地产生一种滞后的作用。这两者的经历可谓是大相径庭。不同的是在这里人流的方向发生了改变，那就是新村。随着人们对居住质量要求的不断提高，我想新村的拔地而起正是顺应这样的时代召唤吧。800年来所积累下的文化底蕴不曾断过，传承至今。而如今传承的人却不断外迁造成古村原有的底蕴逐渐消逝，没有了灵魂的古村还真的是我们心中那瑰丽的民间故宫吗？

柏拉图你好

　　培田古村三面环山，土地平旷，屋舍俨然，阡陌交通，鸡犬相闻，村前那条缓缓流过小河，像极了培田儿女，温柔又恬静。培田古村的乡村田园风能让人内心宁静，仿佛回到梦里的家乡。聚龙小镇则充分展示了现代能工巧匠的高超技艺与科学技术的完美融合，一幢幢高档住宅楼在此拔地而起，纵横交错的柏油马路把人与人之间的距离拉近，阳春三月，百花齐放，百鸟争鸣，与其说是一个小镇不如说是一个城外之城。

地处泉州惠安县郊区，距离动车站200米、市区30分钟车程、高速公路入口6千米，交通位置可谓得天独厚。整个小区的房价为平均8500元/平方米，与2008年始建期的3500元/平方米相比较涨幅并不是很大，当地开发商为了避免炒房团哄抬房价采取了"计划性存货""计划性开卖"等政策，让房价保持稳定平缓上升的趋势。反观现在整个社会，房价一直是人们关注的热点，不同地区的房价有天壤之别，但是这其中泡沫性太强，炒房团炒作，政府政策性的开发等一系列因素导致人们盲目跟风，很容易造成鬼城出现，买房不居住，只为投资，若是人人都这样，那个地方必然会沦为毫无人气的鬼城，再美的"桃花源"，没有人类活动，是展现不出生机勃勃的一面。

聚龙小镇开发的初衷并不是为了卖房，而是创造高档、宜居小区。内部的建造有：垂柳相映、碧波荡漾的湖泊，设施完善、明亮气派的体育馆，高端大气、书声琅琅的学校，干净整洁、救死扶伤的医院，环境优美、配套标准的高尔夫球场等公共服务设施。各项工程的建造都是一丝不苟、尽善尽美，置身其中仿佛独立于一片天地，让我想到了柏拉图的理想国。小区中设有自助餐厅，有空闲时间的小区业主自愿来当服务人员，用餐费则是完全是看消费者的诚信，没人会管你是否给钱，给了多少钱，聚优信用店也是用的这种诚信经营方法。值得一提的是，这些店并没有因为无工作人员而亏损，实际收益比应得收益还要高，小区的业主们也会带自己的孩子到这里消费，培养他们诚信意识。还有爱心顺风车等等，都是业主们自主发起并一直在运行的睦邻友好、互帮互助的温暖行动，让人们很难感受到大都市的尔虞我诈。我们很幸运地遇到了当地建设十周年庆典活动，其乐融融的"饺子宴"让人羡慕不已。

良师益友

恰同学少年，风华正茂，记得初识这句话还是在那年的电视荧屏上，一部电视剧《恰同学少年》让我懂得同学朋友老师之谊，也懂得如何去珍惜。羡慕那个时代的他们，有理想有目标为着共同的新中国而一起奋斗，有困难一起担当，有欢乐一起共享。友情是那么的深厚、纯净和温馨。我时常在想着，到底什么样的友谊才能算是别人眼中所说的"那种"。

还记得在出发那天凌晨三点半的我在室友的呼喊中醒来，六个人的宿舍只剩下了我俩，而他在平时给我更多的印象除了游戏，游戏，还是游戏！但是就在问及怎么还不睡的时候，他却说道："你让我叫你的啊，本来我是一点多就想上床睡的，怕你睡过了，我就玩到了现在，你慢走，一路顺风，我先睡了。"就因为我睡前随便的一句调侃，平时吊儿郎当的一个人居然也这么认真了起来，真让我有点不适应。心中不由想到，还是室友好啊！这猝不及防的室友情一扫凌晨的刺骨寒风。说实话大学两年的哥们真不是白当的，虽然我们对待大学的态度各有不同，但是两年的室友之情早已让我们的筑起了坚厚的友情之墙，或许有些事情本身就是很平淡的东西，不需要过分地去表达和展示，只需一颗会发现会懂得的心去体会就可。我有故事，你有酒，这便就是那值得珍惜的东西。

　　夜晚拉上帷幕，窗外的喧嚣慢慢归于沉寂，白天欢腾的飞鸟虫蚁和忙碌奔波的人都陷入深眠，而在黑夜中那透着灯光中的窗户里小伙伴们的工作才刚刚开始。一群小伙伴，几台电脑，在老师的指导下认真忙碌着自己的工作，整理图片、资料、修改新闻稿，床上、书桌上三三两两只要是能坐的地方都有着小伙伴们忙碌的身影。岚姐就像那"别人家"的老师一样不厌其烦地修改着每一个人的文章，没有因为我们写得差而抱怨，更没有因为某个人总是写不好而放弃，令人敬佩的同时也更加让我们懂得了是什么责任。"哎！有人吃杨桃吗？""哎！有人吃西瓜吗？""哎！我要！我要……""哎！那个谁！这个我要！我要……"没有分到工作或是忙完的同学仿佛总是嫌现场还不够忙乱，不时拿着水果在忙碌的大家面前"献着殷勤"。八天之行好像早已将我们磨合为一体，由陌生到默契，有失败，也有喜悦，一起担当一路同行。看着眼前的这一切心中无比温馨，我想这时候的我们像极了一个团队，一个懂得承担，懂得"捣乱"，懂得责任的团队。人类是群体性的，总是喜欢热闹的环境，我也不例外，我喜欢和小伙伴们一起工作一起玩耍，喜欢那种一起扛刀一起争夺盘中最后一个饺子的日子，更喜欢和老师一起探讨知识，不断收获成长的自己。

　　和一群渊博的智者在一起，让我清楚自身学识不足的同时也让我明白学习是无止境的。童大焕老师和孟凡贵老师让我学会如何去看待城市化发展问题，让我意识到资金只是一方面，最重要的是要有敏锐的洞察力，而李亚琳老师和代蕊岚老师则让我懂得什么叫"在其位，谋其政"！时光飞逝，用白驹过隙都不足以形容。一起出来调研的学弟学妹也让我学到了很多，看着他们慢慢地成长，就像是去年的自己！他们是我的良师也是益友，是我的人生财富！

　　福建，感谢从你的全世界路过，让我一路收获，一路成长！

福建调研之随笔六记

2016 级自动化系 段抒廷

出发之心情

2017 年 3 月 26 日的凌晨,移通出奇的安静,唯有星星点点的灯光为我们送行。初春重庆的那么一丝寒意,入侵了我们的肉体,却无法占领我们的内心。裹着外套,带上行李,我们整装待发。

天还是漆黑,所有人的心却是火热的。坐在校车上,看着移通的校门渐渐消失在视野中,我的心中突然涌起了一丝失落和担忧,很快又被激动和兴奋所掩盖。我暗自揣摩,八天后回到学校的我,将会是什么样子呢?夜幕逐渐被晨曦替代,我憧憬着,期待着那仅仅是在互联网上了解过的调研目的地。在学校、老师、校车师傅的全力配合下,我们成功地赶上了最早前往福建的航班。

路上,马川学长告诉我:"学校对这一次福建调研表现出了极高的重视,不管是从假条上的领导签字,还是交通工具的配置都可以看出来。"这不禁让我感到了一点压力,为期八天的调研,我究竟能收获到什么?究竟能给学校带回什么?

转换了好几次交通工具,我们终于到达了冠豸山。经过一天的奔波,下午 4 点 30 分,我们入住了提前定好的农家乐。听说农家乐离培田古村还有 40 分钟路程的时候,我有点失落,因为我以为我们会住在古村里面,晚上枕着着星光和宁静入睡,晨曦踏着鸡鸣和露水出发。

初入培田之见闻

第二天,我们在老师们的带领下正式进入培田古村调研。

从农家乐出发,漫步40分钟,从白雾迷绕到炎日当头。村口一块新石,上面簇新的几个鲜红大字:培田古村落。石后探出几支绿萝,很是好看,前方一株参天大树,树下一牌坊,能清晰地看见"恩荣"二字,下面的对联写得铿锵有力荡气回肠,右边一架水车,仍然嘎吱嘎吱地响,似乎是为了千年的传承永不停息。

远远依稀可见散落的碎瓦、古旧的石墙连着蔚蓝的天。

我们穿过牌坊,身前身后,仿佛一步千年。

调研培田之思考

培田古村落,有着"福建民居第一村"、"中国南方庄园"、"民间故宫"等称号。800年前,一个外来的吴家人发展出这样一个庞大的家族。这个巨大的宗族村落不仅人才辈出,而且相当富饶!究竟是什么原因,让它发展得如此迅猛。究竟是什么原因使其保留了如此多的传统建筑。

我对于这个问题想了很久很久。现在终于有了自己的感悟:使村庄发展的就是"利益"。人是跟随"利益"走的,哪儿有"利益"哪儿就有人,有人就会有更大的发展。800年前从中原迁来的吴氏有着领先其他民族的技艺,而先进的技术就是大量的利益。

"利益"吸引了更多的人,于是村落便开始形成。更重要的是,培田古村是一个宗族村落,学校、祠堂等公共设施是属于村里人自己的利益。有了共同的利益,当然会有更多的建筑生成,所以村中至今还保存着21座祠堂、6处书院、2座跨街牌坊、4处庵庙道观,更有一条千米古街!这些保存完好、底蕴深厚的古建筑,不仅仅是文化传承的体现,在我看来,正是培田古村"集体利益"的完美体现啊!

同理,培田古村现在的衰败就是"利益"牵扯出的牺牲品。大量的古建筑没落,传统农耕的收益也越来越低。几乎丧失了所有"利益"的古村日益衰败,留在培田古村的人也越来越少。

"全村的男人都姓吴,外来户根本赚不到钱。"茶店老板吴振谦笃定的说到,"年轻人都出去打工了,古村旧居这边也就那些七八十岁的老人住着。"

行万里的体会

2016 级计算机科学系　邓宗泽

这次外出调研走过了几个地方，看了很多的东西，我感触颇多，在这中有被人热情招待过，也有被人委婉拒绝过，认识了很多有趣的人，感受过古村悠闲的气息，也体验过现代化城市的潮流。同时在这些不同风格中体会到了很多东西，对一些事情也渐渐地有了很深的感触，也有了自己的想法。让我明白了不能只是知道，还要去实践，我想这恐怕就是读万卷书，行万里路吧。

我归纳一下在这次调研中让我感触最深的两点：城市化才是未来的主流，团队合作的重要性。

城市化才是未来发展的主流，其实这个观点童老师在上课的时候早已讲解过了，然而我对它却一直没有深刻的认识，知其然不知其所以然，而这次的调研活动途中的所见所闻，再加上童老师的深入讲解，才使我恍然大悟。

城市化才是未来发展的主流，一开始我并不认同这个说法。我从小在农村长大，对它有着一种特殊的感情，因此有些不认同童老师，然而这次外出调研完全打破了我原有观念。位于福建省龙岩市连城县宣和乡境内的培田古村，在进行实地调研后，我发现这是一个非常有意思的地方，一个基本上能够完美体现农村发展历程的地方。培田村拥有800年历史，是国内保存较为完整的明清时期客家古民居建筑群，过去这里是交通要道与文化中心，然而，随着时间的流逝，社会的发展，培田古村不复从前。我们可以从文献记载中推测它昔日的繁华与蓬勃的朝气，然而我们现在所见的培田古村却完全没有我们所推测的样子，我们看不见它的繁荣与朝气，反而从那些古朴，大气磅礴的建筑中看出了它的寂寥，那是什么原因导致的呢？我想了想，最大的问题就是人口太稀少了，全村就1500多人，而其中就有600多人外出务工,留守在家的基本上都是些上了年纪的老人和一些年幼的孩子,至于村里的青壮年为什么不留在村里,这个说来也简单,培田作为一个传统的乡村,经济来源基本就靠务农,而务农得到的收入实在是太低了,务农得到的收入基本没有剩余,只能自给自足,并且还有医疗、教育、住宿等等这些生活的基本要求,是古村所不能提解决的,那村里的青壮年不外出务工又能干嘛呢?

我问过村里人生病了怎么办,他们说要是感冒之类的小毛病还好,乡里的卫生院就可以解决,要是什么大病就没有办法了……学校的话,那就更糟了,学校里面只有五十几个人,平均下来一个班就只有几个人,按理说这样的学校完全可以撤掉,但当地政府不想让当年辉煌的南山书院就此消失,才没有停掉。而我们知道的是古村各个方面的情况其实都是要比一般的农村要好,而现在古村都这样了,其他的农村情况不是更糟吗?

古村也留不住人。古村的社区大学里有位来这工作的学姐让我印象很深,她说农村已经不是在衰败了,而是在走向灭亡,当然农村衰败的时间可能会持续几百年,中途可能会有再度发展,但灭亡是不可避免的。听到这个结论,第一时间我觉得不可能,再一想好像是这样的,就比方说我的家乡,几个星期前我才回去过一次,因此记忆犹新,以前那里有100多户人家,也是热热闹闹的,充满了活力,反观现在就只剩下几十户了,其余的不是搬到镇里就是到县里了,剩下的基本上都是些上了年纪的老人,我们以前居住的老屋已经因为年久失修而倒塌了,现在屋上的草都已经很深了，这里可能再过几十年就没有人烟了，变成老师们说的荒村吧！

  现在童老师的点评与我自己所见所闻，让我彻底打消了对农村抱有的幻想。培田，乃至整个农村，在过去和城市之间的差别其实都不大，绝大多数的外出人员都将他们离家在外的寓居之地视作人生旅途的驿站，最后还要返归故里，只有故里才是他们心理情感上真正认同的归宿之地。然而随着社会的发展，城市化的不断推进，现在城市与农村之间的差距越来越大，农村便不再是外出人员唯一的归宿。

  在培田的调研结束之后，我们前往厦门。厦门作为一个沿海城市，它的气氛完全不同于培田古村，培田古村是一种悠闲、慢节奏的生活，给人一种养老的感觉，那里完全不适合发展。而在厦门则是一种快节奏的生活，时间特别紧凑。并且最重要的便是，厦门有一种朝气，蓬勃向上的朝气。所以培田古村人口的外流，更是体现出了童老师的观点：人是往适合自己的发展地方走的，而大城市的发展需要众多人口，因此可提供的机会也多，所以都往大城市去，最重要的是大城市会永远是紧跟时代的潮流，所以城市化才是未来发展的主要方向。

  再则就是团队合作的重要性，一个团队里最主要的便是合作，当然这也不是说其他的不重要，只是说有团队合作意识的会比没有的强。岚姐其实一开始就强调我们不能等着别人来做事，自己玩。开始还好，但几天下来就有些忘了，当岚姐在群里说让大家一起买票的时候，我在看到群消息后，觉得有组长在，没事。于是就没有太在意，但后来因为组长的账号有问题，买不了票，组长来找我们帮忙，而我们也同样如此，所以我们组很长时间都没有买好票，不过好在那天时间还早，再加上其他组的帮助才成功完成了。虽然那天并没有出太多的事，岚姐也没说什么，但是发生这样的事还是让我心里有些过意不去，不过有了这次的教训，我相信以后不会有这种情况发生了。并且更加直观的知道了团队合作的力量。

人离不开团队合作，因为，没有一个人是万能的，即使是西游记中，那个神通广大的孙悟空，也无法独自完成取经大任。作为团队的一份子，我们每一个队员都要在尽到自己本职工作的基础上，积极地帮助他人并配合整个团队的工作，就好比我们在培田古村收集信息的时候，在有限的时间内单靠一个人是肯定不行的，信息太多、太散，并且不是每个人都会在那里等着我们去进行访问，唯有我们进行合作才能在有限的时间内得到这么多信息。还有就是我们的新闻稿，每天都有同学写新闻稿，在这时，我们就会聚集在一起，看看有没有什么可以帮忙的，又或者看看同学们新写的新闻稿，相互打趣调侃，好生热闹。虽然在那里可能没什么事可干，不过就是愿意待在那里，可能这就是团队合作的魅力，让人愿意为它付出。

这次福建之旅可以说是收获颇多，让我对城市化有了更深的了解，理清了了农村与城市之间的联系，它们的由来与发展，并且也有了自己的一些体会，不再是局限于书本与老师所讲的那小小的一部分；还有便是在这次团体活动中认识了很多的同学，他们有的想法与思路都非常新颖，有的在团队合作中很好的找到了自己的位置等等，而这些都是我所欠缺的，还需要努力加强的，同时还提醒我不在局限于一个地方，要放眼看世界，世界的发展是非常迅速的，要紧跟时代的步伐。

行于路，思于行

2016 级工商管理系　李进

转眼间，一个星期的调研工作结束了。深入调研可能是大学生活的一种社会实践活动，但对于以前的自己却是全新的体验，一周的调研活动遇见的，看到的，无论身心还是灵魂都给我一种全新的感知，一路上听到的许多事情，使我感触良多。"不积跬步无以至千里，不积小流无以成江海"，我行于路，思于行。

行于培田

伴着清晨的一缕阳光我们到达了培田古村，沿着鹅卵石铺就的乡间小道。在温暖的阳光下，几个勤劳的妇女搓洗着衣服，老人们三五成群的闲聊着。走进培田古村规模最大的"九厅十八井"合院建筑，屋里的暗沟和排水洞引起了我们的注意，好奇的我们搬开了这个洞口的遮蔽物，原来排水路径是倾斜构造，不宜显露。暗沟用来排泄家家户户的天井雨水、生活污水，真的不得不佩服前人的聪明，排水构造竟然做得如此完美。

这时童老师提了个问题：在这片 6900 平方米的土地上建一座高层和建一座这样的九厅十八井哪个花费高一些。我当时的回答是建造一个高层花费更高。童老师说这个问题看似简单，但不能直接给出答案，要细致地想才可以。首先拿建筑材料来说，现代高层都是采用钢筋混泥土，凝胶材料包括石灰、石膏、沥青等；而过去采用的是土、木、石及用土制成的砖瓦等。从工程造价成本来看，现代工程造价成本大约一平米 2000 元；古建筑工程造价按现在市场上的造价一平米 3000 元左右，由于资源的稀缺性，古建筑的材料造价都很高，就拿古村的那些木雕、砖雕、石雕、灰雕、漆画来讲也是八仙过海，图案精美复杂、工艺精细，建造这样的房子要请现代多少能工巧匠，对技术的要求很高，而现代的建筑需要的人力多，工作效率高。再从建设周期来看现代的高层建设很快，可能也就两个月就能完工，但是要建造这座古宅周期肯定要更长了。

当初修这座房子是先铺地板还是先盖房，我们误以为这种类似于石材的地板，是用一整块石板铺上去的，其实不然，它是用砂、石子、鸡蛋清等建筑材料混合而成，类似于今天的水泥砂浆，经过长期的碾压打磨，变得坚硬无比，才形成今天我们看到的效果，这种非同寻常的建筑形式，体现了客家人的聪明才干和高超的技艺。

当我走在培田的小路上，回顾之前所看到的，在感慨古人高超技艺的同时，我的思维也在跳动，我们遇到问题时要独立思考，多角度分析可能问题就很容易解决了。

那一排排古村，那交流纵错的小溪仿佛构成一幅水墨画，远远就能看到一位老大爷弯着腰挥着锄头在田间劳作，我们走近他和他侃侃而谈，让我吃惊的是这位老爷爷竟然84岁了，每逢耕种季节老大爷到田间劳作，每一滴汗水都挥洒在田间。在与我们的交谈中老大爷的眼角始终露出微笑，在他的脸上我们看到了劳动人民知足常乐的满足感，不求什么，只求来季有好的收成。

回忆起小时候爸妈叫我去地里干活，我满腹牢骚，总是在抱怨着种田有什么用，如今我不禁感到当初的我是那么幼稚，父母为了家不知付出了多少。

此刻，我不知我的思绪飘向何方，眼前只有那青山绿水，此刻，我不知我在哪，思绪仿佛又要指引我到下一个地点去考察。

心系古村

说起古村，让我印象深刻的莫过于陈芳学姐，陈芳学姐毕业于淮南师范大学，曾经在深圳做义工，后来被培田这里的特色所吸引而加入了社区大学。社区大学主要负责对村民做农业技术培训、开展社区活动、筹办老年食堂以解决孤寡老人的生活问题等工作，陈芳学姐已经在这所简陋的"大学"待了半年了，这里环境艰苦，通讯不便，但是陈芳学姐依然坚守自己的理想，在这里默默奉献。

我觉得人就要在这艰苦的环境中磨练自己，让自己成长起来，积累经验以至于更好的报答社会。作为大学生而言，社会情况复杂，我们应该放下脚步，静下来想想我们以后走向社会该怎样选择自己的路，老师也说过选择比努力更重要，选择一条自己内心最想走的路或许就是最好的。

我们了解了古村的人物事迹，接着我们通过访谈式的调查对培田古村目前的经济状况进行了深入的了解，我们分别调查了古村的农家乐收入情况、服务业、零售业情况、以及旅游业收入等情况，很快地就收集了相关数据，在当今大城市化背景下古村的资源没有充分得到利用、政府的宣传力度不够、配套设施的不完善，村民并没有靠旅游来致富，而是过着自给自足的生活。

我想，培田古村之所以能被评为中国最美乡村之一，一定有它的发展潜力，如果政府能采纳村民关于资源充分利用的建议，在山上增设一些娱乐设施，比如：亲子游、文化游等，这些都可以满足游客的精神需求以达到吸引游客、增加农民收入、减缓古村衰落的目的。

在大城市化背景下，像培田这样古老的村庄已经越来越少了，这里有朴素的村民、古老的建筑，以及你未曾体验过的美。在培田古村环境日益恶化的情况面前，我们应该保护它、珍惜它，难道不应该为这个世外桃源添砖加瓦吗？

转战聚龙

从古色古香的培田古村到现代发达的聚龙小镇，我们辗转于福建各地。我们了解了古村的历史，不断离去的村民证实着古村落的衰败，再来到现代化的聚龙小镇，这里青山环绕绿水常流，带给了人们内心深处一丝宁静，那一条条交错纵横的铁路给这个小镇带来了生机。小镇的城市规划建设完善，有学校、医院，各种配套设施齐全，给了老年人一个温暖的港湾，细雨的帐篷下只见很多人包着饺子，这里的人好像亲如一家，每个人脸上都露出绽绽微笑，一同欢笑，没有烦恼，恰似世外桃源，我们也好像被带入其中。

离开了居民举办的热闹的饺子宴，走在聚龙小镇的高楼之间，身处幽静的环境，路上却只有我们的身影，不禁令我想到这里虽然有着适宜的居住环境，但冷清的氛围让我的心沉寂着。聚龙小镇与培田古村截然不同，它缺少了一个城市应有活力。它拼命地逃离着大城市的怀抱，沉浸在世外中。

迷失的岛

从古村到小镇再投向大城市的怀抱，我的心也随着人潮向前涌动，踏上通向鼓浪屿的船向远望去，碧绿的海水将厦门和鼓浪屿分成两部分，坐落在大海中的鼓浪屿犹如一座海上公园，山青水秀，独领风骚。

踏上这一方土地，脚下的碎石小路向海滩、向岛内延伸着，路上洒满了人们的笑语……匆匆放下行李，便急着去融入这片欢声中。沿着海边的一条小道悠然地往前，路边的每一棵树，每一块石头都不愿轻易错过，用我的眼睛全力去捕捉这美丽。

夜幕下的小岛更显她的妩媚，灯光闪烁，繁星点点，人头颤动，似乎更热闹了，但人们又好像是怕打破夜的静美，没有鸣笛声，没有大声的呼喊，大家不约而同地静下来、慢下来，沉醉在这海岛的夜晚。

就像这个小小的岛屿一样，我并没有太远大的志向，所以快乐而简单，随缘而安心。想要追求一份自己专属的小幸福，以后有一份过得去的收入，可以养活家人，工作之余有自己的时间去享受旅行带来的惊喜和快乐。只要努力地生活着，就可以永远很幸福。我想这应该是一种情怀吧，只是淡淡的，小小的，却余味悠长。

站在鼓浪屿岛的最高点日光岩上往下看，很多老房子都有风雨飘摇的残破之相，这为小岛平添了几分衰败之气，穿梭在岛上的小巷之中，看着那些荒草丛生，或是堆放着各种杂物的老房子、老院子，会让人感慨光阴的力量。这里，在它的鼎盛时期，曾是中国顶级的豪宅区。

我想鼓浪屿只有作为有人居住和使用的特色社区，才能获得更好的发展，它的独特魅力才能长期得到保持。对于鼓浪屿的年轻一代来说，没有了工厂和就业岗位，学校、医院、娱乐设施都越来越少的鼓浪屿，与他们渐行渐远，而厦门市区，却和他们的生活越来越近。

行与悟：行走在福建的村镇市

2016级计算机科学系　张光豪

　　从钟灵毓秀的培田古村到世外桃源的聚龙小镇再到大都市厦门，短短七天的行程带给我的却是深深的触动。从3月26日凌晨3点准备出发，于傍晚到达培田的居住点。第二天清早大家就踏上了前往培田古村的道路。乡间的道路旁充斥着别样的美景。笔直的乡间公路两旁，绿水掩映着潺潺的流水，含笑花散发着独有的异香，耳旁是叽叽喳喳的鸟鸣。一路上，孟老师一直保持着寓教于乐的态度向同学们介绍各种知识。童老师作为本地人，更是一路上向我们介绍这里的风土人情，并不时向我们提出问题，引导我们边看边想。

　　当我们踏入古村村口的时候，首先映入眼帘的便是刻有"恩荣"大字的牌坊，牌坊坐北朝南，建于清光绪年间，是光绪皇帝为表彰御前侍卫、武将军吴拔祯而建的一座忠正牌坊。三间四柱五楼式，通面阔五米，通高五米，全部采用青石构件，正楼上为葫芦宝顶。牌坊中柱前有报鼓狮，边柱前有凤尾石。正额即龙凤板上阴刻醒目的"恩荣"二字，副额阴刻诰封吴拔祯三代人功名与职位的文字。龙门枋浅刻双凤朝阳图案，小额坊刻狮子舞绣球浮雕，中柱上正面、背面各有一副题联。观赏着眼前的美景，我的内心感到震惊，非常震惊，并想象着一个一米八高的大个子，浑身都是一块一块的肌肉，伴随着一声巨吼，硬生生的将一块300斤重的练功石举过头顶。那不怒而威的气场，仿佛注定将来必有一番作为，果然，在往后的武考中，一举高中，成为皇帝的贴身侍卫，流芳百世。

　　进入培田后我们发现古村整体建筑材料以木结构为主，祠堂和大宅辅以牌坊和书院，成为了其主要的建筑格局。同学们走进辉煌的客家庭院驻足细品客家建筑，置身三纵四横的千米古街探看九厅十八井，纵情体验客家人传承的农耕工具和剪纸工艺。建筑的博大、客家美食的"素、野、粗、杂"、文化底蕴的深厚,令同学们和老师叹为观止。走在这古色古香的建筑群里,我不禁开始了对于培田辉煌时期的想象:一大家吴姓人,伴着朝阳,有的扛着农具准备去工作;有的背着背篓准备在小贩处购买生活用品;有的坐在茶馆,与友人谈天说地。充斥着一片祥和的情景。或许只有在这种充满着文化底蕴的地方才能看到这么美好的一面吧。

下午我们有幸得到村支书的接待,吴书记在培田任职了十多年,对于当地的各种变化历历在目,所以他在向我们介绍这里的各种变化时,仿佛我们身处其中,感受到他在处理这些棘手问题时候的那种焦虑。特别是谈到当地官员先在新村买房的问题时,刷新了我十几年来对于类似问题的认识。在我以前的认知里,政府的福利都是官员优先享用了,然后那点薄利才轮到村民们。然而事实并非如此,一开始官员们为响应政策纷纷带头在新村里购房,并不断地做村民们的工作,希望他们也能搬到新村来,但是只有极少数响应了政府的新建工作。随着新村建设工作进入尾声,部分没有在新村建房的村民在看到新村建好后的优美后又对政府官员们心存不满,认为官员们工作不负责,为自己谋私利。就是这样一个我了解到的事情,改变了我对于政府官员们的认知,虽然官员们是第一批享受到新村好处的人,但是他们也是冒着巨大的风险去带头响应政府的新建工作啊,利润都是有风险的啊!我们凭什么想只冒着低风险却享受高回报呢?

调研的第二天，在老师们的带领下，我们更加细致地观赏了这里的建筑。当地建筑物上，有的在文革时期被破坏了，有的幸存了下来，还有的虽然也保存了下来，但是留下了那段岁月的印记——大红字。看着墙上的大红字，我仿佛瞬间置身于上世纪六七十年代，看着这里正经受着文革的破坏，当地人有的自发与红卫兵进行着抗议，"这是先人们留下来的，是不容破坏的"。当地人说道。"我们是来破除四旧的，别拦着。"红卫兵说道。"……"就在这样不绝的争论中，文革对这里的破坏并不算大。我也暗暗深吸一口气，心中一直重复着："还好，还好，将先人留下来的无价之宝保护了下来。"

当在村民那里了解到培田古村的历史时，我内心不由自主地对培田古村这里的吴姓先人表示敬佩，培田村最早为杂姓，吴姓先祖于1300多年迁至培田，后因家中出了大官，逐渐昌盛，其他姓氏陆续迁走，慢慢形成了全为吴姓的村落。如今，全村300余户人家、1200多口人，清一色为吴姓同宗，培田故在民间被称为"吴家坊"。因为世代都注重文化教育，这里一共出了203位秀才和举人。哇塞，能人辈出啊，可见一个学习氛围是多么的重要啊，看来我也需要和室友们建立一个良好的学习氛围啊，说不定我们以后也是国家的栋梁啊。

在培田的几天匆匆而逝，我们一行人便来到了如同世外桃源的聚龙小镇。聚龙小镇位于福建省惠安县西部聚龙山麓，面积约20000亩，由福建省聚龙养生发展有限公司建设。以"人文"、"森林"、"湖泊"、"运动"为主题，是一个集生态、养生、居住、运动、文化等为一体的综合性大型园区。这里不仅有着完善的配套设施，而且社区活动更是精彩纷呈。我们去的当天便是恰逢万人饺子宴，场面可谓人山人海，然而在我们离开的时候，我注意到这里虽然房子卖掉了不少，入住的人却是非常的少，常常是一栋楼的阳台上挂着一两个衣架，我想多数人是把这里当做一个度假休闲的地方，而不是长期在这里居住。难道他们在这里买房子是当做一种投资？或者是当做一个休闲度假的地方？又或是一些特别的用途？如果是我，我就不会选择在这里买房子。虽然这里有着如同世外桃源的清静，可是我更喜欢那种繁华。虽然这里有着精彩的社区活动，可是我更喜欢与自己的友人常常都能在一起相聚。

伴随着微微的细雨，我们踏上了前往厦门的列车。厦门无愧为大都市，不管是这里便捷的交通，还是随处的餐饮店，都大大为我们节省了寻找吃住地点的时间，与我们之前在古村，和小镇上花许多时间去找吃住形成了鲜明的对比。

到达厦门后，我们首先在老师们的带领下前往鼓浪屿，这里给我的印象是美：小路两边是参天的大树，路与路之间是小草相连。整条街上都是贩卖旅游小物件的小贩，我们一路前行，到达海边沙滩，是一样的普通，并没有特别大的感受，总感觉鼓浪屿没有百科上面的味道，我想或许与这里的过度商业化有着密切的联系吧。

第二天，我们来到了厦门大学参观，可能是因为节假日的关系吧，前往厦门大学的游客络绎不绝，大家排着长队，依次进入厦门大学。厦门大学的创始人陈嘉庚先生（1874年10月21日——1961年08月12日）是著名的爱国华侨领袖、企业家、教育家、慈善家、社会活动家。

我们一行人依次参观了厦大的几个著名景点。进入厦大内，沿着弯弯曲曲的小路，我们来到了厦大芙蓉湖。芙蓉湖和周围的建筑芙蓉楼群一样，得名都是来自南安芙蓉乡。漂亮的黑天鹅给芙蓉湖增添了不少生机，还给游人无穷的乐趣。一旁游走的更是许许多多的情侣，远远地都能感受到那种恋爱的气息。随后我们一行人穿过人流来到了厦大才子们的杰作地点——厦大芙蓉隧道，它被称为中国最文艺的隧道，也是中国最长的涂鸦隧道，其中的画作有的言简意赅，有的古怪诙谐，有的庄严肃穆，透过形态各异的人物、鲜艳夺目的色块、生动活泼的线条，将整条隧道粉饰成了一条独特的艺术长廊，宛如现代版的敦煌石窟。可谓精彩至极啊。随后我们因为听闻厦大情人谷水库可谓美女帅哥云集，又冒着烈日，一路爬坡登坎，来到了情人谷水库。俗话说百闻不如一见，此话真理也。在厦大情人谷，静寂的湖水，葱郁的树林，安静又自得闲适。曲尺形状的湖面有几个足球场大，水面平静却深浅难测。湖的周遭，树木茂密，婀娜多姿的相思树则是其中翘楚。此处可以说恋爱的气息最重，密密麻麻的都是牵手驻足的情侣，相互依偎在一起谈天说地。

参观完厦门大学让人不由感叹到，经由时间沉淀后升华而来的美丽是多么有内涵，同时也感到从村子、到小镇、再到大城市之间巨大变化的差异，就我个人而言，我会更喜欢大城市这里，或许这里没有古村里那么强烈的文化底蕴，但是这里却有我喜欢的便捷。

可谈风月的过去，无处安放的未来

2016 级自动化系　陆君

"哪里有阳光，哪里就有客家人；哪里有一片土，客家人就在哪里聚族而居。"
——黄林林《有太阳的地方就有中国人，有中国人的地方就有客家人》

身处现实，回首展望苍穹

斗转星移，岁月荏苒，时间匆匆流逝，人类的进化痕迹一直留在这片广袤而深沉的土地上。

坐落在福建省连城县宣和乡境内的培田古村，偏安一隅，青砖黛瓦，房屋错落

有致,鳞次栉比。这里保留着明清时代的砖木中式建筑,每一块青石板都透着厚重的历史气息,站在高处俯瞰古村,错落有致的布局仿佛从那个古老的年代缓步向我们走来。

　　四月的培田时而阴沉,时而晴朗,可我们依旧能感受到这里的山清水秀,恰如世外桃源般豁然开朗。走在古村斑驳的石板街道上,聆听脚与地面的清脆擦碰"踢踏"声音,仿佛耳边响起一首久久无法散去的国风雅乐。长街两旁坐落着古老的祠堂,各色的古雅店铺穿插其中,流连其间,似乎忘记了那些琐碎繁杂的记忆。宁静与幽寂是这里的主旋律,享受着这份难得的安逸,却让人不由从心灵深处涌出一丝淡淡的乡愁。倘若可以,我也愿远离城市的喧嚣,坐在荣恩牌坊下,沏一壶清茶,体验古村的春夏秋冬和山间的惬意,闭目养神呼吸阵阵山风。也许当我几年后重温这次旅途,"培田"一定会时常回响在我的心中,它就像一本历史教科书静静地躺在历史的图书馆中被人们不断翻阅回味。

　　有当地的居民在门前的清圳中取水,我顺势坐下,静静地看着清流慢慢流向每家每户,两条清澈如初的水圳贯穿整个古村,时间倒溯:村民们日出而作,日落而息,过着采菊东篱下,悠然见南山的生活。那会是怎样一种安然淡泊呢?也许这已经不是生活在霓虹繁华的城市里的我们所能感受得到的吧!这两条水圳不断给这个村子浇灌着生命与活力,让我慢慢地品读这耐人寻味的古味,就像一首凝固的

诗，深深地烙在人们的心中。

古村小道两旁的砖瓦似乎总是能给我带来一份幽僻之感，这里没有什么复杂奇特的风景，也没有荒漠石窟的死静苍凉，更不同于江南水乡的狭窄悠长，浑然无奇的建筑风格或许正是这里的生活表征了吧。随着脚步微移，慢慢走进了深处，独自一人不禁感到一丝冷寂，或许曾经这里也曾人来人往，热闹非凡，可惜时光就像白马，一去不再复返，只剩这寂静的古道，梁瓦轻敲。建筑物上依稀还能辨认出的雕龙画凤见证了培田当年的辉煌与繁荣，残垣断壁让人感叹沧海桑田，造化弄人。

出了道口，左转右转也入了不少人家参观，可惜往往也是小巷无人空留痕，房柱上的划痕，就像是在告诉我，时间这把无情的刻刀一点一点地削去了这里曾经的繁荣。走进祠堂的空灵大厅中，总能让人忘记在城市里灯红酒绿的浮躁与喧嚷，沉迷于那份属于它的淡泊与宁静。

思索未来，寻找出路

当我们越发深入地了解这个"世外桃源"后，古村更加真实的现实面貌展现在我们的面前：越来越多的年轻人离开了这个村子前往城市，留守家乡土地的大多是老人和孩子。是什么吸引着这里的年轻人离开这里前往城市呢？在福建最后几天的调研中，我们渐渐明白了：在城市里，每天我们所接受的消息是海量的，我们的机遇是海量的,我们的收入也远远不是农村能够比拟的。或许城市没办法像农村里那么安宁祥和,可是人总是要生存的,我们期待着更好的教育,更好的生活水平和医疗条件,而人们所期望的物质生活农村却又难以提供。这不仅仅是培田古村的现状,更是中国广大农村的现状。

大城市中,每天的工作节奏无比的迅速,因此城市的人们曾经喊出"逃离城市,走进农村"的口号,可是真正情况是这样吗?当城市里的人们真正走进农村时,却又怀念城市里舒适方便的生活,或许这便是人的劣根性吧。像培田这样的古村走向衰落,最终走向终结也是必然的结果罢了。而人们心中那暖暖远人村,那个可谈风月的桃花源也终将消失于人们的幻想之中。

村子里依旧保留着完整的一所小学,小学校址旁边有是500多年历史的闻名遐迩的南山书院。走在书院中的石板上,那斑驳的痕迹令我遥想几百年来这块智慧的土地培育出若干大家们,他们曾在这里读书识字,耳旁仿佛传来朗朗书声。随着历史朝代的不断更替,南山书院见证了培田古村文化的由盛而衰的演化过程。现今书院成为研究院的办公场所及学校部分课程教室,虽然现在整个小学里只有着58名学生,并且存在着许多这样那样的问题:比如教师资源稀缺、就学人口年龄混乱、留守儿童心理健康问题等等,可是他们身上寄托着这个村子的希望,历史传承的希望。他们期待着社会各界人士能重视关心这里,帮助他们保留这里的灿烂文化。我想这就是为什么近几年来我们一直不断地强调教育的重要性原因吧。只有教育、文化道德传统才能随着历史的车轮前行,才能带着我们的中华文化开往未来,让我们的后人能了解我们自己的民族曾经有着多么辉煌的历史。

当我爬上山顶俯瞰整个村庄时,不同于之前古村砖瓦木房,另一边新村的房屋大都是一些北方的白漆碉楼的新式建筑,暗沉的古村与白亮的新村形成了强烈的视觉反差,就像光不断在吞噬黑暗一般,古村似乎也正在不断地被高楼大厦所吞没,未曾去过的新村吸引着我去一探究竟。

进入新村,我们在村委会也进行了相关的了解,村支书很热心地为我们讲解了未来培田古村的建设规划,可是在我看来村支书所提到的许多规划尚且处于摸索阶段,欠缺科学规划与可行性分析,没人能为培田画出一副真正的蓝图。如今只是一味地消耗培田的文化底蕴去发展旅游业,会不会使得培田成为下一个丽江、下一个婺源?现在尚且有着年轻人看中培田旅游业未来的发展,他们身上的现代标签要远强势于传统文化,他们的回归不可避免地将把众多现代性因素引入培田。如何保留古村原有的古老气息,不让这里的朴实淡泊被现代的生活节奏所破坏,也是这里新农村建设中的瓶颈之处。

千里之行始于足下,整装再出发

在培田我们发现了一个社区大学,其建立的目的也正是为了协助行政部门完成当地经济、文化、科技、教育等社会管理方面的工作。在进行简单对接之后,在培田客家社区大学中工作的陈老师接待了我们,并为我们讲解了许多社区大学的现状:社区大学正在和许多来自全国各地的基金会和公益组织进行对接,试图通过一些具有时效性的措施来"挽救"培田这样的历史古村"垂危的生命",例如春耕节,各色公益活动等等。

陈老师说:正如我们见到的那样,或许古村的衰败与终结是无法避免的,可是我们也应该尽力让后代更多地看到这些来自我们祖先的悠久文化和古老记忆。在社区大学中我们看见了当地举办春耕节的海报,或许真的有着许多不知名的人还在默默支持着古村的重建吧。春耕节的举办是四月中旬,我们是没有办法赶上这一盛事,可是我们依旧很幸运的遇见当地十三年一次的迎公太民俗活动,自明清至今,每家每户都会轮番设宴摆席迎接公太,为的就是让公太保佑来年风调雨顺合家平安。在这一段日子里,陆陆续续有着一些在外的年轻人回到家里为自己家迎公太做着准备:杀鸡宰猪,生火设宴,看着他们忙碌的身影,我想他们心中也并非只想待在城市里吧,倘若有一天培田真的"起死回生"了,他们也愿意守着这一方故土过着怡然自得的乡村生活吧。

  我们不禁感叹城市急速的发展,看着城市规模的不断扩大,越来越多的人涌向城市,而乡村就像被人们遗忘的"桃花源"与我们的距离越来越远,也许有一天我们也会如同来到桃花源的那位渔夫那般,离去后就再也无法重回此处了吧。在培田的这么多天里,这座古老村庄是如此悠闲宁静,它很缓慢但是却不失优雅,因为那是从古至今中国人心中"采菊东篱下,悠然现南山"的生活状态,可是不断发展的大城市宛如一阵钢铁洪流不断吞噬着这一切,倘若如同培田这般古风犹存的遗世之地依旧,我也愿小醉今宵,听夜雨轻敲梁瓦,与三五好友笑谈风月,逃离这世俗的纷扰,可是现实的机器轰鸣又将我拉回,社会和历史赋予我们大学生必须去迎接全球化日益加快的现实挑战,我们有信心有能力用辛勤的汗水和聪明才智建设属于每个人心中的"桃花源"。

空留斜阳日暮

2016 级计算机科学系　刘彦露

神秘古村——培田

2016 年 3 月 26 日,大焕城市化研究生班一行人去往福建。初次外出调研,调研地点让我们很期待:新的环境、新的路人、不同的文化。即便是凌晨 4 点出发也难免有些激动,而出发的时间也比预想的早了。

中途的辗转,再加上附于周围的行李,让大家有些倦于无聊又漫长的旅途,忘了看看车窗外的风景。每到一个站口,心情又轻松了一些,好像时间变得慢了。

最后一站——冠豸山。旅店已经安排好汽车接送，客家人好客热情，老师傅跟我们聊得十分有兴致。"你们来的时候不对，要是来早点或许就能赶上春耕节，那时候可热闹了，很多在外面的人都会回来，还有些外头的新朋友也会来凑凑热闹，好一个春耕节！嘿嘿！"他看了看我们略显失望的面孔说："没事，还有机会，你们这么年轻时间还长，下次还来。""师傅，外面那些彩带上面写的是什么啊，恭迎公太？""是啊，迎公太13年才一次，你们运气还真不算差！"

入住旅店（距培田古村约2千米）大约已经是下午两点，暖阳包裹着我们的身躯，微风吹走旅途的疲惫。接下来的日子，天气并没有如天气预报中报道的那样雨天不断，相反总是能在醒来时看到愉悦又略带散漫的光晕。

趁着大家午休的时间，我和马川、林圣豪、王梅四人打算事先踩点培田古村，步行前往，带上相机一路上走走停停，车道左右的农作物大多是烟草、水稻和百香果。其中一种有着特殊香味的花——含笑，之所以特殊是因花香难以察觉，需细细体会且每个人对于香味的感受也有诸多不同，含笑的香犹如培田古村，神秘又让人着迷，传达出多样的文化气息。

当我们认为快要到古村时却发现仍然还在村外，古村外以农村别墅占据多数，房门紧闭，家畜无拘无束地散步，有少数几户人家开着门，聊着天，看见我们又不禁望了望。

途中遇见一个看来只有七八岁的小男孩，刚开始显得有些害羞，想跟我们玩但又不敢多说话。后来男孩放开了胆，一路上像个小导游与我们分享村里面的一些事

情，一会儿问问我们重庆有哪些好玩的，一会儿逗逗小黄狗。问到学校，告知我们他并不在古村里上学而是县上的一所中学读书。

走着走着，太阳就快要落山了，我们为了那份对古村的好奇心不禁加快了脚步，然而还是未能探及就与途中偶遇的童大焕老师回去了。即使心里有些不甘，但回来的路上又进一步了解了周边的环境，在过去的几十年里山是光秃秃的，农民不能进城，伐木砍柴导致这里的生态破坏严重，每家每户大多只能够温饱。斜阳缓缓地洒在宽阔的土壤上，从荒废的土地到绿荫也正是这里的人们走向大城市的怀抱的时候。夕阳下，几个人的影子被拖长，错落地排布着。小黄狗还不厌其烦地领着路，后来也不见了。

很快，天黑了。抬头，繁星点缀了整片天空，那是印在心里的悸动，寂静无人，远处古村轮廓呈现，黑暗给予它一层保护色，神秘又落寞。

理想还是现实

培田有古村和新村，古村里大多是年迈的老人，不过有时也能瞧见一些小孩儿，他们总是天真无邪的笑着，好像总有一大堆有趣故事等着他们探寻。

新村分一期二期，一期是村委会带头买的，大约有100户，二期约60户。现在，显然大多数人都搬到了居住条件、硬件设施更好的新村，但村长却说刚开始让村民搬出来住是很困难的，村民思想保守想法单纯，害怕被欺骗不敢买新村的房子，后来做足了思想工作才有了一期二期。

村长对古村发展也是很期待的，希望能让古村重新站起来，想在村子里做一个新颖的项目，吸引更多的游客参观，人气能旺起来，而事实上实施起来却困难重重，土地归当地的村民，不能私自动用就不能改变这里的现状，或许有一天终于实现而那时是否能真的吸引外来游客？时间才能证明一切。

我们去的这几天正赶上村里恭迎公太，13年一次的盛会，800年的周而复始，每家每户都极为重视，队伍所到之处，家家户户焚香燃炮，祈求风调雨顺、国泰民安。这也是培田最为热闹的几天，在外打工的青壮年大都会回来祭拜。"拜神不如拜祖宗"对于祖宗的敬畏，对于先祖祭奠有了培田现在的各氏祠堂。吴氏是这里最大的一户人家，也是古民居建筑群中保护得最好的，其古建筑物所特有的文化含量和村里浓厚的文化氛围，令参观者叹为观止。

培田古村2006年成为国家级文物保护村落。

为了更好地保护村落古居需要原居民居住，此外大多数年轻人都已经搬离，那么古村的人气渐少,老人终将逝去,古村是否会沦为一座鬼村?令人堪忧。那么古村文化又有谁继承呢?要将人都留在那里吗?留不住的人将何去何从?

我们找到了在培田社区学校做志愿者的小陈老师,通过和她的交谈了解到在她之前有过一些一开始抱着一腔热血过来,想把培田打造成一个绝无仅有的古村的个人或团队,他们尝试过很多方法、途径改变,但都没能将古村发展成一个综合性强,旅游服务设施完整的新培田,均以失败离场,最终离开了古村那个曾让他们"疯狂"的村落。文物保护、宣传培田古村、文化推送给外界、销售自身文化、寻求更多关注,并没有太大的用处,人气锐减,陷入一个死循环。理想中的古村还能开发成一个吸引世界各地游客注视的旅游景点,但现实无情地否定了他们的雄心斗志,人是流动的,即使受到阻碍也终究会回到人流中。小溪终将会涌入大海。真理犹如一双无形的大手操作运动轨迹,自然会教给我们很多知识。

交谈中得知小陈老师在与一位老人闲聊时听到一句十分震惊的话:"培田古村不是衰败,而是在走向衰亡。"或许我们还不能看见古村走向衰亡的那天,但城市化发展飞速的今天古村衰败已经成为事实,这里经济来源主要靠在外打工的年轻人在城市挣了钱回村盖房。城市在滋养着乡村。离开了城市和城市人的滋养,乡村犹如一个没有家的孤儿,无援无靠,会被活生生地饿死。

至于文化的继承,传统文化本就是一个很模糊的概念,抽象而又捕捉不住实质,人类文明史中文化就像一个幽灵穿插在每个环节,文化出自于人类当然由人类继承,精神需求是人类发展的必要,精神需求也须选取。自然选择会淘汰这个时代的劣质品,即使它看起来曾经是多么的辉煌灿烂,历史是长远的,书本上的内容却不是每一字每一句都是可贵的。

理想终究是理想,现实始终指向下一个前进的方向。

养生"超市"——聚龙小镇

超市即超级市场,能在一定范围内找到绝大多数食品,集综合性、多样性为一体的集中购物消费地,而聚龙恰好让我想起了它。

2017年4月1日我们告别培田,来到位于泉州市惠安县黄塘那一直被外界誉为"极具人情味的世外桃源"的聚龙小镇,不同于小农经济思想,居民只是单纯地在此地消费,远离城市的束缚和工厂的高污染,过着衣食无忧的"小资生活"。

赶得早不如赶得巧,3月25日至31日聚龙小镇开展了一系列丰富多彩的活动喜庆聚龙十周年,为小镇送上美好的祝福,"世外桃源"固然美丽却与世隔绝。

中午路过一个爱心饺子的活动现场，这里没有随处可见的餐馆，所以我们打算去蹭些饺子吃，一群人围着两口锅盯着，里面的饺子供不应求，一眨眼的工夫就没了，而厨子都挺高兴大家这么爱吃自己做的饺子，脸上露出欣喜的笑容。

通过跟在这里当义工的小同学了解到大多数居民是老人，而这里的学生也只是在上学期间住宿，寒暑假都会走向外面的城镇和厦门这些大都市，由此可见交通便利，地理优势占据的聚龙小镇没有足够的人气。

安静宁和，是这里的一大特色。

天空中下起了丝丝小雨，小镇笼罩在一层薄雾中，隐约能看见远方的风景。此时突然想在湖边钓钓鱼和友人聊聊天再喝杯热清茶，但又觉得呆久了会很无聊。聚龙娱乐项目单一，跟年轻人的生活甚至是有些不搭，敢问一个健康能自由支配自己行动的人为什么要受于拐杖的支配？再怎么完善也只不过是照着葫芦画瓢，只能远看不能细赏。

梦回培田，有暗香拂过

2016级工商管理系　张雪

3月26日，凌晨四点，天还是乌黑的一片，街上徘徊着昏暗的灯，在寒风侵袭下显得格外阴冷，恐怖。仿佛要将一切吞噬。我裹了裹衣服，加快步伐匆匆赶上校车。踏上了福建调研之路。

不同于登车前寒冷的凌晨，当我到达是比较温暖的黄昏。微暖的风吹来，隐约之间我好像闻到了空气中散发出一种类似于苹果的香味，寻寻觅觅，在居住酒店的庭院里找到了原因，那是一株含笑花树，挺直地站在那里，花朵儿团团簇簇，缀满

枝头,在微风中摇曳起舞,婀娜多姿。夜,缓缓地拉下帷幕,我便在花香中缓缓进入梦乡。

第二日,早早收拾好便出发了,沿着到培田的路,听着老师孜孜不倦地为我们讲解培田,阳光也慢慢穿过云层抚慰我们,心中直叹,此时良辰美景甚好。没走多久,昨夜相似的香味向我涌来,其中还夹着一股陌生的气息,心中不禁一紧,忙从老师的讲解中脱离出来,极目远眺,呀,那不是含笑花吗!不!还有桂花。那一排排的,挤满公路两旁,人闲桂花香,浓浓花香将村子村衬托得更加静谧。

继续向北行走,看到横幅上写着"恭迎公太",各家各户也都挂着彩旗,再走几百步就到了村口,只见有一座醒目高大的青石牌坊矗立在道中。近看牌坊上的双狮舞绣球、双凤朝阳等浮雕已经斑斑驳驳的有些年代了,但匾额上"恩荣"两个擘窠大字还很清晰。提起"恩荣",那便先说吴拔祯,他年轻时任御前三品衔蓝翎侍卫,服侍于光绪帝,对皇帝忠心耿耿,政绩斐然。"恩荣"牌坊就是在他当侍卫时,皇帝为了肯定他的功绩亲自批准地方财政出资修建。所以它同圣旨一样具有权威性,"不论文官武将至此,文官下轿,武官下马,一律步行"这是对其功绩的肯定,更是一种无上荣耀。它与村尾吴昌同得"圣旨"所立的"乐善好施"牌坊遥相呼应,显示着培田村文武竞秀、积善济人的辉煌历史。

在恩荣牌坊旁是两个缓缓转动的水车,靠水的扇叶上长满了青苔,全身以木作为支撑,在电的带动下运动,这算是一个文化了吧。在古代,水车是重要的农耕工具,它通过水的动力让水车转动,将水运输到农田。现下时代的培田已经看不到最原始的水车了,小小的沟渠带不动巨大的水车,它已经老了,早已锈迹斑斑,就像一个生命垂危的智者,在呐喊、在彷徨,最后这位沧桑的老人只有静静地、与世无争地任日出月落,看云卷云舒、世事变迁……低垂下脑袋,静静的思考它为什么到了这个地步?是时间,或者说是是利益,我不得而知。

　　再往前走几步,一个大大池塘便跃然于眼前,新荷还没有长出来,有的只是去年冬天的枯叶,有几只鸭子欢快的游动,嘎嘎的叫着,给这个村庄平添了生活气息,因为荷花还没有开,所以是闻不到荷香的,我也只剩下遗憾了,感受不到"池面波来风涟涟,波间露田田"的美景。想想在夏天的夜晚,踏着步子,月光撒在池塘里,水波熠熠发光,"听取蛙声一片"有淡淡荷香飘来,感受到"清风半夜鸣蝉"的凉爽与闲适。心情就莫名变好了。

　　继续往前走,就到了吴家大院大门,这也就是说我们已经来到今天的目的地,从导游的讲解和我这几天的调研发现吴家人的房屋有很好的风水性。培田古村四面环山,它就坐落在一个盆地里,古村落前有一条小小的河流。"枕山、环水、面屏",完全符合中国传统文化中负阴抱阳、背山面水的居住理念。正所谓"面临清溪碧水之幽静,背倚山峰竹林之氤氲"在培田得以完美的体现。现在古村落前只看得到小小的一股溪,在古时候,它连通屋田溪、洋利坝溪、五漈坑溪,汇聚于培田村前的永济桥和万安桥。溪自西北转而村东南,形成环抱全村的"腰带水"这算得上是交通要塞了吧。从风水角度,完全符合"后龙脉,前朱雀,左青龙,右白虎"的风水文化,河水曾经的辉煌早已不再,在文化大革命时期,山上的树被乱砍乱伐,加上后期农药的过度使用,造成水土流失,河床变浅,环境污染,即使后来有效的治理了，也只是水变清澈，河里也寻不到半丝鱼儿的影子。好在还有溪流在河床缓缓流动，犹能感受到培田的依山傍水，钟灵毓秀。

让我印象很深的便是古村建筑那浓浓的苏州园林的风格，皇宫式的气势，徽派建筑的型制。它以中轴线为中心向两边扇开，一条千米长的古巷，一下子将我带到江南，仿若有一种错觉，好像看见一个穿着长衣的女子，在细雨朦胧中，撑着画着梅花的红色油纸伞，迈着婀娜的步子前行，最后轻轻的如梦般的化成青烟消失在雨里。它采用"九厅十八井"的合院建筑平面布局形式，体现北京故宫的磅礴气势。庭院深深又齐齐整整，每个天井里都有数量不等的房间，房间里都有兰花，这也是每个客家人力求达到的品质。房间周围都有可以自由开关的门通往外面，方便通风，关起门来一个院子就是一个独立的单元。这样既可以保护隐私，又符合一个大家族的生活需要。徽派建筑的型制克服了当地潮湿多雨的气候，每当下雨天，雨水沿着屋檐流入方形的槽内，顺着下方的鹅卵石流入暗渠，再进入院前的沟渠。最后排入河流。如此科学的设计，既不让我们费力的打扫积水，也不用害怕雨水泛滥。这样的一个院子没完全封闭，可以保证通风防潮。

走进培田古村，你会发现这里有无穷无尽的水。随处可见纵横交错的水渠、水塘、井。中国的五行学说中，水主财运，轻易不可外流。培田的古建筑虽然都是坐西朝东，但是，因为村中的那条小溪是由北向南而流，所以民居的大门大体都是朝向西北，为的就是迎接流水带来的财运。当然培田水的作用不仅仅是在风水上，还有就是防火。培田是以木质结构为基础的建筑，而且房与房之间联系非常紧密。如果发生了火灾，全村都会遭殃。而培田水系这样的设计，可以就地取材，再加上风火墙的隔热效果（风火墙的中间是中空的，还可以起到冬暖夏凉的作用）一旦起火，就可以快速控制，减少损失。可以直接饮用的山泉水通过水渠流经每家每户，它基本上可以满足村民对水的需求，人们可以在里面洗菜，洗衣服等。古代没有洗衣粉、肥皂、化肥，所以可以直接看到小鱼在其中游动。现在有些已经干涸，有的水渠虽然依旧清澈，但见不到一丝鱼的影子，心中留下满满的遗憾。村依溪水存，水在村中流，村落有韵，韵出山水。渠水活灵活现地流淌着培田人对环境不懈追求和对生活的无限情怀。

还有很多不可见的暗渠。渠道蜿蜒曲折，有聚财的作用，养几只龟，疏通渠道，放些瓦罐，沉淀淤泥。每隔一段时间，打开盖子，取出瓦罐清洗，暗处的排水堵塞问题便得到了解决。培田的两种水就像人体的动脉与静脉，他们相互流通，互相渗透，协助互补，滋润生命。

在培田，我最佩服的是继述堂地板的工艺。曾有专家来此考察，看到继述堂大厅中独特的地板，非常不解地询问其主人，当初修建这幢房子，是先铺地板再盖房的吗？他误以为这种类似于石材的地板，是用一整块的石板铺设上去的。其实不然，它是用砂、鸡蛋清、泥浆等建筑材料混合而成，类似于今日的水泥砂浆，经过长年累月的碾压打磨，变得坚硬无比，形成今天所看到的这种像石板的地面。这种非同寻常的建筑形式，充分体现了客家的聪明才干和高超的技艺。遗憾的是，这种工艺已经失传了。

漫步于村里的老街，听着脚下鞋掌磕击青石板路面而发出的一声声回响，一如历史的回音。看着古祠门庐飞檐翘角，雕梁画栋；大厅高悬金色画匾，窗牖镂雕木刻；石柱刻出楹联，木壁绘上漆画，感受扑面而来的文化气息。心变得悠悠然，不急着赶路，把脚步放慢吧，随心所欲地走，这里没有蜂拥的人群，没有喧闹与烦乱。累了，就到客家人那里讨一杯茶水，坐下与客家人谈谈古论今，相信好客的他们是不会介意的。在漫无目的中，你却会在不经意里有许多感叹，那么多带着历史痕迹的景致悄然跃入你的眼帘。看得见，摸得着，梦一般，却又那么真实。

昨夜梦入培田，往日之事浮现心头，来的时候培田古村里桂花飘香。我记得农历八月桂花开，不知道现在是桂花品种改良了还是全球温室效应加剧了。在我以后回忆起这个古村的时候，依然会记得那潮湿的空气中浓烈的桂花的香味。今后有时间，我一定会再来的，约上三五好友一起，住上一两个月。那最好是选在一个盛夏时节，一边感受这里的清幽凉爽宅院，一边来看看这庭前的花开花落，感受"接天莲叶无穷碧，映日荷花别样红"的清爽，煮一壶清茶，慢慢地品味培田，享受培田。

闽南之福地洞天

2016 级自动化系　郭旭辉

2017 年 3 月 26 日凌晨 4 点，我们一行人正式踏上了福建调研的征程。为了这一天，大半个寒假我们都在准备调研的相关资料，开学又紧张地进行了一次人员选拔，终于确定了调研人员的名单。尽管在之前我们去过了安居古镇，有了一些调研的经验，但这次还是怀着无比激动的心情，因为这次调研的重要性远胜往日。

伴着凌晨温柔的月光和夜幕中璀璨的星光，眯着惺忪的睡眼，登上了等候我们的校车，一路无话，大家都争分夺秒的休息。我们知道，到了地方，等待我们的将是对体力的残酷考验。

此刻虽是凌晨，但机场仍然人头攒动。费了好大劲，所有人登上了去往福建的飞机，有不少精力充沛者坐在舷窗边上观赏夜景。看城市下方闪闪的亮光，仿佛在向我们道别，而我们的心也随着飞机穿梭，穿梭到那个吸引我们的地方。

这一路上舟车劳顿，终于我们到了调研的第一站——福建培田。我们把宣和乡小学旁的一家名为"冠晓"的农家乐定为根据地。吃饱喝足后，第二天我们正式前往此次的工作重心——培田村。福建地处我国的南方，本就是山清水秀，四季常青，而 3 月末，正是万物复苏的好时节，也是宣和乡烟草茂盛期。烟草是这里的经济作物，几乎家家都种它。一排排绿得发油、长势繁盛的烟草被整整齐齐的种在近乎泛黑的土地上。微风习习，这些叶子频频点头，不断地向我们示好。

一路上，大家就像第一次进大观园的姥姥一般，好奇的左顾右盼，被小路两旁、远处的风景所吸引。时不时听见有人感慨道：此景只应天上有！童老师和孟老师像两本行走的百科全书，耐心地为我们解答各种问题。

走着走着，越来越近了，一种古朴沧桑的感觉迎面扑来，仿佛像圣洁之地一般，庄重肃穆之中又透出丝丝的凄凉。那被500多年岁月无情冲刷的历史古迹，像一位老态龙钟的长者，颤颤巍巍的出现在我们面前。所有人都被这鬼斧神工的雕刻、建筑与园林工艺所叹服。

这就是被誉为"福建省民居第一村"，位于福建省闽西山区连城县宣和乡境内的培田古村。虽然是面积仅有13.4平方千米、住户400多家、村民仅1500多人的小村子，但依旧能从这里的一砖一瓦、一梁一栋看出当年鼎盛时期那片繁华喧闹的景象。眼前这座"恩荣"牌坊就是光绪皇帝为赏培田历史上最辉煌的吴拔祯所赐，当地出资建造的，是培田村"人杰地灵"最好的回答。

然而，当我们真正走进培田的时候才知道，他并不像一个外人所传言的那样外表光鲜亮丽，真实的他其实千疮百孔。在我们走访当地群众时，看见一位年过八旬还下地干活的老人。与他交谈时我们得知：培田的祖先给子孙后代留下的这一笔宝贵的财富现在成了国家物质文化遗产，但年轻人全都外出打工谋生，留在村里的几乎都是上了年纪的老人家，就是这根对家乡热爱的纽带，把他们和这片故土紧紧的联系在一起。而留下的老人却也只能从事一些简单的农业活动来勉强糊口，村里青壮年严重外流，这就是培田这个旅游景点始终发展不起来的原因。

老人与我们交谈甚欢。他说，虽然日子过得清贫了点，但还是很满足。他们这把年纪了，不图培田还有什么翻天覆地的变化，也不指望自己能安享晚年，能在生命的终点时，再看看家乡的树、故乡的土，闻闻这里的空气也无憾。虽然他说得神采奕奕、兴高采烈，但我们还是能从中听出一丝丝凄凉和无奈：尽管培田每到节假日，游客人流攒动、摩肩接踵、热闹非凡，但是却再也回不到明清时期辉煌巅峰的时刻,这是一种虚伪的假繁荣。村里流失的大量劳动力让这里看起来死气沉沉,缺乏生机这是亟待改善的地方。

入夜时分,深蓝色的幕布中繁星点点,远处的田野,在月光的衬托下,像被铺上了一件银色的轻纱,那种静谧的感觉又加重了几分。时不时地传来了青蛙的叫声,但也不失那该属于这儿的宁静。整体看来,宁静的夜晚,这更像是一个充满爱的画面:一排排的房屋好似熟睡的婴儿;田野与树木围绕着他们,像一个摇篮,轻轻摇晃;那般青蛙的叫声,犹如母亲在哄睡自己孩子的摇篮曲,和谐动听。

但与外界的安宁形成鲜明对比的是我们十多人挤在一个狭小的房间里一起工作的画面,这里如火如荼、热闹非凡。大家各司其职:岚姐在耐心的帮我们组员一遍遍修改新闻稿,大到新闻配图,小到语言逻辑,甚至标点符号的使用都让她操碎了心,一个大学老师硬是当出小学语文老师的感觉;其他同学则是一起整理近些天调研收集的资料。在忙碌的工作之余,也不忘了相互搞笑逗乐,气氛融洽和谐。已是午夜12点了,大家却睡意全无,都在享受这短暂的、难得的温馨时刻。

让我不禁回想起,我们这一行人,从起初的相互生疏甚至连对方名字也无法叫出来到现在完美的配合完成一件件艰难的任务;从毫无经验的尝试到轻车熟路的操作;从失败后的相互埋怨到共同承担责任;从"事不关己,高高挂起"到精诚合作,打成一片,逐渐成为一个完美的团队。

还记得凌晨3点累得精疲力尽的我回到宿舍,舍友还在酣睡中,可能是无意中吵到他们，只听见有人迷迷糊糊中说了一句："大半夜的，你去那里图个什么？"我没有回答他们，但我知道，这8天时间里，虽然很累，但我绝不后悔。就算我在这一周时间，在课堂上能学到不少东西，在宿舍里能好好休息，但我还是不愿意放弃这次宝贵的机会。能和两位温柔的老师共事，听童老师、孟老师讲讲生活、学习的经验，能从性格各异、思想不同的同学身上学到很多不同看法，这是任何东西都换不来的。凡事有舍必有得，我无法做到鱼和熊掌兼得，这就是选择的代价。

我们还去了位于惠安的聚龙小镇。千万不要断章取义：一个小镇而已，有何看头？那你可要大错特错了。聚龙小镇是附近人称为"人间行宫"的世外桃源：这里占地两万多亩，投资近100亿人民币，它是以"森林、湖泊、运动"为主题建造的集生态、居住、文化为一体的综合性大型园区。同时，它还是福建第一个万亩山湖养生大盘，在国内有很大的知名度。

我们在售楼大厅等待时，靠南的墙上赫然悬挂着一个巨大的LED电子屏，上面滚动播放着一个由小镇负责人剪辑的、关于这个社区成员参加和组织的各种活动的宣传视频：有管委会组织成立志愿者协会为社区打扫卫生的；有登山爱好者成立攀登协会，一同前去外地登山的；还有大妈自发组织成立广场舞和太极团队，每天带着没有基础的老人一起锻炼身体的，长达40分钟的视频中却没有出现一个年轻人的身影。为什么？就是因为这个所谓的聚龙小镇所面向的主流客户是那些已经快要退休的老人或者自由职业者，尽管它的顾客年龄范围在不断扩大。

然而，在我看来，它和培田有一个很大的共同点——缺少生命的活力。可造成这二者相同点的原因却不同：培田古村因为村里经济不发达，缺少就业机会，导致大量的劳动力不得不外出务工以糊口；而聚龙小镇远离城市中心，脱离城市的束缚，自成一个体系，尽管它相应的保障设施一应俱全，但服务的对象是退休在家的老人和一些自由工作者，对于那些必须在城市里上班的年轻人来说，过远的距离和相对匮乏的娱乐设施以及场所成了他们不会选择这里的主要原因。

此次调研的最后一站是厦门，在来前我对这个城市做了一些相关的了解。虽说厦门只是二线城市，但它仍然有自己的亮点：2016年，它入围了全国最有前途的十大城市，房价居全国第四名，比广州还高。几天后，在我真正来到这里的时候，我才发现这座城市的魅力所在：坐着公交在高架桥上缓慢行驶，一望无垠的大海尽收眼底，海面上游轮、货轮川流不息。对于我这个北方人而言，第一次看见大海就像第一次在重庆看见长江同样感到震撼，在它面前，人类显得如此渺小。而我有幸来到鼓浪屿，可以近距离地接触她，才真正觉得她就像这眼前的大海一样，叫人感叹、流连忘返。

　　来到岛上，和当地人交流的时候，我才慢慢了解到鼓浪屿的风土人情和这里的一些基本情况：当地人口流出在19世纪末和20世纪初期显得极为频繁，从最初的将近七万人到了现在三四万人（这还是近些年很多人因为旅游业的迅速发展选择回乡），但不得不说，拯救这个小岛的正是当地政府选择大力发展的旅游业。有一位大爷说到，他在这个岛上生活了60多年，在他还是中年的时候，岛上无论经济、环保、治安都极差劲，而近些年的变化令他感到吃惊，经济的飞速发展带动了其他方面的一系列变化是他始料不及的，但大家都发自内心的喜欢这种改变，正是这种改变，给他们的小岛带来了生机与活力。

很快，八天的调研生活结束了，和同学们、和老师们在一起的快乐时光总是那么短暂。回首这八天，所有失败的沮丧，成功的喜悦，苦涩的汗水，我们都一一尝遍。老师无微不至的关怀，同学设身处地的着想，我都感同身受。福建记忆都化成一颗颗晶莹剔透的宝石，在我的心中熠熠生辉。能够认识大家，这是我毕生的荣幸，就让这些宝贵的记忆为我此次调研画上一个幸福完满的句号吧！

土地最好的主人——客家人

2016级通信与信息工程系 李林洪

2017年3月26日凌晨，我们准时起床，虽然大多哈欠连连，睡眼惺忪，但初春清晨的风仍然带着几分凌厉，使我很是清醒。没有一丝拖沓，大家如期开始了前往福建调研的旅程，坐在车上的我对以后的调研之旅满是憧憬，此时的我无比兴奋，激动不已。细细想来，自从自己幸运地加入大焕城市化研究生班，咱们班教研结合，课上不仅学会了一些基本社会调查方法，还学习了童大焕老师的城市化理论，组织了安居古镇调研活动，自己做了一份简单的社会调查报告，同时结交了新的朋友，一路收获还是挺多的。最后自己第一个学期还是比较认真地完成了课程，顺利通过了考试，因为自己的努力入选了此次福建调研，差点笑出了声。靠在座椅上，一幕幕像电影一样重新在我的脑海中播放。此次调研费用由学校全程资助，这种学习机会哪怕是中国最顶尖的大学都非常非常少，所以面对此次调研，思绪万千，心想一定要拿出成果来，要有所收获，要对得起老师和学校的付出。

我们本次调研的目标分别是培田古村落、聚龙小镇和厦门鼓浪屿，其中最让我印象深刻的就是培田古村落。培田客家古村落位于福建省闽西连城县宣和乡境内，是至今保存着较为完整的明清时期古民居建筑群。其精致的建筑、精湛的工艺、浓郁的客家人文气息，是"中国十大最美古村镇"之一。

我们第一天全面游览了古村一遍，每个人都惊叹不已，这里满满都是历史、满满都是文化。客家人把中原古老建筑艺术，结合南方多雨潮湿的气候，创造成明亮、通透、多单元融合为一体，形成独具客家风格的"九厅十八井"建筑。培田村的中心有一条千米古街，街西有二十几座宗祠，街东有三十几座民居和驿站。曲折的古街与幽深的巷道连通，把错落的民居建筑连成了一片。我们走在培田，直接的感触是无处不在的水，那些纵横交错的水渠构成培田发达的水系，它们贯穿全村，直通各户。沟水清澈见底，村民足不出户，就靠屋旁这条流动水沟就可以洗涤生活用品。整个村落错落有致，幽静古雅，不愧于"民间故宫"这一称号。

我们参观完了几个保护得比较好的厅堂后，对培田古建筑啧啧称叹，可后来对培田有了详细的调研后，才发现不管培田曾经拥有多么辉煌历史，也掩盖不了现在培田衰落的事实，看到现在的景象，实在是令人唏嘘不已。

培田青壮年劳力流失非常严重，村庄经济衰落。目前培田村共1600多人口，可是却有600多人外出务工。而且随着人口的增加，而土地却不变，整个培田村有800多亩的土地，人均下来仅仅只有0.6亩，村里面本来就没有什么青壮年劳动力，还有部分土地荒废。虽然种植了烟草，百香果等经济作物，但是收入仍然很低。培田村现在难以依靠本地农业生存，完全靠外来务工人员向培田村输血。

传统经济的衰微导致人们面对古村的敬畏之心消失，面对传统文化，传统建筑没有保护概念。培田最引以自豪的明清古建筑已经遭到了严重的破坏，许多建筑已经没人居住，加上年久失修，早就沦为鬼屋。而且村中建筑有很多木结构，非常脆弱，已经有不少建筑被火灾所焚毁，整个古村落火灾隐患也非常大。由于土地稀缺，外出务工中经济条件较好的村民为了改善生活条件，将宝贵的传统建筑直接推倒，在废墟上建起了砖房。看似村民过上了现代化的生活，实际上仍然不能掩盖在古村落废墟上建立起来的培田走向衰败的事实。村庄看起来稀稀落落，失去了原汁原味的古朴。

现在越来越多的孩子在培田新村中成长，虽然住进了小楼房，但是他们的成长再也没有了在"九厅十八井"迷宫一样的房屋中捉迷藏的快乐，没有了对幽静的祠堂的害怕与好奇之心，没有了在小水渠里面冲脚的凉爽。他们对这些幽静古老的房子，传承了几百年的家族历史，恐怕会是越走越远。在文雅的南山书院读四书颂五经古朴的教育只存在历史当中。

客家人重视教育，培田村历史上有过18个书院、私塾和学堂。最繁荣的时候，有"三家一店铺，十户一书院"的辉煌。在明清时期，整个汀州府的家长都愿意将孩子送往南山书院。近几十年，培田小学延续着这南山书院的教育传承。这所坐落在有500年历史的南山书院旧址上的学校，教学质量曾居全县之首。但是现在培田村落开始衰败，培田小学也开始衰落。随着计划生育政策开始严格执行，村中的新生儿逐渐减少，加上越来越多的人带着孩子外出务工，村子中的适龄儿童越来越少。另外撤点并校，乡镇中心小学的建立，培田小学生源越来越少，教学质量越来越差，从此陷入了恶性循环。到现在培田小学虽然经过众人的努力，修建了比较现代化的校园，调配了年轻的老师，可是整个学校仍然只有58名学生，且人数仍然在不断减少。如果连这样的培田小学都消失，培田村的文化，培田的精神还能保存多久？

现在的他们仍然坐在教室里努力学习，家长们也对他们充满期望。可是他们的成长早就脱离了古村，已经担负不起振兴培田的重任，他们向往的只有城市。

客家人为了躲避战乱，从中原地区不断向南迁移，最后形成了自己独特的文化，成为了中国汉族相当有影响力的一个分支族群。培田的先人们来到这里之后，形成了自己灿烂的文化，留下了很多物质精神财富。虽然它挺过了古代多次战乱，多次天灾人祸，但是现在仍然不可避免地陷入了衰落。时代的潮流就是这样，过时的东西无论进行多大的投入，始终有一天将会被时代的滚滚浪潮所淹没。正如老师说的，现在培田还是一个旅游景点，以后再过来看时，就变成培田古村落遗址了。

离开培田后我们去了聚龙小镇和鼓浪屿调研。一路上的所见所闻也让我深有感触。望着窗外，看着风景，从山区农村到了繁华的都市。我没有醉心于城市发展的迅速、城市的宏伟，而是感叹到农村停滞不前，与城市差距越来越大。国家政策一直强调城乡统筹发展，不使城乡居民可支配收入拉大。可是以小农经济为主的农村光靠国家一点政策支持是无论如何都跟不上城市的。每年国家公布的统计数据都还不是很难看，可是直接亲身经历后才明白现实。城市的确让生活更美好，可是我们还有几亿人在农村，农村发展问题需要我们关注。

这次调研不仅收获了很多知识和感悟，也学会了感恩和收获了友谊。此次外出调研竟然能"双飞"我很是感动，这给我们节省了很多时间和精力。这不仅要感谢研究院老师们为了我们争取到了这么好的福利，这还说明了学校对我们外出调研的重视，也满足了我第一次"上天"的体验。调研之旅中老师们更是时刻关心着我们，学习上解决了很多问题，学到了不少知识；生活上对我们无微不至，还分享了他们的人生感悟，给了很多建议。

调研开始前我们进行了小组分工，分别负责了保险，车票，食宿等问题。大家都比较积极，提前做好了计划，虽然最后计划赶不上变化，但负责的小组还是在认真地做好自己的工作。我们都有做得不够好的部分，暴露了不少问题，但大家互相帮助，团结合作，不管是友谊还是能力都进步了不少。路上大家热情友爱，有困难一起解决，很多同学也非常热情，很多事情都自己主动去干，谢谢他们的贡献。

相逢定是有缘

2016 级通信与信息工程系 杨红美

美好的时光总是如白驹过隙，虽然为期9天的福建调研已经结束，但这9天的点点滴滴却是我一生的财富。

记得在2016年9月的一天，我拿到了大焕城市化研究生班的宣传单，静静地看了看，发现自己很感兴趣，就循着上面的方式报了名。通过笔试、面试、学期考核，我得到了这次前往福建调研的机会。最初，我只是想通过研究生班的学习来增长见识并学习新的知识。现在的我还有意外的收获——得到了一段奇妙的缘分。

缘在培田之大夫第

大部分的时间忙于各种课程，课余还要计算好什么时候参加活动、什么时候完成校组织分配的任务、什么时候完成作业，每天快走在南北校区的我们都习惯了这样的生活节奏。我第一次到像培田这样古色古香的地方，没有城市的喧嚣，也不同于学校生活。生活节奏很慢很慢，现在想想，我仿佛还置身在培田，还是那个仰头就能深深地吸一口培田古镇所特有空气的小女生。

培田古镇保存最完好的古屋莫过于大夫第了。还记得那天我右脚刚迈进大夫第的继述堂，就感受到一阵清凉的风，我边听着导游介绍，边仰头慢慢看着这个经历了几百年风雨的古屋。继述堂中间有一个大大的内门，上面挂着的牌匾写着"登科"二字，这瞬间让我想起了中国民间谚语"五子登科"的故事：话说五代后周时期，燕山府有个叫窦禹钧的人，他的五个儿子都品学兼优，先后登科及第，故称"五子登科"。窦禹钧本人也是82岁高寿，无疾而终。当朝太师冯道为他赋诗云："燕山窦十郎，教子有义方；灵椿一株老，丹桂五枝芳。"《三字经》有"窦燕山，有义方，教五子，名俱扬"的句子来歌颂他，既教导儿童要好好念书，同时也强调父母应教子有方。"五子登科"后来成为吉祥图案，寄托了一般人家期望子弟都能像窦禹钧五子一样在科考中金榜题名。我静静地看着登科二字，又想着自己的高考，真真是"别有一番滋味在心头。"

还未等我想完，导游的手就指向了"登科"牌匾下方的地面，地板摸上去冰凉而坚硬，从外形上看，实在跟今天的石板没什么区别，但是奇就奇在那地板不是石板做的，而是用鸡蛋、清砂、石子、泥浆等材料混合而成，类似于今日的水泥砂浆，经过长年累月的碾压打磨，变得坚硬无比，形成今天我们所看到的这种像石板的地面。这马上引起了我和小伙伴们极大的兴趣，我们纷纷好奇地蹲下来观察这个早已失传的设计和工艺，探索几百年前建筑工艺的奥秘。地面上还嵌有古时的地漏，我慢慢地用手夹住地漏上的两个小孔，试图抬起小石墩，一抬发现小石墩还挺重，第二次抬起小石墩，发现里面漆黑一片，只能依稀看到里面边缘是湿漉漉的。导游告诉我们这是继述堂里特有的排水系统，它们的位置都处于房屋低势的拐角处，一是为了美观，二是水往低处流，便于疏通房屋内部的积水，三是这些地漏不仅能聚水，还被客家人赋予了聚财、敛财的意义。这种非同寻常的建筑形式，让我感受到客家人的聪明才干和高超的技艺。

我们往右边走就看见了继述堂右上方挂着的清朝年间敕造的牌匾，可惜经历了

近代的文化大革命,牌匾早已面目全非。我在古村第一次看到了在文化大革命中被破坏的文物,心里真是五味杂陈。真想做点什么,可是又无能为力。

缘在培田之古街

不知不觉我和小伙伴走到了古村的中心,一条约2000米长的古街浮现在我眼前。街西有二十几座宗祠,街东有三十几座民居和驿站。曲折的古街与幽深的巷道勾通,把错落的民居建筑连为一体。千米古街最盛时有商铺37间。我慢慢地走在这三叉路口上,感受着这处转角的优美。闭上眼想象着古街繁华时,商家卖力地叫卖自家商品,商铺里顾客和店主讨价还价的声音,或许还有客家人特有的以茶待客的小店,招待过往的行人喝喝茶,歇歇脚,相互聊聊天。街上不时跑来几个小孩子,不一会又消失在街的另一头。不知会不会有我最爱吃冰糖葫芦也在古街上叫卖呢?然而睁开眼的我,看着这紧闭的商铺,发现没有商家和顾客讨价还价的声音,没有茶店,甚至,连行人都很少,只有这穿堂的细细凉风悄悄地扑在我的身上。

缘在培田之吴家大院

吴家大院的景象历历在目。或许是天公作美吧，享受着午后暖阳的小黄、小欧和我正好来到吴家大院附近，我抬眼往前一看，发现了一只散养的鸡，好奇心充斥了我的头脑，我慢慢地放慢了脚步，跟在这只鸡后面，它的脚又长又黄，毛色均匀，昂首挺胸地走着，宛如一位不可一世的将军。我跟着走了好一会，习惯不了这样的行走节奏，便往右边一迈走到前面去了，我好奇地回头看了看这只鸡，发现不知什么时候它已在左边草坪里了。真是一只悠闲又活泼的鸡。

拐了个弯，我们三人便偶遇了吴家大院，走进去，庭院中摆放着木质的秋千和桌椅，我们静坐休息了一会，看到对面有甄子丹在电影《叶问》中练功的木桩，不过，那木桩看起来一点也不"精神"，合着暖阳，我们相互分享着自己眼中的培田古村。起身走进了第二道门，一瞬间大家都不说话了，因为里面安静得连一根针掉下都听得见，我感受到的不再是暖阳，而是微凉的风，看着前方摆放整齐的木质桌椅，心中萌发了一股历史的厚重感，四周一望，才发现左下角有一位30多岁的阿姨正对着电脑，她只抬眼望了我们一眼，知道我们不是她的顾客，也没有理会。我们看着阿姨认真地对着电脑，不敢打扰，就跨进了第三道门，里面摆着一张张大圆桌，上面罩着布，这应该是吴家大院里吃饭的地方吧。我们退出来，往左侧走，从一扇百叶窗里窥视到一个房间里面的布局，一张现代木质的床，床上铺着一条薄薄的被子。由于光线问题，只看到了房间3面的布局。房间内简朴的装饰和灰暗的气势，令我心头猛地一紧，原路退出了吴家大院。

我看到旁边的双灼堂，不由地想起了吴家大院的历史。吴家大院，原本不叫吴家大院，叫灼其堂。始建于清末，民国初年主体落成。它和双灼堂本来都是同一家吴氏祖产，但命运却造就了不同的他们。解放初土改时，因它们的吴氏主人是地主，在土改中"灼其堂"就被分给了贫农。后来，好吃懒做的"贫农"把土改所分到的"灼其堂"卖了，到2004年，"灼其堂"无人居住，零落破败、摇摇欲坠。所幸有位远见卓识的商人出巨资，将其修缮一新，建造客舍、饭堂，用以接待来访的游客，成了培田村第一家民宿。而双灼堂在土改中不仅得以幸免，而且在时间的洗涤中保存完好，如今，还成了"全国重点文物保护单位"。命运啊，真是耐人寻味！

缘在培田之培田水系

从吴家大院出来,我们三人又走进了一条古街,古街一条接着一条,纵横交错,令人迷失其中。一下午的路程,头顶火热的骄阳,整个人昏昏沉沉的,不远处,土黄的狗趴在路中央,一动不动,闲谈的老人也逐渐散去。我慵懒地走在古街上,忽然注意到两旁的水沟,低头细细一瞅,原来是培田古村中无处不在的细流啊!这些细流只是在水沟、水渠里静静地流淌。这些纵横交错的水渠、水塘,构成培田古村发达的水系。突然想起之前做攻略时,说是村中有二条水圳穿街过巷,贯穿全村,直通各户,致如此我豁然开朗了。我仰头闭眼感受太阳光,听着旁边细细地水流声,呼吸着培田古村那令人宁神安稳的空气,任凭微风拂过脸颊,好像还听到了从前妇女们依靠这清澈见底的流水中洗涤生活用品时的声音。

我与培田古村相逢在阳春三月,相逢定是有缘。

心有感慨 畅想未来

2015级管理工程系　林圣豪

行福建，探培田，观聚龙，细嗅鼓浪屿。八天调研时间，虽说短暂，所学所获却是我们一生受用的财富。就个人而言，此次调研不仅加深了我对城市化理论的认识，更使我在团队工作能力方面有了质的提升。

心有感慨，不忍细读的美丽

培田古村，三面环山，河流迂回穿过，在风水学上这是一块人杰地灵的圣地，后代的出色成就也印证了这一说法。从吴氏祖先元朝至正四年迁至此地已经800余年，期间这里出了无数名人，留下了无数精美绝伦的明清古建筑。她是待嫁的闺秀承载着保守却难掩惊艳般的美丽，漫步在由一条条巷道连接的古建筑群，不得不为吴氏祖先的智慧所叹服。整个古村干净整洁，一砖一瓦围成了"九厅十八井"的布局，错落有致、雕梁画柱、巧夺天工的古建筑用富丽堂皇来形容都不为过。雕栏玉砌今犹在，只是不见当年繁华。古建筑的条件已满足不了现代人的生活需求，村民纷纷选择建新房。

小桥跨立于淙淙流水之上，穿过小桥，迎面而来的是一座圣旨牌坊，培田新村在望。此前对培田新村有无数种想象，见到真容的此刻所有幻想在心中消失的无影无踪，映入眼帘的是一排排气势恢宏的联体别墅，虽说算不上金碧辉煌，但也让人眼前一亮。走进新村，邻里邻间人虽少，但给人一种惬意的感觉，村民三三两两在享受午后的阳光。

源远流长的客家文化

有人说有太阳的地方就有中国人，有中国人的地方就有客家人。客家文化源远流长，是中华文化大家族中重要的一员。培田古村落经过800多年的文化沉淀，加之在智慧客家人的精细保护之下，成为了客家建筑文化经典之作，享有"民间故宫"之美誉。

培田寓意以田地养育子孙，靠教育培养后代。这是一个以吴姓为主的血缘村，村里记录在册的男性全部为吴姓。也是由于血缘关系，整个村就像个大家族，经过几百年的摸索形成了一套独特的做人做事的规矩，以求后代子孙铭记先人的用意，在此繁衍生息。纪录片《记住乡愁》中第一集讲述的就是"培田村——敬畏之心不可无"，在每个培田人眼中，对天地、祖先还有圣贤要保持敬畏之心，这也是培田始终人才辈出，繁荣兴旺的奥妙所在。

古村给人一种安静之美，村口的牌坊、整洁的小道、精美的雕刻仿佛都被岁月催眠，随着时间的流逝慢慢睡去，随后这一宁静便被热闹的"迎公太"即纪念闽王王审之的名俗活动所打破。去得好不如去的巧，13年一个轮回的活动就这样和我们不期而遇。礼炮队伍巡游于村庄；队伍中打头的是礼炮车，后面是鼓号和腰鼓队等，最后是承办庆典的村民，每人手持一炷香缅怀先人，更表达对先人的敬畏之心。游行时鞭炮齐响,彩车驰动。村民脸上都洋溢着自信的笑容。在我看来这不仅是他们对庆典活动的自信,更是对培田村传统物质、精神文化的自信。

　　游走在古老深邃的古村落,经常会看到各个庭院里边会摆卖一些特产,古朴的氛围夹杂着商业气息,但热情的村民会给你一种自然的感觉,毫无违和感。走进庭院几个人围在茶台边,喝着免费的茶听的却是无价的故事,每个村民都很亲切,和他们交谈稍不注意就会沉浸其中,就像是邻里邻间的唠嗑。

　　茶文化是客家文化的重要组成部分。福建位于武夷山脉东麓,太平洋暖湿气流迎风坡位置,得天独厚的地理位置成为闽西地区茶树生长不可多得的条件。培田正位于闽西地区,充足且优质的原料为茶文化的发展提供了契机。在培田,不管你走在哪,总会有热情的居民邀请你进去喝一杯茶。一杯茶,代表一种文化和一种精神面貌,还代表友谊和相互之间的尊重;一杯茶,更体现客家人海纳百川的心怀。

　　如果说留住一个人就该留住他的胃,那么毫不夸张地说客家的美食就能让你流连忘返。客家红烧肉,白斩鸡,清明果,鸡汁大薯……已经离开培田半个多月的我现在想起这些美食已经无心继续动手打字了。当您对培田这座美丽的古村流连忘返之时,谁人不被这里的美味佳肴深深陶醉。

　　青砖伴瓦漆,暮色染绿林。屋檐洒晚霞,炊烟袅袅起。登上观景台俯瞰培田,在相机里记录与培田最后一次邂逅的样子,下次见面不知何时。

风情小镇一家亲

林尽水源,便得一山,山有小口,仿佛若有光。便舍船,从口入。初极狭,才通人,复行数十步,豁然开朗。

——《桃花源记》

从最近的黄塘镇打车前往聚龙小镇,全程约 7 千米,一路过来边上尽是未装修的空楼房,一片凄凉,遇此景同行的人问出租车司机:"师傅,这里的房子为什么外墙都不装修,是这里的建筑文化吗?"师傅笑笑,随后回应道,不是不装修,只是太穷罢了。突然车子一个左拐,眼前豁然开朗,黄塘城外又一座城出现在眼前,神秘而又庄严、高冷而又惊艳。如果说培田是古时的大家闺秀,聚龙则像是现代家庭里的千金名媛,各有千秋。

"十年磨一镇,四海一家亲";"一峦秀色,桃花流水,游鱼戏荷,洞天福地,梦回桃花源。"聚龙小镇以其独特的开发理念将陶渊明笔下的桃花源带到昔日封闭落后的山区。说实话,在售楼厅滚动屏幕上见到聚龙小镇开发前荒山野岭的样子时更让人觉得这简直就是现代桃花源,若在古代,那便是像皇帝的行宫。到达聚龙当天正值小镇建设十周年庆典,双龙湖旁邻里乡亲正在包饺子,其乐融融的画面羡煞旁人;聚龙凯莱酒店的广场前正大摆家宴,工作人员正在忙碌的准备着十周年晚会,这里不像是个小区，更像是一个古代的贵族家庭在此生活。

柏油路、随处可见的跑车、大型人工湖、廊桥、高耸入云的楼宇、装饰华丽的别墅，园林式的步行通道……你确定这是小区吗？第一印象的聚龙更像是一个景区。这样的小区不正是每位购房者的理想小区吗？当然这种乌托邦式的小区并不是完美的，在离开聚龙小镇的路上孟老师的一句"以后有人犯罪不要让犯人住监狱，就让他们住在聚龙。"我记忆犹新。这句话虽带有一丝趣味，但却道出了一些真谛。仔细观察不难发现：聚龙本身远离城区，其次小区是在荒山野岭的基础上建立的，纵使生态环境再好，到了晚上也会给人一种阴森的感觉，而且通过对楼栋阳台户主晒衣情况的观察，一栋20几层的楼基本上只有个位数住户，换句话说，你会愿意大晚上一个人住在一栋位于山上的房子里吗？

We are team

人在一起叫聚会，心在一起叫团队。调研不仅仅为了调查研究我们的课题，更需要我们在调研期间对自身的综合素质有一定的提升，而在这其中最重要的一项指标就是团队意识。团队与个人是紧密相关的，当团队中的每个人都能心系大家，那么这个团队肯定不会差。说回我们的福建调研团队，由4位带队导师和18名研究生班学生组成。在小范围活动"4+18"的团队模式对老师来说显得游刃有余，但对于1000多千米外的福建，带领18名学生去陌生的地方完成整整八天时间的学术调研并非易事。调研期间，不同人扮演着不同角色，有的人一人分饰多角色，总是能考虑到大家冲在最前面，然而总有些人跟不上节奏，没有对自己准确定位，选择默默无闻也不作为。

主观能动性是衡量个人的重要标准。俗话说"细节决定成败"，在机遇与挑战并存的21世纪，抓住细节往往能让你先人一步。如何抓住细节与机遇？必不可少的需要你主动去迎合、去寻找和去把握。在我看来主观能动性分为思想和实践层面，两者缺一不可，思想先走了实践没跟上那是浪费脑细胞，实践跟上思想却走丢了那是徒劳。综观我们调研的一行人，每个被选上的调研团队成员都有被选上的理由，所以我相信每个人都有足够的思想觉悟，但几天的时间不难看出我们的团队暴露出了很多问题。在很多地方我们都没做好充足的准备，也因此吃了很多亏。众人拾柴火焰高，靠一个人去安排整个团队行程与各项事务是远远不够的，如果每个人都自发参与进来，我想就算是去南北极也会是轻车熟路。

畅想未来

　　培田古村，我们留不住你，但是我们又有什么办法来把你挽救？就拿建筑来说，明清时期，这里是当时建筑技术的典范，特别是当时的排水系统和地面的浇筑技术更是在技术飞速发展的现在吸引了外国学者多次到当地考察，然而如今的培田早已物是人非，有限的旅游收入根本无法应对庞大的文物维修投入，虽说维修由文物局负责，但是能从侧面反映出培田古村发展前景不容乐观。我相信在若干年之后，孟老师的话将会得到印证，培田古村遗址不会太远。不禁让人想起培田新村以及农村普遍的现状：星散的人口、荒芜的土地、日渐凋零的老人、损蚀的家风。

　　北上广深等一线大都市依旧是梦想归宿。理想中的海滩：沙滩、椰树、比基尼、帆船还有一层层的海浪，当在厦门第一次真正看到海滩时，有的是看不完的人，海滩是一口大锅，再配上烈日的温度，简直就是"饺子盛宴"啊！记得那天是在曾厝垵，厦门著名的旅游景点，离开景点的时候我们21人的团队愣是由于游客暴多被拆分为两批撤退，公交上也是人挤人。不禁感叹自己在城市中的渺小，但也看到了属于大城市中独特的魅力，相比乡村的寂静，我更喜欢这种有朝气有活力的城市生活环境。当然大城市的魅力不仅限于其蓬勃有生命力，更在于在这里有无限的可能，更多的机遇与挑战在等着你，你对每一天都会心存希望。

　　回忆起在培田新村采访面包房老板时，老板夫妇之前在厦门做生意，但迫于生活压力返乡，当问及以后有机会是否还会回到大城市时，他们毫无犹豫地回答到："那是肯定的，大城市有更好的教育条件，为了孩子以后还是要去城市生活。"也就印证了"逃回北上广"：选择了逃回二、三线城市的人，发现二、三线城市的生活也并非想象中的那般惬意，于是，他们又打点行装回到北上广。返回北上广是比逃离更艰难的决定，它或许是年轻人走向成熟的标志，同样也是一种无奈的选择。

一处景色，一丝情谊，爱上一座村

2016 级工商管理系　黄逸冰

一日无三晨，时间不重临

——谚语

所有随风而逝的都属于昨天，所有经历风雨留下来的才能面向未来。随风而逝的往昔我倍加珍惜，经历风雨的未来我无比憧憬。培田时光已逝，赋予记忆永存。

数珠溪柳色依依，深巷斜阳暮鸟飞。

——岑参

有人说："有太阳的地方就有中国人，有中国人的地方就有客家人。"培田，是藏于大山深处的瑰宝，有着"民间故宫"的美誉。古村占地面积不大，半天时间便可绕遍整个村子，漫步其间给人有种幽静的感觉。入村是条石板路，窄了些，路旁簇拥着一片片的鹅卵石。踏足其上，扎脚，俯身抚摸，硌手。鹅卵石光滑的表层难掩岁月的侵蚀，就如我眼前的培田古村。古宅错落在谷地间，用青板、砖瓦、陈木修葺而成。绿树掩映之中，黑色的砖瓦与白色的墙壁上下杂陈，恰似一盘杀得正酣的棋局。宅前的牌文各有深意，字形大有先

祖之风。一笔落下，似冲天之蛟龙，流转腾挪，从北冥之空，归于隐土之虚；又如过隙白驹，行云流水，来如雷霆；更有张扬跋扈，近乎癫狂的草书，铿锵有力，放肆纵横。细观细品，鼻尖四溢着古墨沉香，耳旁传出磨墨之音，仿佛千年前的墨痕仍未干去，继续续写着古村的辉煌。看着培田斑驳的老墙，想象一下，放松心境去感受。你能融入墙内，继而融入这座古村，融入这篇千秋史书。行道中间的石板，两旁的鹅卵石，恰似村口，又不似村口。村口大道笔直不弯，村间蜿蜒石路四通八达。路旁有溪水细流，淙淙潺潺，路旁无犬吠鸡鸣，宁静而不寂静。

春风得意马蹄急，一日看遍长安花。

——孟郊

我在培田古村，看到了培田人原汁原味的客家人生活环境，看到了热闹非凡的喜迎公太活动。幽长的石板巷、古雅的祠堂、精美的木雕，培田的古韵源于这些遗存下来的老建筑。清早的那眸晨光唤起沉睡中的我，农家乐那份热气腾腾的清明包，叫醒我藏于心中的乡愁，村口的水车骨碌碌地转着，石狮石鼓伫立百年，凌然不动。两根纹龙旗杆耸立天地。古屋地板由糯米、石子、泥浆所混合而成，经过长年累月的碾压打磨，刚柔结合。村落照墙圆围，月增清碧。祠堂门庐精巧夺人，迎来我偶目一视。午餐之后，饮尽正午日照的酣畅淋漓，却又带来了无限的惺忪困顿。让我小憩一下吧，安睡一下吧，梦游培田。慵懒的我，炽目的烈阳，清净的街道，时间仿佛就此凝固。从前的篇章，万古的回首，明清时期的培田降临此间。我非培田人，烈阳已过几多岁月，街道倾诉岁月蹉跎，唯意如此。日暮西山，炊烟升天。村头的水车已然停止，预示着村子将陷入沉默。高登山顶，俯视全村。村落的灰墙黑瓦，青板绿阶在残阳下熠熠生辉，行走村民的背影狭长至隙。培田呀！你和夕阳多么相似。凄美的夕阳在黄昏中奉献着丝丝光芒，古老的培田在岁月中褪尽辉煌。培田只剩下那一点残光，在我有生之年大概会遇见它的终结。是啊！长夜将至，我从今开始守望，静待培田沉寂。

碎琉璃瓦片多，烂翡翠窗棂少，舞丹墀燕雀常朝。

——孔尚任

自明清起，村子渐兴，人烟茂盛，科第蝉联，簪缨奕叶。培田小学前身为大名鼎鼎的南山书院，明清之际，书院共培养出119位秀才，渤水蜚英。近代更培养出大批留洋的进步人士，不愧为"距汀城郭虽百里，入孔门墙第一家"。往日的辉煌于今日的垂败形成了鲜明的区别。衰落啊！衰败啊！想当年长歌绕梁，四方英才踏门欢谈，咋会料想今日，灰尘推长梁，唯有远方客，踏足荒僻地。学子的雄才大略，乡人们的推崇礼拜,皆成虚妄。古今多少事,都付笑谈中。口口相传的南山书院啊,当人民在赞誉你的伟业时,却没想到真正的你早已沉寂,残垣断壁呈现在我面前。我想用手去抚摸你,无奈灰尘附着其上,我真的无法再感知了。想擦去其上的灰尘,无奈堆积繁多,无法再清理。我只能向书院挥手告别,告别这边遗忘之地。我离开的一瞬间,一个念头令我兴奋而痴狂。辉煌啊!辉煌啊!先变成粪,再变成土,再被人遗忘,之后就将什么的不剩了。时间能带走一切,一切的一切。其实不想走,其实我想留,可是留下来谁陪你度过每个春夏秋冬。

持谢邻家子,效颦安可希。

——王维

荣膝居大概是培田古村最小巧玲珑的建筑。她的占地面积极少,不超过60平方米。但我敢说她凝聚了整座培田古村我最尊重的气节。"可谈风月"这四个大字深深嵌在青苔石壁上,引人遐想。有人说荣膝居是最早的女子学堂,在当时"男尊女卑"、女子不可读书的环境开辟了一片弹丸之地。女子可以读书、学女红、谈论婚事。虽为毫末,但自由围绕在这座小小的屋子中。踏足进入,文秀的装饰滋生出淡雅的气氛,居中那位老奶奶十分谦和,请鱼贯而入的我们入座。我从老奶奶的举止中观测出了少许礼节,独属于女子的礼节。虽然年岁不与她,但尊礼之心未受时间消损。我在全国各地的许多古村看到过贞洁牌坊,贞洁牌坊树立在入村的通道上,仿佛同样也拘束着整座古村的思想。古时毫无人性的"三从四德"压抑着女子渴望自由和知识的内心,培田却冲破了这方面思想的限制。好一句"可谈风月",好一方荣膝居。静坐其间,可谈风月。三从四德,皆为虚妄。冲破陈旧礼数的培田女子,知性并且知识,此举甚好,此居甚好。

操千曲而后晓声,观千剑而后识器。

——刘勰

在调研的路上,我默默聆听着老师们的言语。孟老师和童老师的思想远超我,其广度和深度令我望尘莫及。在从村委会返回的途中,童老师的那句感叹久久盘绕在我的心头。"先行者永远要承担最大的风险,最大的指责,失败了遭受白眼和侮辱,成功了遭受诽谤和流言。但先行者仍会选择先行,即使棒打出头鸟,纵使逆行而上,他们仍不会选择放弃。"为什么呢?其实啊,没有什么为什么。众人以势取人,先行者却未以状止行。与众人思想和举止不同,现在的你却没有实力,只能低头行进。抬头需要实力,低头需要勇气,只有铁打的肩膀才扛得起光芒。我们走着自己的路,永远不要选择逃避,我们的每一步都决定着最后的结局,我们的脚步正在走向我们自己选定的终点。如果有人在背后议论你,那只能说明你活的远比他们精彩。冷嘲热讽是对你的赞赏,闲言碎语为你的精彩鼓掌。他们只不过为你歌唱先行的赞歌。我们活着不是为了取悦别人,而是为了活出独属于自身的精彩。调研的道路上,我们原有的知识和能力遭受到了挑战,通过实践发现了自己许多的不足。就比方与村民交流这件事,如何打开话题,再进一步取得我们所需要的信息。我欠缺的,必将在之后的实际行动中加倍奉还给我。急躁不安的性格、慌忙紊乱的逻辑,证实了我的不足。但我正年轻,千门明月,天如水,正是人间佳节。开尽小梅春气透,花烛家家罗列。来往绮罗,喧阗箫鼓,达旦曾歇。少年当此,风光真是殊绝。我需要行动,在实践的过程中身体力行。我需要平静的内心,接受那些我无法改变的事情。我需要能力,改变那些我可以改变的事情。我还需要知识,知识可能来源于老师、实践或者是自身的思考,但最终尽归我有。

王于兴师,修我矛戟,与子偕作!

——诗经·秦风

福建八天调研,我感触颇多。返回住所的我不禁反思总结大会上的一幕幕和带队老师的一言言。经历的太少,才会觉得鸡毛蒜皮都是烦恼。在一路上,当我觉得行动容易的时候,一定有人替我承担了那份不容易。我感觉不能,永远不能逃避责任。其中一位带队老师身体力行完成自身的责任,其他老师也在背后默默承担责任。我感谢,我反思,我抱歉。出生平凡,未有天赋,但我总不能在不断逃避中后退吧,急躁易怒的情绪理应了却,团队的主观能动性理应加强。在调研过程中的每一篇新闻稿,出笔于大家但初稿后修改的任务皆落在了少数人上。这十分不可取,作为一个团队,团队中的每一份子都不可推卸责任。想想看,共处一室,共同讨论,协力合作,岂不是美哉?大家一起工作的感觉真的很棒很棒,此景永恒,星辰常在,苍穹不老。即使你坐在其中,不参与其间,但共处一室气氛会令大家温馨并且团结。并非你擅长的事皆要你来做,其他人也可以尝试一下,或许就此发现自己的闪光点。然后呢,升华!我不逃避责任了,我会重拾责任,不指此事,放眼未来。

这段记忆,可能只是我浩浩识海中微不足道的一处。但它将会永久存在,亘古不变。即使调研时间很短,但我认识到很多。所有随风而逝的都属于昨日,所有经历风雨留下来的才是面向未来的。我想经历得更多,我想多走点路,多尝些苦,多看些人。最后,我或许会成长为一棵苍天大树,那时,你赞我一声良木可好?

驻足福建，思索发展

2016 级自动化系　欧林

转眼间，为期一周的福建调研画上了完美的句号。对于一个大学生来说这一周的调研只是我生活中的一瞬间，但是这一瞬间在我看来却是最刻骨铭心的，因为它不仅开阔了我的视野，让我多角度观察到衰败萧条的农村和繁华昌盛的城市，而且还启示了我许多的道理，改变了我的一些错误观念。这些宝贵的调研经历犹如血液般融入我的生命，成为我成长历程中必不可缺的一部分！

夕阳下的"老人"

很早就听闻了福建省连城县的培田有着"民间故宫"的美誉，它因保留了较为完整的明清时期古民居建筑群而闻名。它有令人叹服的精致建筑，精湛工艺，浓郁的客家人文气息。当我慕名来到这个古老的村落时，眼前的一切都是那么的古朴优雅：鹅卵石镶嵌而成的小径四通八达、屋前的小渠静静流淌、泛红的老墙溢出丝丝清香。眼前一切深深地吸引了我！

连城县的培田小学前身是明清时期的南山书院，说到明清时期的南山书院，佩服之情油然而生，它在当时拥有极高的社会地位。数百年来，从南山书院走出了一批批文武英才，仅明清时期培养出的榜眼、翰林、进士、秀才就有 150 余人、其中官至五品的就有 7 人，四面八方的学者都想涌入这个精英学府！可见明清时期的南山书院是极其优秀的，它就是当时社会的人才摇篮。反观现今的培田小学，它的教育资源是相当匮乏的，这个小学现在只有 6 个班，共 58 位培田本地的小孩，更糟糕的是培田小学只有 7 位老师，而且其中还有一位是代课老师，他们在合约期结束后都不愿意继续留下来任教；另外整个小学的基础设施极差，学生们在只有两层的教学楼上课，供学生们活动的是泥泞坑洼的操场和寥寥无几的活动设施，老师们还在使用落后的粉笔授课，学校的多媒体也不知为何无法投入日常的教学中。现在的培田小学无论是从生源还是教育环境都远不及大城市的现代化学校了！它已然成为夕阳西下的老人了，昔日的辉煌一去不复返，终将消失于我们的视野！

现今培田小学的状况也从侧面反应出培田衰败的景象。整个古村占地面积大约13.4平方千米，有1500余人，但是他们中大约有600名青壮年因不满足于古村的工作而外出务工，剩下老人和小孩凭借着稀薄的土地安居生活。整个古村呈现着孤寂、冷清的面貌。培田还能够留住热血青年吗？历经几百年沧桑岁月的客家文化还能够承载培田古村的发展吗？未来的培田又该何去何从？

漫步在培田的古建筑群中，在我流连忘返这些古朴建筑的同时，我不仅看到了独具一格的建筑风格，而且我也看见了居民给培田留下的"伤痕"，一路走来，我们看见一辆辆废弃的汽车被随意地抛弃在河边，人们的生活垃圾也在河道中静静地"流淌"，一些建筑的废弃材料也抛在了公路边，更加严重的是古建筑在时光的"洗礼"下也慢慢倒塌。这里的生活并不是那么的称心如意，不管人们怎么挽留，也是无法阻止古村建筑倒塌的，终有一天，这个庞大的建筑群将会从这个世界上消失！它的消失也意味着农村的衰败是无法改变的，这种衰败我们也无力阻挡！人们也终会看透这个现象，逃离农村！

世外桃源

告别了夕阳下的培田古村落，我重拾心情，满心欢喜地期待下一个目的地——聚龙小镇！福建省惠安县的聚龙小镇是以"人文"、"森林"、"湖泊"、"运动"为主题而开发的，是一个集生态、养生、居住、运动、人文等为一体的综合性大型园区。当我初次来到这个面积约2万亩的小镇时，我耳目一新，映入眼帘的是楼阁台榭，各种鲜花绿叶相互依偎，别致的楼群在湖面留下了倒影，整个小镇好似一幅优美的风光图。我们在工作人员的热情引领下进入了小镇的售房部，在偌大的售房部中央，一个巨大的沙盘映入我的眼帘，当我站在沙盘的梯阶上时，聚龙小镇的庞大规模让我久久无法平静，在这里不仅有独立的医院方便居民就医，而且还有专属的私立学校，包含了从幼儿园到高中所有的教育，还有高尔夫球场、恒温游泳馆等各类运动场所，充分满足了客户的不同运动需求。而且从沙盘上可以看出整个小镇只开发了不到二分之一，后续的开发还在按部就班地进行。

当我漫步到小镇的湖边时，正巧碰到一些年长的居民欢聚在湖边小亭，他们正在举办聚龙小镇十周年庆典——饺子宴，大家各司其职，互帮互助，共同烹饪出浓香、精致的饺子，整个小亭洋溢着幸福！眼前小镇的一切都是那么温馨美好！整个小镇远离了大城市，它把自己封闭了起来，就好似一个世外桃源！

经过一段时间的了解,我对这个城外之城的看法有了一些改变。这个小镇虽然风景秀丽、生活设备非常完善、邻里关系和睦温馨,但是我在这个小镇上并未遇见大量青壮年,反而我看见了许多老人,另外小镇的房屋入住率也不是很高。这里缺少了一丝年轻的气息与活力,倒是小镇的舒适环境极其适合老人安度晚年。人们在这个"城外城"居住,他们远离了大城市的快节奏,就如同桃花源一般。小镇其实就是在圈地围城,它把居民封闭起来。但是这样的生活模式并不是青壮年所需要的,年轻人需要的就是城市的大量信息以及各种机遇。然而聚龙小镇无法给予青壮年所需要的机遇与活力,它更适合老人安度晚年!不管未来聚龙小镇发展得如何辉煌,我始终坚信它只要脱离了大城市的轨道,那么它也无法挽留拼搏奋进的青壮年。只有大城市的快节奏和各种机遇才是青壮年真正需要的!

黄金岛

随着轮船的轰鸣声,一个翠绿的小岛慢慢映入我们的眼帘,我模模糊糊地望见小岛的制高点上有一面迎风飘扬的彩旗,旗的旁边拥挤了许多的游客,场面十分壮观。这个人气旺盛、风景秀丽的小岛就是我们的目的地——厦门的鼓浪屿,在这个小岛上,海风不停地刮着,驱逐着岛上的炎热,留给了人们酷爽。细心观察发现眼前小岛的景象却和聚龙小镇截然不同!这里没有宽敞的道路,有的只是四通八达的小径,这里没有汽车的尾气,有的只是青石上的脚印;这里没有幽静的街道,有的只是小贩的叫卖!在这个小岛上,它的人丁依然是那么的旺盛,岛上的居民依然安居乐业,他们把这个"孤岛"治理得那么安逸、美好!

小岛上的居民有一万余人,他们依靠旅游业收入和手工业收入来支撑经济发展,他们依托祖辈留下的教堂式房屋,以及周围独特的地理环境来吸引各地游客,从而增加了小岛的人气和收入,但是最不可思议的还是他们的房价,小岛黄金地段的房屋现在居然已经卖到了十几万一平米!它的房价居然比号称"城外之城"的聚龙小镇高出整整16倍!这个小岛虽然四面环水、交通不便,但是它拥有别样的地理环境,以及独特的建筑风格,它已然成为了一个旅游度假的胜地,不断吸引游客前来游玩,也正是因为它的旅游业蓬勃发展,所以它的经济才变得异常发达!

  为期八天的调研工作完美落幕，这次调研是一次用自己的眼和耳去感受农村和城市的机会，通过一周的学习，我受益匪浅，对农村和城市有了更为详尽深刻的理解，学习到在学校没有的东西。我相信在未来，这次调研的经历会潜移默化地影响我，成为我生命中的一部分！

钱塘的故事

2016 级计算机科学系　刘渝

四月的山城，草长莺飞，是个有活力的城市。经过一个寒假的准备与期待，清明过后，大焕城市化研究生班的第二次调研活动如期进行，这次孟老师带着我们走进了重庆合川钱塘镇。

清早，大家都准时来到了校门口集合，没有阳光，天是阴着的，同学们却都是激动的，对这次调研充满了信心与期待。半个小时车程后，我们来到了这个合川的人口大镇——钱塘。

初探钱塘

在从合川区到钱塘这段路上，我一直看着窗外。房屋由多变少，越来越多的是荒山，也有处在山里的村落，一部分房子都已经破旧，屋前屋后的土地也无人耕种，看上去不像有人常住。这里应该是钱塘边缘的村子，原住在这里的居民或许搬到镇上了，或许外出工作了。这与之前的了解是相符的，钱塘镇外出务工的人在全镇人口中占比很大，大部分青壮年都离开了这里。

不一会儿，我们就在钱塘镇的入口，最接近高速路的地方，看见了几个工厂。大都是服装生产、汽车零部件加工的企业。由于是周末，没见到多少人在工厂内行走，也不知道运营的情况怎样。但是能够初步判断，这里有个工业园，是有工业基础的，且在高速公路边上，交通是较为便捷的。

进入以后，汽车又行了一段，我们到了钱塘镇中心，这里有商铺，广场。带领我们的研究院的三位老师又强调了一遍此行的目的与要求，周围路过的老奶奶也会好奇地听一下，然后我们便分头行动了。

组长带领我们从岔路的一边往下走。早就听说钱塘有大量劳动力输出，就在本镇内就有直接开往广东、深圳的大巴。在钱塘的街头走走，发现这个现象真的很明显，街道上的行人很少，有的也只是老人小孩或者妇女，整个街道也有点冷清。

深入调研

为了能够更加深入地了解这里的情况，我们决定与这里的居民、商铺老板进行交流。带着我们对这里的一些疑问，我和小伙伴走进了小饭店、宾馆、家具店、电器商店、零售店。经过交流发现，这些店家基本上都是钱塘镇的原住民或者钱塘周围村里的人，一年收入在两三万，但有些商铺也表示除去成本没有收入。所以自己在镇上有房不用交租金的商铺收入会稍微高点。许多店也都是妇女在经营，很少是夫妻同在，妇女留在镇上的原因基本都是为了照顾孩子上学，孩子父亲外出工作，回家的机会也很少，只有过年过节才会回家。这也就使当地商铺的生意只有在过年过节的时候才会好点，每到那个时候，钱塘的街上会很热闹，路上的车也多起来，所以，这里的家庭，大部分收入都来自外出工作。之前看到的那些工厂大都是外地人过来修建的，员工基本是本地的妇女，生意也不是很景气，有的甚至修好了但从没有使用过。

从商铺交流完出来，看着街上的景象，我的心情变得沉重了一点，疑惑也多了一些。现在很多区县肯定也是这样的，变成了留守城镇，年轻的人外出工作学习，剩下少部分的人还留在当地。那这里存在的许多资源怎么办，外出工作的人年老了是与家人留在工作地还是回到当地，留守城镇的将来会发展成什么，这样的发展方向是否正确？

经过一上午的调研，同学们都有些疲惫了，我和小伙伴们一起来到了老师约定的地方吃饭，休息。在饭前，老师与我们坐在餐桌前交流今天上午的成果，与我们一起分析这里的情况，引导我们对问题展开了讨论。这时窗外飘起了小雨，现在还是春天，春雨淅淅沥沥的，很快窗外的钱塘镇笼上了一层薄薄的水雾。孟老师坐在离窗户最近的地方与同学们一起探讨问题，此情此景真是美极了，再次感谢自己加入大焕城市化研究生班。

饭后稍作休息，雨停了，孟老师和一位老爷爷带我们前行。走过街道，穿过小巷，我们来到了钱塘镇附近的村里。这里是离镇中心比较近的村子，但是我们仍观察到有很多房屋是破旧的，没人常住，老师打趣地说这在以后可以称为农村遗址了。

踩着石板路往前走，我们在一口井边看见了一位打水的老奶奶，她与我们讲起这里的故事，以前这里有很多人，现在许多都外出工作了，只剩下一些老人在。说完这些，她担着水桶走了，看着她远去的背影，似乎看到了正在衰退的钱塘，不知道农村劳动力的大量出走，对农村的发展会产生怎样的影响，到底是积极作用多些，还是负面影响大。

将近下午，我们再次乘车来到了钱塘镇的大型农业基地，由于下过雨，一股泥土的芬芳扑面而来，让人感觉很清爽。这里是一个葡萄园，现在是葡萄藤发芽的季节，还没有爬满支架，很容易就看到了葡萄园里忙碌的阿姨。我们也弯腰进了园子，学着她们的样子把多余的枝条摘掉，阿姨们便很愉快地和我们聊了起来。原来她们都是这附近的村民，这土地原本是他们的，后来被别人承包来做了规模化生产的葡萄园，他们在这里工作60元一天，承包商每年还要给些土地租赁费，每年到了收获的季节为游客提供葡萄采摘，餐饮服务也会带来一大笔收入，这样他们每年的收入也是在三万左右，这应该比他们自己种地要好些吧。我们继续往前走，发现葡萄园比较大，道路也很通畅，有些地方还种了西瓜，水白菜，灌溉的水管也遍布了所有的地方。但是很显然这里的农业专业化、机械化的程度还不够高和完善，不过我觉得这里能发展成这样，也是找到了一条很明智的路，只是还需要更多的支持。

归途

我们走完了整个葡萄园已经快到傍晚了，研究院三位老师带着我们往回走，孟老师走在最前面，同学们紧跟在他身后，听他总结着我们这一天的收获。我对农村劳动力流失是否会影响农村发展这个问题产生了新的想法，就像葡萄园一样，或许更少的人种地才会提高农民的收入，城市化的进程才会更快。我心中的疑惑解了一半，新农村迫切需要专业化的发展，不管是农业还是工业；另一部分的疑惑还需要我多阅读，多思考。

与老师和同学们在一起行走的这一天，让我收获很多。作为当代社会的青年，要多了解时事，了解社会发展的方向。心有所愿，行而成立，靡不有初，鲜克有终，行动与坚持很重要，望以后的我，能不断思考，在老师的带领下学到更多的东西；望新农村的发展能走上正确的道路。

钱塘调研感想

2016级通信与信息工程系　倪森

人说，上有天堂，下有苏杭。其实在我看来，任何有山有水，鸡鸣炊烟的地方都是人间仙境。我们在城市待得太久了，渐渐忘了鸟语花香，绿意盎然。在光污染下，我们又见过多少次繁星闪烁，我们被快节奏吞噬，在压力下"体面"地活着。钱塘之行，让我看到了我想看的，让我感受到了我想感受的，走在人迹罕至的村庄，我就像被绿色包裹着，忘了"体面"。

清晨，我们搭车前往钱塘。天气微凉，很舒服。一路上见到不少水田，仿佛农耕已经深入每家每户，这些在北方是见不到的，我很激动，急切地想一睹钱塘的风采。

踏入钱塘，老式居民楼接二连三，和三线城市比起来，这里也确实落后不少，可这里偏偏又多了一种韵味。那种比培田古镇薄，又厚于合川的感觉。据我们观察，老人更愿意留在这里，他们年轻时，这些楼也是新的。一块块墙皮落下，露出的可能是他们对这座小镇的不舍吧。其实，很多人向往着大都市，可又在快节奏生活的逼迫下怨天尤人。努力打破现状才不会被快节奏的生活挟持。我们也可以享受都市风情，就像他们沉浸在古朴的气息中一样。

我们刚进入这座小镇，在路旁商量着下一步如何进行时，来往的行人像从未见过似的驻足观望。倘若在大城市，又有谁会注意到我们这一行人呢。即使它四通八达，可它却像已经被人遗忘，与世隔绝。年轻的人背起行囊踏向四方，孩童和老人留在小镇等候他们回来，整座城镇除了年久的气味，还有期待。缱绻的感情在小镇上空环绕，孩童的无忧无虑，老人的和蔼慈祥把这座小镇装扮得不再那么令人难过。

小镇上的个体商户收入都不是很高，进到店中更是一阵冷清，经济萧条是这个小镇给我的第一印象。之后，我们对小镇的经济状况做了调查，发现经济萧条也是有原因的。

小镇有十万人，城镇两万，农村八万。这里一直是以农业经济为主要收入的，但是农业发展缓慢，物价上涨，经济收入低，年轻的人们只能离开这里，而剩下的人继续耕作。但是小镇没有进行专业化改革，土地利用不合理，不能利益最大化，人们同样无法摆脱贫穷。若一直这样下去，这个小镇将会消失。人口越来越少，荒地越来越多，人们继续迁到城市，这是个死循环，无论迁到城市还是留在这里，生活的重担始终压在他们肩头，因为这个原因，农业发展在这里变得这么落魄。

同样，小镇建设了工业园区、水产养殖区、商业街，但是成效都不是很大。正像我之前说的，劳动力因生活压力变得极其廉价，所以，大量劳动力迁移到了城市，导致钱塘很多工厂都停产，小区开发到一半因资金不足而停工。这都反映一个问题，这里经济流量小，且缓慢。钱塘小镇拥有基础利民设施，大量零售业，同时，也拥有小量不同领域的产业。这样一个资源极度不足，人口老龄化严重的小镇，怎么能支撑这些产业的发展呢？钱塘小镇的问题只能用小镇专业化来解决，在保留基础设施和零售业以外，围绕本地特有的资源来发展，也就是大力发展农业。全镇必须把空闲的土地利用起来，舍弃其他产业才可能使小镇致富。福建培田古镇就是这样做的。同钱塘一样，很多年轻人到了外地谋生，可有一点不一样，就是剩下的居民在当地政府的支持下大力发展旅游业，历史悠久的小镇变成了旅游胜地，游客的门票钱变成了当地居民一份不可缺少的收入。

所以说，小镇专业化是每个小镇必须经历的，否则就会被淘汰。接下来我们去了一个村庄，历史悠久，景色优美。有一句诗形容得很贴切："人去楼空花已尽，花谢人散未有期。"村庄里空房子很多，厚重的石板上覆着青苔。"村子还有多少人呢？""人们都走了，十几户人家吧。他们每逢过年那几天回来看看。""这蜜蜂是您养的吗？""不是，我侄子养的。""那他卖蜂蜜吗？""要卖，要卖，也能挣点钱。"这是我们同学和一位老人的谈话。的确，刚进入村子，感觉这里像桃花源一样。"土地平旷，屋舍俨然，有良田美池桑竹之属。"可偏偏少了"其中往来种作，男女衣着，悉如外人。"村子土地极广，但因为人口流失的缘故现在只有十几户人家，可十几户人家又怎么能耕种得了呢。土地资源得不到充分利用，村子又何谈发展？

钱塘在必要产业保留的情况下发展农业是最好的选择，恰巧钱塘也有大力发展农业的趋势。在葡萄园我们看到了葡萄种植的过程，一片园区只有几个工人，且工资都不高。劳动力廉价，是钱塘发展农业的一大优势。葡萄园附近很多土地都是私人的，都承包了出去，为企业种植油菜花，西瓜等农作物，土地的主人负责耕种。据我们了解，若他们自行耕种，一年的效益远低于承包给企业的效益。葡萄园和土地承包都是小镇农业专业化的一个良好开端，若坚持下去，钱塘必定会有一个可观的改善。

钱塘给我的想法就是小镇必须进行专业化，在保留基础利民设施后借本地优势大力发展相关产业，才能达到自给自足。改变虽难，但不试一试怎么知道呢，我相信，我们会在小镇专业化的道路上越走越远。

钱塘旖旎，和风撩人心

2016 级计算机科学系   刘云辉

时间的沙漏沉淀着无法逃脱的过往，记忆的双手总是拾起那些明媚的忧伤。

我们一行人终究是来到了这个小镇，和风袅袅，风儿轻轻地诉说着欢迎。一群青春靓丽的人儿，让这个寂静的小镇仿佛有了生气。即使小镇的风景如此的迷人，但这依旧没有干扰到我们的调研工作。老师对我们本次即将开展的调研工作进行了一个总的交代。一行人围在一起商讨着任务细节，这吸引了路上行人的目光，以为来了什么大人物，但他们却不知我们也对这里充满了好奇。

分散开来的我们像是一群刚刚离巢的小鸟，叽叽喳喳地讨论着各种话题。带着期待的心情，我们开始按照预定的方向探索这个小镇。

我和搭档们一行四人来到一条"商业街"，这里有各种各样的商品。当我们看得眼花缭乱的时候却感到了一丝违和感，当时正直早上八九点钟，正应该是客人络绎不绝的时候。但现在街上商铺都已开张，货品都摆放的整整齐齐，不过光顾的人却寥寥无几。我们询问了几家店铺，了解到这个城镇的人大都外出打工，只剩下一些妇人和孤寡老人，所以来往的行人都很少，销售量也都特别少，至少在我们询问期间并没有一件商品被卖出，这不禁引起我们的深思：小镇出了什么问题？

后来我们在调研过程中遇到了一个十分健谈、也很有学问的老爷爷，当他了解到我们是大学生过来调研的时候，就特高兴地说如果我们有什么要问的他都可以告诉我们，于是我们询问了许多问题，果然他没有骗我们，上至国家政策，下至家庭老小，老爷爷都一一为我们解答。从老爷爷的口中我们了解到整个小镇的发展史，从原来的兴盛到如今的这副模样，和当地老百姓生活的艰难。老爷爷与我们交谈的时候，表情也是十分精彩；讲到当年兴盛一时的小镇时，满脸的骄傲，讲到现在的日子时，满脸的落寞。这种表情是一种油然而生的，并没有丝毫的做作。经历了整个小镇兴衰的老爷爷脸上的每一条皱纹都仿佛有一个故事。但老爷子并没有一味的沉浸于回忆与现实的残酷中，没过一会就又恢复了满脸笑容，他的笑十分乐观，十分有感染力，像和风一样轻轻地拂过我们的心灵，让我们从感叹小镇的兴衰中迅速恢复过来，让我们仿佛又有了希望。有如此乐观的老爷爷，我觉得又有了力量，毕竟乐观是会传染的。问完问题后我们不舍的离去，回味着老爷爷的话，又感受着这个小镇，听了老爷子的话我们感觉这个小镇变得那么"活泼可爱"。

我感觉到了老爷子依依不舍的眼光，可能很久都没有像我们这样的人来听他的倾诉，我们也是十分的不舍，但是聚久也会散，愿你一路走来通宵达旦，愿你笑口一直常开。

离开"繁华"的街道，我们踏上了乡间小路，可能是在城市居住太久的缘故，我们都被眼前的一切吸引了，风景美如画，四周寂寥无人，只有鸟和风的声音，偶尔遇到人家，都在忙碌。我们围绕在一片绿色之中，心情仿佛被放飞。呼吸着浓浓的乡土气息，我感觉又回到了小时候，那种在田间无忧无虑的快乐的玩耍的日子，现在也回不去了，不过我们可以带着回忆走进梦幻，流浪着彷徨走着看着，寻觅村庄沿路的美妙花香。这个村庄保留着一种原始的气息，石头建造的房屋有所坍塌，但是又有种别样的美丽，村里还有一口很小的井，水很清澈，我们刚好碰见一个前来打水的阿姨，她对我们说，他们一直喝这里的井水，生活已经离不开这口井了。

身处于大城市的我们可能很难理解这种生活方式，我们有自来水，还可以在商店里买到水喝，但是在这个村庄这口井就是一个十分重要的生活水来源，我不禁对这口井产生了一种敬佩之情，它默默地滋养着整村几百口人。

随后我们又参观了葡萄园，可惜的是现在并没有到葡萄成熟的季节，所以我们并没有如愿地尝到美味的葡萄，可是此行也并非毫无收获，我们了解到了整个葡萄园的运作以及收入。行走在葡萄园周边的田间小路上，我们看到了许多在田间干活的老爷爷老奶奶，当我们走近，他们放下了手中的农耕器具，和我们友善的交谈了起来，同学们在旁边做着笔记，也是乐此不疲，我们从交谈中了解到了很多东西，这个村落并没有我们看上去的那么美好。老一辈的种地，而年轻一辈的都已经外出打工了。这个村庄只剩下了一个空壳，没有了当初人声鼎沸的热闹，有的只是山间的自然之声。空泛的田野上只有零零散散的山村人家，这不禁让我们感到惋惜，这里的美景并不能被外人所熟知，美丽的田野不能被人们欣赏。

  我们走在乡间的小路上，讨论着这一天的调研结果，偶尔大家也都提提自己的论文题目，说说对这个小镇的认识与理解，也聊聊在调研途中的有趣事物。

  我回头看了看这个小镇，淳朴的民风，那个健谈的老爷爷，那口清澈的古井，那一个个朴实的微笑，这一切都在这个小镇上，是这个小镇特有的，即使这个小镇衰落它们也不会消失。这里的一切都让我流连忘返，或许它不是完美的，但它一定是独特的。这里记录着我们的足迹，我们也无法忘记这里的一切。

钱塘镇春行

2016 级工商管理系 江烨楠

天气阴凉，我们早早地出发，刻不容缓地前往钱塘镇。仅二十几分钟的车程就到达了目的地。

车驶出高速公路时，路边逐渐出现了几个服装工厂和机械工厂。车停稳后，当我们在三叉路口集中分配任务时，几位路过的老人好奇地望着我们。孟老师猜测老人们以为我们是政府扶贫的工作人员，亦或是像我们组团式的一行人出现在街头令人新奇吧。而我觉得老人们是爱热闹的，比如他们喜爱围观下棋、在集市上围着看杀鱼。我四处一望，触目皆是普通的街道和建筑，心底暗自感叹这个城镇没有什么特色啊！这里不像安居古镇那样吸引人，没有古色古香的街道，就是一个很普通的小小的乡镇而已！可为什么我们会来到这里调研呢？

随后，满腹疑虑的我们组团深入钱塘镇。不知是由于日期关系还是时间关系，街道的车辆行人较少，店铺有的虽已经开门但也很清闲。走在街上，道路两旁基本都是四五层高的楼房,看起来装修还不错。我愈发觉得这个小镇跟我老家的乡镇差不多,心存疑虑的还是:为什么要在这里调研?接着我随同学调查了几家商铺。商家普遍都说旺季生意兴隆,淡季生意差。每逢春节外出打工的人们都回到了钱塘镇,那时候整条街都非常拥挤,人头攒动。现在淡季一个月都挣不了多少钱,全靠外出打工的青壮年赚钱来补贴家用。如今经济增速较为缓慢,物价上涨,并且现在生意普遍都很低迷,店铺没有优势是做不下来的。怎样使自己不被其他同行所淘汰?是每个商家正在思考的。

调查过程中,我们在主街寻找到了镇政府所在地。这小小的入口就是政府的大门。走进去,寂静的空气,喳喳叫的鸟,越发凸显了这个干净的地方。就像一栋小学教学楼,麻雀虽小五脏俱全。我们在政府公告栏上看见了钱塘镇规划的发展方向是建设一个工贸型小城镇,发展汽车配件制造业、规模化农业园区、有机果蔬种植等。在完成任务闲逛的时候,我们来到了集市。街上老人们坐在自己的菜摊后,悠闲地交谈着。一有人停留在菜摊前,老人们就急忙上前吆喝。

中午吃饭前,我们几个组与老师们分别就上午所获得的资料进行了交流。我们最后得出:钱塘镇为留守城镇。大量妇女儿童老人还居住在这个小镇上,而青壮年男子都外出务工。小镇的交通较为便捷,劳动力廉价、地价便宜,但工业基础薄弱,因而钱塘镇吸引力不强。我们推测钱塘镇在2000-2010年城镇化发展速度最快,2012年后则慢慢地减速了。我认为政府将钱塘镇定位为工贸型小城镇还是不太准确的。

听闻钱塘镇是合川北部最美小镇,我想待会儿应该可以一睹它的风采了。午饭后,阴云逐渐散开,在一位老人的带领下,我们从镇上穿过又窄又短的甬道,一瞬间就身处乡间。映入眼帘的有鱼塘、有菜畦、有竹林、有老屋,好一片田园风光。我们呼吸着清新的空气,踏着雨后泥泞的路,小心翼翼地走着。我感受到这初春美景,让人想要马上归隐田园,去拥抱大自然的美好。原来这里就是美丽的所在。遍坡都是石墙瓦房隐于山林,真像是一个世外桃源,宁静而美好。但这些老屋几乎没人居住,偌大的院子里只剩下几位老人。他们无奈地说,只有逢年过节之时子女们才会回来。是啊,现今年轻人都愿意去大都市打拼,谁还甘心留在一个小镇上,只得留下老人们孤独地生活。

当我们从小径回到镇上时,向远处一看,一排笔直的楼房后竟是乡村。我觉得这是小镇的地域形态特点吧!可以看出它呈条带状,小镇与乡村随时切换。不知是小镇阻拦了乡村还是乡村包围着小镇。我想应该是小镇阻拦了乡村。

在走访的过程中,听说钱塘镇附近有个大规模的葡萄园区,我们就一直惦记着它究竟有多大呢。在阴沉沉的下午,我们终于来到了心心念念的葡萄园区。我们以前看过的农田大多都属于小农经营模式,但这里的农田却是专业化规模化经营模式。这里用的葡萄架式是双十字"v"型架。这是当今国内新型的实用架式。看来,这里运用的技术很先进嘛!其方便整

枝、疏花、喷药等管理工作,有利于计划定梢定穗、控产,实行规范化栽培。现在这个季节正是葡萄的生长期,工人们正在整枝和疏花,她们熟练地折掉多余的枝叶,只留下一株,并用红带子将其绑住。这样就可以提高葡萄的品质。工人说,葡萄园

区是被老板承包的，再聘请她们干活。

参观完葡萄园，我们在这附近的村子里逛了逛。田间，一些农人在施肥，空气里飘散着一股难闻的气味。我们询问了一下他们的农忙情况。他们用的是养鸡场充分腐熟的农家肥。他们的地被老板承包了，自己在老板手下干活，虽然累是累点，但总比自己种地好，至少在自己家门前就能挣钱。他们收入来源于每年每亩1200元左右的土地租金和50元一天的人工费。这个村子里只有一两百人，50岁以下的人少，晚上住的人也少。看着越来越空的乡村，我们越来越担忧它的未来。虽然国家不断致力于新农村建设，但是农村人口流失、重工轻农等问题一直影响着农村的发展。

在回校的路程里，我终于理解了我们为什么要去钱塘镇调研了。只因为它就是千千万万个留守城镇的代表，它的经济仍处于一种发展滞缓的阶段。所以，我一直在思考：像钱塘镇这样的留守城镇究竟要怎么发展，是任其衰退，还是扶它一把，这是需要我们进一步探讨的。

钱塘镇之行

2016级工商管理系　吴海学

4月8日的早上，我们怀着雀跃的心情来到调研的目的地——钱塘镇。在我看来小镇一定是古色古香的，我仿佛看见街道两旁的瓦房整齐有序地排列着的景象。我们为了更好地高调研效率进行了分组，每队都有一个小组长负责带领队员们去收集资料和实地调研。街道上突然出现一群穿着光鲜亮丽的人是那么的引人注目，没过一会儿几个婆婆就走过来站在我们身旁围观我们，她们一副想要探究真相的神情让我忍俊不禁。

钱塘的房子有些老旧，但在老旧的房子之间还有些拔地而起的新建筑。我从网上了解到钱塘古镇是合川区第一人口大镇，总人口达9万多人。在去钱塘前我想象了下钱塘是什么样子的。在我的想象里它拥有车水马龙的街道，人声鼎沸的人群和热热闹闹的环境。对门的两户人家互相吆喝分享彼此遇到的趣事、老大爷和老太们提着刚买的菜悠闲地逛回家去、儿童想要玩具却被家长呵斥的声音在街市上响起、街道两旁排列着井井有序的房子，屋顶上是一片又一片井然有序的瓦片。可事实却是相反，此时呈现在我眼前的是冷清街道两旁散落着三两户人家的画面，没有车水马龙、没有买菜的老大爷老太太、没有繁华喧闹的街市，整个镇子很安静，好像睡着了。

我和我的组员们来到一个社区，这或许是人群聚集较多的地方了。社区里围着很多人，我们上前查看发现是其他高校的学生在这里举办志愿者活动——让小孩子们参加趣味比赛。我们决定先寻找社区里的居民采访，然后再来采访带孩子来参加活动的家长。走进社区，我们看到两位奶奶坐在小区门口唠嗑，她们也是我们的第一批被访者。奶奶她们是镇上的本地居民，家里年轻人都在外面打工，她们待在家里除了守家还会帮忙带孙子。告别了两位奶奶，我们来到了举办活动的地方，兵分两路，一队进了活动现场，一队在活动的外围。一位单独站在人群外围的奶奶引起了我们的注意，我和另一个同学上前询问收集资料，奶奶的情况与我们的第一批被访者情况有些相似。奶奶家里开了个卖农具的铺子但是生意很差，所以家里的年轻人都外出打工了，她就是留下来看着家和带孙女，我们之所以会遇见她就是因为她带孙女过来参加活动。另一个在活动现场的小分队分别采访了来做志愿者活动的学生和社区负责人，得到的信息都是差不多的。

不得不提的是我们在采访的过程中有一个小插曲。当我们采访完正要离开社区的时候，有两位婆婆来到我们面前拦下我们，因为我们不是本地人，而婆婆们的口音很重，她们说的话我们一行人都一头雾水。不过从婆婆们的肢体动作来看她们想要我们跟着她们走。我们跟着婆婆走了好一会儿，终于把婆婆们想表达的意思了解了七八分，原来我们采访的时候引起别人围观，而询问被访者的问题让其他人误以为我们是来扶贫的，两位婆婆就是误解人。当地有一户家庭情况比较特殊的人家，婆婆们想要我们帮助一下他们，所以积极地带我们去了解情况。搞清楚状况后我们小组真是哭笑不得，谁也没想到只是过来调查下钱塘镇的发展情况竟然会被人误以为是扶贫的。我们感受到两位婆婆想要帮助他人的善良，都不愿告诉她们真相，所以我们跟着两位婆婆来到了她们口中说的那户人家。

　　一位头发花白的老奶奶坐在门口失神地望着远处，她的家一目了然，杂七杂八的东西都堆放在一个空间里，很多家具看起来都很破旧，房间里有些晦暗，从门口照射进入的亮光就是房子里有些亮度的原因。奶奶由于年纪大了听力不便，所以我们之间的交流有点障碍，但好在原先的两个婆婆一直在旁边帮忙互相解释，也还是顺利地把对话进行下去。奶奶的女婿得了癌症，所以女儿只能先去照顾女婿而不能照顾两老，我们谈话的过程中奶奶的爱人被两位婆婆从里屋扶着颤颤巍巍地走了出来。两个老人没有营生也不能工作，每个月只有靠领政府发的低保过生活，在场的人看到他们这样的生活情况都为之动容。我们的家里也有老人，我们也会变成老人。我突然想到当子女因为各种各样的原因无法陪伴在他们身边或是当我们老了儿女不能陪伴在身旁的场景是多么的让人心疼，当身体有病痛时只能忍着或独自去医院挂号、满心的思念无人诉说、做的好吃的也没人品尝……那一刻心底最柔软的一处仿佛被锥子狠狠地扎了一下。

　　随着愈来愈多的采访，我们收集了很多信息，而我在采访的过程中有一些感悟。钱塘是一个镇子，可是现状却跟一些农村出现的现象不尽相同。年轻人都外出打工，只剩下老人和孩子，在我看来，他们在有限的岁月里人生是不完整的，因为他们都缺少家人的陪伴。但是我也理解，为了让自己爱的人生活得更好，他们只能选择能够提供给他们更多发展机会的大城市，如果家乡能够满足自己想要的，那么他们就不会背井离乡在异地辛苦拼搏了。

　　上午的时间在我们的调研中很快就过去了，我们来到了事先约好的地方准备对我们一早上获得的成果进行汇总并且顺带解决下唱起了空城计的肚子。在讨论中同学们踊跃发言，积极地表达自己获得的信息和看法，其中还有一位同学提出了"留守城镇"的概念，这个概念被孟老师认可。我们可以猜想如若中国的发展让一个个镇子都留守了，那么以后会不会发展出"留守城市"呢？这个新概念也让我们对农村发展有了一个全新的认识。讨论结束后，我了解到更多关于钱塘古镇的情况，比如钱塘有26个村和两个社区、当地多是大家庭模式、工业基础很薄弱、工厂只有稍具规模的才有机会存活……我相信同学们辛苦收集来的资料都是非常有价值有意义的。

吃过饭后，我们在当地人的带领下来到了一个小村庄。穿过阴暗潮湿且布满青苔的小巷，映入眼帘的是几处被废弃的破房子，有的已经失去了遮风挡雨的功能。路上不止布满青苔还杂草丛生，前进的路上我们都很小心翼翼，就怕一不小心摔个大跟头。一路上都没看到人家，直到往前走了好一会后我们才看到一位正在打水的阿姨，阿姨看到我们很热情，并且向我们展示了她取水的一口井，阿姨带着丝丝骄傲地告诉我们这口井里的水不是地下水，而是从山上流下来的泉水。我想这是大自然赠予淳朴善良的人们的礼物，也是上天哺育她的子女的另一种方式。我们在接下来又收集了一些新的资料，收集的过程是美好的，靓丽的风景消除了这趟旅途产生的疲劳，也缓解了同学们早已适应的城市生活节奏。村里面的人大多数都是自给自足，这让我们感觉老了以后生活也不过如此，结庐在人境，而无车马喧。

葡萄园是我们此次调研的最后一站。我们去的时候不是葡萄收获的日子，所以看到的只是些还在冒尖的葡萄苗，刚刚下过一场小雨，葡萄苗更加娇翠欲滴。在园地里有几位正在辛勤劳作的阿姨，我们上前与她们交谈。她们一面娴熟地修剪嫩苗后将其固定在铁丝上，一面开心地回答我们的问题，一点也不影响她们的工作进度。其中也有些同学看着阿姨们熟练的工作便按耐不住也去体验了下绑葡萄苗的工作，此时的画面看起来如此的和谐温馨。

其实，当下生活在城市的人，真的需要这样的地方，梅子金黄杏子肥，麦花雪白菜花稀；日长篱落无人过，惟有蜻蜓蛱蝶飞。有一个地方只有我们知道，那便是远离喧嚣的乡村。

青竹秀瓦，古韵钱塘

2016 级自动化系　李国亮

高风丽影，引诱智者思怀；小径溪流，独留任者缠绵。

久闻钱塘山中有宝，其古韵修筑为首，林间山泉次之，特随同行者到此一探究竟。

周末突袭梦幻钱塘，行未知里数。古道石屋出处，我们结伴同行。

跟着帅哥美女的步伐漫步在田间小径，初春的杂草丛中还很寂静，放眼望去，只有植物才是这里的主宰。也正是这样，空气就像农夫山泉加了矿物质食品添加剂一样清爽、甘甜。

漫步在这安静祥和的田间小径才是另一种解脱，没有城市的喧嚣，没有城市的争执。走在安静的田间小路上，就像融入这里的小溪里，随遇而安。

新春初到，万种自然风光片刻苏醒；秧苗就位，耕种就在当下。清风絮絮时不时怀揣着泥土的芬芳，田野小径，有时候还会在空气中捕捉到意外的惊喜，这是耕耘的气息。

秧苗破土，桃李芬芳，随着初春的到来，一切都变得可爱。突然回想起在山间小路追逐打闹，随意睡卧野草，偷食野果的童年时光。那么自由快乐！

多久前就想回到小时候，还可以在山间小路上享受不一样的生活，回归原始也是一种不错的体验。山间小路才是最想去的地方。林里花开，百鸟悄唱，这样的一篇诗画之境怎宁舍去！

在城市生活太久，多想找个安静的地方修养身心，城市的工作日复一日，繁琐复杂，就像一只机械手重复着同样的工作；同时生活的压力、城市的尔虞我诈、城市的竞争，将我们束缚在一间自己编制的牢笼之中，没有内心的自由！不曾放飞心灵!

竹篱笆围绕着幸福与自由,围绕着内心的快乐恬静,高墙大厦耸立着的是无尽的竞争与约束。

走在山间石路上,我们是那样的轻松快乐,时不时回首路过的风景。我们的足记在山间残留,我们的欢声笑语在山间回荡。还有些看不到的灵魂我们一直在捕捉。清新的空气,很舒服。

时不时的还会有淡淡的香味悄悄拂过我的鼻梢,一开始还以为是哪里花香,如此迷人;过一会儿才发现是前方女同学的意外留香,差一点就欺骗了我单纯的鼻子。

好舒服的环境,自然地美好带给我的是无尽的舒适。也许我已经找到了儿时的快乐。

钱塘泥姿

初春之际,风弄竹梢。
才子佳人,重温古韵淡雅。
泥瓦花墙,谱写远古英姿。
零星秀竹,总藏青瓦石屋。

随着我们步伐懒懒的摇曳,零星的古老建筑在我眼前闪烁,古老的农家建筑在竹柏之中隐逸,时不时地偷偷窥视我们这些饱受摧残的外来人。这里的古老建筑都是这里的居民亲手修建。将石头切成相对较规则的矩形,再将切好的石头按照一定的规律进行粘接拼凑就形成可直观的房屋外墙,等墙体凝结固定后,把山间林中砍伐的上好实木进行处理、加工,架在外墙之上,将其固定,最后再将用泥土烧制好的泥瓦固定于房顶面上,上好门窗放入家具就是一间温馨的小屋。就这样一间简陋的房屋经过岁月的磨砺,世代传承着无形的文化,他们的子孙后代在这里生活,修修补补,但唯一不变的是这坚固的外墙和上了岁数的青色泥瓦。

院墙不高,常常会有小草野花在院墙的石缝间顽强的生长,散发着自己独有的魅力。我虽然没有别人一样的的沃土,但我依然自由自在、幸福、阳光。就像钱塘这里的居民一样,虽然没有太多的经济来源,但是他们在这里十分快乐,舒适!这又是多少城市人梦寐以求的快乐生活?

  初春驾到,竹梢乱舞。
  小院当年,英姿飒爽。
  青年俊杰,隐逸在蹉跎岁月。
  斑白面容,浮现于青瓦石屋。

水洼小路，三只老鸭；远近丘岭，葱绿一片。谁不想拥有这样的一片和谐？

和同行者来到葡萄园。这里人不多，可能是因为葡萄还没有成熟吧。葡萄园里只有两类人在活动，一种是在这里生活的工作者，负责打理葡萄园，培育葡萄。还有一种就是向我们一样的闲人，四处游玩。正好路过时，看见园里有几位阿姨正在打理枝叶，透过网格篱笆偷拍，别说，还挺唯美的。

葡萄园的干架上长出了不少新枝。拔去初春的杂草，修剪着葡萄园的枝叶。葡萄也就慢慢开始挂果啦！想象着今年的丰收，硕果累累的场景就映在眼前，或许你还可以嗅到一股淡淡的葡萄香。多么诱人的等待！

清石小井，在山间静静地躺着。山泉的魅力在这里等待着你的发现！仿佛电影里的一句话"佛渡有缘人"，有缘才相见；不过别忘了，有些事是需要争取才会有希望遇见。我在这里等着你。

水泥青石拼凑的井口，在杂草的映照下显得有些古老，单调的颜色显得格外自然。安静而祥和，清澈的泉水静静地在泉眼中等待着我们的观赏、戏耍。可爱透明！就像小孩子纯真的脸。

一天就这样走过了，天渐渐暗下来，是时候对这里说声再见了。多想在这里收藏些什么做个纪念，以后看见了，还知道曾经来过这样一个舒服的小村。事实是残酷的！我什么也带不走，唯一可以留念的仅仅是几张简陋而不简单的照片和星星点点的回忆。

最后，我们的旅游结束了，在一家小院子里拍了个合照，纪念我们的到来，就算留个念想吧。

轻嗅远山的芬芳

2016 级管理工程系　蔡丹艳

　　从明天起，做一个幸福的人
　　喂马，劈柴，周游世界
　　从明天起，关心粮食和蔬菜
　　我有一所房子，面朝大海，春暖花开
　　我有一所房子，面朝大山，春深似海

　　从今天起，我是一个幸运的人，我走到了我的香格里拉。对于一个长在平原的孩子，对大山总是有种莫名的情节，而钱塘正好满足了我对大山的所有幻想。

　　最令我心灵为之触动的是那个古村落。浑然而成，依据山势而建，与周围的环境融为一体。真的很佩服山民的智慧，全都是用石块或者砖砌成，古朴而又透着年代感。弯弯曲曲的青石板在山中绵延，顺势而上，一个山中的小湖泊隐隐约约，在往山远眺，一座青石砌成的农家小院赫然入列，一只不知是吃胖了还是

长期不运动的老母鸡在竹林下面微酣。或许这就是山里人家,取材源于自然又用于自然。可能是合川地形的原因,我总有这么一种感觉,退一步是深山老林,进一步是繁华都市。有人说爱上一个人,爱上一座城。或许应该是爱上一座城,爱上一个人。驻足在那,深深震撼于这不染都市的美,或许有那么一天,看厌了灯红酒绿,我们会踏足这片绿野,一把锄头,一壶酒,悠然南山处。

最令我难以忘怀的不是六月的分别而是那远山的空谷。一方小院,一方天地,忙忙碌碌,一人家。喂鸡,劈柴,打水,上山。忘却了现世的烦恼,兜兜转转一整天。走在那条泥泞不堪的小道,周围是裸露的褐红色山体。野草丛生,一片荒芜。深在其间,你根本无法辨别远方的路。过于立体的地形,使得你只能通过小路上以前留下的痕迹来猜测前方的情况。深山承载着复杂与简易这两种独具特色的美,故有语言之:峰回路转。

而让我舌尖上回味悠久的是钱塘的鱼。说起吃鱼,我可是从小吃到大。一年365天,200多天只能倒霉地跟鱼打交道。钱塘的鱼,最独特的是它的汁鲜美,甘润,带有一点甜味。鱼肚上的姜丝,细细碎碎,真让人食指大动。那鱼肉雪白剔透,与鳕鱼很是相似。清蒸鳕鱼,可是我在家最爱的一道菜。不过那是海的味道,钱塘的鱼甜甜的是幸福的味道。

轻嗅远山的芬芳

既然说起美食，作为一个骨灰级吃货的我，就不得不给大家说说了。来到重庆之后，重庆人民对土豆的热爱让我也真的大开眼界。所以接下来的这道土豆烩牛肉，可以算是重庆的特色菜吧。牛肉的软糯和久违的酱油让我对这道菜迷恋到无法自拔，沾染了酱汁色的小块牛肉保留了原味的醇香，甚至还带着草原上特有的甘甜。牛肉是按照纹理的方向切成的小块，肥瘦适宜，浅黑的外表下还透着丝丝白里透红的温润，轻咬一口，唇齿之间肉香四溢。于是真心嫌弃家乡的牛肉只有一种最典型的做法：酱牛肉。

时至午后，我们拖着圆圆的肚子，脚步晃晃悠悠地来到了葡萄园。想起唐彦谦的"满筐圆实骊珠滑，入口甘香冰玉寒"我的吃货基因就不由地躁动了。令人失望的是，现在还不是葡萄的采摘季节。一路摇晃，不时从山上传来吆喝声，太远了，听不清。可偏偏我有一群猪队友，在旁边激动地说，他们喊我们去摘西瓜。我一听，就跟猪八戒娶媳妇一样，那叫一个心花怒放。一撸袖子，迈开腿，兴冲冲地就打算上去抱我的大西瓜。还好，我最近智商还在线，这才4月份，山上连个暖棚都没有，现在连西瓜的毛都摸不着。总之，有一群掉线的队友，求我的心里阴影面积有多大。

访谈期间学姐提出了留守城镇这个概念，我也深深感受到了这点。这个城镇就好比西游记里的女儿国，而我们犹如突来的唐僧师徒，给他们平静的生活带来了不一样的感觉。评论说女儿国是对现存父系社会的一个抨击，这个小镇又何尝不是一个现实版的女儿国。我同学到合川的时候跟我讲合川很适合养老，我倒觉得钱塘更适合养老，安静而没有人打扰。

我用真心待你，却不执着于你。众因缘生法，我说即是空。亦为假名……或许道尽了天下父母心。在那一方竹林荫蔽的小院住着一位年事已高的老奶奶。双眼已模糊，身躯佝偻，而周围无一人。或许年岁里的那年那月，她正扛着锄头在田埂上视察着属于自己的那一方小天地。为着一家的幸福生活而奋斗，临近年岁的终点，它却被抛弃了。门前老树长新芽，院里枯木又开花。半生存了好多话，藏进了满头白发……生儿育女一辈子，满脑子都是孩子哭了笑了。道尽了奶奶一生的辛酸，一生的执着。为老奶奶的凄凉的晚年，也为自己的任性，为父母的宽容我放下了那莫名的情绪，静静思考。

你用真心待我，我亦用真心待你。

时间的打磨，历史的选择

2016 级艺术传媒系　杨莉莎

随着城市化进程的不断推进，艳丽繁华的大都市有种独特的魅力不断吸引着人们向现代化的都市迁移。故乡的小村落日益衰败，中国城市化进程毁誉参半，光怪陆离的未来城市大行其道，以往热闹、炊烟袅袅的村落快要成为惜日的风景，存留在了人们的记忆中。

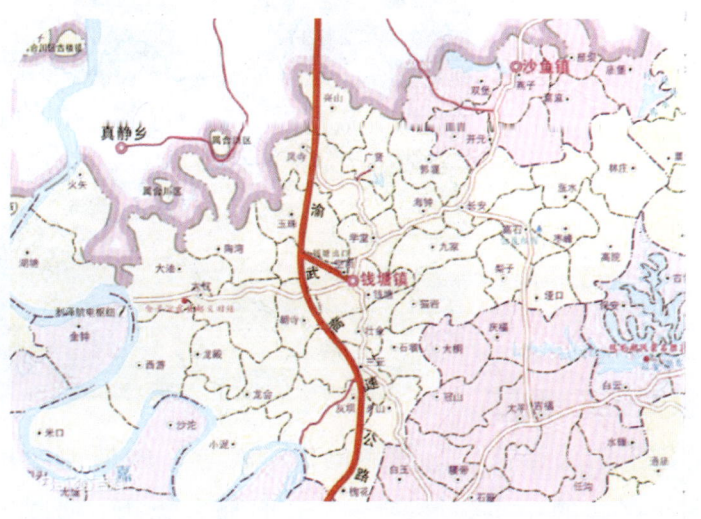

合川钱塘镇，古名园凼子，初建于明代，清雍正初设镇，1941 年 7 月改镇为乡，1985 年 11 月撤乡设镇，是重庆市合川区的第一人口大镇。位居合川区东北部，距合川市城区 23 千米，与四川省武胜县接壤，优越的地理位置让它杀出重围，发展迅速。即使是这样，钱塘真实的环境面貌还是和我想象中的有着千差万别。没有热闹往来的人群和热情好客招揽生意的摊贩，有的只是大门紧闭的商店和萧索空寂的街道。

人口的大量外流、人口老龄化的加剧等等问题都成为钱塘发展的巨大阻碍。随着经济的发展，居民生活水平的提高，钱塘镇一直在更新换代，推陈出新，经济条件好的居民向条件更好的地方迁移。钱塘是个典型的留守城镇，老人带着孩子生活，子女在外打工寄钱回家。走在钱塘的街道上到处可见麻将馆里全是老人在打麻将消磨时间，大街上能够遇见年轻人的概率很小。

人口结构以老人小孩为主的钱塘，居民收入水平低，购买力弱，导致了钱塘经济萎靡不振。有的居民甚至连基本的温饱都不能保障，更别提购房了。我们通过调查走访了解到居住在镇上的人大多数是为了给下一代提供更好的学习环境。他们平常在镇子上生活，周末孩子放假再带小孩回老家。没钱买房子就租房住，没能力租一套房子就与别人合租，几户人挤在一套小房子里的现象比比皆是。

居民消费水平低，是商家生意萧条的关键原因。商家经营困难，大街上许多商户大门紧闭，钱塘经济一片凄凉低迷。唯一能够保持生机活力的便是钱塘的赶集。钱塘赶集繁荣得益于它优越的地理位置。钱塘地处川渝交界，是合川区与四川省武胜县连接线的中点，每逢一三五七都有集市，吸纳了周边云门、沙鱼和包括四川省武胜县中心镇、街子镇、真静乡等近十个乡镇的近200名商贩前来交易，镇上一片繁荣热闹。

一个乡镇的发展离不开农业的推动。农业发展水平如何，决定着城镇经济发展水平。参观完古村落以后，我们马不停蹄地来到钱塘最大的葡萄园调查钱塘农业的发展情况。

在葡萄园附近走访的时候我们遇到了几位在田间劳作的农民，这几位农民岁数都在50岁以上。老师和同学们热情地上去与这几位农民攀谈，农民也很热情地同我们交流、分享他们的感受。现如今农村土地改革，实行承包制，农民通过被雇佣和流转土地来获得经济来源。当有同学询问这几位农民是自己种地好还是每个月拿雇主的工资好时，大家表示拿雇主工资好。一家一户，分散经营，农民虽然有很大的自主权，但是，由于形不成规模，生产效率就很难再提高。拿雇主工资意味着农民多劳多得，农作物成熟时也不用想销路，承担卖不出去的风险。土地流转一份收入，给企业打工又一份收入，两份收入加起来，肯定比过去自己经营的时候要高，而且这种收入基本上没有风险，是稳定的。通过实现土地流转，将连片抛荒地，集中由少数人通过投入资金、技术来开发经营，既可以防止土地抛荒，又可以达到合理利用土地，增加农民收入的目的。

钱塘随着城镇化进程的进一步推进，以往的农村面貌已经发生了翻天覆地的变化。不再是矮小的平房，而是现代化的住宅，甚至是电梯房。可变化再大还是会留下往昔的痕迹。钱塘留有许多古老的村落，只是村子里不再热闹、袅袅炊烟。居住的人也越来越少，留下的都是老一辈的人。

走在村子的羊肠小道上，如此之大的村子看不到人影，只能看到鸡鸭在小道上奔跑，听到狗的叫声。我们走了许久才遇见一位独自居住在村子里的老人，热情地上去与老人家攀谈了解村子的情况。这个村子原本有几十户人家，因为经济条件等各方面原因搬离了村子，搬去了环境更好的地方生活居住，现在留在村子里居住的大多为老人，以养家畜为生。

那个古村落给我最大的感受就是：时间是多么神奇的魔法棒，一条路之隔却是另外一番天地，现代化的建筑与古老的房屋形成了鲜明的对比。老村落因为城市的变迁，时代的发展变得萧条荒芜，只留下寥寥无几的老人居住于此。古村落渐渐退出历史舞台，是历史的选择，是时代发展的需要。在古村落落寞的背后不禁让我们反思，该如何做才能让城镇化进程加快，不会在未来的某一个时刻城镇也渐渐消失。

一天的调研，时间虽然短暂，但收获的东西很多。通过调研我们更加清晰直观的了解到城镇农村的变迁，在老师的引导下我们及时认识到自己在调研中的误区和不足之处，学会用思辨的思想去看待和解决问题。钱塘调研之行不仅仅是获取数据，更多的是让我们亲自感受城镇化的发展，历史的变迁。

我的钱塘看法

2016 级管理工程系　全娜

四月的天气总让人捉摸不定,它有时是蔚蓝的万里晴空上飘着几朵雪白雪白的云;有时又是从银河系飘下来的连绵细雨,虽然细,却不容小觑;有时甚至是一整天的阴云,让人有些喘不过气。而我们的运气似乎也太好了,在调研的这一天尝遍了半个四月的天气。这无疑给我们的工作带来了一些难度。

未到钱塘的时候,我们对它都有了一些大概的了解:知道钱塘有特色农业,但不知道具体是什么样子;知道钱塘是合川的人口大镇,但不知道在钱塘生活的人到底是什么样的状况。所以此次钱塘行就是要去认识这个小镇的城市化状况。

在调研之初,我们便明确了调研的人员组成和调查目的,具体化的细节更容易使我们找到重点目标,为了提高我们的工作效率,我们对钱塘进行了工作分区。在调查结束以后,我们还围桌进行了数据分享,部分同学以自己独特的视角对钱塘情况进行了分析,是我们很好的榜样。

在上午的走访调查中,我们不难了解到,现在的钱塘镇已经大不如从前了,青壮年们纷纷外出打工,留下丧失劳动力的老年人和小孩子,加上钱塘又没有新的发展得很好的支柱型产业，所以呈现衰败的景象，这不由的让人感慨万千。大片的荒废的田地，竟没有被人重新利用起来。

一起用过午餐之后，我们前往下一个目的地——钱塘的生态示范葡萄园，在那里我们目睹了钱塘的可能新的发展方向，企业采用租用的方式把农民的土地集中起来，专业化种植农作物，甚至聘请当地农民为工人，以给予工资的方式让工人为企业服务。这样既提高了农民的收入又提高了土地资源的利用率，何尝不是在农村极剧萎缩的情况下的一种好的农业新发展模式呢？

因为城市化是大势所趋，它集中了最先进的技术和人才，拥有最高效率的运行状态，是更有利于个人和社会发展的模式，是历史发展的选择，所以，人们更愿意到大城市工作和生活，留下的是日益衰败的农村。

但是，农村的改造也是必要的，农民还在我国的人口结构中占有很大的比重，解决好农民问题是社会发展所迫切需要的，既不能让农民受委屈，也不能让农村拖慢了经济发展。最好是有一种新的农业生产方式为农村注入新的活力，为农民谋得新的发展前途，建设新农村。

农村存在的作用，一方面它可以吸附很大一部分的人口，农村土地面积广阔，自然资源丰富，虽然它依靠传统生产方式的生产能力是有限的，但是舒适的自然环境是城市很难比拟的，它不但有天然氧吧，健康的农产品，还有慢节奏的生活方式，根深蒂固的传统思想，是很多中老年人理想的生活环境。所以我们必须保护农村的存在。另一方面,新型的农村发展模式也可作为城市化的一种方式,依靠农业建立起来的新城镇也可以发展起来的,尤其是像钱塘这样的有旅游潜质的城镇。

从社会文化发展的层次来说,以农业为基础的生存模式是传统文化的基石,失去了农村,我们的传统思想必将会受到限制,人们很难想象乐天知命之类的与自然和谐共处的思想,我们也很难体会到勤俭节约的存在价值,这些都是我们以前深深认同的,我们不能让它消失。

除此以外,另我感触最深的就是钱塘居民的生活状况了,虽然现在小城镇都不可避免的出现留守人口,但钱塘的调研却让我深深的感受到问题的严重性,我遇到的每一位受访者都表达了他们对亲人的思念,以至于他们都不想细谈他们儿女的状况,只是对我们说有几个儿女在外地。

他们的生活也非常的单调,他们更多关注的是孩子的发展,除了每天两点一线的学校家庭生活,几乎就没有其他的可以去的地方,而这是生产有限决定的,生产方式不变,生活条件也不会变,有了新的生产方式,他们得到解放,有更多的生活选择,他们的思想可能会有改变,才可能会更多地关注个人的生活质量,以及个人的全面发展。

那么,我们能做什么呢?好像除了宽慰什么也不能做,不过好在他们的孙子辈已经成长起来了,对孙子的期待会让他们转移注意力,把对儿女的思念和对自己一生的遗憾都寄托在年轻的生命上,这也使得钱塘的中小学得到发展,崇尚学习的风气兴盛,校园周边满是生机勃勃的景象。

最后,老师为我们讲解了农村之所以会消失的原因:农村不能养活人口,因为农村的生产力有限,资源也有限,农民没有多少收入来源,生活就不能得到保障,农民就不能得到幸福,农村就会消失。在城市的收入远高于在农村的收入,所以农民进城去了,农村必然衰败。城市化是一种必然的趋势。就钱塘而言,它的土地资源并不是特别优越,不适合农业专业化发展。

那么,我想,钱塘的风光还是不错的,是不是可以发展农业加旅游业的模式呢?在优越的自然条件下,再进行人工规划建设,把钱塘打造成既可以生产出特色农产品,又可以发展旅游和服务业的新型城镇。是不是既可以改善农民的生存条件又可以建设新型城镇呢?

当然,这离不开当地政府的支持,也需要采用新型农业生产模式。对农民要做好思想工作,毕竟这也是为了农民的幸福,另外,发展旅游业的配套设施要完善,尤其是服务设施,这会在很大程度上提高农民的收入,也会解决部分的就业问题。依靠第三产业发展的农村一定会过得更好。

乡愁
——记钱塘调研

2015 级外国语言文学系　任庆渝

　　天空又晦暗了几分,冷风从袖口毫不留情的灌进去,我不由得打了个寒颤。向远处望去,苍黄的天底下,远近矗立着几栋萧索的孤宅,没有半分活气,只有成畦成行的果蔬四仰八叉地横在土地里。几只离群的大雁划过,留下看不见的道道痕迹。我的内心不免有些悲凉,一朝物变人亦非,四面荒凉人住稀。

乡愁——记钱塘调研

雨后的世界显得尤为寂静，走在泥泞的田坎，留下一串串探访的脚印，在附近转了一圈，就连找个人了解当地的情况都无从下手。我们一行人只好漫无目的游走在村里各个角落，搜寻着关于这里的任何信息。然而走了大半个村庄看到的场景无非都是池园锁荒凉，香径无人。甚苍藓，黄尘自满。

很熟悉的场景，跟我的家乡一样。我已经很久没有回去过了，就近的一次是过年回去上坟，走在从小长大的村庄，见不到一个昔日的玩伴，只有几个隔壁村的大娘笑着对我们打着招呼："难得看见你们一大家子人回来哟，真是稀客啊稀客……"我明明是这里的人，如今却被叫做客人，一时间还有点不习惯。走在路上，不时看见几个回来上坟的熟人，已经不像以前那么热络了，都是点支烟，寒暄几句就各自散去。在平时戏说"坟头草都快两米高了"，如今，真的看见这样的场景，有种说不出的难受。真的是物是人非，欲语泪先流。

的确，随着城市化以我们想象不到的速度迅猛发展，城市源源不断地吸引着大批来自乡镇、农村的劳动力。于是，我们曾经出生成长的村庄随着时间也在悄悄的逝去。另一方面，小型农用器械的普及，科技的进步使单位面积土地所需的人力物力大大减少，农村剩余劳动力也不得不选择进城谋求一条出路。于是，村庄就真的只剩下寥寥几个留守老年人在驻守，他们挑拣着力所能及的良田来维持生活。有的老人由于常年的风雨劳作，面对支撑生活大半辈子的土地，竟没有精力拿起心爱的农具去劳作。毫无疑问，随着老一辈的相继离世，代代居住的村庄也会在岁月的更迭中渐行渐远。日暮相关何处是，烟波江上使人愁。终于，故乡的面貌将会在梦里向我们挥手告别。

"学姐，这可怎么办啊，压根就找不到人啊！"正当我们手足无措的时候，突然一个老头从院子里出来，一眼看过去竟瘦得像条风干的老腊肉。他那两条哆里哆嗦的双腿倚靠在门槛上，一双浑浊却矍铄的眼睛上下打量着我们这群不速之客，"你们在这干啥呢？""大爷我们调研呢，转了大半个村子都找不到个人，这怎么回事啊？""唉，村里的人早就搬城里去了，村里就我还有另外几家人在这。去年，我老家着了火，房子给烧了就搬到这来了。别看这村子还挺大，早就空咯，过年都没几个人回来。唉！"

一时间，我竟如鲠在喉，虽是意料之中的结果，而那声清楚的叹息却是生生扯痛了我的内心。一方面由于物质的逐渐富足，人们对回乡过年并没有那么强烈的期待，所以"年味"也越来越淡，以前曾激发我们无穷想象的美食，已经褪去了它原有的光环，以前心心念念的压岁钱也随着年龄的增长变成对三姑六婆无休止的应付与劳累，以前领着一大帮村里的伙伴满山遍野撒欢，如今相对无言。人与人之间最质朴的沟通也被漫天复制粘贴的祝福取代。"过年"逐渐成为国人食之无味，弃之可惜的传统。那曾经牵绊了无数游子的乡愁也仅仅存在于文人墨客的作品中，要是兴起想写点关于家乡的文章，也只能"为赋新词强说愁"，不可否认，我们对家乡的情愫早已所剩无几。另一方面，农村大多数的年轻人都已经在城市里安家落户，每逢过年为了省事也不过是把老家的父母接来城里"团圆"热闹几天。就连小时候爱看的春晚也没有了以前的味道，甚至一度变成了吐槽大会。有人说：无形中，我们对传统"家"的概念越来越模糊，对家乡的感情也越来越淡薄。"乡愁"也从对家乡的情真意切转变为无可奈何花落去。家乡桃花依旧笑春风，我们却无心看风景。

  下午，天气渐好转，我们去到果农承包的葡萄园。可惜时候不对，我们只看见整整齐齐冒着新芽的葡萄果树和几个正在给果树裁枝的大姐。一打听，她们都是附近的居民，有的是为了在家给子女带孩子，也给子女减轻点负担，补贴点家用到这里来帮帮忙，多多少少也挣点钱。有的是年纪大了，回乡过个晚年，无聊在这边打发下时间……听说现在政策还可以，这个果园收入还比较可观，尤其是葡萄成熟的季节，附近城区的人都是成群结队开车过来游玩。在这里看不见担水浇园，到处都是排列整齐的灌溉管道，在这里也看不见什么自然生长的杂草和泥泞，到处都是干干净净供游客观赏的步道。以前的场景在这里都消失殆尽。

  木叶萧萧，乡路遥遥。回乡的道路似乎也变得越来越艰难。乡愁终究也会是我们永不及的怅惘。

春风十里不如你

2015 级工商管理系　钟青池

清晨的微风,伴随着浮动的暗香,轻轻吹拂着额前的碎发,那么的轻柔,就像妈妈那样慈爱。今天的天气并没有像往常那般阳光明媚,相反天空中还铺着些许乌云,让这个初春的早晨显得不那么和谐,但是这并不影响大家此次出行的兴致。

我是比较慢吞吞的性子,散漫惯了的,尤其在早晨体现得尤为明显,我踩着点到达原定汇合的地点,看到大家都已经在车上整装待发了。当我们进入钱塘地界的

时候，我就有些傻眼了，毕竟在我所了解到的资料当中，钱塘的发展还是不错的，但是我看见的却是大片的荒山和稀少的人群，这倒是很出乎我的预料。据悉钱塘可是合川的第一人口大镇，总人口9.4万人，幅员面积134.15平方千米，辖24个村、2个社区居委会，我没有想到钱塘会这样的"荒凉"。镇上还稍微好些，周边的村子都快没人了，更是"荒凉"。

作为一个土生土长的农村孩子，对于乡村有着一种难以言说的情怀，有一种莫名的热爱与欣喜之情。但是似乎又有哪儿不一样了。记忆里的乡村是一排排的砖墙瓦房，房顶竖立着些许的烟囱，每到吃饭的点，总能看到各家各户的烟囱里升起袅袅的炊烟，把整个村子笼罩在缥缈的炊烟之中，宛如人间仙境一般，朦朦胧胧之中，竟平白的生出些不真实感。在田间劳作的男人们看到自家升起的炊烟就知道快开饭了，陆陆续续都收拾锄头往家里赶，有些不那么急的，在路上看到一些野果子，还会摘一些用衣服兜着，带回家给家里的小孩子们解解馋，对于小孩子来说那可是难得的美味，总是一窝蜂就没了。回到家里放下锄头，温柔贤惠的妻子总会将干净的帕子递到手上，洗干净了就开饭。如果有人一直在劳作耽搁了回家的，这时家里的小孩子们就跑到大坝子上扯着嗓子喊，直到听到回应才止住了他们的呼喊，这似乎都成为了孩子们的一种乐趣，比比看谁的声音最响亮。吃完饭男人们继续他们的劳作，女人们就洗洗衣服收拾收拾家里，整个村子就成为了孩子们的天下，漫山遍野的撒欢儿，通常都是和小伙伴们厮混在一起，上山捉鸟下河捕鱼，还在林子里边来一次"野炊"，被大人发现后撒开脚丫子就跑，连"罪证"都忘了销毁，还以为自己没被发现，却总是在回家后被大人责骂，到了第二天又跟个没事儿人一样继续和小伙伴们满山满坡的野，又在身上野出一身的泥，回家继续挨骂。总是那么的无忧无虑，天真快乐。

很多城市的孩子都没有享受过农村孩子那般肆意洒脱的童年，我的童年生活总是让我对农村有着一种偏爱，喜欢它的热闹和宁静，喜欢它的风情和淳朴。它就像一个百看不厌的美人儿一般，以其独特的风格和魅力吸引无数的人去赞美它、仰慕它。东晋诗人陶渊明写的《归去来兮辞》、《五柳先生传》、《饮酒》等和宋代范成大写的《春日田园杂兴十二首》、《晚春田园杂兴十二首》、《夏日田园杂兴》等一系列描写田园山水优美景色的诗歌，无一不是表现出对田园山水的喜爱之情，喜欢他们"采菊东篱下，悠然见南山"的那份云淡风轻，也喜欢他们"鸡飞过篱犬吠窦，知有行商来买茶"的宁静安逸。它似乎能洗涤掉人身上浑浊的红尘气息，让每一个在尘世摸爬滚打的人们拥有一方心灵的净土，也给孩子们留下一方成长的乐土。

也许是我还处于一个比较适合矫情的年龄，对一些矫情的东西也还是充满了幻想和憧憬；总是幻想着有一天能携一心爱之人白头，寻一美丽村落终老。在那里沿河修建一栋两层的砖瓦房，在门前收拾出一方院子，周围围上种了蔷薇花的栅栏；

在院子里搭上两排的葡萄架，种上几丛竹子和些许果树，放两张摇椅，一张圆桌，两个茶碗；再散养一些小鸡小鸭之类的家禽。农忙时就去地里翻翻土，种点粮食；不忙的时候，可以漫山遍野的到处去溜达，移植一些漂亮的花草到自家的院子里，将院子里填得满满的；还可以在竹林里面品茶，微风吹拂落下几片竹叶随风飞舞，缓缓落到地上，没入泥土里给养花草。相信有很多人也都有过这种憧憬，但是都迷失在了浮华尘世的灯红酒绿之中不愿醒来。宁可孤独疲惫的在城市的喧嚣中挣扎，也不愿为自己的心寻找一份净土，哪怕只有那么一会儿，那么一小会儿。

社会经济的不断发展让越来越多的人走向了大都市，反观乡村却越来越荒芜，人烟稀少。但我仍然是那么的热爱它，仰慕它，敬畏它；它是我记忆里最美的风景，最美的画卷。耳边似乎又隐隐响起了冯唐的那首诗：

春水初生
春林初盛
春风十里，不如你。

印象钱塘

2016 级工商管理系　陈亮

从远处望去,古树顶天立地,似一位士兵伸出两只双臂,把娃娃们高举头顶,让它们充分吸收阳光和雨露,茁壮成长。走近村里的古树,抬头向上望去,视野中全是一片绿,直望到顶,起码有四米高,真是个巨人!它的枝干从下往上慢慢分成两枝,大概有一根细铁柱那么粗,越往上,枝干越细。最后便像开了花一样向四周"盛开",分叉数也数不清,真是"千手观音"!古树的树皮满身粗糙,多么似七八十岁老人饱经风霜的手。时代在变迁,古树在变老,或许它已经不止七老八十,但是在整个钱塘漫长的"人生"中,它还是个"孩子"。

驻足仰望天空,仿佛天与地被古树连接在一起,它像一个汉子一般,撑起了钱塘的一片天。闭目养神,仿佛听到了这汉子的呼吸声,是那么有力。用鼻子去感觉它的气息,是那样的清新,沁人心脾。在这里,我感受到了家的感觉,有家的亲切,有家的气息,因为我也是农民的儿子,我也是个地地道道的农村娃。在这里的我,身心放松,超然自我,迫不及待的要与古树来个亲人般的拥抱,但是突如其来的鸡叫声,好像古树在让我赶紧回家,回家去看我的爷爷奶奶。

走进村庄,一阵微风轻吻着我的脸,风里充满着新翻的泥土的气息,混着些青草的香味和各种花的幽香,还夹杂些果实的甜,都在微微湿润的空气里酝酿。我轻轻地吸一口空气,香喷喷的,甜丝丝的。正当我沉迷于这沁心的香味而无法自拔时,一曲悦耳的曲调使我惊醒过来。我便四处张望,想要找到曲调的发源地,可就在此时,我发现自己已经身处一片绿色的"海洋"里了,一片片绿油油的田地,这片镶嵌着露珠的绿看起来是那么的晶莹剔透,她在微风中摆弄着她婀娜的身姿,翩翩舞动了起来。我的视觉被这片鲜绿强烈的充斥着,我的脑袋顿时像短路了一样无法思考，深知自己已经迷失在这片美丽的绿海之中了，而我只想一直迷失在这，永远不要离开。

突然听到了老人们的笑声，我才回过神来，那是爷爷奶奶们在呼唤我们。看到他们我有莫名的亲切感，因为我从小就在乡村里，是爷爷奶奶带大的。我欢快地奔向他们，但是爷爷奶奶们却略显羞涩，这可能是农村人朴实可爱的样子吧。看着他们我想到了我的爷爷奶奶，心情莫名的激动，也莫名的感伤，自从进城，与他们相聚的日子越来越少，现在我又客走他乡来求学，相聚得更少了。我轻声地叫了句"奶奶"，奶奶们也乐起来了，仿佛有些个年头没有人这么亲切地呼唤过他们。他们的神情大多数都是喜悦，但是眼角有些许湿润。我明白，她们是想念她们的子女，想念她们的孙子了。经济要发展，离不开青壮年劳动力的奉献，他们要背井离乡去谋生，挣钱养家糊口，照顾老人孩子。生活使得他们与最爱的人短暂的分离。我深有体会，小时候我的爸妈也是这般，那时我不理解，现在长大了，渐渐地就理解父母。我再也忍不住了，上前拥抱住这个陌生的"亲人"。好似小时候摔倒在地奶奶把我抱在怀里一般，奶奶们也是受宠若惊，但只是那一瞬间，随之的举动就是紧紧的抱住了顺口问了句，"吃了没，孩子。"在外人看来这是多么平常的一句话，但是作为一个农村的孩子，我知道这是一句最朴实的问候。我急忙握着奶奶的手拼命地点头说吃了，吃了的。看着他们的脸庞，让我想到了古树，他们与古树一般，饱经风雨沧桑，见证了钱塘的风雨艰辛。

　　奶奶们迫不及待地把我们都领到自家的院子里，乡下人家都会在院子里养些鸡。看着它们好似在迎接远方的贵宾。但是如果有人抓住了一只鸡，其它的鸡全都飞了起来，整个院子就会被那鸡闹得鸡飞狗跳的，满地都是羽毛。这可能也是老人们的好伙伴。小小的院子是这样朴实，又是这样富有诗意让我想起儿时生活的地方。老人拉着我坐下来，就和我聊了起来，似乎有数不尽的话要和我说。欢乐的时光总是短暂的，因为时间的原因，不得不和奶奶惜别，去往下一站。看着奶奶送我的样子，我三步一回头，恋恋不舍。忍不住说了句"奶奶，有空我还会来看您的，照顾好自己。"

走在乡间泥泞的小道上，心情莫名的欢快，看着身边的一草一木，仿佛回到了小时候的我。远处望去，那一片片绿油油的田野，还有那若隐若现的古树，正当我沉迷其中时，被路边的一颗小植物"拦住"，我驻足看着它，看着看着，那晶莹剔透的露珠搭在它那柔美的枝叶上，仿佛是镶在翡翠上的宝石，它那绿油油的脸盘傻呵呵的在对着我笑。继续往前走，眼前，被青草包围的，是个巨大的池塘，池塘里边有许多雪白的鸭子，游戏水中。惬意的时光总是很快，而后就步入正题又做了些许调查，与镇上工作人员进行采访了解城乡发展，了解改革开放和国家各项新政策对钱塘的发展做出了多少贡献，果不其然，社会主义的发展，受益的还是咱们老百姓。因为我们是社会主义国家，是人民当家做主的国家。在党的领导下，人民会富起来的，日子会好起来的。

挥别老人，送别古树。回想一下，也不知走了多少年，时钟的步子是那样长，永远的走，只是永远的停留，停留了若干年，若干年只是求得这种安定与幸福的农家生活，让这里的人感到了生命的真实与心灵的执著。生活就是这般美好，就看你怎么过了，感受乡村生活就是在享受人生的美好，就是在为人生增添乐趣，增添快乐与美好的回忆。人生就是感受世间生活，尤其是这美如画，轻松愉快的田园风光。

第二次征程——神秘的钱塘

2016级通信与信息工程系　况勋瑞

大焕城市化研究生班在福建调研之后又开启了合川钱塘调研之旅,这一趟钱塘调研,让我受益蛮多。

在进入钱塘之前,我一直认为钱塘是一个位于重庆与四川相交的大镇,那里有大面积的果园,还有现代化的工厂,甚至近几年小镇上还出现了"电梯房",所以我对钱塘可谓是期待甚多,更重要的是经过如此漫长的寒假,又可以再看到我们研究生班的同学,这也让我十分高兴。

我们刚进入钱塘时,这里是一个小入口。老师提出了许多调研要求,当然我还

是认真地倾听与记录啦,不过话说回来,这里给我的感觉也太偏僻与清净了吧,并且不时有路过的行人向我们投过来十分"异样"的眼光。初入钱塘时我也是十分疑惑,可后来我便知道了原因,这里就先卖个关子。在调研的开始,我们并未理会刚进入时的宁静,直接走向了这大钱塘的"中心"。

第一个调研对象是一家奶茶店。由于太久没调研了,感觉想要从别人口中掏出一点信息还是需要付出一点代价,我便买了一小杯奶茶,从这位奶茶阿姨口中得知他地收入刚好够生活,也就是一年一万多,同时也得知她的儿子在成都打工,自己也像大部分钱塘老人一样,等待着孙子的出生。这样子的生活不算好,但这并不能让我认为大部分的钱塘人的生活都这样。我对钱塘还是充满期待,于是打起精神继续往前走。

后来到了一家房屋交换所(其实我一开始认为在这里是可以了解到当地房屋价格的,后来才知到这里仅是一个了解房源的中介,并不能了解到房价,这里的员工是一个60多岁的老太太,虽然并没有了解到房价,但了解到许多关于钱塘"幕后"的事情。老太太说钱塘有一条河,在还没有进行改造的时候,十分清净,可以洗衣服,可以洗肉,但后来改造了,许多污水往河里流,下水管道也由大大的石质管道变成了细小的塑料管道,并且"一碰就碎",这导致河流变得浑浊不堪,臭气熏天。

感觉老太太在向我们揭露政府的不良行为一般,说许多没钱的家庭享受不到低保,有钱的却还能得到,并且有工作人员时不时会给居民两百块,叫他们说一些夸赞政府的好话。听到这里我对这钱塘的印象就不好了,感觉只是虚有其表而已,后来老太太还说这里人流量很少,也就只有赶集的时候人多,但也只有一条街热闹而已。当初怀着美好期待的我已经彻底失望了,不过我还是得到了与之前相同的消息,老太太的儿子也在外打工,自己带着孙子生活。

后来我们又连续采访了几家店,了解到具体的情况后我对钱塘是相当失望。无生气、留守,是我对这个城镇的看法。我们研究生班的同学也在饭桌上展开了讨论,并了解到钱塘确实算得上"留守城镇",在这里居住的大部分都是老年人,整体处于一个衰落的趋势。

绵绵细雨配上丰盛的午餐扫去了上午的阴霾,我们准备去钱塘的乡下调研。

初入眼帘还是一副比较正常的乡村景象,可后来画风变了。

这里的乡下一片落魄,村民大多去了镇上,也就剩下几户人家。可以很轻易地得出农村正在走向衰亡这个结论。相关人士告知,政府租用了大量农村土地,但并未有所作为，直接将土地荒废掉了。通过这一例子，我们应当思考，农村该走怎样的发展道路才能符合时代的进步。

了解了乡村，我们便去了当地有名的葡萄基地。这里土地十分广阔，在某些农业公司的经营下，当地的农民有了更高的收入。对应上文农村应当怎样发展，才能跟上时代的进步，我想这便是答案，农村自然以农业为专业，走向农村的专业化，城镇在农村之上，但也会走上一个专业化的道路，农村与城镇的发展，也正好证明了我们对城市化发展会走向专业化的猜想。

结束了一天的调研，我了解到城市化就是农村到城镇，城镇到城市的一个人口不断流动的过程，农村的专业化，也就预示着城镇的专业化。这次的钱塘调研让我真正感受到什么是城市化，一个地方的发展应当是怎样。

这次调研，收益繁多。

点滴见真情

2015 级工商管理系　徐文慧

伴随着春天的气息,我们组织了一场关于钱塘镇的调研活动,调研中的点滴真情令我感动。

我清晰地记得,当我发现自己手机掉了时的担忧和无措,我将背包翻了一遍又一遍期盼着手机能突然出现,可是依然没有看到手机的踪影。我担忧地小声告诉我的同伴,我手机掉了,想要借她的手机打个电话。同学听后立马将手机借给了我,安慰我不要急,仔细想一下手机在哪里掉的。几通电话过后仍旧无人接听,我的心一点一点沉了下去,失去了和同学们一起看葡萄园的兴趣,独自走在一边拼命回想任何可能丢掉手机的瞬间。同学们知道我手机掉了的事情都纷纷给我出主意,在同学的提醒下我意识到我的手机可能掉在了去葡萄园的车上。可是车已经走了,我想回程可能还要坐同一辆车,只能等回程时再去找了。我心不在焉地和同学们继续走访附近的农田,但内心十分担心。班长似乎看出了我的担心,让我去找老师问一下车主的电话。老师听说我掉了手机赶紧给车主打了电话,麻烦车主帮我找手机,同学还摸着我的手说要把她的运气传给我帮助我找到手机。庆幸的是手机的确在车上,车主十分好心,叫我回去时找他拿,顿时我的担心消散无影,同学又打趣地摸着我的手说手机找到了,要把自己的运气拿回去。后来老师担心我自己拿手机不安全,叮嘱让两个同学陪我一起。我很感谢自己在无措的时候有老师和同学的帮助,也感谢遇到那么善良的当地司机。

想到刚到大焕城市化研究生班时,面对着一张张陌生的脸,总是觉得大家都很难相处,平时一起都是各自听课,下课也没什么话讲。感谢这次调研的机会令我和同学们更加亲近的相处,才让我发现每个同学都是那么可爱,那么亲切。车上互相打趣活跃的气氛，分组后小组成员间的相互照顾，午饭时间钟青池令人哭笑不得的水果推销，饭后老师带领我们走近古村时详细的讲解。原来只要你肯打开心扉去和他人相处，你就会发现人与人之间的真情，每个人都是带着满满的善意。

  小组采访时，怀着忐忑的心情和打扰别人做生意的不好意思，我们开口询问了一个服装店的大爷，没想到大爷听说我们想要采访他十分热情，开口就先采访了我们。当大爷得知我们是大学生，在做学习性调研时，则摆出一副我很明白你们的样子和我们说："我知道你们大学生有作业，有什么你们尽管问，我都会告诉你们的，你们回去好写文章。"对于大爷的理解我们感到既意外又惊喜。大爷的店面很简单，卖的都是一些比较不时髦的中老年人穿的衣服，大爷给我们讲了如今生意难做，他卖的廉价服饰赚不了多少钱，还讲述了这些年去朝天门进货的变化。大爷就像是一部钱塘镇百科，我们所迷惑的问题在他那里都可以解答。在和大爷的谈论中可以感受到大爷是个经常看新闻关心国家政策和发展的人，对于钱塘现阶段发展的看法也很透彻，这大概是出于他对这个生他养他几十年的家乡的情感吧。

  我们采访的另一个阿姨可能开始认为我们是哪里来的调查人员，问她的许多问

题她都在推脱,对我们的态度也很冷淡,我们问阿姨:"阿姨,这个店里大概一个月能赚多少钱?"阿姨说:"我只是帮忙看店的不是很清楚。"接着我们又问了几个问题,阿姨都以"我只是看店的,不清楚"这句话回答我们,我们一度不知所措,觉得很尴尬。可我还是不想放弃,耐心地向她解释我们只是大学生做学习性调研,不会将采访内容用在不好的地方,接着问阿姨在钱塘的这条街上平时的人流量多不多。阿姨这次态度明显有缓和,给我们讲了这条街平时的情况。之后我们又问了阿姨一些问题,阿姨也很放心的和我们聊了起来,感觉就像是茶余饭后闲话家常一样,阿姨还问我们大学学习压力大不大,给我们讲了他的儿子,说我们现在的孩子也不容易。

在去古村的路上,镇上的一位老人为我们带路。暗淡的皮肤、深深的皱纹、弯下的脊背、拄着的拐杖都在告诉我们,老人的年纪已经很大了,但他依然热情的为我们带路给我们讲述周边古村的现状。进入古村后的路有些难走,看着还准备继续往前走的老人,老师们劝阻了他,"您带我们到这里就可以了,下边我们自己进去看吧,辛苦您了,谢谢您!"老人笑着摆了摆手。

短短的调研很快就结束了,但是同学、老师还有镇上居民的真情一直在我心间。

被世界遗忘的角落

2016 级艺术传媒系　刘宇欣

也许你向往着那繁华喧嚣的城市，向往着那灯红酒绿的生活，但你却只能向往，这世界好似将你遗忘。

有人说过，一个人的童年在人的一生中起着至关重要的作用，我是一个幸运的人，我的童年至少是快乐的，一方小院，庭前有一条小溪流，庭院养着几只鸭鹅，还有一个和蔼可亲的老奶奶。三四月的春风徐徐吹来，一股清爽直达心底。这个在山峦中的小院，就这样静静的在那放着，我们的到来，打破了这宁静，我们吵着，闹着，那个老奶奶也热情地回应着，看着那旁边的泡桐树，它的花和叶落了一满地，多么有诗意呀！但这一幕却让我想起了我的老家，我孩提时度过的地方。

还记得那时我家院前的那棵泡桐树，很高，很大！一到那个季节，泡桐树的花和叶也像这座农家小院里的一样，落了一地，树下是一个洗衣服的地方。在我的记忆里，最清晰的画面就是妈妈在树下洗衣服，而我在旁边捡拾泡桐树的花。可惜现在老家已经荒废，无人问津，我也已经好久没回去，不知那家门前的小河沟的水是否还像这钱塘小院小井的水一样清澈甘甜！不知那门前的泡桐树是否还像这钱塘小院里的一样，花开依旧！

在钱塘的主街道，这个小镇给我的第一印象，还挺好的。下车的时候，就看见了电梯房、广场，但随着我们继续深入调查，却彻底颠覆了我对钱塘的看法。可能现在不是赶集的时间，我只想到"萧条"两个字来形容这里的街道，街道上很多商店都关门了，只有寥寥几家开着，但都没有什么客人，店主也百般无聊地在做其他事情。

我们上午采访了一家房屋中介，我们询问她的生意情况，她说并不如意，很少有人来这买房,镇上大多数都是一些老人,小孩,年轻人都外出打工了,这里虽然有小学,幼儿园,但没有高中。还有一些人为了在城镇里生活,放弃乡下的房子,在城镇里租房,而且公租房的环境不好。阿姨就指了指对面的房子,那房子那么小,还住下了几户人家,听那阿姨说,那公租房的厕所还是公用的。就那位阿姨简单的描述,我就可以想象那居住的环境之艰苦,因为我也经历过,在离开老家之后的一段时间,我们家也租过这样的房子,没有各自的厕所,只有公共厕所,而且居住的空间很窄。其实我很想问问他们,是什么原因让他们放弃在农村的大房子,来这里生活,很想上去看看,但因为各种原因放弃了。

那位阿姨还和我们聊起了污染严重的河道,我们还专程去看了那条河,远远看着这条河的外形,想想这条河往昔清澈的时候,是有多美丽啊,有人在河旁洗衣,孩童在河边玩耍。可现在一靠近就有一股恶臭袭来,黑黑的河水发散着臭味,水面

上还漂浮着一些垃圾，让人想赶快离去。我看着这条河很是震惊。真心的为它感到惋惜。

　　哦！对了，我还有几位队友呢，队长是我们的班长况瑞勋，还记得第一次去采访奶茶店员的时候，我们都有点不好意思，他还买了一杯奶茶，在那坐了好一会才进入主题。还好那个店员很热情，对我们的问题都知无不言。但我们也被拒绝过，当时队长上去询问一些调研的问题，却被人家一口回绝，真的好尴尬，顿时觉得有一个善谈的技能是多么的重要。

　　中午的时候，最重要的当然是吃饭了！像我这样嘴停不下来的人，对吃的最为关心，本以为中午会在一家小面馆随便吃点，却没想到午餐异常丰盛，只不过要先报告讨论，我就有点抓狂了，让一个吃货面对美食却不能碰，实在是让人煎熬啊！不过还是要认真听，这可是以后写论文的重要资料呀！我们都围在一张桌旁，每一组都把自己一上午所收集到的各种资料大方地分享出来，我尽量把美食的诱惑降到最低，认真听，并且把大家所讲的都记了下来。在我的记忆中，对那一顿饭最深的记忆不是饭菜有多么美味可口，当然也不是面对美食却不能吃的煎熬，而是讨论时的氛围，我们尽情地畅谈，学姐还提出了"留守城镇"这个概念，概括地非常简练，又非常地全面，老师们边倾听，边给一些意见。我们讨论了半个多小时，各小组的成果都很丰厚，老师们给的意见也很有针对性。讨论完就开动了，菜一道道呈上来了，我已经迫不及待了。

　　在席间也欢乐不断，孟老师还特别强调喜欢这里做的鱼，几次邀我们尝尝这鱼的鲜美，我尝了尝，嗯！感觉还好！但由于我是一个很念家的人，在我看来，哪里的饭菜，都没我家里做的好吃，家里最好！

　　在这一天里，虽然累，但欢乐不断。"庭前花木满，院外小径芳，四时常相往，晴日共剪窗，在我很小很小的时候，曾经有个四合小院，那里住着我和奶奶，还有一只小花猫，那时的小院种满了花，台阶下面有青草……"听着这首歌，我们告别了钱塘。再见，钱塘，我会记住你那一方庭院，也会记住那美味可口的鱼……再见。

　　在世界的某个角落，你静静地呆在那，不哭，也不闹，静静地看着这个世界，但这个世界好似将你遗忘。